经济的新世界

或符合本性的协作的行为方式

〔法〕傅立叶 著

赵俊欣 吴模信 徐知勉 汪文漪 译

CH. Fournier
LE NOUVEAU MONDE INDUSTRIEL ET SOCIÉTAIRE
Invention du procèdè d'industrie attrayante et naturelle distribuée en sèries passionnées
Œures complètes de CH. Fournier, Tome sixième
Librairie Sociètaire, Paris, 1845
本书据巴黎社团书店 1945 年版译出

目 录

前言 ··· 1
  为反对发现者而设置的重重障碍 ······························· 1
序言 ··· 11
  第一篇论文　说明和预备概念 ···································· 11
  第二篇论文　协作制度的巨大生产量 ···························· 29
  第三篇论文　文明制度的经营办法的恶性循环 ················ 45

第一编　情欲引力的分析

第一概述　关于情欲谢利叶的初步概念 ······················· 75
  第一章　关于引力的三个目的及其十二种动力或
        根本情欲 ··· 75
  第二章　情欲谢利叶的概论 ······································ 81
  第三章　情欲谢利叶成员配备的详细情况 ··················· 85
  第四章　同一谢利叶各小组相互关系的安排详细情况 ······ 93
第二概述　谢利叶所固有的情欲动力的安排 ···················· 101
  第五章　关于三种分配情欲，或情欲谢利叶的有机动力 ···· 101
  第六章　关于情欲谢利叶机构内的三种必然结果 ··········· 117
  第七章　关于不正常的谢利叶以及应该采取的

　　　　纠正措施……………………………………………… 128
　第八章　关于引力的种类和限度…………………………… 134
　附录　被略去的几章………………………………………… 140

第二编　试验性法郎吉的种种措施

第三概述　预备措施的物质部分……………………………… 147
　第九章　物质方面和人员方面的预备措施接纳与
　　　　　循序安排……………………………………………… 147
　第十章　分类、管理和预算………………………………… 158
　第十一章　按三种方式对农作物所作的安排……………… 170
　第十二章　房屋的统一安排………………………………… 175

第四概述　准备工作的纯理论部分…………………………… 185
　第十三章　对人们在动物界中更喜爱的谢利叶的研究…… 185
　第十四章　关于植物界、产品储存和一般管理的
　　　　　　劳动谢利叶………………………………………… 191
　第十五章　牟利性工业和产业性工业的选择……………… 197
　第十六章　变形的谢利叶和被阉割的谢利叶的区别……… 209
　补充　诽谤者们的骗局：欧文派…………………………… 216

第三编　和谐制度下的教育

第五概述　幼年时代的教育…………………………………… 235
　第十七章　文明制度下的教育与本性和良知的抵触……… 235
　第十八章　预备教育、稚龄或婴儿时代…………………… 240
　第十九章　男护士和女护士所进行的幼童教育…………… 253

第二十章　由男女辅导员负责的少儿特利巴的教育 …… 264
　结论 ………………………………………………… 280
第六概述　中级、高级和混合级童年时代的教育
　　　　　本能与性别的竞赛 …………………………… 284
　前言 ………………………………………………… 284
　第二十一章　关于儿童队 ………………………… 287
　第二十二章　关于小卫队 ………………………… 295
　第二十三章　关于和谐制度下的教学 …………… 301
　第二十四章　混合级童年时代的教育 …………… 309
　对已经阐述过的理论的扼要总结 ………………… 324

第四编　引力的结构与和谐

第七概述　劳动引力的衔接 ………………………… 337
　第二十五章　谢利叶劳动中个人引力和集体引力的创举 …… 337
　第二十六章　借助计谋、情欲、美食学的谢利叶的衔接 …… 347
　第二十七章　关于美食学或美食谢利叶的智慧 …………… 353
　第二十八章　关于一般纠纷的萌芽或简单的家族关系 …… 361
第八概述　分配方面自愿的协调 …………………… 370
　小引 ………………………………………………… 370
　第二十九章　关于由物质享受所产生的自愿协调 ………… 371
　第三十章　关于通过三个阶级融合的途径所实现的
　　　　　　　衷心一致 …………………………… 378
　第三十一章　关于由结构的美妙而产生的自愿协调一致 …… 386
　第三十二章　关于由三种统一——物质利益、感情联系和

结构力量而产生的自愿一致……………………… 394
关于应用的概括性结论……………………………… 401

第五编　论情欲的普遍平衡

第九概述　论分配的协调……………………………… 417
 第三十三章　关于谢利叶的分类……………………… 417
 第三十四章　关于分配问题上的直接协调，或由于
     贪财所获致的平衡……………………… 424
 第三十五章　关于分配问题的反协调，或由于
     慷慨大方而获致的平衡………………… 434
 第三十六章　关于高级的协调，或十六种天然反感的结合… 443
 补充　人口的平衡……………………………………… 462

第十概述　关于情欲力学的考察……………………… 469
 第三十七章　性格和气质的序列……………………… 469
 第三十八章　关于高度和谐或报偿平衡的小组……… 475
 第三十九章　论真正的幸福…………………………… 480
 第四十章　研究情欲的指南；皈依上帝的意旨……… 485
 摘自《福音书》的确证………………………………… 491
 近似的基层机构………………………………………… 519

构成反证的第六编和第七编的计划

前言……………………………………………………… 527

第六编 文明制度的剖析

第十一概述 基本的和有联系的特点 ······ 531
 第四十一章 四个阶段连续的特点 ······ 531
 第四十二章 这个时期的持久性的特点 ······ 535
 第四十三章 商业分类的特点 ······ 538
 第四十四章 商业在种的方面的特点 ······ 544

第十二概述 指路灯和误差的特点 ······ 554
 第四十五章 和谐反射的特点 ······ 554
 第四十六章 颠覆性反射的特点 ······ 562
 第四十七章 倒退的接种运动的特点 ······ 568
 第四十八章 第三阶段的退化的特点 ······ 573

关于第六编的摘要 ······ 581
 建立科学反对派的必要性 ······ 581

第七编 运动的全面综合

第十三概述 社会世界的初期 ······ 589
 第四十九章 文明制度第四阶段及其在跨进保障制度
     以前的中间阶段的结构 ······ 589
 第五十章 第六时期(即保障制度)的局部结构 ······ 594
 第五十一章 第六时期的完整结构 ······ 600
 第五十二章 文明制度前的四个时期的结构 ······ 603
 插曲 摆脱社会混乱的出路 ······ 607

第十四概述 运动的先验部分 ······ 611

第五十三章	形而上学总论：确立上帝关于命运总体的计划	611
第五十四章	运动的多种一般性的类比	613
第五十五章	运动的多种特殊性的类比	618
第五十六章	论灵魂不灭	623
关于类比的收场白		628

跋　论智力的白内障

学术界和政党的欺骗性 ································· 643
  1. 投机性的候选 ································· 645
  2. 驳斥欧文主义者 ······························· 651
  3. 关于简单化或白内障的原因 ····················· 657
  4. 关于白内障的几个大家熟悉的论证 ··············· 661
  5. 个人的候选资格 ······························· 665

前　言

为反对发现者而设置的重重障碍

有一种方法可以使劳动产品突然增加三倍，使所有的黑奴主决定相约解放黑人和奴隶，使所有的野蛮制度的人和蒙昧制度的人（哲学从来没有研究过这两种人）马上文明起来，使语言、计量、货币、活版印刷等方面都自愿建立起完全的统一，等等！！！文人才子们会说这种方法是江湖骗术。

作者本人应该预见到宏伟的诺言会引起的这种怀疑。如果他不是凭恃绰绰有余的证据，他就不会去冒让别人怀疑自己在耍花招的这种风险。科学上的江湖骗子力图不去触犯舆论，他们摆出一副圆滑的、曲意逢迎的姿态。他们避免作难以置信的预言。但是，那个宣布真实的发现的人，如果他不反驳任何人，也就只是个江湖骗子而已，因为他不会提出任何新鲜的东西。因此，哥伦布、伽利略、哥白尼、牛顿、伽尔维、林奈就不得不对他们所处的时代进行迎头痛击，以便来反驳最根深蒂固的舆论。

然而，学院形式却反对人们对受到信任的科学进行反驳。如果你想钻进享有特权的诡辩家的行列，你就得按照通常的做法对大家阿谀奉承、顶礼膜拜。发现者的作用则完全不同。他并不抱着进科学院的奢望，并不一定要接受科学院定下的调子。他不能够对他要破除的偏见顶礼膜拜。希望发现者不背离已经公认的观念，就好像要求那作考察旅行归来的自然科学家不拿出任何一种新植物一样。那些从美洲给我们带回奎宁、烟草、土豆、可可、香子兰、靛蓝、骆马毛织物和洋红的人，难道他们对我们的贡献不比他们只带回大家已经知道的东西更大一些吗？

一个近代的人曾经讲得很有道理：最难被人宽恕的大错误，就是宣告新的真理（托马：《对笛卡儿的赞词》）。发现了很多新的极端有益的科学，这就是我的错误。最有价值的新事物在刚出现的时候都遭到过反对：土豆和咖啡曾经被议会下令禁止，疫苗、蒸汽机最初也同样遭到诽谤。抵制发现，并且侮辱发现者，这是文明制度的人固有的一种怪癖。各个阶级的自尊心都在这种蓄意破坏文化艺术的行径中得到好处。哲学家们倾向于扼杀会损害他们的体系的发现，笨蛋们自认为是文人才子。正如哥伦布时代一样，他们在某一种理论未被检验以前，就对它百般讥笑，因而产生了这样的情况：大家一致反对发现，甚至反对已经得到一半承认的新事物。当塞维涅说"人们对咖啡会感到厌倦，正如会对拉辛的悲剧感到厌倦一样"的时候，大家便向她鼓掌喝彩。

人们以江湖骗子很多作为反对理由，来说明他们为什么不信任发现者和迫害发现者。这是学术界的罪过，因为学术界没有设立过任何从事研究的评审委员会。它现在的组织机构只便于搞阴谋诡计。请举出一个受过排斥的江湖骗子的例子来吧！请举出一个没受过排斥的发现者的例子来吧！科学院为自己辩解，把过错推到那些蒙昧无知的时代身上。我们这个自命为颇有智慧、颇有文化的时代，难道没有拒绝过轮船和煤气照亮的发明者富尔敦和勒本①吗？在本书的跋中，大家将会读到一篇文章。在这篇文章里，法国的学者们以为替自己破坏文化艺术的行为进行了解释。他们假装谴责这种行为正是为了用它来反对那些没有靠山并且敢于用理论来触犯别人的自尊心的人。法国学者这样做，就暴露了本相，揭穿了自己。

我们以后再去进行这个讨论吧！更紧迫的是使读者了解我准备要他们专心研究的主题，即了解比文明制度更高级的社会制度的序列。这些社会制度的结构最后终于被我发现了。人类在它的社会历程中必须经过三十六个时期。我在这里提出一个前几个时期的一览表。这张表将足够概括本卷中的材料。

人类社会初期的序列
其余三个时代

生产活动以前各个时期	K. 混沌时期，没有人类		C.1
	1. 原始时期，被称为伊甸园的时期		C.2
	2. 蒙昧时期，或无为时期		C.3
分散的、欺诈的、令人厌恶的生产	3. 宗法制度	小规模生产	
	4. 野蛮制度	中等生产	
	5. 文明制度	大规模生产	
协作的、真实的、诱人的生产	6. 保障制度	半协作制度	
	7. 协作制度	简单协作制度	C.4
	8. 和谐制度	复合协作制度	C.5

（注：字母 C 指的是过去和未来的创造活动时间。）

---

① 勒本(1769—1840年)，法国化学家，煤气照明的发明者。——译者

我不提第九时期和以后的各个时期，因为目前我们只能上升到第八时期，而这个时期和现存的四种社会制度比较起来，已经是无限幸福了。仅仅由于利益、娱乐，特别是劳动引力的影响，这个第八时期就会突然自发地扩大到全人类。这种劳动引力的影响目前还是我们的政治家和道德家不知道的一种结构。人们愈来愈感到需要这个时期。因为无法引导下列几种人参加农业劳动：

圣多明各的黑人（尽管用诱饵来引诱他们，给予他们自由、给予他们资料）

巴西的黑人（尽管某一个既善于判断、又慷慨大度的殖民者曾经做过一些试验）

美洲的蒙昧人（尽管自以为在协作和诱人的生产制度方面有所发现的欧文派做过一些尝试）

任何一帮人，任何黑奴主都不愿意采纳这个派别提出的与本性完全对立并且无利可图的体系。这个体系无利可图达到了这样的程度，以致连这个派别本身也不敢对这个体系的利益谈论一个字，因为它的利益的确太微不足道了。但是真正协作的、诱人的和符合本性的方式，从第一年起就使产品增加了三倍。欧文派距离这个结果，距离劳动引力多么遥远啊！

要创造这种引力，必须发现本书所阐明的、称为情欲谢利叶的方式。这种方式在上表第六、第七和第八时期内逐步建立。第六时期只创造半引力，还不能诱动蒙昧人。第七时期将开始吸引他们。第八时期，除此之外，还会使游手好闲的富人动心。由于创造了这种作为第八时期的结构的情欲谢利叶，将能越过第六和第七时期。

对社会命运序列的认识将会消除我们关于幸福的偏见。我们关于这个论题的有些概念错得太严重了,以致哲学给予我们三十种人们并不需要的诸如主权及其他毫无用处的虚伪人权等权利,却拒绝给予我们下列七种天赋的权利:

1. 狩猎
2. 捕鱼
3. 采集果实
4. 放牧
5. 内部联系
6. 无忧无虑
7. 外部偷窃
X. 逐步升级的最低限度生活
K. 实际的自由

只有在第八时期才能够充分得到这些自由或者人们更加喜爱的等同物。社会将越过第六、第七时期而进入这个时期。由于蒙昧主义的影响,发现和通过第六、第七时期将需要花费很多世纪。这种蒙昧主义是古代学者在把自然界描绘成针插不进、外面遮盖着青铜的帷幕的时候所留下的智力上的创伤。关于这一点让我们听听西塞罗是怎样说的吧:"Latent ista omnia, crassis occultata et circumfusa tenebris, ita ut nulla acies humani ingenii tante sit, quae in coelum penetrare, in terram intrare possit"①这就是古代

---

① 这句话的大意是:"这一切仍然是我们无法理解的,因为人类的智慧不能敏锐到上穿天幕、下入地心。"——译者

学者所制造的青铜的帷幕的幻象。现代人则走到另一个极端,吹嘘他们的知识源远流长。而这些知识所产生的只不过是贫困、欺诈、压迫和恶性循环而已。

某些谦逊的学者,诸如孟德斯鸠、伏尔泰以及其他我们所要引证的人物,愿意发表比较通情达理的意见,愿意发表像好些著名人物想过要发表的那样声明:当社会政治还在摇篮之中的时候,理性已经陷入迷宫。这些著名人物,从亚里士多德到蒙台涅①都说过:"我知道的就是我什么都不知道。"这些温和的意见失败了,走极端的意见占了上风。特别在像克雷比荣②这样的骄傲自满的哲学家身上更是这样。克雷比荣认为,在他以后,人们再也不会发现任何悲剧题材了。

政治家、形而上学者、道德学家和经济学家就这样认为,或者装作认为,人们不会发现任何优于文明制度和野蛮制度的社会制度了,因为文明制度和野蛮制度是他们狭隘的眼光的最高境界。他们堕入文明制度还可以改进的这种幻想的深渊。他们迷恋巴黎微不足道的四十万法郎的预算。我在跋中证明,他们之中的每一个人在协作制度下将会依靠自己的劳动获得四十万法郎以上的收入。

但愿他们不要再为协作社的命运的发现而惊慌不安,因为惊慌不安是不能进行论证的。盲目的团体是不会后退的。要使这些团体大批改变信仰是不可能的。不过这并没有什么要紧。只消使

---

① 蒙台涅(1533—1592年),文艺复兴时期的法国进步哲学家。——译者
② 克雷比荣(1707—1777年),法国小说家。——译者

它们之中的很小一部分人醒悟过来,只消用巨大的荣誉和财富做诱饵来劝诱这一小部分人就行了。任何敢于首先起来揭露被称为政治、道德、经济的幻想的卓越作家应该得到保证能获得这种巨大的荣誉和财富。这些幻想是使人类的心智失明的真正的白内障。这些科学只是使各个民族脱离了沿着社会序列向前发展的道路。在这部著作中,人们将会看到,应用于一千八百个人的符合本性的或协作的结构的小规模试验就会使文明社会和野蛮社会到处都成为笑柄,并且将证明文明社会和野蛮社会绝对不是人类的命运。

那时,我们关于幸福、智慧、美德和博爱的无益的学术争论将告结束。那时,将会证明,真正的幸福在于享有巨大的财富以及无限的乐趣。而这正是我们的哲学家所否认的真理,因为他们的科学并不能把这种幸福给予任何人,甚至也不能给予骄奢淫逸的人和国王。恺撒获得世界王位之后,在王位上只不过找到空虚而已。他高喊:"只不过就是这样!"曼泰侬夫人说:"我在多得难以想象的财富中忧郁得要死。只是因为有上帝的帮助,我才没有死去。这一点难道你们没有看到吗?"(如果这种帮助竟导致她死于忧郁,那么这种帮助就微乎其微了!)她还说:"我为什么不能够使你们看到那种折磨达官贵人的苦闷和整天伴随着他们的那种痛楚呀!一切社会地位只留下可怕的空虚、不安、厌倦以及想尝尝别的东西的渴望!"贺拉斯①曾经用另外的话谈到过这一点:"Post equitem sedet atra cura"②。因此,巴黎的骄奢淫逸之徒的生活是非常低贱的,是

---

① 贺拉斯(公元前65—前8年),罗马伟大的诗人。——译者
② 此句大意为:"骑士的背后暗伏着烦恼。"——译者

疲疲沓沓的。在协作制度下最没有钱、最不走运的人也将比巴黎的骄奢淫逸之徒更幸福，因为他们将能够痛痛快快地满足自己的十二种情欲，而这十二种情欲互相配合的发展乃是完美的幸福的唯一保证。

当新灾旧难正沉重地压在文明制度的人的身上的时候，有人却说服他们相信他们正在朝着尽善尽美的境界飞奔。这些灾难中有二十四种会在第四十八章中描述，其中最突出的是国债这个祸害。国债日益增加，只要西方列强之间一旦爆发战争，它就会引起普遍破产以及随之而来的革命。

还有其他许多没有被人察觉的祸害：商业的侵犯就是其中的一种。这种祸害有到处泛滥淹没一切的危险。各国政府终于开始对它感到惊慌不安。只有协作的理论才能教给我们推倒这个政治巨人的方法。

我们的所谓复兴家的缺点就在于他们只谴责这种或者那种弊端，而不谴责整个文明制度，而这种制度却正好是各部分弊端的恶性循环。必须跳出这个深渊。我指出了跳出这个深渊的三十二条出路。

三千年以来，哲学没有能够发明出经济和社会政治方面的新秩序。无数哲学体系都是建立在按家庭分配，即按最小和最浪费的联合单位来分配的基础上。人类的才华多么贫乏啊！

最后，看看这里的新思想或者新理论吧！这些新思想或新理论不是用慈善的幻想——煽动者的真正的假面具——去骚扰政府，而是去迁就迎合政府的观点。任何一位部长都会欣赏这种方法。这种方法通过使实际收入增加三倍就能使捐税猛增一倍，同时从相对的意义上来说,会使被统治者的捐税负担减轻一半(他们仅从增加三倍的收入中比以前多交一倍。)

如果全世界——蒙昧世界、野蛮世界和文明世界——都这样办,便会产生更加辉煌的效果;通过在局限于一平方法里和一千八百个人的范围内进行的试验来改变整个世界的面貌。这与使一些帝国从上到下搞得天翻地覆却不能确保取得良好效果、也不能使野蛮人和蒙昧人参与其事的哲学比较起来,形成了一个多么鲜明的对照啊!

可怜的文明制度为了一些微不足道的小事做了巨大的努力。为了解放也许只有希腊十分之一大的地方,要派遣陆军和海军;为了作出解放黑人的尝试,要进行革命和屠杀;为了帮助贫民,进行了毫无成果的尝试。所有这些侏儒们干的事都快完结了。人类将全部得到解放和拯救。一旦他们通过在一个乡的范围内进行的试验,了解到从诱人的生产中可以获得财富、欢乐和美德的奇迹,他们到处都会参加这种劳动。

在那里党派精神的幻想和狂热将宣告完结。每个人看到人的真正命运——情欲力学——时,便将会为文明制度的荒谬现象感到这样的惭愧,以致谁都会同意尽快把这些现象忘掉。

虽然我在这里不得不揭露商业及另外一些邪恶的行业,但是我并不责难那些从中牟利的人,因为过错在于文明制度的政治本身。这种政治促使人们为非作歹,它除了教人欺诈以外,并没有为人们开辟一条别的发财致富的道路。

必须经常重复已经讲过的东西,以便破除某些偏见和幻想。例如,企图在这种道高一尺魔高一丈的文明制度下达到完美的境界，企图通过分散生产（这种分散生产的产量，仅及协作制度生产量的四分之一，人口无限制增加的这个弊端，使这种产量成为虚幻的东西）来发财致富，想在发现劳动引力这种作为良好的风尚和公正的分配的唯一保证以前就树立起道德风尚，这些就都属于上述这类偏见和幻想。

现在，巴黎正在进行根除行乞现象的尝试。这只是一种尝试而已，并不是一种真正解决问题的办法。因为委员会不懂得在城市实行这一办法以前，必须先在乡村实行，必须在农业、工业、商业和家务等方面进行生产改造。不必再探索了，因为从现在起，通过进入后文一览表中的第二、第三和第四阶段，就能够选择用来根除，以及预防这种易染的恶疾的真正方法。

那样多作家正在寻找新题材，而这就是曾经提出过的最丰富的题材。我只能勉勉强强论述它的二十分之一。对我的合作者说来，猎获物将是丰富的。我应该通过导言来预示这件事。这篇前言将驳斥我们所谓的社会完美无缺的谬论。这所谓的完美无缺只不过是缺乏一切智慧、在政治和经济方面倒行逆施罢了；只不过是牵瞎子的瞎子的狂妄的奢望罢了。（《福音书》）

序　　言

第一篇论文　说明和预备概念

与人结亲、继承遗产、谋得肥缺等，使人一下子时来运转，收入倍增，世界上没有比这种愿望更加普遍的愿望了。如果能找到一种使每个人的收入，就其实际价值来说，不是增加一倍，而是增加三倍的办法，那么这种发现毫无疑问将最值得大家注意。

符合本性的协作制方式的成果就将是这样。在法国，原来估计每年收入为六十亿。从实行协作制度的第一年起，就将提高到二百四十亿。对其他国家说来，也可以达到同样的比例。

最巨大的财富如果没有一种分配制度来保证，那么这笔财富将是虚幻的。这种分配制度应该保证：

按比例分配，并且使贫困阶级能分得这种不断增加的收入；

人口的平衡，人口无限制增加将会很快抵消增加四倍甚至十倍的实际财富。

这些问题，亦即近代科学的暗礁，由于符合本性的协作制方式的发现，已经完全得到解决。关于这种协作制的方式，读者将会读到一篇简略的论述。

在我看来，用经济的新世界这个标题来表明这个美妙的协作制度是再确切不过了。这种制度的多种属性中,有一种是创造劳动引力的属性。在这种制度下,人们将会看到,我们那些游手好闲的人,甚至好打扮的女人,将怎样不分冬夏,早上四点钟就起床,热情地从事有益的工作——照料菜园和禽舍,克尽家庭、工厂和其他方面的职责。而这些都是在文明制度下的整个富人阶级对之产生反感的职责。

由于大家完全不了解的一种分配的影响(我把这种分配称为情欲谢利叶或对比小组谢利叶),所有这些工作都将变成诱人的工作。这是一切情欲向往的结构,是符合本性的愿望的唯一制度。蒙昧制度的人在没有看到在情欲谢利叶中怎样进行生产劳动以前,是永远不会采纳生产劳动的。

在这种制度下,诚实和公正的实践成了发财致富的途径。而大多数按照我们的道德观点看来是引诱人堕落的恶习,例如美食癖,则变成进行劳动竞赛的途径。因此,烹调的精致在这里作为智慧的动力而受到鼓励。这种制度与靠谎言来发财致富、而把明智建筑在节衣缩食的苦行上的文明制度结构,正好背道而驰。根据这个对比,那种充斥着谎言和令人厌恶的劳动的文明制度将被称为倒行逆施的世界,而建立在诚实和诱人的劳动的基础之上的协作制度则被称为方向正确的世界。

特别对学者和艺术家说来,协作制度将是新的世界和方向正确的世界。他们将在那里马上得到他们渴求的东西——比他们在文明制度状态下所能希望得到的多二十倍或多一百倍的财富。文明制度的状态对他们说来真是一条荆棘丛生的道路。在那里他们饱尝忧患辛酸,受尽压迫奴役。

至于其他阶级,我要向它们宣告它们的收入将增加三倍。这些阶级最初会怀疑我夸大其词,但是协作的理论是这样容易理解,以致任何人都能够判断,都能够对这种看法是否正确给予最公正的评价。这种看法是:我们在这里用的情欲谢利叶这个名称所叙述的符合本性的行为方式,将比我们现在这种有多少对夫妻就有多少个经济单位的生产多提供三倍的收入。

有一种偏见始终阻挠着对于协作社问题的探讨。有人说:"把三四个家庭联合起来管理,在一个星期后不发生纠纷,特别在妇女中间不发生纠纷,那是不可能的事。把三十个或四十个家庭结合为合作社,尤其不可能,更不要说把三百个或五百个家庭了。"

这种论断非常错误。因为,如果上帝希望人们实行节约和运用力学,那么他就只能考虑建立人数尽可能多的协作社。于是,三个和三十个家庭所组成的小联合团体的失败就是大联合团体的成功的先兆。但是要做到这点,那就得事先探寻一种符合本性的协作理论,或者符合上帝意旨和适合引力要求的一种方法,因为引力是上帝的意旨的传达者。上帝借助引力来管理物质世界。如果他运用另外一种动力来指导社会世界,那么在他的体系中便不会有行动的一致性,而只有行动的二重性了。

研究情欲引力会直接导致发现协作结构。但是如果在研究引力之前希望研究协作社,那就会有长时期迷失在错误的方法之中的危险,就会有变得心灰意懒、意志消沉的危险,就会有认为协作社不能实现的危险。目前的情况是:已经被忽视了三千年之久的协作社问题,终于重新引起学术界的注意。

几年来,人们就"协作社"这个词写文章,却还不了解问题的实质,甚至还没有确定协作关系的目的、它应该采用的形式和方法、它应该做到的条件和它应该产生的成果。人们在论述这个题目的时候,思想混乱到这样的程度,以致连研究这样一个新颖的理论应该遵循什么途径来进行一次广开言路的竞试,都还没有想到。这种广开言路的竞试会使人们承认,用人们已经知道的办法是不可能取得成就的,必须在还没有被探索过的崭新的科学中去寻求其他办法,尤其是要在关于情欲引力的科学中。也就是说,在牛顿已经十分接近但被忽略了的科学中去寻求其他办法。现在,我们要来证明什么是协作社成功的唯一途径。

如果贫民、工人阶级在协作制度下不能过幸福的生活,他们就要用恶意、盗窃、叛乱等方法来扰乱这种制度。这种制度就达不到目的。因为这种制度的目的在于既要使属于情欲的东西协作化,也要使属于物质的东西协作化,要使多种情欲、性格、嗜好、本能和不平等协调一致。

但是,如果为了满足贫苦阶级,于是就保证给予他们某种福利,预付给他们大量最低限度的丰足的粮食、衣服等,那么这是鼓励他们游手好闲。这一点我们在英国就可以得到证明。英国每年花费的贫民救济费多达两亿,其结果不过是乞丐的人数倍增而已。

根除这种游手好闲的现象和其他足以瓦解协作社的恶劣弊病的办法,就是探求和发现劳动引力结构。这种劳动引力将使工作变为一种乐趣,同时保证人民能够持久努力从事劳动以偿还预付给他们的最低限度的生活资料。

根据这种考虑,如果希望在协作理论方面进行系统的研究,首先便应该举行竞试方式,通过分析与综合来研究情欲引力,以便发现它是否会提供劳动引力的动力。这是本来应该采取的正确步骤,而这种步骤却是那些含糊而肤浅地谈论协作的人所没有瞥见过的。如果他们研究过引力,他们就会发现情欲谢利叶的理论。没有情欲谢利叶的理论,就不可能奠定协作结构的基础。因为没有情欲谢利叶便无法达到一个首要的条件,例如:

劳动引力

比例分配

人口平衡

除了谈论之外,美国和英国还有人对协作社做过尝试和实验。欧文先生所领导的派别曾经断言,他们创立了协作制度。其实,他们正与此背道而驰。由于他们的方法不对头,完全违反本性或引力,他们把协作社思想搞得声名狼藉。因此,欧文派既没有引诱过蒙昧制度的人,也没有引诱过邻近的文明制度的人。任何一个部落、合众国的任何一州都不愿意接受这种财产公有的寺院制度,也不愿意接受这种半无神论或者缺乏对神的崇拜的办法,以及欧文先生用协作社名称所装扮起来的其他怪诞的东西。他在玩弄这个得到人们信任的名词,他把这个名词当作投机的对象,他用慈善的形式把自己打扮得滑稽可笑,而学术团体却对这个重大问题漠不关心,对于确定所应该具备的条件和必须达到的目的漫不经心。这就使阴谋家们在这个问题上很容易把舆论引入迷途。

没有一个作家或者企业家接触到问题的实质,接触到下面这些问题:在农业和家务上不仅使许多富裕程度不同的家庭的经济能力和劳动能力协作起来,而且也使情欲、性格、嗜好和本能协作起来;发展每个人的情欲、嗜好和本能而不触犯群众;从幼年起就发挥儿童的多种劳动天赋；把每个人放到符合他的本性的不同的工作岗位上，经常变换工作和用足以产生劳动引力的魅力来维持工作。

人们不这样考虑问题，而仅仅是肤浅地谈论问题；不创立理论，而仅仅在协作社的局部问题上表现一点小聪明。仿佛提出这个问题，只是为了抹煞这个问题。因此，"协作"这个词被糟蹋，不再受人尊敬。某些人拿它来掩饰竞选阴谋和证券投机诡计，有些人又认为它是无神论的动力。这是因为，欧文派由于废除了拜神的仪式，便在美洲博得了一个无神论派的称号。所有这些事件对真正的协作散布了那样多的不信任，以致我认为把"协作"一词放在我的简明的概论的标题中是不适当的——这个名词从成了掩盖各种阴谋诡计的外衣的时候起，就已经没有任何意义了。

这个名词愈被滥用，便愈有必要就这个问题提供一些初步的概念，以便使读者理解到：真正的协作，作为一种把一切情欲、性格、嗜好和本能都应用于生产的艺术，乃是社会方面和经济方面的新世界。读者应该料到在这个理论中会找到与他的成见完全相反的一些基本原则。正当俨然最文明国家的人民也同处于野蛮状态的中国以及印度半岛的平民一样贫困的时候，正当分散的经济或小家庭式的家务只是苦难、不公道和邪门歪道的迷宫的时候，这些成见却把文明状态描述成人类的命运和使人类臻于完美之境的途径。

我们首先应该注意到协作制度的最明显的结果——增加产量三倍。大规模的联合体进行活动时，只消使用我们小规模经济合起来所需要的工作人员和机器的百分之一，只消用四五个大炉灶，就足以代替三百个厨房的炉灶和三百位家庭主妇,来准备供应四五个等级选用的各种膳食。这是因为协作制度绝不主张平均主义。只消用十个有经验的人就足以代替文明制度所占用的三百个妇女,因为在文明制度下没有为一千八百人(这是最适当的数目)准备膳食的厨房所利用的各种机械设备。这种联合组织将为每个人准备他们预订的不同价格的饭菜,而没有任何违反个人自由的强制行为。

在这种情况下,人们花在精美的膳食上的费用比现在花在粗劣的伙食上的费用少得多。燃料会大大节约,从而保证森林和水土气候的恢复。这比上百条已经定出来但是行不通的森林法的效果要好得多。

家务劳动将简化得可以使八分之七的家庭主妇和全部女仆能够用于生产职务,并且适合担任生产职务。

我们的世纪宣称,协作精神是它的特点。可是它在农业方面采取按家庭分配的制度,亦即按照可能结合的最小的单位来实行分配,这究竟是怎么回事呢?在我们的农村里,这种农业单位只局限于一对夫妇或者五六口之家。农村里到处都修建有分布的位置最差、照管得最糟的三百个谷仓和三百个地窖。不能设想还有比这种农业联合单位更小、更违反节约原则、更违反协作制度的了。而在协作制度下,只要一个谷仓、一个地窖就足够了。这个谷仓和这个地窖的地点安排恰当,工具精良,只占用分散经营或家庭制度需要的十分之一的工作人员。

有时,农学家在报纸上发表一些关于农业将会获得巨大收益的文章。这些文章认为,如果能够使共同耕种田地的两百个或者三百个家庭的情欲协调起来,在情欲方面和物质方面实行协作,农业便会由于大规模的社团联合而获得这种巨大收益。

他们在这个问题上只是徒劳无益地祝愿了一番,发泄了一通怨言。他们说,之所以办不到是因为财产不平均和性格不相同的缘故。这些差别的表现绝不是障碍,相反的,却是重要的动力。没有财产、性格、嗜好和本能方面的极不平等,便不可能组成情欲谢利叶。假如没有这种不平等的级别,就必须在各方面创立这种不平等的级别,然后才有可能使那属于情欲的东西协作起来。

在文明制度下,我们所看到的只是物质上的协作的闪光,只是本能,而不是知识所形成的萌芽。本能告诉一百个乡村家庭说,一个公共炉灶在砌造和消耗燃料方面比一百个家庭小炉灶要便宜得多。而且两三个有经验的面包师照顾这个公共炉灶比一百个妇女照顾一百个小炉灶更好,因为妇女三次中就有两次掌握不好炉灶的火候而把面包烤焦。

常识使北方居民懂得,如果每个家庭都想自己酿造啤酒,这种啤酒的成本就会超过最好的葡萄酒。僧侣团体和军事单位出于本能都懂得,由一个厨房来办三十个人的伙食比三十个厨房分开来办,不但好而且便宜。

汝拉的农民看到,只用一家的牛奶无法做出名叫"格留叶尔"的干酪。如果各家联合起来,每天把牛奶送到公共的干酪制造厂去(干酪厂把每家应缴纳的费用,计算出来,记在木片上),这些少量的牛奶合成一起,便可以用极少的费用在大锅里制造出大块的干酪。

我们这个在节约方面抱负不凡的世纪怎么没有想到过发展这

种协作的萌芽,使它们形成完整的体系,并且运用在七种劳动的联合上呢?这七种劳动是:

1. 家务劳动
2. 农业劳动
3. 工业劳动
4. 商业劳动
5. 教育劳动
6. 科学的研究和应用
7. 艺术的研究和应用

从下述的理论中可以看出,这种联合单位应该由一千八百人组成。如果超过二千人,它就会退化为乱哄哄的人群,就会陷入纠纷之中。如果少于一千六百人,它就会联系得不牢固,就会受结构不完善、劳动力有缺陷等缺点的影响。

但是,可以用很少的费用进行试验,把上述人数缩减到三分之一,即缩减到六七百人。试验的结果会差一些,获利也会少一些。但是这些结果也足以证明,达到足够人数,即达到一千八百人的联合,就会完全实现下述理论中所描述的利益与和谐。

一旦通过这种试验明确了称为情欲谢利叶的法郎吉的结构能够创造劳动引力以后,我们立刻可以看到它会快如闪电似地被人仿效。非洲所有的蒙昧制度的人和黑人,都会开始从事生产活动。因此,经过三四年之后,人们会拥有用同等数量的谷物换来的食糖,以及拥有按比例换来的其他热带食品。

收入增加三倍,各国就能够偿还国债,这是上千种优越性中的一种。那时,法国每年的国民收入估计可以由六十亿提高到二百四十亿。国家从二百四十亿中征收二十亿会比现在从六十亿中征收十亿容易得多。结果是，虽然捐税的现款增加了一倍，而捐税负担却相对地减轻了一半。

向法国和英国读者，特别向国债负担极其沉重的英国读者指出这种前景是适宜的。法国马上就会撞到这种暗礁，因此更加需要我发表出来的这个发现。

本来可以迅速改变世界面貌的这一理论竟然推迟到现在才发现，对这一点是否应该感到惊奇呢？人们从来没有寻求过这个理论，它是人们还不知道的东西。当然，偶然发现宝藏和金矿也是可能的。但是理论需要探讨。在完全不去寻求它、不举行竞试征求意见的时候，是不会被发现的。

况且，人们研究劳动的理论才不过一百年。古代世界完全没有研究过这个问题。奴隶制度妨碍了这种研究，给协作结构的发现设下了重重障碍。在奴隶存在的情况下，协作结构是行不通的。

不再受奴隶制度习俗约束的近代人，本来可以指望在农业和家务方面进行协作。但是，经济学家们却受到偏见的束缚。这种偏见使人相信，分散经营，即各个家庭分开来耕种土地，乃是人的天性，是人的注定不变的命运。这些经济学家的一切理论都是建立在这种头等谬误的看法上的，而这种谬误又受到只把保持家庭关系和增加茅屋看成是明智表现的这样一种道德的大力支持。

因此，经济学家们承认他们发现的而且已经根深蒂固的两种根本性的弊端是必然的了。这两种弊端是：农业的分散性和商业的欺骗性。商业听任个人竞争，而这种个人竞争完全是欺骗，并且会引起纠纷。它使经销人的数目超出诚实制度所占用的人数的二十倍。

称为文明制度的社会制度就是建筑在这种弊端之上的。这种社会制度绝不是人类的命运。恰恰相反，它是人类所能建立的社会制度中最丑恶的一种。因为这是一种最阴险的社会制度，阴险得甚至引起野蛮制度的人的藐视。

尽管如此，文明制度却在运动序列中起着重要的作用，因为正是它创造了走上协作道路所必需的动力。正是它创造了大规模的工业生产、高度发展的科学和艺术。应该利用这些手段在社会发展阶梯上步步高升，而不应该永远陷在这种称为文明制度的苦难和可笑的事物的深渊中。因为文明制度虽然有种种生产的功绩和源源不断的以假代真的智慧之光，却不能保证给予人民劳动和面包。

在其他星球上，也同在我们的星球上一样，人类被迫在包括四个时期（蒙昧时期、宗法时期、野蛮时期、文明时期）的虚假和分散的结构中度过大约一百代，而且在没有达到下述两个条件以前总要受尽折磨。这两个条件是：

第一，要创造大规模的生产、高度发展的科学和艺术，因为这些动力是建立与贫困和愚昧无知水火不相容的协作制度所必需的；

第二，要发明这种与分散经营相反的协作结构，即经济的新世界。

要在这件事上获得成就，有很多途径可循。我将在这个简单叙述的过程中论述这些途径。所有这些途径都遭到忽视。其中，情欲引力的研究计算也被忽视了,而这种研究计算是牛顿在物质引力的研究计算方面的成就要求人们去进行的。

第一个条件已经很好做到了。我们早就把生产、科学和艺术推上足够的高度。当雅典人用逐年偿付的赎买办法代替奴隶制度的时候,就已经建立了协作制度。

但是,第二个条件还根本没有做到:从开始研究经营产业问题一百年以来,人们还没有想到过要发明一种与分散经营即小家庭经济相反的结构,甚至还没有建议过对家务和农业活动方面的协调经营制度进行探讨。人们为无关紧要的学术争论,为毫无裨益的著作设立了几百种奖金,却没有为符合本性的协作制度的行为方式的发现颁发过一枚小奖章。

同时,每个人都觉察到,社会世界绝对没有达到自己的目的,生产成就只不过是欺骗群众的诱饵而已。在备受夸奖的英国,有一半人口为了挣七个苏,竟被迫在这个生活费用比法国昂贵的国家每天工作多达十六小时之久,甚至往往不得不在臭气熏天的工厂中工作这样久。大自然多么明智啊!它激发了蒙昧制度的人对文明制度这种生产劳动的蔑视。因为对从事生产劳动的人说来,文明制度是一场灾难,而对饱食终日无所事事的人和少数长官说来,却有利可图。如果生产只是为了产生这种可耻的结果,那么,上帝是不会创造它的,也不会把这种文明制度和野蛮制度的生产都不能满足的对财富的渴望赋予人们的。因为这种生产为了使某些还自以为贫穷(如果在这一点上你相信他们的说法的话)的天之骄子发财致富,而让全体劳动者陷于贫困。

诡辩家们向我们大肆赞扬这种社会混乱,认为这是在迅速向完美的境界前进。我们反驳这些诡辩家的时候,将坚持社会智慧的三个首要条件,其中任何一条在文明制度下都是无法实现的。这些条件是:

劳动引力

比例分配

人口平衡

节约劳力

这是一个崭新的题目。谈这个题目的时候,必须一再重复过去说过的话,以便使读者抛弃他们所抱的大量偏见,回到可靠的原则上来。

我曾经指出,如果文明制度的人能享受最低限度的丰足生活,能得到食粮和像样的供养的保障,他们就会沉湎于游手好闲之中,因为文明制度的生产十分令人厌恶。因此,必须使协作制度下的劳动成为诱人的劳动,就像我们现在参加庆祝活动和观看游艺节目那样诱人。在这种情况下,偿还预付的最低限度的丰足生活的费用,是靠劳动引力来保证的。或者说,是靠人们对于非常愉快和非常有利可图的工作的情欲来保证的。这种情欲之所以能够保持,是因为有发给每个人(男子、妇女或儿童)三种红利的公正分配。这三种红利是按照三种生产资料——资本、劳动和才能确定的,而且对每个人说来都完全够用。

这种福利无论怎样好,如果人民像文明制度的下等人那样,譬如说像英国、法国、意大利、中国和孟加拉等国人口稠密的地方的人群那样大量繁殖而不加以限制,他们很快就会重新陷入极端贫困之中。因此,必须发现一种办法来保证防止人口无限制增长。

我们的科学提不出防止这种灾难的任何预防措施。情欲引力的理论则提出了防止这种灾难的四种保障,其中任何一种在文明制度下都不可能付诸实施,因为这种社会制度是与社会保障不相容的。在第六章和第七章中可以看到关于这一点的叙述。

还有很多其他弊端是协作制度应该用行之有效的办法来加以防止的。仅仅盗窃行为就足以使一切协作的企图流产。这些预防办法就存在于情欲谢利叶的结构中。文明制度无法把其中任何一种窃为己有。文明制度要试用的一切保障措施都失败了。它往往反而使恶行变本加厉。这一点从买卖黑奴和滥用金融责任制两件事中可以看到。存在着一种关于预防办法的专门理论,可是我们的科学家也像对待协作理论一样,把它忽略过去了。

协作理论为个人的雄心打开了方便之门。我们看到不少人就其地位、财富和知识而论都是出类拔萃的,但是他们为了谋得一个部长职位,或者往往比部长职位还低的职位而奔走钻营了多年。我们也时常看到,他们作出艰苦努力以后遭到了失败,为此而苦闷终生。

对于胸怀雄心壮志的可敬的人说来,现在有一种崭新的前途它的光辉和那随时都可能被撤换的部长的宦途迥然不同。在这里,成功不会是靠不住的,也不会被耽误,因为要担任协作制创办人的角色并不需要使用心计,并且一下子就可以使企求者爬到财富和荣誉的顶点。

任何一个自由的男子或妇女,只要拥有十万法郎的资本和抵押权,就完全足以担任拥有两百万资本的股份公司的总经理,能够创办符合本性的协作社,或者说创办诱人的产业,并且立刻把这种事业扩大到全球,使蒙昧制度的人转而从事农业,使野蛮制度的人转而尊奉比我们的风俗更加文明的风俗;能够依照协议来实现奴隶的解放,使他们不再受奴役;能够普遍建立语言、计量、货币、活版印刷等方面的统一;还能够创造出上百种其他奇迹,因而根据国王和人民的一致意见而获得可观的奖赏。

这种创办人和他的股东或者共事人可以得到的好处大得不可估量。这些好处必须留待以后再让大家知道。我将在跋中有关《候选人》这篇文章中再来论述。

我坚决认为现在获得名利的机会是很少的。要获得这种机会就需要从事令人害怕的劳动,遇到的不愉快的事就会层出不穷。已故的拉罗什富科公爵在鼓励发展工业这个有益的活动方面而声名显赫,可是他为了这件事却替自己带来很多苦难。我认为他得到的好处却很少。不仅如此,他并没有达到改善工人阶级命运的目的。下面将会看到,只要文明制度继续存在下去,工业的成就对人民说来只不过是又多了一种危险而已。

1827年,一位信誉卓著的银行家曾经拟定一个合股工业公司的创办计划,已经征集了二千五百万资金,并且有使这笔资金达到一亿的希望。他用这笔资金本来可以创办一些会使发起人声誉鹊起的出色的企业。但是,很快就遇到了重重障碍,不得不把公司解散。

这位银行家还曾试图以巴黎三十七家啤酒酿造厂为基础创办一个大型的经济联合企业,并把这些工厂联合成一个统一的企业。为此,他曾经组成一个拥有三千万资本的公司,但是这个公司遇到了障碍和阻力,在他四处活动、多方奔走之后,终于流产了。

因此，事实证明富人并没有什么轻而易举的有利可图途径去获得荣誉、而不会遇到麻烦的事情。

现在向他们敞开大门的这条途径则集中了一切优点，而没有任何障碍。这条途径为国家和人民的利益，为富人和穷人的利益服务。它保证收效迅速，不到两个月就能有绝对把握解决问题。在两个月内创办人就能决定世界命运的改变，抛弃三种社会制度（文明制度、野蛮制度和蒙昧制度），使人类终于建立他的命运——协作的统一。

为了取得这种比征服者的胜利更辉煌百倍的胜利，难道需要巨大的财富吧？不，只消拥有具备当选资格者那样的财产，即价值三十万法郎的平民财产就够了。其中十万法郎作为备用资金，由具有当选资格者在试办协作机构时充作利率很高的抵押金。

这种企业之所以容易举办并且有迅速成功的保障，是因为它与一切情欲相符合。我已经在关于奴隶解放的重大问题上证明过这一点。奴隶解放将由奴隶主自愿决定、赞同，甚至主动提出，因为他们迫不及待要享受协作制度的利益。今后，任何一个阶级的经济利益都不会受到侵犯。可是如果按照某些著名的方法，即布里索①、威尔白弗斯和废除奴隶买卖协会的方法，那就会违反奴隶主的利益。

让我们注意协作机构固有的这种使一切阶级、一切党派都满意的属性。正是根据这种理由，所以在这种场合下成功是轻而易举的事。用七百人进行小规模试验，一下子就能解决普遍改变面

---

① 布里索(1754—1793年)，法国十八世纪资产阶级革命活动家。——译者

貌的问题。这是因为,在这里,人们将会看到,哲学只能梦想的一切善行:真正的自由、行动的一致和成为发财致富的途径的诚实和公正占统治地位等等都会得到实现。在诚实公正并不能使人发财致富的文明制度下,要使人爱好诚实公正是不可能的。由此可见,欺诈和不公正支配着文明制度的立法,并且随着生产和科学的进步而日益泛滥。

就对命运的预感而论,普通老百姓比学者的鉴定能力更高明。他们把文明制度状态称之为倒行逆施的世界——这个概念本身就包含有出现方向正确的世界的可能性。而这个方向正确的世界的理论则有待于发现。

学者阶级没有预感到上面的类比所指出的这个新的社会世界。我们在物质的大自然中可以看到双重分配,即假的分配和真的分配:

协调的和正确的秩序存在于行星中

不协调的和不正确的秩序存在于彗星中

社会关系是不是也受运动的这种双重性的支配呢?难道不可能存在一种同支配着我们地球的那种虚假和强制状态相对立的真实和自由的秩序吗?在这里,生产和教育的进步现在只能促使人们关系中的这种普遍的虚伪性增长,只能使肩负生产重任的阶级的日益贫困。我们的平民、工人,比蒙昧制度的人不幸得多。因为蒙昧制度的人打猎捕鱼得手的时候,总是过着无忧无虑、自由自在、有时甚至是丰衣足食的生活。

哲学家们根据自己的学说,本来应该预见到人类的真正命运和在社会运动方面(也和在物质运动方面一样)的结构上的双重

性。他们大家一致教导世人说,宇宙体系内有统一性和类似性。让我们听听一位著名的形而上学者对这个论点是怎样说的:

> 宇宙是按照人的灵魂的样式构成的,宇宙的每一部分同它的整体相类似的情况是这样的:同一思想经常从整体反映于每个部分,又从每个部分反映于整体。(谢林)

再没有比这个原则更加真实的了。由此作者和他的信徒们应该得出结论说,既然物质世界受着两种结构——行星的协调的结构和彗星的不协调的结构——的支配,那么社会世界也应该有同样两种结构。否则,两个世界——物质世界和社会世界之间的类似就绝不会存在。宇宙体系中就绝不会有统一。既然显而易见,我们的文明制度、野蛮制度和蒙昧制度的社会制度是不协调和不合理的,是倒行逆施的世界,那么就应该探求达到方向正确的世界的途径。或者说探求适用于情欲和生产活动的诚实和社会的和谐的制度,并且用竞试和奖金来鼓励这种探求。

自从1798年有人偶然向我泄露了这一理论的萌芽之后,我费了三十年工夫,终于使这一理论通俗化,使它成为连最缺乏教育的人,甚至轻浮不实和憎恶学习的人都能够理解:它是一种令人愉快的研究计算,它可以由男子,也可以由妇女来进行。

任何一个希望享有盛名的有钱的妇女,都可以希望得到全世界统一的创始者的桂冠,当这个实验团体的头头。这个角色由斯塔尔夫人担任非常适宜,因为她曾经渴望获得巨大荣誉,并且拥有比足以领导创办工作多二十倍的财产。

某些没有财产的人也有希望获得这种辉煌的成就。享有信誉的作家可以鼓励像巴伐利亚国王这样的人类的朋友来决定进行协作的试验。在这种情况下，以演说家或发起人的身份协助创办这种工作的人，可以得到应有的一份光荣和创办人的报酬。

这种事业在欧洲可以提出十万个拥有必要的资金的人来作为创办它的候选人。只要先向他们之中的一个证明他很快就会获得巨大的财富和荣誉，就不难使他下定决心做这件事。现在我再来谈谈在这里会使人眼花缭乱的这个题目。最幸运的宫廷宠臣连一个小小的世袭王国都得不到，人们怎么会相信协作制度的创办人能够获得幅员辽阔的帝国呢？这一点将要加以精确的论证。

第二篇论文　协作制度的巨大生产量

协作机构之所以很迟才发现，原因之一是人们违反了小心谨慎的做法。这种做法就是要展示出协作社的巨大好处的图景，借以引起人们的希望并且刺激人们去研究它。用这个题目可以写出很多卷书。我只用几页的篇幅来叙述。我叙述的时候，假定到处都已经建立了协作社，乡村已经被大约拥有一千八百人的劳动法郎吉所代替了。

让我们把这种协作社的好处分为消极的和积极的两种。

消极的好处是什么也不必做，就能比文明制度的人在强迫劳动下生产更多的东西。

例如，我曾经证明过，协作制度下的一个厨房，同家庭经济的厨房相比，会节省十分之九的燃料，二十分之十九的劳动力。除了所有这些节约带来的收入外,还会有由于炊事工作大大改进而获得的收入——这种好处既是积极的,也是消极的。因为,大量节约燃料会带来恢复森林、水源和水土气候的好处。

现在让我们继续谈谈协作经营这种设想。我试以小河捕鱼为例。用大家一致同意停捕的办法,用大家商定开放和禁止捕鱼的时间的办法,就能够使鱼的数量增加十倍,并且使鱼保存在池塘里养殖。

例如,仅仅通过停捕这种办法,称为劳动法郎吉的协作组织就能够只用我们现在十分之一的时间和劳动力,遵照全区达成的消灭水獭的协议,捕获多十倍的鱼。

这就是各种能够提供比我们现在多二十倍收益的工作项目的例子。所以我估计协作制度下的生产量将是我们现在产量的四倍。这样估计绝对没有夸大,而且我们可以看到,这个平均估计是低于实际情况的。对于是否确实发现了符合本性的协作方式以及诱人的生产方式这个问题,应该有多少理由来加以研究啊!让我们继续估计吧!

由于根除了小偷小摸而得到的节约,将是一笔不需要付出任何劳动而获得的巨大收益。水果是一切收获物中最容易到手的产品。但是水果被偷窃的危险使人们无法种植应该种植的果树的十分之九。人们不得不修建费用昂贵而且有害的围墙来防止水果被人偷窃。

协作社摆脱了被盗窃的危险,使果树种植的数量增加三十倍,这将并不怎么困难,比现在为果树修建围墙和看守果树的困难还会少一些。协作社将生产大量水果,可以供应儿童全年食用,并且可以用科学方法保存水果,用水果做蜜饯和果子酱。这种蜜饯和果子酱更加便宜。这是因为情欲谢利叶具有这样一种属性,它能够创造出劳动引力,使蒙昧制度的人、黑人等从事农业劳动。热带的每个地方很快将被开垦。糖的价格将不会比数量相等的粮食贵。在这种情况下,加了四分之一的糖的蜜饯对贫苦阶级说来会成为比面包还要便宜的食品。因为用不着再担心被人偷窃,果园面积大大扩展,普遍而有系统的种植使水土气候恢复,保证获得丰收。这时候,三等水果,即做蜜饯和果子酱的水果,几乎不值一文。实行协作制度后五年内就能够使水土气候恢复。现在的收获量仅及将来水土气候恢复后的收获量的三分之一。

文明制度的人是不可能这样富裕的。他们甚至缺乏必不可少的水果,因为害怕被人偷窃的思想妨碍他们让仅有的少数水果成熟。善良淳朴的乡民竟然这样狡猾调皮,以致人们如果不在水果成熟之前就采摘的话,在没有围墙的果园里的果树上,就连一个果子也不会给你剩下。被偷窃的危险迫使人们不得不一次,而不是分三次,就把水果全部摘下。这种摘法,对水果的质量也极为不利。

在文明制度下,一个小市镇的三百个家庭需要三百道石砌的围墙。这就需要比果树栽培本身的费用还要大一倍的开支。而且,向苗圃所有主购置树苗时有遭受欺骗的危险,这就更加大大妨碍了果树的栽培。只有当商业制度从欺骗的行为方式,即文明制度的行为方式过渡到诚实的行为方式时,这种欺骗行为才能根除。

由此可见,毫无疑问,协作制度的人即便是不做什么事,或者做得极少,也会挣得比文明制度的人付出力不胜任的劳动所挣得的收入多十倍，而且往往会得到下面举出的例子中所说的双重意义的收入。

我们看到，在文明制度下，一百个卖牛奶的女人提三百壶牛奶到市场上出售。在协作制度下，这三百壶牛奶可以装在一只大桶里，放在由一个人或一匹马载运的马车上，而不需要一百个妇女、三百个壶和三十头毛驴。这种节约将会从简单发展到复杂，从生产者发展到消费者。因为往城里送牛奶的人将会把一大桶牛奶分给由三四个进步的家务管理机构组成的经济单位（在协作制度下，城市是由这种大约拥有两千人的经济单位构成的）。在运输上可以节约五十倍，在分配上也可以有同样的节约，因为只分给三四个工作场所，而不是分给一千个家庭。

协作制度经营的光辉面之一，就是在商业制度中实行诚实买卖的原则。由于协作制将用集体的、团结的、诚实的、简单的和有保障的竞争代替个人的、不团结的、欺骗的、杂乱的和任意的竞争，这种制度占用的劳动力和资本，将几乎不到无政府状态的商业所占用的劳动力和资本的二十分之一。无政府状态的商业，或者说欺骗性的竞争，从农业中抽出这些劳动和资本，然后又把它们耗费在完全寄生性的行业中。不管经济学家们会怎么说，情况就是这样。因为一个机构中所有能够废除而又不减低这个机构的效果的东西，都起着寄生性的作用。回旋轴的接头是用两个轮子做成的，如果某个工人发明一种在接头处装置四十个轮子的办法，那么，其中三十八个轮子将毫无用处。欺骗性的商业，或者说这种使竞争复杂化和使经纪人的数目迅速增加的制度，正起着这种无益的作用。

序　言

　　劳动法郎吉或协作乡只消进行一次买卖谈判，就能代替占用三百个家长的三百次需要使用心计的谈判。而三百个家长要在市场上或小酒店里浪费三百天时间，才能把协作制的法郎吉可以整批卖给附近两三个法郎吉或省代销处的那样多存粮一袋一袋售完。在商业中，也和在其他任何一种人们发生往来关系的部门中一样，文明制度的机构永远处于极端混乱的状态，是最浪费的和最错误的行为方式。令人感到非常惊奇的是，我们那些自称为最热烈拥护庄严的真理的哲学家们，竟然会如此热情地忠于个人贸易，也就是说热情地忠于骗人的无政府状态。难道他们在什么时候曾经在某个商业部门中见到过庄严的真理吗？难道庄严的真理在马贩子或酒商那里找到避难的地方吗？——在那里真理不会比在交易所的柱廊下更多一些。

　　除了生产劳动以外，我们还有几千种寄生性行业。其中有些行业的寄生性极其显著。司法部门就是这种行业。这种行业只是建筑在文明制度的弊端上，它将随着协作制度的建立而告终。

　　其他非常富有的寄生性行业是不大容易看见的，甚至被认为是有益的。例如学习外国语就是一种非常艰苦而丝毫不能生产的劳动。

　　的确，从一开始建立协作制度起就可以采用一种临时性的统一语言，或许就采用法语。不过必须补充它所缺乏的大约三四千个词汇。每个小孩从幼年起就被教会用这种共同语言讲话。从那时起，人们不必学习任何外国语就能够同全人类交往，就比现在花费二十年工夫学习二十种语言还不能同现有民族的四分之三讲话的人，知道多得多的事情。

公益事业方面的改进将更加巨大。现在被认为是富国的法国，还缺少两亿法郎来修整它那些坏得可怜的道路。而在协作制度下，整个地球从一个县到另一个县将筑有带各种人行道的大路。很好的道路中除了供邮政运输和畜力车辆通行的公用大道外，都由每个县修筑保养，并且免征通行税。

在法国，土地测丈据说必须花费一亿法郎和五十年时间。而这项工作几乎是徒劳无益，因为当它完成时，财产的界限将会完全改变。在协作制度下，全球土地测丈仅需一年时间，而且差不多不需要任何费用，因为每个法郎吉将自费提出本乡计划，其中将注明各个地段的土壤性质。

在文明制度下有些事花费的时间比真正需要花费的时间多达千倍。例如，仅仅就选举而论，选举前的竞选会议，旅行竞选等就使每个选民大约浪费五天的时间。而在协作制度下，选举只需要四十秒钟就行了，即大约等于现在选举所花费的时间的四千分之一。我将简单扼要地叙述一下这种用不了一分钟而有三亿选民参加的选举的方式。

我很少提到正常产量，只有在明白了称为情欲谢利叶的行为方式的作用，明白了它所提供的改进工作和厉行节约的办法时，才能评价这种正常的产量。人们将会看到，在协作制度下用这种行为方式所获得的产量，将比我们现在的产量提高三倍多。

例如，阿尔登马是欧洲最瘦弱的一种马。阿尔登的法郎吉就可以不买这种连一百法郎都不值的阿尔登马，而买现在值一百路易和寿命比它长一倍的良马供本地使用。

对于那些在我们看来连两倍产量都不可能达到的东西，例如

对一年不能收获两季的葡萄,协作制度将可以结合各种办法使它的收入达到四倍以上。这些办法是:

一、有条不紊而且全部搭起支架

二、成熟以前严禁采摘

三、选种杂交和每天剪枝

四、保持温度均衡使品质精美

五、由于同样原因增加收获量

不仅这些办法结合起来会使葡萄的收入达到四倍以上,而且即便是其中一种办法,也能够在不同的情况下使收入达到四倍。下面对这一点加以证明:

我曾经看见过一种在葡萄收获后只能按五个苏的价格出售的葡萄酒。但是这种酒很好地贮存五年后,它的价格就达到十个苏。有人还按五十个苏,即以比实际价格高出四倍(包括利息和其他开支在内)的价格购买它。

但是,在这个县的全部葡萄酒中,这样贮存五年的酒不到十分之一。大多数种葡萄的人不得不赶快出售。该贮存五年的葡萄酒连五个月也贮存不了。这种酒在达到它可能达到的价值的四分之一以前,就在小家庭和小酒馆里被人喝光了。

如果在靠贮存本身就能使某些葡萄酒的实际价值增加三倍的这种可能性之外,再加上其他四种可能性所获得的收益,那么毫无疑问,协作制度甚至在葡萄上就能使收入增加到十倍。因为五种机会中的一种就能使收入平均增加一倍。此外,还有一种特别因素即自然灾害这种因素将会消除。这种自然灾害叫作第二个冬季或红月,它使葡萄的生长期延长,妨碍第二季的收获,并且经常危害第一季的收获。

一般而论,整个文明制度的人有三分之二不事生产劳动。这一点我将提出一个详细的表解。表中不仅列有像军人、海关官员、国库职员这类已经证明是不事生产劳动的人,而且列有像家庭仆役这样的被认为是有用的工作者的大部分,甚至还列有在很多工作中是寄生者的农民。有一次,我看到五个小孩看管四头母牛,却让牛吃掉了谷穗。在文明制度下,事务管理的这种混乱现象比比皆是。

如果我们再能保护各级人员,使他们不致因劳累、纵欲、冒失的航海、瘟疫、传染病而死亡,那么我们就能发现,文明制度下的人民与协作制度的人民之间,就某一个地区的居民群众的生产能力或者所能提供的产量而论,将相差十倍之多。

实际上,如果男子、妇女和儿童,从三岁到老年都由于乐趣而从事工作,如果由于人们的灵巧、情欲、运用力学、行动一致,流通自由、气候恢复、体力增加、人畜寿命延长等因素,生产资料增加到不可估量的程度,那么这些可能性加在一起就会很快使总产量增加到十倍。我只是由于照顾到习惯,由于怕非常宏伟的(虽然也是非常确切的)远景会使人们反感,所以才说增加三倍。

改善工作主要是改善儿童的命运,因为家庭主妇对他们教养很差。这些主妇在自己的茅屋内、阁楼上和小店铺的后房里,缺乏照顾儿童所必需的一切东西:她们既没有金钱和热情,也没有知识和鉴别能力,而这些都是照顾儿童所必需的。

在像巴黎这类大城市中,甚至像在里昂和卢昂这类较小的城市中,儿童成为不卫生条件的牺牲品竟达到这种程度:他们的死亡率比在合乎卫生的乡村地区高八倍之多。事实证明,巴黎的一些街区,由于狭窄的院落妨碍了空气的流通,因而臭气熏天。这种恶臭对未满周岁的婴儿的健康危害最大。八个不到一周岁的婴儿中就有七个未满十二个月就夭折。而在合乎卫生的乡村,例如在诺曼底的乡村中,这种年龄的婴儿的死亡率仅为八分之一。

在协作制度的法郎吉内,这种婴儿的死亡率将几乎不到二十分之一。法郎吉尽管有增添人口的可能性,但是生育的儿童不会和文明制度下一样多。土地即使将提供三倍甚至十倍的产品,但是,协作制度如果没有能力像在社会结构的各个部门建立平衡那样在人口方面也建立平衡的话,那么大地上就会很快像现在一样遍布穷苦悲惨的不幸者。

我曾经在若干细节上说明过协作社的好处是多么大。这些好处所构成的全部图景可以写成几大卷书。人们忽视这部评论集的发表,犯了不可饶恕的错误。评论集中的每一篇文章都会使人得出这样的结论:作为最高主宰者的上帝,不可能不设法来组织这种节约和诚实的制度,以便创造出种种奇迹。如果以为上帝忽略了这点,一般说来,这就等于含蓄地责难上帝是节约和机械力学的敌人。

有人反驳这点说,上帝没有为人们创造出这样完美的境界。关于这件事,他们又知道些什么呢?为什么还没有研究过上帝在永久的社会启示或情欲引力的计算等方面的观点,就对上帝的明智感到失望呢?这种计算的目的只有通过正确进行分析和综合才能够确定。

如果硬说,上帝没有为人们创造出这样完美的境界,那就无异于责难上帝怀有恶意,因为上帝拥有可靠的手段来把他所中意的制度应用到人与人的关系中。这种办法就是引力,而引力的分配者只是上帝。引力是上帝用来使一切生物对履行神的意志产生强烈兴趣的魔杖。因此,如果上帝对这种臻于完美境界的制度,亦即协作方式的统一、公正和诚实的制度感到高兴的话,那么为了使我们采用这种制度,他只要使这种制度成为对我们每个人都是诱人的制度就行了。这正是上帝已经做过的事。大家谈到关于划分为情欲谢利叶的协作结构的那篇论文时,就会确信这一点。那时候,每个人都将高呼:这就是我所希望的东西。对我说来,这将是最大的幸福。

因此,这种完美的境界是为人类创造出来的。正如人们所不能怀疑的那样,这种完美的境界是上帝的心愿。只是由于人们对上帝指望得太少,我们才忽略了达到社会完美境界的途径。这种途径用计算引力的方法本来是很容易发现的。

但是,乍一看,这种计算似乎是荒谬可笑的,因为它向我们表明,任何人都有希望得到一笔几百万法郎的财产和一座宫殿。用什么办法才能给所有的人这么多东西呢?

这种反对意见是轻浮无聊的!难道这就是放下研究工作不做的理由吗?你们大胆把这种研究工作继续下去吧!要遵循那些叫你们整个地研究科学领域的哲学家们的训导。你们要完成牛顿创始的工作——研究引力的计算。这种计算会向你们表明,希望得到一笔几百万法郎的财产和一座宫殿的人,他的希望未免太小了,因为在协作制度下,最贫苦的人都将有五十万座宫殿。在这里,他无偿地得到的乐趣,比拥有三千万法郎的收入和十二座宫殿的法国国王的乐趣要大得多。国王住在宫殿里,他的乐趣只限于听到想钻营肥缺的人的奉承,听到党派之间勾心斗角的事情,受到繁文缛节的烦扰。他除了斗牌或者狩猎以外,没有其他休息的办法。这种狩猎已经蜕变为杀戮动物,蜕变为屠夫的快乐。

因此,我们的希望太小了,——这就是引力计算将要向我们证明的。上帝为我们准备的幸福大大超过我们平凡的企求。让我们要求那能够给予人们很多东西的上帝多多给予吧!只希望从他那里得到平常财富和平常愉快,这是对他的慷慨大方的一种侮辱。人类的命运是:要么在上帝恩赐的协作制度下享受无限的幸福,要么就在人为的法律的支配下,在分散的、欺骗的经营制度下遭受无穷的苦难。这种经营制度与协作制度比较起来,还不能够提供实际收入的四分之一和享乐的四十分之一。

我们看到,文明制度的人不畏艰难困苦和风险,为了使自己的财富增加一倍或获得不多的财产而去冒生命的危险。现在有一种完全不同的、有利可图的机会,可以不背井离乡,不冒失去健康或金钱的危险,而马上就可以使自己的财产增加三倍。于是,人们叫道:那么,应该怎么办呢?没有别的,只是从早到晚从事娱乐活动。因为娱乐活动将吸引人们去劳动,而劳动成了比现在看戏和参加舞会还更加诱人的事了。

协作制度的这种前景愈是使人眼花缭乱,就愈有必要使人们去检验它的理论是否确切,去检验劳动引力和情欲结构的计算是否已经真正发现。为了使人们的脑子习惯于这种奇异的新鲜事物,就必须让他们去认识一下那被认为是不可理解的,被无法穿透的帷幕遮盖着的运动和命运。的确不错,有一种帷幕存在,有一种使人的精神变得盲目起来的十分厚实的白内障存在。这种白内障是由大骂情欲和引力却不研究情欲和引力的五十万卷书籍构成的。

乍一看,不管引力怎样令人感到奇怪和荒唐,但是不应该根据这种表面印象,而应该根据结构的整体来判断它。因为引力的推动力是朝向结构的整体的。这些推动力分开来孤立加以考察时,对我们说来似乎是坏东西。为了使人相信这一点,我说明一下被认为是坏东西的这些推动力之一的目的。

我要谈的是一种最一般的,也是教育所最反对的癖性——儿童的美食癖,也就是儿童不听教员的教导,他们有一种总想吃好东西的欲望,教员则总是劝告他们要爱吃和多吃面包,少吃副食。

这岂不就是说,自然界十分笨拙,它竟赋予儿童这样违反合理的学说的嗜好!任何小孩都把早餐吃干面包看成是一种惩罚。他想吃甜酱、带奶油的菜肴、加糖的点心、果冻和蜜饯、生水果和果子酱、柠檬水、橘子水和白葡萄酒。让我们看清楚这些食品是所有儿童的主要嗜好。这个问题势必引起一场大争论。问题在于要确定究竟是谁错了——是上帝,还是道德。

上帝,即引力的分配者,赋予了所有的儿童这种吃甜食的嗜好。他本来也可以赋予他们吃干面包和喝白开水的嗜好。这样,他就会为道徒的意图服务。但是他为什么竟有意识地违反文明制度的合理学说呢?让我们来说明一下这些原因吧!

上帝赋予儿童喜爱在协作制度下将是最不值钱的东西的嗜好。当整个地球都住满了人并且被开垦耕种、货物可以自由流通而没有任何关卡时,我上面所说的那些甜食品的价格将会比面包便宜得多。最丰富的食物将是水果、奶制品和糖,而不是面包。面包的价格将大大提高,因为种植粮食作物和每天烤面包是一种艰苦而不大诱人的工作,——必须对这种劳动偿付比果园工作和制造糖果点心的工作高得多的报酬。

由于儿童在膳食和抚养方面比父辈花费少些是适当的,因此上帝明智地赋予他们对甜食和美食的嗜好。这些食品在人们进入协作制度之后,将比面包便宜。那时,关于儿童食品的健康的道德学说,将会是完全错误的,正像这种学说在凡是反对引力的其他问题上也将会是完全错误的一样。那时,人们就会承认,上帝把他所做的一切都做得很好,他有理由赋予儿童对乳制品、水果和甜点心的嗜好。人们还会承认,不应该不近情理地把三千年的时间都浪费在大肆攻击上帝最明智的创造上,即嗜好和情欲引力的分配上,而最好的做法是研究一下上帝的目的。研究的方法是计算一下这些推动力的总和。道德学借口这些推动力在文明制度和野蛮制度下有害,因而对每种动力都一一加以辱骂。这固然对,但是上帝并不是为了文明制度和野蛮制度而创造情欲的。如果上帝只想支持这两种社会制度,那么他就会赋予儿童对干面包的嗜好,而赋予父辈对贫困的嗜好,既然这就是文明制度下不可胜数的大多数人的命运。

仔细研究每种引力在协作结构中的应用和每种引力的好处,将是一种引人入胜和令人乐于从事的工作。那时,人们就会承认所有各种引力和儿童的美食癖是同样正当,同样合适的。每个人都会相信,在这种新制度下,他的情欲,他的最受人批评的本能都会得到有价值的运用。难道什么时候曾经有过比这种发现更为大家所乐于接受的发现吗?

也许有人说:"但是,这样有价值的发现怎么竟由一个默默无闻、在学术界毫无地位的人做出来呢?从柏拉图到伏尔泰,该有多少著名人物探索过科学领域,难道可以设想他们都忽略了这种最有价值的发现吗?这是难以想象的啊!这种引力和协作的计算只能是一种江湖骗术,一种妄想,一种空想。"

这就是狂妄自大的人们的推理。因为他们看到一位无名小卒得到了其他许多人在他之前本来可以得到的荣誉时,便大为不快。他们宁愿拒绝幸福的发现,而不愿从不速之客那里去得到这种发现。加之,有自尊心的人总是贬低新思想而沾沾自喜。例如,在十五世纪,成千上万个自命为天才人物的侏儒,就曾经嘲笑过向他们证明地球是圆的和新大陆可能存在的哥伦布。

我对这些诽谤的答复是:像马镫和马车的吊架这种非常有用的、任何人都力所能及的发明,怎么竟被学术界忽略了两千年呢?在罗马和雅典,并不缺乏能够作出这种轻而易举的发明的能工巧匠。任何一个马车制造匠,任何一个骑马的人都能够发明吊架和马镫。这是对大家都很有用的东西,因为每个人都要乘车或骑马。恺撒和伯利克里①的大马车也像我们的小车一样,开动起来摇摇晃晃。罗马的骑者很容易患那种有马镫就能够预防的重病。当时沿途每隔一定的距离都竖了一根小木桩,帮助骑者上马。

如果考虑到古代学者对任何一个普通人都能做到的两种发明

---

① 伯利克里(公元前495—前429年),雅典著名演说家和国务活动家。——译者

有过这样的疏忽,那么对于渊博而辉煌的理论,即情欲引力的理论曾经被学术界忽略,是否还会感到奇怪呢？其实,自从牛顿探出矿脉以来,人们有这种理论的萌芽才不过一百年。因此,既然人们在两千年期间对象马车吊架和马镫这类简单的发明表现得这样轻率冒失,那么,在一百年期间对象引力研究这种最高深的研究表现得轻率冒失,是完全可能的。引力的研究计算,现在已经作出并且整理就绪,非常容易理解。但是要想探求它,对学者说来,要比别人更加困难,因为在学术界中占统治地位的是所谓道德的学说,而这种学说正是情欲引力的死敌。

道德教人要克制,教人要抑制和鄙弃自己的情欲;认为上帝不善于安排我们的灵魂和情欲;认为需要依靠柏拉图和塞涅卡的教导才能学会分配人的性格和本能。学术界充满了这种关于上帝无能的偏见,没有能力来计算自然界的推动力即情欲引力,而道德则反对情欲引力,对它加以排斥,并且把它归入邪恶之列。

诚然,人们单独地醉心于这些推动力时,这些推动力会引诱我们作恶。但是,计算这种推动力的作用,应该以联合为协作社的大约两千人的群众为对象,而不应该以分散的家庭或个人为对象。这正是学术界从来没有考虑过的。学术界如果进行这种考察,便会承认,当协作社社员的数目一旦达到一千六百人的时候,称为引力的自然推动力便力求组成包含对比小组的谢利叶。在这种对比小组的谢利叶中,一切都把人们向着劳动和美德吸引,因为劳动已经变得诱人,美德已经有利可图。

人们看了这种社会结构,或者估计一下它的特性,便会了解,上帝把他应该做的一切都做得很好。不应该轻率地浪费三十个世纪的光阴去责骂上帝创造出来的引力，而应该像我们这样花费三十年的光阴去研究它。科学应该遵从自己的法则——整个地考察自然领域，研究人、宇宙和上帝。科学本来就不应该局部地批判我们的引力，而是要研究它的整体和它的总和，研究它怎样应用于广大群众。引力是人的动力，它是上帝用来推动宇宙和人的工具，因此，只有把引力的情欲和物质方面整个加以研究后，才能够研究人、宇宙和上帝。

最后，疏忽大意终于得到纠正，情欲引力的计算已经发现，世界现在就可以向幸福的命运过渡。在这个时机，世界应该只专心检验理论是否正确，而不应该就它的形式去对引力计算的发现者吹毛求疵，问题的实质才是应该仔细检验的东西。人们曾经为了协作社而给了江湖骗子多少优待啊！真正的发现者却只需要公正。江湖骗子们得到了他们二十年来在英国和美洲创办二十来个机构所必需的资财。这些机构却完全没有达到目的。发现者则希望只建立一个机构。这个机构在两个月之内就会达到目的，并且由于它的利益和快乐的诱惑，将引起世人普遍仿效。

但是，这个发现者同某些享有信誉的科学没有协调一致。这一点他做得不对。咳！如果我同政治学和道德学的意见一致，那么我就只会成为另一个诡辩家。伽利略、哥伦布、哥白尼、牛顿、林奈曾经揭穿他们时代的谬误。发现者原来应该起来反驳占统治地位的谬误。江湖骗子们为了招摇撞骗，对所有的诡辩家谄媚奉承。这两者之中究竟哪一个值得人们信任呢？

人们断言，历史启发、开导人民，并且纠正他们的判断。没有比这种说法更加虚假的了，因为他们现在比伽利略时代更加敌视发现。历史曾经千百次告诉他们："我们把伟大的发现归功于巧合比归功于天才的空谈的时候更多；在才子、墨守成规的人和不易接受新思想的人中间，天才和真正的智慧是罕见的。"

尽管有历史的和经验的教训，但是人们仍然要求发现者个人在形式上和风格上是学院式的。可是，难道发明眼镜和罗盘仪的人是院士吗？那是些小孩子和如此默默无闻的人，以致连他们的名字都没有传到后代。

当获得宝物时，要赶快利用它，而不应该起来反对发现宝物的人。为什么还要在形式和风格方面去责备他呢？让他用老百姓的土话讲话好了，这无关紧要。难道因为这一点就会使发现的价值减少吗？

你们这些佐伊尔[①]，硬说院士精神是发现者所必需的。可是你们饶舌多嘴究竟给了近代人什么好处呢？这篇导言以对这个问题的考察而结束。

第三篇论文　文明制度的经营办法的恶性循环

在任何科学中，虚假事物的统治总是先于真实事物的统治。在实验化学产生以前，炼金术士占据着舞台。在精确的天文学产生以前，裁判式的星相学居于统治地位。在协作经济学产生以前，

[①] 佐伊尔，公元前四世纪时古希腊的语法和修辞学家。他曾经吹毛求疵地批评过荷马的创作，于是后人把恶意吹毛求疵的批评家叫作佐伊尔。——译者

反协作的经济学在一百年的期间居于统治地位。这种经济学,或者可称之为分散论,它鼓励小生产者,而小生产者则是经济领域里起破坏作用的小蛮人。

在理性为新的科学指出它必须遵循的途径以前,诡辩就已经到处占领了新的科学部门。因此,协作思想刚刚露头,人们的思想在这个问题上就已经被黑暗势力引入歧途,而无法认识协作的方法了。这种黑暗势力就是盘踞在舆论界的欧文主义者。

有多少科学,包括最值得尊敬的科学,现在还处在真理统治时代以前的黑暗时代啊!例如道德就是这样。怎么使它自圆其说呢?一方面,它向我们宣扬要蔑视财富,要爱好庄严的真理。另一方面,它又鼓励人们去爱好商业。商业是只图积累财富而不惜采用任何狡猾的手段的。我们在所有称为哲学的科学中都发现有这种前后不一致甚至矛盾的地方。

在十八世纪,孔狄亚克曾经这样谈论过称为哲学的科学的著作家们:"没有了解词句的含义之前就滥用词句。这种手法,是他们进行论证的手法。他们从一个不正确的假设出发走到另一个不正确的假设,在许多谬误中间迷了路。而由于这些谬误成了偏见,他们便把这些谬误都当成原则了。事情既然已经弄到这个地步,谬误已经这样堆积起来以后,只有一种整顿思考能力的办法,那就是像培根所说的那样,忘掉我们所学到的一切,重新创造人类的智力。"

那是一个谦逊的世纪。人们并不耻于承认,某些科学、特别是社会政治学还处在摇篮时期。科学界的大师们曾经怀着痛苦和蔑视的心情揭穿了科学的真相。让我们听听他们是怎样说的吧!

孟德斯鸠说:"文明社会已经被萎靡消沉的病症,内在的缺陷,隐蔽的和潜藏的毒素损坏。"(支离破碎)

卢梭说:"那里的问题并不在于人。有某种我们无法洞察其原因的骚乱动荡存在。"

伏尔泰说:"请你们把人指给我看看:我因为不认识自己而感到羞愧。我努力去认清我自己这个人,认清我本身……然而,多么深沉的黑暗,还笼罩着大自然啊!"

巴特尔米说:"这些图书馆,这些所谓最崇高的知识的宝库,只不过是充满矛盾和谬误的可耻的储藏室。"

斯塔尔说:"不精确的科学没有确定过任何一条真理,却打破了许多幻想。我们忠于推理因而重新陷入了模糊不清的状态,经过老年时代而重新陷入了幼年时代。"

今天情况正在改变。这一整座哲学体系的迷宫已经变成知识智慧的滔滔巨流,变成向种种尽善尽美的境地迅速前进的出色的飞跃。特别是在经济政策方面,我们的时代正在显示这种骄傲。这个时代因为物质方面的某些进步而骄傲,却没有觉察到,在政治方面正在后退。它的迅速前进,好像虾的爬行一样。虾虽然往前爬,其实却是向后退。

工业主义是我们最新的一种科学幻想。这是一种混乱地进行生产的躁狂症。生产毫无秩序,在按比例给予报酬这个方面,没有任何办法,丝毫不能保障生产者即雇佣劳动者从增加的财富中获得自己应该得到的那一份。因此,我们看到工业占优势的区域同对这种进步漠不关心的边区相比,乞丐同样满坑满谷,甚至更多。

重要的是,在工业主义的幻想,或工业的流弊刚刚露头时,就应该加以铲除，因为它是一种最违反协作政策的制度。协作政策的基础是：劳动引力、比例分配、动力节约、人口平衡以及其他法则。而工业主义制度，这种生产混乱，不能保证公平分配的制度，在任何意义上，都是与这些法则相去十万八千里。

让我们在这里根据效果来判断体系。且来看一看英国的情况吧！这个国家是人们向一些国家推荐的样板，是这些国家羡慕的对象。我将用无法反驳的证据来评定英国人民的福利。

1827年3月21日曾经举行过一次伯明翰手工业主会议。会议宣称："工人熟练的技能和俭朴的生活并不能使他们免于贫困。农业中使用的大批雇佣工人都是衣不蔽体的贫民。这些贫民在这个粮食特别丰足的国家里有的快要饿死了。"这一供认因为出自工厂主阶级之口，所以更加不会被人怀疑。工厂主阶级所关心的是，削减工人的工资和掩盖他们的贫困。

下面是第二个同样热衷于掩饰本国缺点的见证人。这是一位经济学家和工业主义者。他将揭穿自己的科学的面目。

1826年2月28日，在伦敦下议院的会议上，贸易大臣哈奇逊先生说："我们的丝织工厂雇佣几千个儿童。他们从每天早上三点钟到晚上十点钟一直受束缚。一星期给他们多少钱呢？一个半先令，等于法国的三十七个苏。也就是说，大约每天五个半苏。但是他们却在手执鞭子、对每个稍停片刻的儿童无情鞭打的工头的监视下被束缚十九个小时之久。"

这实际上是恢复了的奴隶制度。显而易见，过度的工业竞争使文明制度的人陷于贫困和受奴役的程度，同自古以来就以农业和工业的奇迹著称的中国和印度半岛的贱民的处境一样。

序　言

除了英国外,让我们举爱尔兰做例子。爱尔兰由于农业过分发展和地产过于分散,已经陷入和英国由于工厂过分发展和大地产过多所处的相同贫困的境地。同一个帝国的两部分之间这种明显的对照,很好地证明了文明制度的经营办法的恶性循环。

1826年都柏林的报纸中曾经写道:"这里民间流行病猖獗:送到医院去的病人,只要给他们东西吃就会恢复健康。"他们患的是饥饿病,不是魔法家也能够猜破这一点,因为他们只要有东西吃就会痊愈。不必担心达官贵人们会染上这种流行病,因为我们从来没有看到过都柏林的省长或者大主教因饥饿而得病。他们倒会由于消化不良而患病。

文明制度下的人在不是死于急性的饥饿的地方,却死于穷困造成的慢性饥饿,死于迫使人们吃不卫生的食物的那种饥不择食的饥饿,死于迫在眉睫的饥饿,即因工作过度疲劳而死,因贫困而被迫从事非常有害的和极其繁重的工作而死,死于因此而发生的寒热症和虚弱症。因为患这些病症总是意味着接近死亡。

而当他们不挨饿时,又靠什么来活命呢？要判断这一点,就得实际去看看法国农民,甚至去看看被吹嘘为土地肥沃的省份的农民吃些什么。有八百万法国人没有面包吃,只能吃栗子和其他很少一点食物。有两千五百万法国人没有葡萄酒喝。与此同时,却有大量葡萄由于过剩而不得不扔到臭水沟里。

这就是经济制度向着完美的境地的出色飞跃,而每年还是有成打成打谈论国家富裕的新哲学著作问世。书里描述得多么富裕,而茅屋里又是多么贫困啊！

让我们把现实同这种幻想对照一下。且看伦敦的情况吧！伦

敦每年发给贫民的救济费多达两亿英镑,而且还要赡养:

十一万七千个靠教区照顾的公认的贫民;

十一万五千个被遗弃的贫民、乞丐、骗子和流浪者。

在这些人中间有:

三千个窝赃者,其中有一个拥有两千万财富;

三千个制造伪币、唆使奴仆盗窃主人,唆使儿子偷窃父亲的犹太人。

这个大工业中心城市总共有二十三万二千贫民。——难道这是出色的飞跃吗?法国也正在走向这样的贫困。在巴黎,已经知道的贫民有八万六千人,也许还有同样多的没有被人知道的贫民。法国工人的生活极其贫困。在像毕加第这样生产高度发展的省份,在亚眠,康布雷和圣康坦之间,农民的土窑中根本没有床铺,他们用干树叶做小床。干树叶经过一个冬天就变成长满蛆虫的粪堆。因此,睡觉醒来,父亲同儿子就得互相把粘在身上的蛆虫弄掉。这种破旧屋舍里的食物同家具一样简陋。美丽的法兰西的幸福命运就是这样。还可以举出一打同样贫穷的法兰西省份,例如布列塔尼、利木赞、赛文山脉、阿尔卑斯山、汝拉、圣太田,还有甚至被称为法兰西花园的美丽的土伦。

工业主义者对这一点的答复是,应该传播知识,普及教育。可是,知识对于没法生活下去的不幸者又有什么用处呢?——它将会促使他们起来造反。

人类的这种堕落产生了无神论。无神论随着文明制度的工业进步滋长起来,而工业似乎是自然对人类的一种嘲讽。无神论是文明制度的必然产物。文明制度已经拖延得过久,并且使生产普遍高涨，然后人们才了解到按比例的分配方法和保障人民最低生活的办法。换句话说，人们才认识到关于生产关系的符合本性的或神的法典。

上帝甚至为昆虫都制定了社会法典，——难道他会忽略为比蜜蜂、黄蜂、蚂蚁更大大值得他关心的人类制定这种法典吗？难道他在创造生产的情欲和生产的因素时竟不懂得这些东西供什么制度使用吗？假如是这样，上帝就甚至比我们的工人还要愚蠢，因为建筑师在为某种建筑准备材料时，就一定会预先画一张他想使用这些材料来修建的建筑物的设计图。

上帝本来应该预见到我们的立法者——梭伦之流、查士丁尼之流、孟德斯鸠之流、塔尔日①之流的无能。如果这些人自称能够编制社会法典，那么，上帝就更有理由能够完成这项工作。他们只能靠强迫手段、暗探和绞架来作他们的法律支柱。上帝则用引力来作自己的法律支柱，而上帝是引力的唯一的分配者。许许多多其他征兆已经使人预感到神的法典的存在。因此，应该举行竞试来探讨这种法典，并且首先确定这种研究所应当采取的方法。

要使神的法典成为有系统的法典，首先必须就经济制度作出决定，因为经济制度起着主要的作用。管理则只是随它之后产生的。这就是说，必须探求上帝关于经营的法则，以及关于他为农业劳动和家务劳动所规定的秩序。

恰恰相反，政论家们在三千年期间仅仅研究了管理、研究了行政的和宗教的舞弊行为。只是在最近一百年他们才开始考察经营

---

① 塔尔日（1733—1807年），法国法学家，人权法案的制定者之一。——译者

问题,却没有想到要纠正它的混乱现象。不管是一时的疏忽大意也好,或者是一贯的错误也好,他们赞美过经营上的两种根本缺陷——生产的分散性和用自由竞争的名义装扮起来的商业欺骗。这一点是毫无疑义的。

由此可见,科学已经走上了错误的道路。它不对称为农业和工业的这两个部门的罪恶进行斗争,而只是在政府和僧侣的这两个部门中起作用。但是,触及这两个部门,不能不引起骚动不安,往往还会使营私舞弊行为加倍猖獗,而用协作制度来纠正农业和工业的缺陷,则是政府当局完全可以同意的。政府当局会发现,使收入增加三倍和停止一切党派纠纷对它有很大的好处。而一旦过渡到幸福的协作制度,人们将会怀着怜悯的心情来看待党派纠纷了。

在讲到这个关于经济和科学的一般缺陷之后,还应该谈谈个别的缺陷和制度的错误。这是一个需要写一卷书的题目。我准备只简略叙述一下。

贫困现象根深蒂固,甚至还有所发展。我们的经济学家们被这种景象弄得惶惑不安。他们已经开始怀疑,他们的科学是否走上了错误的道路。不久以前,萨伊先生和西斯蒙第先生两人曾经就这个问题发生争论。西斯蒙第先生在观光海外奇迹归来之后声称,拥有大规模工业的英国和爱尔兰,只不过是一大群贫民;工业主义直到现在还只是一种幻想的境界。让·巴·萨伊先生为了科学的荣誉进行反驳。但是老实说,政治经济学已经被1826年的生产过剩所引起的危机弄得晕头转向。它力图为自己辩解。已经听

到像已故的杜·斯图亚特之流的学派领袖们在说,科学只限于起消极作用,它的任务仅止于研究现存的灾祸。

这就好像一个医生向病人说:"我的职责只是分析你的寒热病,而不是给你指出治疗寒热病的方法。"这种医生在我们看来是最滑稽可笑的。然而,现在某些经济学家想扮演的却正是这种角色。他们觉察到他们的科学难于找出解除疾病的药剂,而只会使疾病恶化。他们像狐狸对掉在井里的山羊那样,对我们说:"用劲往上爬,把劲全都使出来。"

如果容忍这种消极作用,容忍这种他们认为可以用来原谅科学的无能的利己主义,那么他们还是非常难于履行"对疾病作分析"的这个诺言。因为他们不愿意承认这种疾病普遍存在,不愿意承认经济体系中的一切都有缺陷,它各方面都是是非颠倒。让我们根据不久以前西斯蒙第先生无意之中作出的半承认来评断这件事。他承认消费是用颠倒的方式进行的。这种消费以游手好闲者的随心所欲为基础,而不是以生产者的福利为基础。这已经是向诚实的分析迈开了第一步。但是,难道颠倒的结构只限于消费方面吗?难道下述情况还不很明显吗?

由名为商贾的中间人进行的流通是倒行逆施的,因为这些人变为生产品的所有者。他们用囤积居奇、投机倒把、撞骗欺诈、巧取豪夺、使人破产等阴谋诡计来对生产者和消费者进行敲诈勒索,引起经济体系混乱。

由于工业进步而使工资降低和人民贫困的竞争是倒行逆施的,因为竞争愈发展,工人愈不得不接受工资微薄的、众人争夺的工作。而另一方面,商人愈多,由于牟利困难就愈采取欺诈手段。

上面已经谈到经济结构中用倒行逆施的方式引导的三种动力。我很容易举出三十种这样的动力。可是,我为什么只承认其中的一种,亦即倒行逆施的消费呢?

经济制度有一种更加突出的破坏性,即集体利益和个人利益之间的冲突。任何一个劳动者都由于个人利益而和群众利益处于对立状态,对群众不怀好意。医生希望自己的同胞患寒热病;律师则希望每个家庭都发生诉讼;建筑师需要一场大火把一个城市的四分之一化为灰烬;安装玻璃的工人希望下一场大冰雹把所有的玻璃打碎;裁缝和鞋匠希望公众用容易褪色的料子做衣服,用坏皮子做鞋子,以便多穿破两套衣服,多穿坏两双鞋子。为了商业的利益,这就是他们的老生常谈。法院认为法国每年连续发生应该审理的十二万件犯罪案件和违法行为是适当的,因为这个数字对维持刑事法庭是必需的。在文明制度的经济体系中,每个人都这样处在蓄意与群众战斗的状态中。这是反协作制经营方式或倒行逆施的世界的必然结果。我们看到,在协作制度下,这种滑稽可笑的现象将会消灭。因为在这种制度下,个人只有在全体群众的利益中才能找到自己的利益。

在所有必然会使人们对目前的经济制度发生怀疑的指数中,没有比分配方面的简单比率更加使人吃惊的了。我说简单比率,指的是只从一方面增长,而不是从另一方面增长的比率:下面就是把这种比率适用于五个阶级的例子:

	穷苦阶级	生活拮据的阶级	中间阶级	富裕阶级	富有阶级
A	0	1	2	4	8
B	1	2	4	8	16

C	2	4	8	16	32
D	4	8	16	32	64
E	8	16	32	64	128

A 行代表社会初期的状况,当时财产的差别还不明显,0 表示穷苦阶级还不存在。

随着社会财富的增长,正如在 B、C、D、E 等行所看到的那样,穷苦阶级应该按照每行所表示的比例获得社会财富的一部分,也就是说,在 E 这个财富等级中,当富人每天有一百二十八法郎作为开销时,穷人至少应该有八法郎。在这种情况下,比率是复合比率,对五个阶级都是按比例增长的,但不均等。

但是,在文明制度下,比率只是从一方面增长,穷苦阶级永远停止在零这个数字上。因此,如果财富达到第五阶段即 E 行时,富有阶级全部获得它一百二十八法郎的份额,而穷苦阶级却只获得零,因为他们获得的份额永远少于必需的份额,以致文明制度的比率是按照 0、2、8、32、128 这样成倍增长的。群众,即贫苦阶级,简直得不到财富增加后应得的份额,而只是越来越贫困。他们眼见各种各样的财富日益增多,而自己却无法享受。他们甚至连获得令人厌恶的工作也没有把握,虽然这种工作会折磨他们,除了使他们不致饿死外,不会给他们带来任何好处。

在这方面,懒散的人民,例如西班牙人,就比爱劳动的人民幸福。因为西班牙人愿意接受工作的时候,就有把握找到工作。法国人、英国人、中国人则得不到这种好处。

我并不由此就得出结论说,西班牙的社会制度是值得赞美的。远非如此。我只是想达到本文标题中所表明的目的,证明在分散经营的制度下,即在文明的经济制度下,一切都是恶性循环。这种制度的成就所创造的是幸福的因素,但不是幸福。幸福只有从劳动引力和按照 E 行的按比例的分配制度中才能够产生。当劳动还使人厌恶的时候,也就是说,当必须使人们停留在极端贫困的状态中才能使他们同意从事生产劳动的时候,按比例分配是不可能实现的。同时,既然文明制度的生产量只是协作社将有的产量的四分之一,而人口又显得过多,那么,就不能保证给予文明制度下的广大平民一份最低限度的生活资料,即适当的必需品。

经济制度的这种恶性循环,已经是大家公认的、无可争辩的事实了。人们开始从各方面对它发生怀疑,而且觉得奇怪:在文明制度下,贫困是由富裕产生的。我刚刚叙述过五种缺陷,其中每种都足以单独造成这种混乱。当所有的五种缺陷同还没有列举出来的五十种缺陷一起发生作用时,会产生什么样的结果呀!

证明了文明制度的人民遭受厄运的必然性之后,让我们再注意这一点:工业的发展使富人的幸福增加得很少,或者完全没有增加。现在巴黎的资产阶级拥有比十七世纪的高官显贵更漂亮的家具,更美丽的小玩物,这增加了什么幸福呢?难道那披着开司米羊毛披巾的太太比谢温叶和尼侬①这类人更幸福吗?现在我们看到巴黎的小资产者桌上摆着镀金瓷器,难道他们比路易十四的大臣,如考尔贝、卢甫瓦等有陶瓷器皿的人更幸福吗?

毫无疑义,有的东西改进后使用方便,效果好,的确令人感到愉快。如马车的弹簧架就是这样。但是有些奢侈精美的东西经过

---

① 尼侬是当时巴黎的高等娼妓。——译者

一个星期后,人们便对它们感到厌腻了,如瓷器就是这样。因为它们的用处只是激发穷人的贪欲。在穷人看来,富有阶级拥有这些玩意儿是一种莫大的幸福。这些东西在协作制度的时代才有用处。那时,它们将具有双重的属性——激发劳动引力和增加情欲的协调,而情欲的协调才是一种真实的享乐。这种协调对于穷人和富人一视同仁,虽然他们在财产上极为悬殊。那时,最贫穷的人得到的快乐将比现在最富有的国王多得多。因为,情欲谢利叶制度可以创造社会的协调,也就是现在的高官显贵们几乎无从知道的精神愉快,而且可以把感情上的辨别能力提高到文明制度根本无法想象的精细完美的程度。

总之,我重复一遍,文明制度的工业只能创造幸福的因素,而不能创造幸福。相反,事实将会证明,如果不能发现循着社会发展阶梯真正前进的办法,则工业的过分发展会给文明制度带来极大的不幸。我曾经说过,我们的政治家,一方面夸耀飞速的进步,一方面却像虾类那样爬行前进。对两个派别——自由主义者和工业主义者、蒙昧主义者和专制主义者——所促成的这种倒退运动进行分析,将是一个很耐人寻味的题目。

这两派之间的差别在于:蒙昧主义这一派并不否认他们的目的在使第十世纪复活,而自由主义这一派则自认为他们能够使社会臻于完善。这是虚假的,因为自由主义者旨在用双重办法使车轮倒退。在我写的专门章节中,人们将会看到,科学并没有能够把文明制度提高到它能够达到的唯一的进步程度,即上升到第四阶段。

称为文明时期、野蛮时期、宗法时期、蒙昧时期或其他名称的社会时期,与人的年龄相似,它们各自又分为四个阶段,即一、幼年时代,二、青年时代,三、壮年时代,四、老年时代。称为老年时代的第四阶段有时倒是一种有益的进步。这一点,可以根据埃及的情况来判断。埃及在掌握了军事战术、航海术和某些科学之后,便进入了属于第四阶段的衰老的野蛮制度,而这种野蛮制度又逐渐导向文明时期的第一阶段。因此,这是一种真正的进步,正如夜晚再进步就接近白昼一样。

如果文明制度能够从它的第三阶段,即现在它所处的阶段,进入还未诞生的第四阶段,那么这会是一种极端有利的转变。因为我们便会接近下一个时期,社会保障时期,即同文明制度连接的最高阶段。保障乃是一切哲学家所幻想的幸福。可是,他们在任何方面都无法达到这种幸福。为了获得保障,必须越出文明时期,上升到下一个阶段。我们的科学不能使我们这样从一个时期进入另一个时期,甚至无法使我们循着文明制度发展的道路前进,也就是说无法使我们至少从第三阶段进入第四阶段。关于第四阶段的结构,我将在第七编中加以解释。

让我们在这个题目上注意这一点:人们尽管对文明时期进行了那么多考察,可是,还没有考虑到要对文明制度作正确的分析,把它划分为四个阶段,确定每个阶段之所以形成为阶段的独有的特点(譬如第三阶段的商业无政府状态),以及确定那在四个阶段期间居于支配地位的共同特点(譬如以扼杀小强盗为目的的大强盗联盟),然后再确定从其他时期借用来的前后衔接的特点。军事法典就是从被称为野蛮制度的低级时期借用来的,而货币制度则是从高级时期,即从尚未诞生的团结一致的保障制度的时期借用来的。它是人们在交往方面得到真实保证的唯一领域。

如果考虑到我们的科学竟然忘记了对文明制度进行分析,忘记了这种有系统的序列所指示的基本的首要的研究,那么人们难道还会因为我们的科学忽略了对其他许多构成新颖而浩瀚的科学的研究,譬如忽略了对下述科学的研究而感到奇怪吗?下述科学,我把它们同它们所归属的各类学者加以对照:

道德学家——文明制度的分析

政治学家——团结一致的保障制度的理论

经济学家——协作的近似值的理论

形而上学家——情欲引力的理论

自然科学家——全世界普遍类比的理论

如果每类学者都这样忽略了自己的首要任务,那么就不会因为他们忘却了那个不很重要的细节(如对经营方式的恶性循环的分析)而感到奇怪。这种经营方式,显然是违背英明政策的下述四种原理的:

适用于三类固执的人——儿童、野蛮人和游手好闲的富人——的劳动引力;

按照每个人的资本、劳动和才能等三个特点使每个人都得到满足的按比例实行的分配;

保持在会使下层阶级生活拮据的人口数字之下的人口平衡;

力量的节约,或最大限度地缩减非生产者——商人和其他的现在人数多到约占文明制度的人口三分之二的那一类人。

工业主义者回避这些问题,也回避了上百个其他问题。这上百个其他问题本来可以向那些认为通过发展分散的农业和无政府状态的商业(即欺诈的竞争)的途径会使社会制度臻于完善的人提出来的。作家们只知道对主要的缺陷交口称赞,以免提出防止这些缺陷的办法。在基本问题方面,例如在人口平衡问题上,我们看到科学对它略而不提,说这是无法理解的。斯图亚特正是这样来解答人口过多这个谜的。在他之后,华莱士和马尔萨斯也来解答这个谜,但是,他们对这个谜的理解也并不比斯图亚特好一些。

如果还对文明制度存什么指望,那么,社会政策的问题就会完全无法解决。文明制度在各方面已经成为理智的迷途,在各方面都已经陷入恶性循环。但是,为什么还不努力去发现新的社会制度呢?对那些白费力气寻求新主题的作家们说来,这正是他们的锦绣前程。

当他们偶然涉及某种新思想,例如涉及劳动协作社的思想时,他们就赶快把这种思想弄得模糊不清,把自己的陈腐的诡辩,直至最滑稽可笑的东西,例如财产公有和意见完全一致的真正慈善家的温良博爱,都塞进这种思想中去。

情况远不是像欧文派所炫耀的这些精神上淡而无味的论点所说的那样。协作制度需要的分歧意见和需要的一致意见在数量上一样多。一切正是应该从意见分歧入手。为了组成情欲谢利叶的法郎吉(由一千八百人组成的协作社),在促成人们意见一致以前,必须使人们至少发表五万种分歧的意见。从这个例子可以判断,我们的世纪距离协作社的道路何等遥远。它还把关于情欲和社会和谐途径的种种虚妄的道德观点带到这个问题的研究中。

我已经谈过,既然工业主义在我们的科学幻想中是最新,而且

是最享有盛誉的东西，那么，我就应该在谈这个问题的实质以前把这种幻想拆穿，使它的拥护者醒悟过来，而且向他们指出工业主义的努力方向是不对头的，指出这种无目的和无方法的经济制度将会陷入恶性循环中。

但是，为什么这样有学问的人，这样能干的作家们，竟会这样无能呢？为什么他们卓越的才能只是把我们从一种弊端引向另一种弊端呢？这是因为他们没有指南针在迷宫中乱走。

在这方面，我们且来回忆一下他们关于类比的基本原理（上面引证过谢林的基本原理）。如果说在自然的体系内存在着统一和类比，那么在政治领域内，也和在物质领域内一样，我们就应该有两种罗盘仪。航海者有磁针和星辰辨明方向；社会政策也同样应该有自己的两种向导，即自己的罗盘仪和反罗盘仪。如果上帝没有像给物质世界一样也给社会世界两种向导来指导它的行程，那么就既不会有体系上的统一，也不会有类比。在指出这两种社会的罗盘仪以前，必须使人们多多少少觉察到还缺乏这两种罗盘仪，觉察到应该在经济领域和管理领域中努力去发现它们。

在经济领域中，我想拿天赋和发扬这种天赋的艺术来作为说明。这是一种人们完全不知道的艺术。现在，我拿不久前发生的一件事来评论这一点。

一个二十三岁的赶大车的青年工人运送五金到夏朗德市的曼比和威尔逊两地的工厂。这个以建筑规模庞大而闻名的工厂的外景迷住了他，发展了他的天赋，即他那种直到目前为止连他的父母和他本人还不知道的劳动引力。他干这种工作后，进步很快，以致到年终就能代替一个每天挣二十二法郎的熟练工人。

根据这件小事，人们就可以对我们的生产方法、对我们的教育理论，以及改善人类和研究人类的理论表示多大的不满啊！这些理论为什么不能从幼年起就辨明并且发展每个儿童的劳动天赋，并且使他适应本性要他去做的各种事情呢？对文明制度说来，这是不可能的。因为文明制度只希望梅塔斯塔奇奥①作个看门人，希望卢梭和富兰克林作两个愚昧无知的工人。只是在万分侥幸的场合下才能看到某些劳动者从这种被埋没的状态中得到拯救，并且往往是很晚才被安置到本能给他们指定的岗位上。这个赶大车的工人到了二十五岁才找到了这个岗位，而且是偶然才找到的。

因此，我们显然缺乏罗盘仪和钥匙，来解释这部关于劳动和科学的引力的天书的密码。只有应用情欲谢利叶的方法，才能使这种引力和天赋显示出来。因为情欲谢利叶是社会机构的任何部门、特别是教育部门的主要罗盘仪。

就这方面来说，当前应该解决的问题是，要使每个三岁的儿童不仅发展出一种天赋，而且发展出二十种天赋。他应该从四岁起就能很熟练地参加二十种劳动谢利叶的工作，并且在那里挣得超过他们的生活费的工资。他们在那里轮流锻炼自己的体力和智力，使之都能得到充分发展。

文明制度的人不仅缺少四岁时就可以得到发展并且充分发挥作用的二十种天赋，而且往往在二十岁时还不能发展出应该发展出来的任何一种天赋。如果他是平民，他的父母就会不按照他的

---

① 梅塔斯塔齐奥是意大利诗人彼得罗·安东尼奥-多梅尼克·特拉帕西（1698—1782年）的笔名。——译者

本能而强制地把他安顿在某一工作岗位上。于是,他就在这个岗位上糊里糊涂混日子。因为任何人如果不能发挥本性指示他应该发挥的作用,他将是不幸的。如果他出身殷实阶级,也许他三十岁还不会有成就。因为送到大学、法科学校和医科学校去的一百个青年人中,毕业后未必有二十个人会有成就。

使人的天赋开花,这种从幼年起就使天赋得到发展的艺术是我们的科学的暗礁。这说明,我们在指导本性这个问题上根本没有罗盘仪,甚至在农业上也是这样。因为在乡村儿童看来,这种职业只会引起他们的反感。我们的科学,在劳动教育方面和在其他各个方面一样,显然处在本性或引力的途径之外。而且,事实很清楚,为了获得指引劳动活动方向的罗盘仪,就必须采用新科学:情欲谢利叶。如果它能按照我在第一编里将要叙述的规则正确地组织起来,那么人从小到老都会一直兴趣勃勃地参加工作。他能够为社会利益服务,同时也为自身利益服务,并且使自己的体力和智力朝着最合理的方向发展。

还有应该确定的第二个社会罗盘仪。因为自然界对各种行动不是只赋予一种罗盘仪,而是赋予两种罗盘仪。因此,它还应该赋予我们社会力学方面的反罗盘仪。现在我首先指出在什么方面缺少这种罗盘仪。

在行政管理方面,本能使我们发现了自然保障的萌芽(诚实和节约的保障)。但是,人们都只能把它应用于货币制度,亦即在人的关系上诚实和节约唯一占支配地位的领域方面。什么是货币制度呢?这就是对于国库的管理,而国库具有由交换业务和金银生产业务所构成的两种平衡力量。它们的竞争把政府保持在节约和诚实的途径上。这就是说，这是一种本来应该用于整个商业机构和行政管理机构方面，以便在这些方面引进节约和诚实的保障的制度。

货币业务是一种垄断，而且是一种复杂的垄断。它具有两种平衡力量：它与简单的垄断，例如烟草的垄断完全不同，因为烟草垄断没有平衡力量而是任意的垄断。

我们手里有两种社会罗盘仪中的一种，即本能使所有的政府去发现的复杂垄断。但是政府却没有本领把它应用在商业方面，操纵它来为人民谋福利，而人民在流通机构内是需要诚实和节约的保障的。

受到关于自由的诡辩的欺骗的行政管理机关，竟然听任自己的领域最好的一部分被人夺去。它放弃商业，让给私人去经营，听任商业处于欺诈的竞争之中，处于欺骗和混乱的无政府状态中。

下述两种方法中究竟哪一种可取：是在货币垄断中占优势的保障的方法呢？还是每天都在增加代理人、吞没更多的资本、到处招摇撞骗和使机构复杂化的那种无政府状态的贸易自由方法呢？为了判断这个问题，可以假设暂时把货币业务置于商业制度和自由竞争的条件下。这样一来，每个国家马上就会出现两万个造币厂主，他们一面表白自己是正直的，一面却依照商业习惯彼此竞相铸造成色不纯的钱币，因而阻碍一切交易，使金融陷于混乱。

因此，显而易见，经济领域的保障，就在于复杂的垄断，或具有两种平衡力量的国库管理，而欺骗的竞争制度则是没有任何保障的。所以，第二种社会罗盘仪是复杂的垄断，把它应用在商业上，就会为我们开辟一条摆脱文明时期的出路，使我们上升到协调的保障时期,亦即介乎文明状态和协作状态之间的中间阶段。

就这样,我们的哲学家们梦想实现社会保障而到很远的地方去寻求财宝,其实财宝就在他们手边,并且已经在我们的交往关系的最明显的领域中,在通过具有两种平衡力量的垄断实行管理的货币业务的领域中看到它的萌芽。

哲学家们关于社会平衡力量的观念是模糊不清的。他们喋喋不休地议论什么均衡、平衡和保障,等等,但由于他们是古代哲学的怪癖的继承者,他们就想把这些本来应该放在经济领域中的平衡力量用在行政管理工作中。

这条错误的途径只能引起混乱。虽然人们希望用宪法来约束政府,但是政府总会完全成功地摆脱这种约束的。要改造的只应该是经济制度。只要经济制度是以保障制度或协作社制度的形式组织起来的,任何政府便会把压制舞弊行为看成是自身的利益所在,而在文明制度下它却要庇护这种舞弊行为。

这就是说,改革家们应该注意的只是经营制度,并且为了在这次改革中有方向可循,必须利用两种罗盘仪之一——

或者是具有两种平衡力量的垄断。这种垄断已经萌芽,而且由于它自身不断扩大,将会导致社会保障时期;

或者是情欲谢利叶。情欲谢利叶的发现虽然比较困难,但它会引导到协作社制度,即达到人类最终的命运(保障只是一种过渡,只是一种介乎称为文明制度的厄运与幸运——协作状态——之间的混合状态)。

复杂的垄断的发现更加适合我们的时代精神。我们的时代精神枉费心机地对英国在海外贸易方面实行的简单垄断进行斗争。

这种经济的暴政在复杂的垄断面前,如同所有别的东西一样,会自然而然垮台的,而且英国本身也会从这件事里得到好处的。这种发现会使被称为经济学或经济主义的科学闻名于世。可是这门科学却宁愿退却,并且硬说它的任务仅仅限于分析现存的制度。那就请他至少要去完成这个职责,去从事那会向我们揭示出种种怪诞的卑鄙可耻的行径的商业分析吧!由此,便会得出必须把这种罪恶渊薮、这种荒唐结构加以改造的结论。这种荒唐结构会合六十种有害的特点(例如已列举过的颠倒的消费、流通和竞争等),曾经用工业为各族人民设下了陷阱,并且同时也加深了他们的贫困和堕落。有人硬说,人并没有变得比以前更虚伪。然而,半世纪前,用很少的钱就能买到不褪色的布料和真正的食品,而现在却到处是赝品和欺骗占统治地位。庄稼人也成了像商人那样的骗子。乳制品、牛油、葡萄酒、白酒、咖啡、糖、面粉——这一切都被厚颜无耻地加以伪造。贫苦大众再也无法买到真正的食品;卖给他们的只是些慢性的毒物,——商业精神竟发展到遍及穷乡僻壤的地步了。

当蒙昧主义派引证这种结果来论证自己倒退的观点时,他们可以自认为拥有充分根据,特别是1826年发生了过分富裕的危机之后尤其是这样。但是,在当前这个时机,蒙昧主义毕竟是可鄙的和危险的根源。曾经有过一种极其光辉的作用,而自由主义的反对者们却没有能够掌握它。他们本来应该完成自由主义者无法完成的事:循着社会发展的上升阶梯向前进展,通过改造商业制度的方法来实现真正的进步,以及进行一项非常轻而易举的工作,可以使法国国库有两亿收入,使全民族有十亿收入,进一步(这是更有价值的优点)则在被目前无政府状态弄得引起公愤的流通机构中实现诚实和节约的保障。半个世纪以来,商务作为一种工作,虽然只有很少改变或完全没有改变,但是商业已经把自己代理人的数目提高三倍,欺诈则随着资金数量的增加而增加。

如果蒙昧主义者能够发明这种做法,能够把货币制度即复杂的垄断或具有两种平衡力量的国库管理制度,应用到商业上,他们就会从自由主义者手里夺去舆论的同情,并且能够向他们说:"看,我们把社会制度引到了完美境界,你们却只会使它倒退。你们只会崇拜金钱,只会糟蹋自己口若悬河的口才,用它来歌颂无政府状态和商人的欺诈,而不是把自己的全副力量用来寻求诚实的贸易方式。"让我们结束的时候,注意这一点吧——

诡辩主义者们硬说他们创立了协作社,或者写过关于这个题目的文章,可是他们完全不知道有两种罗盘仪,甚至不知道称为具有两种平衡力量的垄断的第二种罗盘仪,而这第二种罗盘仪,如同被踩在脚下的不易发现的宝石一样,就存在于我们中间。

另一方面,这些实践家们和理论家们都陷于烦琐哲学的无神论的恶习中,都陷入一种错误中。这种错误在于期望从称为立法的人的理性中获得知识,而这些知识却应该是通过对引力或自然规律的研究而向神的理性去祈求的。

人们可以看到,一些自称是协作社的团体,不去从事这种研究,而去参与政治和宗教的学术争论。其中某些人几乎发展到同上帝决裂的地步:废除崇拜上帝的公共仪式的欧文派就是这样。一看到这种可怜的革新,就足以甚至在未了解他们的教条和方法以前就得出结论:他们对于协作社毫无认识。

如果他们在某种程度上模糊地预感到协作社这种机构,他们就会知道,在协作制度下,爱上帝将成为所有的人的热烈的情欲:他们时时刻刻享受新的愉快,并且在欢乐的海洋上乘风破浪地行驶时,将会感到有必要时时刻刻向如此美妙的制度的创造者表达自己的敬意。他们绝不会在举行礼拜时慢吞吞,而会把它变成一种富于魅力的习惯。庙堂中的宗教集会,还不足以表达他们的感激心情。他们还希望在劳动小组或者娱乐小组中看到有创世恩人的标志。他们希望用某种方式来使它同自己共享幸福,并且希望在每次集会时歌唱颂扬上帝功德的赞美诗。

令人厌恶的情欲和性格达到了和谐。生产劳动甚至对骄奢淫逸之徒也成了诱人的事情。儿童从幼年起就经常参加有益的事情。引力提供优越的冲动。当无神论者自己看到神的智慧的这些杰作时,我是说,当无神论者看到这些奇迹时,就会把自己对宗教的精神的赞同看成是一种胜利的标志。他们会变成最热烈赞美上帝和痛斥文明制度的法律的人。文明制度的法律,看来确实正像它实际的情况一样,是地狱精神的产物。这些只会贬低美德的法律,使恶习处处得逞,而使人对天意产生怀疑。因为在文明制度的种种叛逆行为中,在工业生产的可鄙的结果中,看不到一点天意的迹象。而这种工业生产对于注定从事它的人说来,乃是一种折磨,使文明制度的人的处境远不如蒙昧制度的人和牲畜。

我感到遗憾的是,由于必须缩短叙述,我们不得不略去许多初步的概念。对学者和艺术家们略述一下他们在新制度下将会享受到的无数财富和荣耀,这本来是特别适当的。他们很容易因为这种发现而感到沮丧,他们担心新的科学会损害他们理论体系的销路。他们为了获得一点可怜的额外收入而不得不曲意逢迎,竟把关于这种制度的思想称为妄想。其实,在这种制度下,从事科学和艺术的人将被列入最高等级,并且很容易挣到文明制度只是给予证券投机者和阴谋家的那种财富。

他们迷恋自己在其中居于末位的那种秩序。这是上了多大的当啊!因为在那种秩序下,再没有比学者和艺术家的地位更受奴役、更受压迫和更受卑视的地位了。他们称颂崇高的真理是人类最好的朋友。可是,这种崇高的真理并不是哲学家们的朋友。因为,如果他们敢于使人们听到崇高的真理,他们就不只会丧失一切,而且还会受到迫害,如维尔曼[①]、拉克莱捷尔[②]、米舒[③]、勒让德[④]、蒂梭[⑤]、莱弗甫·瑞诺[⑥]等人一样。

我答应向他们证明,在协作制度下,他们将会享受完全的自由。他们挣几百万法郎,比现在挣几千法郎还容易。即使是微不足道的乡村教师,都会成为高贵的人,更不要说那些能够在某一方面领导某一省的师范学校的人了。在协作制度下,必须有使人民都成为有知识的、熟悉科学和艺术的人。这是共同发财致富的手段,因而连现在的蒙昧主义者也将会赶快来推进教育事业。

学者们这个即将到来的命运的图景对那些过惯困苦生活的人说来,会过分令人眼花缭乱。他们始终怀疑我在夸大其词,并且认

---

① 维尔曼(1790—1870年),法国作家和历史学家。——译者
② 拉克莱捷尔(1751—1824年),法国文学家。——译者
③ 米舒(1773—1858年),法国作家和出版者。——译者
④ 勒让德(1752—1833年),法国著名数学家。——译者
⑤ 蒂梭(1768—1854年),法国著名文学家,科学院院士。——译者
⑥ 莱弗甫·瑞诺(1754—1829年),法国数学家和物理学家。——译者

为我也像金融家一样,在一个数字后面加的零太多了。这种提法完全不对。什么都是完全可以用算术来证明的。我并不想夸大数字,却有缩小总数的习惯。我们可以看到,光是一门新的科学——类比学,它的每一十六开的印张就会使作者得到稿费五六百万法郎。类比学的内容至少可以写成三千卷篇幅像本卷这样大的书,并将一个印张一个印张地问世,以满足读者的迫不及待的心情。这只是社团制度保证给予科学家和艺术家的一笔巨大的收入而已。

在这以后,难道他们还有理由抓住自己在巴黎的四十万法郎的菲薄的个人收支不放吗?那就无异于这样一个不幸的人:这个人在能够获得一笔可观的遗产、因而可以抛弃自己的木板屋而住进私邸时,竟会想到他如果失去他的土罐子和木调羹就会饿死。

可以原谅因催眠术的发现而感到惊慌不安的医生,因为催眠术会在各种不同的情况下缩小医生的活动范围而不给予补偿。引力的计算学却不是这么回事。因为引力计算学对所有的科学家和艺术家来说,是一条帕克多尔河①。

我转而谈到这个理论时,只有向读者讲这个理论会使我们达到的目标,这样才能更好地引起读者们的注意!这个理论将使人获得财富和幸福,而且这种幸福并不是仅仅由于财富就能够得到的。这种幸福在于情欲的全面发展。这是一种文明制度最富有的人还远远不能得到的幸福。人们将会深信,文明制度下最幸福的人,像有权有势的年青、漂亮而又强壮的君主这样的人,都无法获

---

① 帕克多尔河,据传说是古代吕底亚的一条充满黄金的河流。——译者

得协作制度下同样年龄和同样健康的人们中最贫苦的人所享受得到的那种幸福。在这里,所有关于真正幸福的哲学的学术争论都会宣告结束。必须承认,这种幸福不是为文明制度创造的,即使最受人夸耀的骄奢淫逸之徒距离这种幸福仍然是十万八千里。

第一编

情欲引力的分析

第一概述 关于情欲谢利叶的初步概念

第一章 关于引力的三个目的及其十二种动力或根本情欲

情欲引力是自然界在思考能力产生以前提供的推动力。这种推动力尽管受到理性、义务、偏见等的阻碍,仍然是一种持续而顽强的力量。

任何时候,任何地方,情欲引力都一直追求着三个目的:

一、追求奢侈或五种感觉的满足;

二、追求成为组和组的谢利叶,追求亲密的联系;

三、追求情欲、性格、本能的结构;

以及——作为其结果——追求宇宙的统一。

第一个目的——奢侈。它包括一切感性的愉快。我们希望得到这些愉快,就暗示我们希望得到健康和财富,因为健康和财富是满足我们种种感觉的手段。我们期望内部的奢侈即身体强健,以及感觉精细灵敏。我们也期望外部的奢侈即货币财富。要达到情欲引力的第一个目的,必须拥有这两种手段。这个目的在于满足五种感官力量:味觉、触觉、视觉、听觉和嗅觉。

分析感觉是一个崭新的题目。人们甚至还不知道每种感觉力量的阶梯,以及它按七个等级的应用。

第二个目的——组和谢利叶。引力趋向于形成组。组共有四个:

	名　称	象征性的标志
高级的	友谊组	圆圈
	雄心组、团体联系	双曲线
低级的	爱情组	椭圆形
	父子关系组或家庭	抛物线

所有按照情欲并且自由形成的小组,都属于这四类中的一类。

一个小组的人数一旦多起来,就划分为更小的组,形成派系的谢利叶。这种派系按照意见和嗜好的差别依次排列为阶梯的形式。可以看出,甚至在由七人组成的小组里也会形成系列(谢利叶);一个小组活动几天之后就会表现出五、六、七种意见和嗜好的细微差别。

这样,就很明显,所有的组都倾向于形成系列(谢利叶)、即不同种类的阶梯,而系列(谢利叶)是感觉和心灵在各种活动方面的引力的第二个目的。

例如,听觉要求在音乐的和弦方面有高音、中音和低音三组所形成的系列(谢利叶),然后要求人数不等的各组使用的乐器形成的系列。一切感性的愉快也都是这样。任何一种感性的愉快,如果不根据组的系列来分,便不完满。凡是进行娱乐或工作时没有系列,或者在系列等级的选择方面没有自由,都会令人感到简陋和贫乏。

造物主既然在动、植、矿三界都采用了这种分法,他一定认为组和系列是非常需要的。既然博物学家能够按组和系列来对三界加以分类,那么为什么人们不能根据这个理由对情欲进行某些试验呢?

第三个目的——情欲力学,或组系列力学,倾向于使五种感觉力(1. 味觉;2. 触觉;3. 视觉;4. 听觉;5. 嗅觉)同四种依恋的动力(6. 友爱;7. 雄心;8. 爱情;9. 父子关系)协调一致。这种协调一致是通过三种人们很少知道的,并且受到诽谤的情欲的中介作用建立起来的。我把这三种情欲称为:10. 计谋情欲、11. 轻浮情欲、12. 组合情欲。

它们必须在内部作用和外部作用方面建立情欲的和谐。

内部作用:每个人都希望在自己的情欲作用方面保持这种均衡,以便使每种情欲的自由发展有利于所有其他情欲的发展;以便使雄心和爱情只会产生人与人之间的有益的联系,而绝不会使人陷于欺骗;以便使人们即使在盲目地发泄情欲时,永远循着发财和健康的途径前进。自然界把这种建立在毫不犹豫地听任自然安排的基础上的均衡给予动物,而不给予文明制度、野蛮制度和蒙昧制度的人。情欲使动物得到好处,却使人陷于灭亡。

因而,在目前的情况下,人在处于同自身斗争的状态中。人的种种情欲是互相冲突的。雄心与爱情相对立,父子关系与友谊相对立。十二种情欲中的每一种都是这样。

由此便产生出妄想压制情欲的被称为道德的科学。但是,压制并不能使事物畅通,使事物和谐。我们的目的在于使情欲按力学原理自发地运转,而不是压制任何一种情欲。上帝如果赋予我们的灵魂以无用的或有害的动力,那他就未免太荒谬了。

外部作用:为了调整外部作用,必须使每个人在追求个人利益时,都总是在为大众的利益服务。实际上发生的情况正好相反。文明制度的机构就是每个个人反对大众的斗争,是一种每个个人都用欺骗公众的方法来寻求自己的利益的制度,是情欲外在的不和。问题在于要达到情欲的内部和谐和外部和谐,亦即引力的第三个目的。

为了达到这个目的,每个人都采取强制手段,迫使自己的从属者接受合乎他的心意的、被他称为合理学说的法规。家长使自己的妻子儿女服从据他说是端正行为的生活规矩;大地主在他统治的县城中强迫人们接受他自己的合理主张;身居高位的官吏和部长对于他们所治理的国家也采取同样的做法;妖艳的女子希望用关于漂亮的时装的合理主张来革新一切服装式样;哲学家希望革新一切宪法;小学生则想在儿童游戏中用拳头强迫别人遵从他的合理主张。

因此,每个人都希望群众的情欲同自己的情欲协调起来。每个人都这样倾向于建立情欲的外部结构,并且还使自己相信自己是在为屈从于他的任性的人创造幸福。同样,每个人也希望有一种内部结构来使他的情欲达到本身的和谐。由此可见,引力的第三个目的是情欲的内部结构和外部结构。

这种结构应该受前面所指出的第 10、11、12 三种情欲的支配。这三种情欲的每一种我都给它起了一些特殊的名称,好让那些爱为小事争吵的读者自行选择:

第一概述 关于情欲谢利叶的初步概念

第十种,计谋情欲——爱用计谋的,喜欢分裂的情欲;

第十一种,轻浮情欲——变化无常的、对比的情欲;

第十二种,组合情欲——起鼓舞作用的,使人们结合的情欲。

下面我要说明一下这三种人们完全不知道的情欲,正是它们在支配着情欲谢利叶的作用。任何一个谢利叶要是不让三种起杠杆作用的情欲自由发展,便不是真正的谢利叶。

这三种情欲在文明制度下被称为恶弊。哲学家们断言第十种情欲,即派系精神是恶行。他们说应该使大家意见一致,使大家成为弟兄。他们同样谴责称为轻浮情欲的第十一种情欲,也就是谴责那种使自己的享受多样化的需要,即从快乐跃向快乐的需要。他们并且谴责称为组合情欲的第十二种情欲,即想同时感到两种快乐的需要,而这两种快乐的结合能使沉迷提高到陶醉的程度。

这三种被称为恶弊的情欲,尽管人人都把它们当成偶像来崇拜,而在文明制度下,却确实是恶弊的根源。因为在这种制度下,它们只能在家庭和行会中发生作用,而上帝创造它们则是为了在对比小组的谢利叶中发生作用。它们只适合于形成这种制度,如果把它们应用于和谢利叶不同的制度,便只能产生恶行。

这三种情欲是十二种根本情欲中的主要情欲。它们领导其余九种情欲。真正的明智,或者说情欲的平衡,正是通过各种快乐的平衡,从这三种主要情欲的共同干预中产生出来的。

十二种情欲都以行动一致为目的。

对于统一的需要,即我称之为统一情欲的这种需要,在征服者和哲学家们那里表现得十分突出。

征服者们幻想用恐怖和普遍奴役来强迫建立统一。他们建立的这种统一是局部的，是用暴力建成的，是颠倒的统一。

哲学家们幻想有直接的和自发的统一，有博爱或各族人民的友爱，有想象的联邦。

每个人无论对整体或局部，都是这样按照自己的口味来幻想统一的。每个民族都希望全世界使用它的语言。文明制度的人比野蛮人对统一的兴趣更大，因为他们希望全世界普遍实行卫生检疫制。因此，他们特别渴望有中枢情欲，即联合情欲。这种中枢情欲和其他十二种情欲之间的关系正如白色和棱镜的多种颜色之间的关系一样。

协作制度一下子就实现了人们所能想象得出的各种统一——在有益的事情方面，如检疫、语言、子午线的统一。在愉快的事情方面，如音叉及其他细小的事情的统一。由此产生了许多优越性。其中一种就可以根除暴病、鼠疫、瘟疫、天花媒介、疥疮、梅毒及其他非地方病病源产生的各种疾病。

总之，引力在追求三个目的或三个中心。

它用十二种刺激，或者称为十二种根本情欲，来推动我们达到三个目的。这十二种根本情欲是：五种感觉的情欲，四种依恋的情欲，三种起杠杆作用的情欲。

让我们从本章起就要学会把引力与义务区别开来。例如：任何一个立法者从来没有把吃饭提升为义务，因为吃饭是一种天性的需要或者引力的需要，人们任何时候都不会忽视的。

我们只是把这些永久是自然的东西，例如不顾禁止吃饭的各种教条和变相义务而总要吃饭的嗜好这一类的东西，看作是引力。义务、道德和知识锁链方面的任何理论，只会使人弄错引力的动力

第一概述　关于情欲谢利叶的初步概念

和它的目的。

第二章　情欲谢利叶的概论

协作的艺术只在于善于组织群众性的团体即由情欲谢利叶所组成的法郎吉，并且使它完全和谐地发展。这些情欲谢利叶是完全自由的，只受一种引力推动，并且适合七种劳动活动和各种娱乐。

因此，在这里，我们的研究只限于两个问题：

谢利叶及其小组和分组的内部安排；

其外部安排，即同协作法郎吉和邻近法郎吉的其他谢利叶互相联系和自发协作。

自然界把组系列（谢利叶）应用于整个宇宙的布局安排：动物界、植物界和矿物界。在我们看来，这三界只不过是一些组、系列（谢利叶）而已。所有的行星本身是一个系列（谢利叶）。这个系列（谢利叶）的秩序比自然界的秩序更加完善。各界都是按照简单而自由的组系列来安排的（自由的这个词表示它的小组的数目是无限的）。行星是以复杂的或有节制的组系列的形式来排列的。这样的秩序比简单的秩序更完善。但是天文学家和数学家却并不知道这一点。因此，他们无法说明天体分配的原因，无法说出为什么把光圈给予某一颗行星，而不给予别的行星，等等。

情欲谢利叶是各个不同小组的联合。这些小组是按上升序列和下降序列的阶梯排列的，是依照情欲和对某种活动（例如对种植某种果木）的相同嗜好而结合起来的。这些小组还把一个特定的小组用来进行谢利叶所从事的对象中所包含的每种工作。如果某一个谢利叶是种植风信子或土豆的,那么在它的土地上种植多少品种的风信子,它就要组织多少个小组。种植土豆各个品种的情况也是这样。

这种安排必须以引力为指针。任何小组只应该由根据情欲参加的谢利叶成员组成,而不凭借必要性、道德、理智、义务和强制等来作为动力。

如果谢利叶不是依照情欲组成,不是安排得井井有条,那么,它便不会获得几何学在分配上的属性。它就会缺乏首要的属性——两极小组的作用等于中间小组的双倍作用,它就不能参加协作法郎吉。

情欲谢利叶在单干时,不管它组织得怎样正规,都不会具有这种属性。在任何城市,人们都可以尝试组织从事某种愉快劳动(如培植花木,饲养美丽家禽)的谢利叶,——不过,这毫无用处。必须有相互联系的符合力学的谢利叶。谢利叶的数目至少是四十五个到五十个。这是试图进行试验的最少数目,是同协作联系和劳动引力相接近的数字。

我曾经说过,对情欲谢利叶的机构来说,需要意见分歧,正如需要意见一致一样。谢利叶要利用性格、嗜好、本能、财产、野心、教育等方面的差异。谢利叶只是靠对比的和有等级的不平等来维持自身的。它需要一致或同情,也同样需要对立或反感。正如在音乐中,只有通过排除与要采用的音调的数量相等的音调,才能形成和弦。

意见分歧在情欲谢利叶内需要达到这样的程度:每个小组都

应该与同它前后相衔接的两个小组处于完全对立状态,而与其他衔接程度不太紧密的各个小组则处于不同程度的对立状态。这正如音乐中一个调与同它上下连接的两个音调本质上是不和谐的一样;2与高半音的1和低半音的3是不和谐的。

情欲谢利叶的组合,除了在收入的分配上有几何学的属性外,还具有社会和谐方面的美好属性,如竞赛、公正、诚实、正一致、反一致、统一等等。

竞赛能使各种产品在质量和数量两方面达到最高水平。

公正是满足每个人得到提升、赞美、支持的愿望的手段。

诚实,出于情欲而被运用,同时由于欺骗已经无法得逞因而变得必不可少。

正一致,由于同一和对立的联系而达到的。

反一致,即个人相互间的反感被集体的亲密关系所吸收。

行动的统一,一切谢利叶协同合作,导致统一的措施。

文明制度具有一切相反的属性:软弱无力、不公正、欺诈、纠纷和两面性。

情欲谢利叶的机构任何时候都不会建立在幻想上。它只是运用十分诱人的原动力。这种原动力通常包含四种魅力:两种对感觉的魅力,两种对心灵的魅力。它最低限度包含一种感觉的愉快和一种心灵的陶醉,或者两种在功能上与感性愉快不相容的心灵陶醉。

情欲谢利叶只有在完成三个条件时才是有正常规律的,才具有上面所举的属性。这三个条件是:

第一,紧密性:即邻近的各小组所种植的各种作物是互相接近的。如果种植七种迥然不同的梨:白水蜜梨、墨西尔让梨、露斯勒梨、白西梨、无汁的马尔州梨、珍珠梨、蓬克莱因梨,那么七个小组就不能构成情欲谢利叶。这些小组由于缺乏像白水蜜梨、粗水蜜梨和青水蜜梨三种品种之间的接近或紧密性,所以彼此之间没有同情,没有反感,没有竞争,也没有竞赛。被称为计谋情欲的那种情欲,不会得到发扬,而这种情欲却是应该支配任何情欲谢利叶的三种情欲之一。

第二,工作时间短:每次最长的工作时间限于两小时。没有这种措施,一个人就无法参加三十种谢利叶。那时,分配上的协调和劳动引力机构便会遭到破坏。每次工作时间太长会妨碍称为轻浮情欲的情欲,妨碍想从一种快乐跃向另一种快乐的情欲——它是这样的三种情欲之一。这三种情欲应该支配任何情欲谢利叶,并且准备抵制无节制的现象。其办法是使人有可能在一天的任何时间内选择双重的快乐。

第三,工作分段进行:每个人的工作都应该限于作业的某一小部分。如种植青苔蔷薇需要五六种不同作业,那么主管小组便要指定五六个分组来做这些事。分组则按照每个人的嗜好来分配作业。文明制度的行为方式迫使一个人把作业的全部工作一包到底。这种方式因此会妨碍发挥称为组合情欲或鼓舞人的情欲的作用,而这种情欲是应该支配任何情欲谢利叶的三种情欲之一。

总之,谢利叶机构可以归结为是一种十分准确的、十分固定的规则。这种规则在于运用三种方法发挥第十、第十一、第十二这三种起安排作用的情欲。

这三种方法是:紧密性,每次工作时间短,工作分段进行。这些方法无非是情欲本身，情欲的自然效力而已。

我要专门另写一章来阐明这种规则。一开始就把这种规则提出来，是适当的。这可以使人了解，在劳动引力和情欲和谐的理论中并没有什么模糊不清或任意臆造的东西。实际上：

问题的确在于放纵十二种根本情欲。缺少这个条件，便会产生压制、不和谐。这十二种情欲倾向于形成谢利叶。在谢利叶内，称为感觉和依恋的两类情欲将受起杠杆作用的这类情欲的支配。这样，有待考察是否正确的问题，就是人们是否已经组成小组谢利叶，起杠杆作用的三种情欲有无充分的发展自由，人们是否已经做到使其余九种情欲都同样有发展自由而没有冲突。在这种情况下，由于每个人的十二种情欲都得到发展和满足，每个人便会有使情欲得到充分发展的那种幸福。这个与文明制度一切体系相对立的学说，乃是唯一符合本性要求的理论。我再说一遍，上帝创造我们的情欲如果是为了按照文明制度和野蛮制度的行为方式来阻挠弱者的情欲，以便适合强者的利益，那么上帝便是个愚蠢的匠师。

而且，在我现在提出的这个理论中，找不到一种我自己发明的原动力，因为通过最大和最经济的配合——组、系列（谢利叶）的配合，也就是通过人类心灵的一致要求和已知的自然界整个体系中所遵循的布局，我所做到的只不过是利用十二种情欲中的三种情欲来主宰万物而已。

第三章 情欲谢利叶成员配备的详细情况

我们通常把任何一种聚集起来的人，甚至一群由于苦闷而聚集起来的、没有情欲、没有目的的烦恼的游手好闲之徒,一群以消磨时间、以打听消息为业的人都称为小组。在情欲理论中,小组则是由对于某种活动具有同一嗜好而结合起来的一群人。假如三个人一起去吃午饭,给他们端来的汤只有两个人喜欢,第三个人不喜欢,这时候他们三个人便不会形成小组。因为就他们所从事的这种活动来说,他们的意见是分歧的。他们之间对端来的汤没有味觉情欲的同一性。

喜欢这种汤的两个人,可以形成一个假小组。小组为了变得合理和能够使情欲趋于平衡,必须至少有三个人;必须建立起像所谓天平的机器。这种机器系由三种力量构成,它中间的力量支持着两端力量之间的平衡。简单说来,没有比由对某种活动具有同一嗜好的三个人所组成的小组更小的小组了。

人们会提出不同的意见说:"这三个人虽然在对汤这种小事上意见分歧,但在聚会的重要目的上,即在友谊上,却是一致的。他们彼此内心是接近的。"在这种情况下,这个小组是不完全的,因为它太简单,只有一种精神上的联系。为了把它提高到复杂的程度,就必须用感性的联系来补充——要使汤对三个人都合适才行。

"还有,即使他们对汤的意见不一致,而对别的菜却是意见一致的呀!何况,这个小组实际上具有两种联系。因为,除了友谊关系外,这三个人还由雄心和朋党的联系结合在一起。他们聚在一起吃午饭,是为了商谈选举的计谋。——因此,这是您所要求的双重联系,复杂的联系。"

这只不过是由两种精神联系所形成的一种混杂的复合联系而已。纯粹的复杂联系需要心灵愉快和外部感觉愉快的结合,需要

第一概述 关于情欲谢利叶的初步概念

排除任何分歧。可是,在这里,进餐一开始就在汤上发生分歧,这个小组虽然有双重联系,却是不正常的。

如果我们再谈面包和酒的问题,情况就更加糟糕。甲、乙、丙三个共餐者对面包的口味很不相同,意见完全分歧。例如,在咸淡问题上,甲希望吃很咸的面包,乙喜欢吃半咸的面包,丙则希望吃盐少的面包。然而,依照文明制度的习惯,为他们端来的只有一种面包。其实,必须至少使面包有九个品种:就咸度来说有三种。就发酵来说有三种,就烘制来说有三种。还应该做到使这九种做法再根据三种不同的面粉而各有不同。这三种面粉是:一,由多石土壤上生长出来的小麦磨成的带酸性的面粉;二,中级面粉;三,多脂肪面粉,如沙尔特的上等面粉。为了给予三人小组和谐的午餐,为了对他们进行与情欲和引力相适应的招待,一共需要有二十七种面包。就酒、汤以及席上摆出的大多数菜肴来说,也必须有这样一系列不同的东西。

"好吧,如果在您的经济的新世界中,为了供应三个人的午餐,就需要这样过分讲究,那就永远不可能使他们得到满足,更不用说使居住全球的八亿居民得到满足了。"

说这种话的人自己错了。情欲谢利叶的理论就是要提供一种办法使所有这些异想天开的要求,以及协作制度所创造出来的十万种其他古怪的要求一一得到满足。因此,我说过,文明制度的君主还远不及和谐制度的人即协作制度的人当中最微不足道的人幸福。在和谐制度下教养出来的七岁孩子将会讥笑我们现在的骄奢淫逸之徒。他会向他们证明,他们每一瞬间都在犯下违反精益求精的感觉愉快和心灵愉快的大错。没有这种促使情欲的发展和精益求精的新科学，就不能组成很有条理的、能够完成三个条件的谢利叶。

既然情欲谢利叶只是由小组组成的，那就必须首先学会组织小组。

"哎呀呀！小组！好一个有趣的东西！小组——这想必是好玩的！"聪明人谈到小组时，就是这样议论的。首先得听他们语言乏味地、含糊暧昧地说一通。但是，不管这个题目是否滑稽可笑，毫无疑义，他们对于小组一无所知。他们连正确地组成三人小组都不行，就更不要说正确地组成三十人的小组了。

然而，有人写了许多研究人的论文。如果这些论文忽视了这个问题的最基本部分——对小组的分析，那么，这些论文在这个问题上又能给我们什么概念呀！我们的一切关系正就是倾向于形成小组。可是，这些关系却从来没有成为任何研究的对象。

文明制度的人由于具有爱虚假东西的本能，总是宁肯要虚假的东西而不要真实的东西。他们把实际是假小组——即一对夫妻——这种小组说成是自己社会体系的轴心。这种小组就其仅限于两人的人数来说，是虚假的。而由于缺乏自由，由于从第一天起就在开支、饭菜、拜访以及诸如在室内温度之类的种种鸡毛蒜皮小事上表现出嗜好方面的意见分歧或纠纷，所以实质上是虚假的。如果无法使基层小组，即由两三人组成的小组达到和谐一致，就更无法使整个社会达到和谐一致了。

我只是谈了人数最少的三人小分组。在协作机构中，完备的小组至少要由七人组成，因为它必须包含三个部分即三个分组。中间的一个分组要大于两头的分组，因为它要维持这两个分组的平衡。七人小组提供三个部分。这三个部分运用于某一活动的三个部门。各部分的人数是：2、3、2。在这种情况下，二人形成一组尽管在孤立活动时是虚假的，但是由于与其他分组相结合，是可以采取的。

之所以由三人组成的中心分组与两头的两个二人分组处于平衡状态，这是因为中心分组总是被指定从事最诱人的活动。因此，它拥有单位数量上的优势和单位引力上的优势，它的作用与用于其他两个活动的四个谢利叶成员的作用相等。

如果一个小组有六个谢利叶成员，形成2、2、2三个部分，这样就平衡得不好。小组的中心在人数上就会和每个翼一样薄弱。依照基本规则，必须加强中心，并且使两翼不均等，使上升翼的人数比下降翼多些。这里有十二人、十六人和二十四人三种划分的例子：

十二个谢利叶成员分为4、5、3。

十六个谢利叶成员分为2、3—2、3、2—2、2。

二十四个谢利叶成员分为2、4、2—3、4、2—2、3、2。

这些划分不应该按照长官命令，而应该依靠引力，用自行安排的方法确定。必须做到只由引力来使种植某种花木、某种蔬菜的二十四个谢利叶成员下决心组成上述九个分组。安排这些组从事九种不同的活动，这就是我在第二章所称的分段进行工作的制度。

在这些简要的叙述中，本来应该至少用三十页篇幅来说明小组安排的这些细枝末节。但是，我却想不超过三页的篇幅。由于基本原理这样简单，人们不在我的参与下创办协作组织时，就会犯很多错误；小组，谢利叶都将是不稳固的，没有足够的引诱力；在各方面有分歧，有错误。人们因为这些而指责我的理论。这样做是完全错误的。这一点应该指责舆论的专横霸道。因为舆论不允许发现者对理论进行充分说明。对于化学、植物学的论著，甚至对于长篇小说，都给予五、六卷的篇幅，但是对于人类命运所系的科学的发现者，却难得允许有一卷的篇幅。让我们继续谈下去吧！

谢利叶也像小组一样安排。谢利叶对小组的作用，同小组对个人的作用一样。谢利叶至少应该包括五个小组。二十四个人是能够产生完备的谢利叶的最小数目。上述二十四个谢利叶成员的划分，可以达到七个所要求的条件，即：

在 2、4、2—3、4、2—2、3、2 的安排下，三个小组是不相等的。

中心组大于每一头的小组。

高的一头大于低的一头。

两头再分为三项。

最小的组都提高到最少由七个成员组成。

每种分法都是加强中心的分组。

三个小组形成正级数 7、8、9。

由此可见，这种谢利叶，虽然人数被限制到最少程度，但却是十分严整的。如果只有二十三人，它便不能做到第三个条件，也不能做到第六个条件。

一个小组有七个成员就够了。但有九个成员时，就比较完善，可以使中坚或首领、中间分子或过渡性谢利叶成员参加到自己的三个分组中去，例如：

过渡——　　　　　　1——中间分子

最高翼——　　　　　2——学士

第一概述 关于情欲谢利叶的初步概念

中心——　　　　　　3——行家
最低翼——　　　　　2——新参加者
中坚——　　　　　　1——首领

如果在这种团体内情欲和本能可以自由发展,这种安排在每一个劳动团体或娱乐团体中就自然而然建立起来。因为人按其本能来说是反对均等,并且倾向于等级制度或上升阶梯制度的。如果有充分自由,这种阶梯顺序将在九个小组谢利叶中建立起来,正如在九人小组中建立起来一样。

既然七和二十四这两个数目是完全小组和完备谢利叶的最低限度,那么,为了使工作顺利进行,就必须做到有人来代替患病者和缺勤者,把小组的人数至少提高到十二人,把谢利叶成员的人数至少提高到四十人。因此,可以设有首领及其副职、中间分子及其助手。

在任何谢利叶内,上升翼是由从事最粗笨工作的小组组成的。下降翼则包含轻松平凡这一类工作。中心则包含最高贵和最诱人的工作,因为它应该像我所谈过的那样,以双重的优势——谢利叶成员人数和引力措施——来使两翼达到平衡。试以种梨树的谢利叶为例:

中介类　　四个小组,种植榅桲和杂交品种。
上升翼　　十个小组,种植脆梨。
中心　　　十二个小组,种植酥梨。
下降翼　　八个小组,种植多淀粉梨。
中坚　　　两个小组,总管劳动和庆祝活动。

形成法郎吉的谢利叶共分为九个阶梯或九级,即:

第一,级

第二,等

第三,类

第四,种

第五,科

第六,细微类

第七,最小类

第八,中介类

第九,无限小类

详细叙述这个题目所需要的细节,要花的时间就会太长。而把这样新颖的材料说明得过于简略,也没有好处——有机会我会谈到这点的。

让我们坚持认为,文明制度是轻率冒失的。它硬说,它已经把人研究过了。但是它忘记了了解小组,了解小组的对比属性,及其在不同阶段的发扬。这样笨拙就无异于人们在农业范围内竟忘记了禾本科植物。无异于稞麦、大麦、燕麦还被人忽视和低估。正像几千年来人们不知道咖啡是什么,直到山羊由于吃了咖啡而沉醉之后才发现咖啡的属性一样。

学术界之所以具有这种奴性和固执偏见的特点,是因为某一位导师满脑子都是这种偏见。由于亚里士多德没有谈到过咖啡,后来的二十个世纪便因此得出这样的结论:咖啡树和咖啡豆不值得注意。由于柏拉图没有对小组做过任何分析,因此,小组不值得研究。文明制度的智慧坚持这种成见,然后,它便断言,理性已经达到尽善尽美的境界了!！！

第四章　同一谢利叶各小组相互关系的安排详细情况

如果说情欲谢利叶的机构是一种新的社会世界，那么这主要是因为它有能力使任何一种在文明制度下会招致破产的措施产生节约和收入。例如，要是在我们这里午餐供应二十七种面包，包括中等品种如稞麦的、大麦的或其他品种在内，则有三十种之多。再把这些面包按三种存放状态——新鲜、中等、陈旧——来供应，合计起来就有九十种，那就非得使任何一个像卢古鲁斯这样的骄奢淫逸之徒破产不可。然而，这样多的品种在情欲谢利叶内却变得十分经济，因为它对劳动引力有利。如果只做一两种面包，就不会有劳动引力存在。

对那些在文明制度下开支巨大的公职人员或军官来说，情况也是这样。他们人数众多，群集一起。这在协作制度下，乃是协调和竞赛的途径。在这里，他们将成为比他们下属生产效率更高的人。因此，将设置三种或四种公职体。让我们举出其中的两种，即管生产的公职人员和管庆祝活动的公职人员。这两种人都十分需要。

人们选举有教养、有经验的谢利叶成员担任领导劳动的公职人员。而庆祝活动的公职人员，则选举那些会当代表、会花钱和能给谢利叶增光的富有的谢利叶成员来担任。

在文明制度下，长官不会为他部下破费一文钱。恰恰相反，如果必须以市的名义举办招待宴会，那么市政当局的负责人员只会为筵席贡献出自己的食欲。民众吃不到宴席，却要偿付宴席费。如果只是偿付实际的宴席费，那还算幸运，因为这种偿付的费用往往虚报得比实际费用多一倍。

在情欲谢利叶内，管庆祝活动的公职人员的使命则完全不同。他们是为那些获准免费参加宴会的谢利叶的群众出钱。他们也同样捐款作为极其重要的开支之用，如购买树苗和种子等等。他们的慷慨大方如果只限于起安菲特律翁①的作用，备办午餐，殷勤招待客人，那还是非常低等的。在协作制度下，聚餐的费用向来是极少的。其原因是，如果聚餐人吃的是第一等、第二等和第三等的预订伙食，就会从聚餐费中除去他们原来所吃的伙食的全部费用。此外，还要除去全部剩余的食物的价值。那些剩余食物以半价供给吃第三等伙食的人。

在小组内，也和在谢利叶内一样，在庆祝活动和劳动方面，都有两种公职人员。每个谢利叶都有自己的上尉、中尉和少尉来管庆祝活动；也有自己的领导人、副领导人和领导人助理来管劳动。每个小组的情况也是这样。

此外，各地都设有管种种活动——庆祝活动或经营管理的总司令部和小司令部。在和谐制度下，公职人员设置愈多，获得的利润也就愈多。这正与文明制度的效果相反。在文明制度下，长官往往只是吸血鬼，他们的数目必须缩减。

两种公职人员，使所有三个阶级——富有阶级、中产阶级和贫苦阶级都感到高兴。让我们来证明这一点：

---

① 安菲特律翁是希腊神话中的第林斯王，相传以好客而出名。——译者

第一概述　关于情欲谢利叶的初步概念

富人在这里将赚到收益,赚到按资本而定的红利。这种收入随着人们工作热情的增长而增长。为了鼓舞人们劳动,需要有亲自参与事务、并且贡献出钱财来支持整个谢利叶的热情从事活动的领导人。

贫民在这里发现的优越性是:工作令人喜悦,收入和红利优厚,最低生活有保障而无忧无虑(这种最低生活是由劳动引力来补偿的),每个小组或谢利叶的节日免费聚餐。由于在协作制度下,豪华的聚餐很便宜(这一点以后将要加以证明),穷人一年要参加五十次聚餐,享受头等饮食。这是向人民传授上等人有教养、品行端正的习惯的办法。其实和谐制度的人即使是吃第三等饮食,也比文明制度的富裕家庭吃得好,因为这种家庭没有在配菜上变化多端的每一种菜肴。

领导人员的种类多,对贫苦阶级还有一种诱惑作用:每个谢利叶,每个小组选出的神话式的职务或半神的职务是有引诱力的。这是贫穷青年的特权,但这种惯例在试验性法郎吉内是不会养成的。由于中产阶级同其余两个阶级有关联,它的利益在这里便与其他两个阶级的利益相融合。

在协作制度下,公职人员的职务扩大到所有都能担任这种职务的人——男性、女性和中性,或未达到青春期的人。任何一个情欲谢利叶都按照成员的性别来选举自己的领导人。由于许多谢利叶纯粹或者大部分是由少女或儿童组成的,因此由一种性别组成的任何集会,除非必要,都不会找其他性别的人来当自己的公职人员。一百个种植做香料用的干丁香花芽的少女,不论干活、开会或检阅,并不邀请男性指导员来领导她们。但是,如果他们的谢利叶是由两种或三种性别的人所组成,那时,谢利叶便相应地使自己的公职人员集团成为不同性别的混合组织,并且这种选举完全是自由的。当选的唯一标准是有用处。

我要跳过谢利叶的等级的种种细节。谢利叶不是按产量分等级的。生产果树的果园谢利叶,在报酬上是最低的谢利叶之一。因为这种谢利叶是极端诱人的。而我们会认为是多余的歌剧谢利叶,则是报酬最高的谢利叶之一,因为它对于协作制度下的儿童教育事业最有益处。

在这里谈谈中间类的谢利叶和小组是适当的。这是在简略叙述中势必要略去的上千个论题之一。中介性或折衷联系、过渡性联系,这种联系的名声遭到我们偏见的破坏。可是,如果不在两头之间把中介性小组,甚至次中介性小组列入谢利叶内,要想组成合理的谢利叶还是不可能的。自然界一定很重视中介性,因为他很慷慨地把中介性普遍地赐予它的一切创造物。正如可以从两栖动物、猩猩、飞鱼、蝙蝠、鳗鱼及其他许多例子中看出一样,这些自然界的创造物中最惹人注意的是石灰,它是火和水的结合。

让我们试用简单或情欲谢利叶的意见一致和意见分歧一览表作为结束。在这里,我假定有三十二个小组种植着同一种植物的不同品种:(见下图)

从每个小组到在级差总表上处于一半距离位置的另一个小组,在意见的对比上建立起类似性或对比的同情性:1 和 13、2 和 14、5 和 17、9 和 12 就是如此。

1 与 12 和 14 的同情性,5 与 16 和 18 的同情性,就显得弱一些;1 与 11 和 15 的同情性,5 与 15 和 19 的同情性就显得更弱一

第一概述 关于情欲谢利叶的初步概念

些。同情性就在这样减弱到级差表上四分之二的地方即行终止。因此,13 与 7 和 19 不再有同情性,与 8 和 18 就更少。于是轻微的反感便开始了。13 对 9 和 17 的反感增长起来。反感的程度依次加强,以致与 13 为邻的两个小组——12 和 14 形成很显著的反感;13 对它次相邻的两个小组——11 和 15 的反感则稍弱一些,其余依此类推。

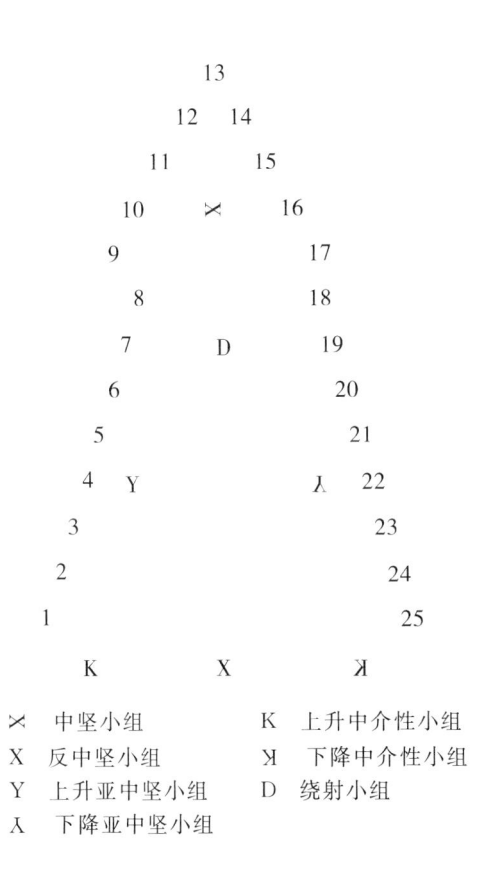

```
                        13
                     12    14
                  11          15
                10      ⋈       16
               9                 17
                8               18
                 7     D       19
                6             20
               5            21
              4   Y      丫  22
             3            23
            2              24
           1                25
           K        X         ⴽ
```

⋈　中坚小组　　　　K　上升中介性小组
X　反中坚小组　　　ⴽ　下降中介性小组
Y　上升亚中坚小组　D　绕射小组
丫　下降亚中坚小组

同情和反感的程度，在边沿小组——从1到3和从23到25——同在中心的小组不一样。不过，如果对这种变化情况加以考察，便会使我们超出简略叙述的范围。但愿只需说明一点就够了：三十年的研究和职业的本能，已经使我学会详细了解一本关于下述各项很难理解的作品，即关于情欲谢利叶，各个小组的一致和分歧，以及谢利叶在一切方面必须建立起来的平衡。要判断我是否彻底了解这个理论，应该等看了以下各篇再说。现在，我只说几句我要告诉未来的谢利叶创办人的话：只要是有我在场的地方，尽管缺乏足够的资金，整个机器也会很好地运转，而不会铸成错误。凡是我不在场的地方，将会干出上百件蠢事。笨拙的领港人会使船舶倾覆。而且，他们还会攻击我，攻击那个他们没有听从他的教导的人。他们由于缺乏详尽知识而遭受挫折，舆论限制我只能写一本书，因而剥夺了我提供这种详尽知识的机会。

让我们把基本概念谈完吧！中坚小组X与一切小组都处于同情状态，只有两个亚中坚小组Y和入除外。X小组所种植的品种的优点和优越性非常明显（培植水蜜梨的谢利叶就是这样），以致种植相邻品种的11、12、13、14、15各小组都同意把优先地位让给它，以便每个小组能够显示自己的优点以对付相邻和次相邻的竞争者。

亚中坚Y小组和入小组，作为联合起来对付中心的两翼的首领，自然处于意见一致状态。

反中坚X的小组，除中坚X小组外，不与任何别的小组处于同情状态，但是它对任何小组也都没有反感（在种植梨树谢利叶内，种植那种未熟而不能食用的大硬梨的小组就是反中坚小组）。

第一概述　关于情欲谢利叶的初步概念

绕射小组D与其他小组都处于半一致状态（绕射是中坚的反光镜。患缺乏色素者是假白人，即在阳光下晒黑的欧洲人的绕射。驼鹿是鹿的绕射，——关于这点我是顺便说说的）。过渡性的小组К和к同以它们为结尾的侧翼，以及同它们靠近的其他谢利叶的侧翼处于意见一致状态。例如，蜜桃小组即桃李小组，同李子谢利叶的一个侧翼及桃树谢利叶的一个侧翼处于意见一致状态。

我在这里假设有一个种植某种植物的一切品种的很正常合理的谢利叶存在。如果由于土壤不适宜，它只种植了某种植物的若干品种，那么，意见一致和意见分歧的情况就可能使不同部门的比例关系改变。但是在说明结构的规则时，总是要依靠完整的谢利叶的。

在任何情欲谢利叶（无论自由的类别或者整齐划一的类别，都有很多种）内，情欲和同情两者间的一致，在文明制度的人看来似乎是不可理解的作品一样。其实，恰恰相反，这是一种按照几何方法组织起来的结构。在这个问题上，也和在任何别的问题上一样，文明制度的人只是简单化地看待自然界的。他们认为，一切同情都是固定不变的。其实，同情有固定的，偶然的，周期的等等之分。这种计算是对一个新的科学世界的研究。文明制度的智慧没有本领打开这门新科学世界的大门。但这门新科学世界并不具有像人们所说的种种不可理解的奥妙。整个自然界是同情和反感的一个极其庞大的机构。这个机构非常井然有序，并且很容易被智慧所理解。只要智慧预先研究了关于情欲引力和协作社这两种理论就行了，可是我们的大学者们却从来不想去研究这两种理论。

现在，他们受了骗，他们已被欧文派的阴谋愚弄了二十年。欧文派提出关于协作社的诡辩,扼杀了对符合本性的行为方式的探讨。对一切学者和艺术家说来,这种行为方式的试验却会是取得无限财富的源泉。

第二概述　谢利叶所固有的情欲动力的安排

第五章　关于三种分配情欲，或情欲谢利叶的有机动力

人们感到困难的不会是谢利叶的具体组织工作。我还可以对前四章中就这两个论题所提供的知识作许多补充。

人们担心可能遇到的障碍来自道德家们所想加以阻挠的某些情欲的作用。如果忽视了三种我称之为起杠杆作用的情欲，即分配性情欲的动力的配合发展，就是组织得最好的谢利叶也会丧失它的一切属性——劳动引力、不平等的直接一致、抱反感的成员的间接一致，等等。如果三种安排情欲之中有一种在谢利叶内遇到障碍，那么谢利叶便是虚假的，一致的表现和劳动引力便同样会变得不正常和虚有其表，而这种虚有其表会使主要的平衡即分配的平衡失败。

让我们来把这三种情欲的特点加以说明：

我先从轻浮情欲谈起。这是一种需要，即需要周期性的变化，需要形成对照的情况，需要景象的改变，需要有趣的事件，需要能够产生幻想同时又激发人们的感情和心灵的新鲜事物。

这种需要每小时人们都会隐约感觉到，每两小时则会使人清晰地感觉到。如果这种需要得不到满足，人便会陷于冷漠无情和苦恼之中。

给予巴黎的骄奢淫逸之徒的幸福的一部分是建筑在轻浮情欲的充分发扬之上的。这部分幸福就是：生活过得很轻松愉快的艺术、娱乐的多样性和连贯性，以及变化迅速。这种幸福一般巴黎人离它十万八千里（和谐制度的人过的日子与文明制度的人所仅能希冀的最幸福的日子的对比，文明制度的人要想在一辈子中哪怕过一天和谐制度的人中最不富裕者每天所过的那种幸福生活都不可能）。

每个人干一次活的时间非常短，最多一小时半到两小时，以便能够在一天之内从事七八种诱人的工作；第二天工作能够有所变化；能够参加与前一天不同的一些小组的工作。这种干活方法符合称为轻浮情欲的第十一种情欲的要求。轻浮情欲是倾向于从快乐跃向快乐，而避免文明制度的人所不断陷入的放纵过度之中。文明制度的人做一项工作要持续六小时，参加一次宴会要继续六小时，参加一次舞会要继续六小时，甚至搞到深更半夜，因而妨碍了自己的睡眠和健康。

文明制度的人们享受的这种快乐总是非生产性的，而协作制度却把各种快乐都应用到已经成为诱人的工作之中。我们试用和谐制度的两个人——一个穷人和一个富人的作息时间表来说明这种交替变化的活动。

第二概述 谢利叶所固有的情欲动力的安排

鲁卡在六月中的一天作息表

钟点

3：30	起床，准备。
4	在马厩小组工作。
5	在花匠小组工作。
7	早餐。
7：30	在收割庄稼小组工作。
9：30	在蔬菜小组的活动天棚下工作。
11	在畜圈谢利叶工作。
下午1	午餐。
2	在造林谢利叶工作。
4	在制造小组工作。
6	在农田灌溉谢利叶工作。
8	在交易所。
8：30	晚餐。
9	出去作一次有趣的访问。
10	就寝。

（注：在每个法郎吉内，交易所举行集会不是为了在利息和粮食交易上进行投机，而是为了商谈劳动和娱乐方面的集体活动。）

在这里，我假设一天只吃三餐，正如初进入和谐制度世界的人将过的那种日子一样。但是当和谐制度充分发展时，勤劳的生活和每次工作短而多样化的习惯，会使人的食欲异常旺盛。在和谐制度下出生和教养起来的人就不得不实行一天五餐制。这种消费对新社会将生产出来的大量食品说来并不太过分。在新制度下，富人的作业比穷人的作业更多样化。他们的胃口会更好，力气会更大。这种情况在各方面都与文明制度的机构相反。

现在，我按五餐制来叙述一个富人的一天生活。因为这个富人比前面那个一开始就加入法郎吉的乡村居民要从事更多种多样的工作。

蒙多尔夏季的一日

钟点

　　　　　　睡眠从晚上 10：30 到次晨 3 时。
3：30　起床,准备。
4　　　清晨接待来客,读晚报。
4：30　晨餐(即第一餐),随后是劳动检阅。
5：30　在狩猎小组工作。
7　　　在捕鱼小组工作。
8　　　早餐,看报。
9　　　在园艺小组的活动天棚下工作。
10　　祈祷。
10：30　上养鸡小组工作。
11：30　上图书馆。
下午 1　午餐。
2：30　在温室小组工作。
4　　　在珍异植物栽培小组工作。
5　　　在养鱼小组工作。
6　　　露天吃晚前餐。
6：30　在养细毛绵羊小组工作。
8　　　在交易所。
9　　　晚餐(第五餐)。
9：30　文艺活动:参加音乐会、舞会、观剧、招待客人。
10：30　就寝。

在这个时间表上,人们看到只是睡眠时间很少,因为和谐制度的人睡眠会很少。非常讲究卫生与工作多样化相结合,会使他们习惯于在劳动中不感觉疲倦。体力在白天没有耗尽,只需要很短时间的睡眠。而且从幼年起就养成这种习惯,其原因是乐趣无穷。

第二概述　谢利叶所固有的情欲动力的安排

因此,总感到一天的时间不够用。

为了使这种生活方式所需要的经常来去走动方便起见,在法郎吉各个建筑群或大楼内都建有长廊街。这种长廊街在第一层楼和楼底下,冬季有暖气加温,夏季凉爽宜人。此外,在平行的建筑群中间设有柱廊,并且有用细砂铺成的地下走道,从法郎吉大厦一直通到畜圈。有了这种通道便可以不经过露天到达各大厅、工厂和畜栏,而不知道天热还是天冷。农业小组的人员,则用可乘坐十八人的大轻便马车运送到田间。

文明制度的某些人断言,这种建筑物造价非常昂贵。其实,这比起现在花在衣服和马车方面的费用,花在对付雨雪泥泞的费用,以及花在医治气候突然变化所引起的伤风感冒、炎症和寒热病的费用来,将少得无法计算。

有人说,频繁而多样的活动会使人在来往走动上耗费过多时间。其实,在野外活动一次只要五分钟到十五分钟,平均起来不到一刻钟,比在户内的活动所需要的时间会少一半。

对这种无事可做的状况表示遗憾的人,同认为睡眠使劳动时间减少因而建议取消睡眠的人可以相比。提供休息就意味着加速生产。和谐制度的人受情欲推动从事劳动,非常积极热情。他们一个钟头能够完成我们的雇佣工人三个钟头所不能完成的事情。因为这些雇佣工人慢吞吞的、技术很差、烦恼无穷、老磨洋工。他们看见一只飞鸟也会停止工作,靠着铲子看上半天。如果和谐制度的人的劳动热情没有因为变换工作需要休息而常常受到节制的话,那么这种热情将会变成有害的无节制行为。但是批评家们总是想用旧文明制度的习惯和办法来判断协作制度的机构。

现在我再谈谈起杠杆作用的另外两种情欲。

计谋情欲和组合情欲是彼此完全对立的。前者是一种思辨的和深谋远虑的冲动,后者是一种盲目的冲动,是一种同时感到许多感觉的愉快和心灵的愉快结合在一起而产生的如醉如痴的状态。

计谋情欲即朋党精神,是一种使用心计的强有力的情欲。这种情欲在雄心很大的人、宫廷官员、神职人员、商人和情人中间非常炽烈。

计谋情欲精神有一个突出的特点:它总是在情欲中掺杂种种打算。使用心计的人的一切都是有打算的。他无论做一个手势或使一个眼色,都是经过深思熟虑的,同时又很匆忙的。因此,这种称为计谋情欲的第十种情欲的热情,是深思熟虑的,正好与第十二种情欲即组合情欲所固有的盲目冲动形成对立。这两种情欲靠两种相反的推动力来推动一个劳动谢利叶的小组从事活动。

计谋情欲对人的精神说来是这样迫切需要,以致在缺少真正地使用心计时,人的精神便会从赌博中、戏剧和小说中寻求人为的勾心斗角。如果你要搜罗伙伴,你就必须为他们制造人为的勾心斗角,使他们赌牌或搞竞选活动。再没有人比被放逐到外省小市镇、不使用心计的宫廷官员更不幸的了。突然和自己过去积极参与的大量商业阴谋活动隔绝开来、退而隐居的商人,尽管家财万贯,却是最不幸的人。

计谋情欲在谢利叶机构内的主要属性,是在类属上相当接近的各小组中引起意见的分歧即竞赛性的竞争,以便争取优势而使大众的意见偏向自己这方面。

人们看不到种植早熟白水蜜梨、晚熟白斑点梨和青斑点梨的各小组会有意见一致的情况。这些在梨的色泽上相近的各个小组，从根本上说是互相嫉妒和意见分歧的。培植黄色、灰色和青色的酸苹果的三个小组也是这样。

相近色泽的分歧是自然界的普遍规律：鲜红色同和它相近的颜色——樱桃色、大红色、旱金莲色——是极不调和的，但是同和它相反的颜色——深蓝色、深绿色、黑色、白色——却结合得很好。2既不与高半音的1构成谐音，也不与低半音的3构成谐音，因为这两个音和它相近。2与不变音的1和3也很少构成谐音，因为这两个音与它间接相近。让我们重复一遍，在和谐制度下，意见分歧和意见一致同样需要。

但是，意见分歧不可能在色泽很少相关的各小组之间突然爆发，如同在种植珍珠梨和橙橘梨两小组之间突然爆发一样。这两种小组之间存在的差别过于惹人注目，不致使评判人踌躇不决。他们将会说，两种梨都好，不过彼此间相近的地方很少，无法比较。因此，嫉妒、朋党精神不会在种植这两种梨的两个小组中间爆发，——这样一来，计谋情欲就不会发生作用。

因此，在任何情欲谢利叶内，不管是劳动谢利叶也好，或者娱乐谢利叶也好，都必须建立色泽上很相近的功能阶梯，即紧密的靠拢的阶梯序列。

这是使计谋情欲有效发扬、使每种产品臻于高度完美、激发人们对工作极端热情、促使每个小组的谢利叶成员之间更加亲密的一种稳妥可靠的手段。

如果不像在生产者中间那样，在消费者中间也养成精致的嗜好，那么便会失去这种辉煌的成果。如果和谐制度的人要与之打交道的群众谨守道德规范，嗜好单调，吃东西只是为了抑制情欲，可以抛弃感觉上的任何精致的乐趣而屈服于压制一切的道德，那么和谐制度的人怎样能对产品的每一品种的种植工作大加改进呢？在这种情况下，农业的总的改进会由于缺乏鉴赏家而失败；计谋情欲精神会在生产及准备小组中间丧失它的活力；农业生产会重新陷入现在这种粗放状态。现在，在文明制度的人中间就几乎找不出百分之一的人能够鉴赏某种新食品的优点。由此可见，弄虚作假的食品出售者，仍然有九十九次卖掉食品的机会。只有一次可能遭到拒绝。——这就说明了为什么在文明制度下，一切食品的质量都这样低劣。

为了预防这种混乱现象发生，协作制度将在消费、制作和生产三方面应用计谋情欲的精神来教育儿童。它教育儿童从幼年起就对每一种菜肴，每一种调味品，每一种制作方法逐渐形成自己的嗜好，并且说得出其中的道理来；对最不重要的食品也要求按照不同嗜好有各种各样的制作方法。此外，还要形成用于消费方面的计谋情欲阶梯，以便再把这种阶梯推广到制作食品、制造罐头和生产劳动中去。

嗜好的这种多样化，在文明制度下遭到很大的破坏，但在协作制度下却很经济，生产效率很高。它在这里具有双重优点——

激发劳动引力；

用谢利叶来鼓励生产和消费。

谢利叶机构一旦不适用于消费，便会立即瓦解。幸运得很，正是在这方面最容易通过两种阶梯或谢利叶来采用这种机构——一种是按制作方式排列的阶梯，另一种是按食品质量排列的阶梯。

第二概述　谢利叶所固有的情欲动力的安排

这种反映不同要求的阶梯,在凡是自然的推动力能够自由发挥的地方,都会自然而然产生的。例如,在旅馆里,只要每个人吃饭自己付账,而且在那里既没有父母,也没有主人或某种势力强迫他隐瞒自己的爱好,您便会看到,人们对普通的菜肴,像什么凉拌菜或炒鸡蛋,都会表现出许多不同的嗜好,希望有十样到十二样品种。如果他们不超过七个人的话,几乎有多少人,就要求有多少样品种。

这样看来,凡是嗜好不受压制的地方,对不同程度的烹调的爱好,即对谢利叶膳食的爱好,都会显露出来。我知道,在文明制度下,就不可能满足这些复杂多样的嗜好。任何一个家庭,如果为父母、子女和仆役安排半打不同的膳食,便会破产。正因为这样,所以当父亲的便求助于道德。而道德证明,大家的嗜好应该一样。这些同样的嗜好也就是当父亲的按照自己的意志决定的。在文明制度下,这样做很好。不过,我们要谈的是另一种制度。在这种制度下,各个品种的多样性会使烹调工作更经济,使种植的作物的产量更高,所以没有必要把道德扯进去抹煞这种爱好。

因此,试验性的法郎吉应该努力使人对各种食品产生非常多样的爱好。要使他们习惯于把异想天开的种种念头划分成细密的刻度表,划分为十分细致而又有极其相近的差别的阶梯。没有这种细密的刻度表,就无法在每个谢利叶的各个相连的小组之间建立分歧。而这种分歧则是发挥称为计谋情欲的情欲,亦即应该指导谢利叶的三种情欲之一。

组合情欲即令人兴奋的情欲,使人们的热情协调一致。使用心计或朋党精神的动力,对于激发各小组的工作热情是不够的。

必须开动两个对立面——计谋情欲的深思熟虑的激情和组合情欲的盲目激情,而组合情欲则是一种最浪漫的、最敌视理智的情欲。我曾经说过,它是由同时尝到的许多感性快乐和心灵快乐结合在一起产生的。当它只是由一个方面的——全是感性的或全是心灵的——某些快乐形成时,它便是一种低能的组合情欲。必须把这种情欲应用到协作制度的各种工作中去;必须使组合情欲和计谋情欲在各种工作中能够代替文明制度经济体系中发生作用的种种低下的推动力——抚养子女的需要、怕饿死或怕被关进乞丐收容所的心理。

协作制度不使用这些可鄙的动力,而善于通过使用三种起杠杆作用的情欲,特别是组合情欲,以四种魅力来鼓舞每个劳动小组。这四种魅力之中,两种是对感觉的幻想,另外两种是对心灵的幻想,也就是同一小组的谢利叶成员间的四种同情心。

心灵同情的两种表现是共同点的协调和对立面的协调。

一个小组的谢利叶成员之间具有共同的一致性:他们对于他们乐于选择的、并且可以自由放下不干的作业必定有一致赞同的意见。当你看到协助你的是一大队热心的、灵巧熟练的、善意的同事,而不是在文明制度下那些必须用来协助自己的笨拙的、粗野的雇佣者,衣衫褴褛的骗子,这时共同点的一致便成为一种强大的魅力。有亲密友爱的伙伴在场,这在很短的工作时间内便使人产生对工作的高度热情,使人在工作停止的时候还急于再到这里来参加小组聚餐。

第二种心灵的魅力是对立的魅力。我已经说过并且应该重复的是,为了在谢利叶的不同的劳动小组中产生这种魅力,就必须按照一系列十分相近的细微差别来安排不同的劳动小组，必须利用紧密相连的顺序。每个小组与它相连小组的意见分歧，以及与反中心相对立的各小组的意见一致，就是从这种顺序中产生出来的。

除了同一和对立这两种心灵同情外，劳动小组还必须受另外两种感性魅力传导体的激发。这是一种使每个小组把产品提高到特别完美即优等程度，因此受到赞美而感觉自豪的魅力。其次是使集体完善的魅力，亦即在整个谢利叶的各项工作及产品中占统治地位的富饶豪华的魅力。

有些小组可能缺乏这四种魅力中的某一种，或者虽然有这种魅力，但数量很少。这不要紧，因为有两种魅力就足以创造劳动引力。其次，我们会看到，劳动引力具有很多其他源泉。我将在以下几章中列举出十二种以上。文明制度的生产有多少种不愉快，协作制度的生产就会提供多少种诱饵，这是理所当然的。

这种产生于感性的和心灵的两种魅力的强烈动力，在试验性法郎吉内不充足，效果很小。但是我们也可以从这里看到迅速成长的美好的萌芽，并且这些知识就足以使人隐约看出：当新的秩序巩固并且扩大到在和谐制度下教养出来的一代的时候，劳动魅力会上升到怎样高的程度。因为和谐制度可以防止文明制度的教育使儿童身心受到损害的双重灾难——不合理的体操使身体瘫痪；偏见使心灵麻痹。

上述三种称为起杠杆作用的情欲是劳动谢利叶的三种有机的动力。为了总结上面所说的，我特别指出，如果这三种情欲不是都结合起来，那么劳动引力就不会产生，即使产生了也会逐渐减弱，最后很快消失。

为了上升到诱人的劳动而必须完成的条件，首先是形成受这三种情欲的作用支配的小组的谢利叶。这个小组的情况是：

由于计谋情欲即深谋远虑的激情的作用而处于相互竞争状态；只要小组的序列是紧密的，是按照嗜好和按照彼此非常相近的不同作业组成的，这种深思熟虑的激情便会在相连的小组之间产生意见分歧；

由于组合情欲即盲目冲动的作用而处于受鼓舞状态；这种盲目冲动，是在感性和心灵的两种魅力因为上述四种一致而相结合并受到支持时由这两种魅力所产生的；

由于轻浮情欲的作用而处于相互联合在一起的状态；轻浮情欲是其余两种情欲的支柱，并且借助于工作时间的短暂和选择新的快乐的可能性，来支持其他情欲的作用，因为轻浮情欲可以在人们对旧的快乐感到厌倦或感到冷淡以前按时给人们以新的快乐。

我坚持这种最受攻击的轻浮情欲的重要性，坚持工作时间短暂而活动多样化的必要性，坚持这种被文明制度整个经济体系所排斥的原则。现在让我们来考察这种行为方式在身体方面和在情欲方面的后果。

在身体方面，它将创造合乎卫生的平衡。如果一个人一连十二小时埋头做一种工作——织布、缝纫、写作，或其他不依次锻炼身心各部分的工作，便一定会损害健康。在这种情况下，甚至农业方面的辛勤劳动，也同办公室的工作一样会损害健康。前者会使肢体和内部器官疲劳，后者则会使身体的骨肉损坏。

如果有效的劳动或无效的劳动成年累月继续下去，情况就会更糟。因此，我们看到，在某些地区，有八分之一的工人，除了患疲劳过度和营养不良所引起的寒热病外,都患小肠疝气症。生产化工品、玻璃制品甚至纺织品的各种工厂把劳动时间拖得太长,仅仅这个事实本身,便是一种真正对工人的谋害行为。在这里,如果工作时间短到两小时的活计一星期只做两三次,人们便会没有危险。

富有阶级没有生活制度可循,则会患其他病症,如农民没有患过的中风、痛风、风湿症,等等。在富人中间极其常见的身体肥胖症;便说明这些人根本缺乏合乎卫生的平衡,说明他们在劳动和娱乐两方面都在实行违反自然的作息制度。人的保健任务在于使作业永远多样化,从而轮流锻炼身心的每种能力,维持全部能力的活动和平衡。而这正就是那些还自认为能够生活得轻松愉快的巴黎的骄奢淫逸之徒所忽略了的目的——这只是供情欲谢利叶享用的生活方式。巴黎人只对它抱有一种希望,却丝毫不了解它的实质。

在情欲方面,轻浮情欲会引起不同的甚至相反的性格的一致。例如,甲和乙两人脾气不一样,但结果在甲所参加活动的六十个小组中,竟发现他的兴趣在三分之一的小组(二十个小组)里与乙的兴趣是一致的,而且他在那里从乙的即使与自己相反的嗜好中吸取了教益,但彼此之间保持着谨慎、尊敬和关心爱护的态度。

这样看来,在文明制度下使朋友之间发生破裂的兴趣,在协作制度下却甚至会使敌人团结起来。在这里,这种兴趣,通过时间短的工作所造成的工作上的衔接或变化产生一种间接协作关系,这就使相反的性格得到调和。

正是由于这种工作短促,所以一个谢利叶即使只由三十个人组成,也可以使自己的成员参加上百个其他的谢利叶,同这些谢利叶形成友谊和利害上的联系。以后,将可以看出这种相互联结之所以必要，是为了达到两个主要目的：一、公正地分配规定给予资本、劳动和才能的三种红利；二、通过目前作为意见分歧的最大根源的贪婪达到物质利益方面的完全一致。

因此，我们正是靠哲学家最深恶痛绝的情欲（轻浮情欲）来解决他们解决得不成功的所有问题。他们由于从来没有对短时间工作及其会产生的后果做过考虑，将会多么悲观失望啊！

只有道学家，只有反对本性和显而易见的事理的人才会否认我们见到的甚至在生理状态上也占支配地位的这种对多样性的需要。任何长时间的享乐都会成为一种滥用的行为。它会使器官钝化，会使愉快减弱。长达四小时的聚餐，一定会使饮食过量。长达四小时的歌剧，一定会使观众感到厌烦。心灵也和身体一样，对这种多样性同样感到需要。因此，绝大多数男女极其容易变心。

每对男女，如果不是受到夫妻之间存在的相互依附关系和法律的阻挠的话，都会希望有外遇。庄重的荷兰人，只在阿姆斯特丹讲道德，但在巴达维亚就有一批三种肤色（白种、黑种和混血种）的情妇。道德的秘密就是：道德只不过是一种伪善，它是适应环境的。而一旦能够撕掉假面具而不受到惩罚，它就会把假面具撕掉。

在植物界也和在动物界一样，种族具有相互交替和杂交的需要。没有这种多样性，种族便会退化。胃同样需要有变化。普通菜肴的多样化会使食物更容易消化。如果每天都是同样一道最好的菜肴供给胃，那么胃很快就会对这道好菜感到厌腻。

如果这种美德没有其他美德替换，心灵对实践任何一种美德都会感到乏味厌倦。智慧也同样需要这种变换。受这种称为轻浮情欲的情欲强烈支配的性格，感到同时需要有两三种使用心计的活动（无论是雄心方面的也好，或爱情方面的也好），也感到同时需要阅读两三种作品。

土地本身也希望播种的庄稼和生长的作物轮流变换。植物希望通过改良种籽、移种树苗、压枝等办法轮换再生产。土壤希望更换和移置。由此可见，整个自然界都希望多样化。世界上只有道德家和中国人希望单调和千篇一律……

道德家本人间接同意这种多样化的需要，因为他们答应我们，在服从他们关于卑视财富、爱愁闷、爱粗劣的膳食、爱清水汤等健康学说的条件下，就会得到常新的诱人的东西。

由于计谋情欲、轻浮情欲和组合情欲最受道德，即本性的对立物的批评，所以应该认为，这些情欲在符合本性的社会机构中将起重大作用。它们在这种机构中是舵手，因为正是它们在指导着情欲谢利叶的活动。任何一个谢利叶，如果它不利于在全部十二种情欲中构成中性类的这三种情欲的联合发扬，这个谢利叶就机构来说，便是反常的。这三种情欲是：

积极类——四种心灵的情欲——小组

消极类——五种外部感觉的情欲

中立类——三种起杠杆作用的情欲

这三种情欲之所以是中性的，是因为它们只不过是使其余九种情欲中的某些情欲起作用而已。这三种情欲中的任何一种情欲之所以能够有所发展，只是由于它能使其余九种情欲中至少有两种情欲发生作用。

基于这一原因，这三种情欲受到分析家们的忽视。谁都不屑给予它们出生证明书。我只是由于做过关于古代人曾经容许而为近代人藐视的中性类的计算,才发现了它们。在这方面,也和在所有其他方面一样,近代的才华尽管不断赞美自己向完美境界的卓越飞跃,实际上却脱离自然途径愈来愈远。

让我们注意,三种中性情欲通过道德所鄙弃的一切手段达到了情欲的和谐和平衡的目的。在简略的叙述过程中就可以看出,人们枉费心机幻想过的这种平衡是由轻浮情欲的作用产生的。轻浮情欲在人们还没有来得及滥用某种乐趣以前,就不断给人以新鲜的乐趣,从而预防了一切无节制的现象。因此,它通过大量享乐,而不是通过理智节制使情欲达到平衡,因为它是靠利用两种激情来发生作用——

计谋情欲即深谋远虑的激情

组合情欲即盲目的激情

而这两种激情,如果没有轻浮情欲,或从一种快乐跳到另一种快乐的癖好的定期干预,就会推动人们走向无节制方面去,甚至对美德说来也是这样。

由此可见,劳动谢利叶将由最受道德谴责的三种动力来支配,将由变化无常性所减弱的两种对立的激情来支配。这就是情欲平衡的秘密。只有通过与节制和冷酷理性的幻象相反的途径,只有使用最受诽谤的情欲(如贪食和贪婪等情欲)的方法,才能获致这种平衡。在协作制度下,这些情欲对于达到总的和谐是最有用的。关于这一点可以从第三编起加以评论。第三编将开始应用前两编所阐述过的基本原理。

(注:由于这一章是所有各章中最重要的一章(因为它适合应该支配一切的三种动力的定义),所以我认为有必要给触及这样的新问题的每章以应有的篇幅。在这里,如

果缺乏详细说明,则一切都会平淡无味。上帝希望如此(Sic valuere dii)。排斥一切新思想的才华的垄断是这样要求的,它总是根据下述原则把新科学局限于几页的篇幅:"除了我和我的朋友,没有一个人会有智慧……"

他们靠自己的聪明才智就会达到我的理论所导致的目的吗?把感觉和心灵的四种快乐和美德的实践联系起来,而不要把因相信道德教条而遭到的四种不幸和美德的实践联系起来。)

第六章 关于情欲谢利叶机构内的三种必然结果

我们谈过三种原因或推动力之后,现在再来谈谈它们应该产生的三种结果。当某种学说的某一点具有最高意义且是人们所不知道的某种理论的基础时,为了使它成为智力不同的人都易于理解的东西,从各方面来反复说明它是适当的。最正常的方法用于某些读者时也可能会失败。因此,这里必须采用数学使用的预防办法,即提供证明和从反面证明的方法。这一章就是要从反面来检验前面叙述过的东西,从反面来说明同一个题目。

三种起杠杆作用的情欲或中性的情欲,是形成情欲谢利叶的原因。因为它们从各方面推动人们走向这种安排,它们使每个情欲谢利叶产生三种必不可少的结果:

计谋情欲的结果——各小组中间的紧密序列

轻浮情欲的结果——工作时间短并有选择自由

组合情欲的结果——各种活动的分段进行

我们准备根据这三种结果来进行证明,证明它们是这三种情欲所赖以起作用的工具。任何一种情欲,像我们在这里将会看到的那样，如果不是利用它所依附的杠杆，便不能够有效地发挥作用。这是从原因引申到结果，然后我们要反转过来，再从结果追溯到原因。

我已经谈过计谋情欲和它的特殊效用。我在第五章中证明过，为了激发计谋情欲，激发各小组间的嫉妒和竞赛情绪，必须有紧密的阶梯顺序：为了鼓励它们进行竞赛，就必须使舆论屏息等候，使评断者犹豫不决。如果需要判断两种很少相近的品种，说明种植莱茵特苹果或加勒维苹果的两个小组的地位，舆论是不会犹豫不决的。但是在就莱茵特苹果的两个品种或加勒维苹果的两个品种发生争论，以便授予种植某一个品种的苹果以优先权时，舆论便会犹豫而有争论了。这种意见上的摇摆不定，便在争相种植这些苹果品种的小组之间产生嫉妒、野心、纠纷和使用心计。这种斗争成了称为计谋情欲的情欲的养料。而计谋情欲是建立在野心上的，这种野心不是按种类而是按各种各样的品种，甚至按精致程度来形成顺序的。计谋情欲在谢利叶中需要有极细致的、而且是尽可能紧密的级别阶梯。

现在我再谈谈另一个杠杆——组合情欲所赖以发扬的分段进行。

分段进行就是要指派分组去从事一种服务的每件细小工作。试以某种花木如长寿水仙花的种植为例。

专门从事这项活动的小组有许多工作要做。让我们把这些工作分为三类：

耕地工作类：翻地、上粪、改良土壤、搅拌、浇水。这里有许多种不同的工作。其中每一种都从小组中指定几名成员来担任，而

第二概述 谢利叶所固有的情欲动力的安排

不是由整个小组来做,因为小组的许多组员不会对这一切部门的工作都感兴趣;

器具的工作类:照料农具和工具、制作和安装天棚(因为在和谐制度下,每个花畦都要预防日晒雨打)、照料凉亭和堆放在那里的工作服(每个小组都有凉亭,设在从事农活的地段附近);

再生产工作类:照料块根植物和鳞茎植物、挖掘和分栽、贴标签和按品种分类、收藏种子;

最后,轴心工作类即档案工作,以及辅助工作类,即准备清凉饮料的工作。

这方面至少有一打不同的工作。任何一个小组成员都不希望干所有这些工作。他们只担任其中的一两种,最多担任三种。因此,必须建立一打分组,从事每一项的个别的工作。由于劳动引力总是只适用于某一部分工作,而不适用于整个工作。因此,如果要求每个组员都从事所有各种工作,可以相信,这便会引起全体组员的苦恼和反感。但是,一个小组即使只有十二个人,也很容易由这十二个人组成三人、四人、五人的十二个分组,每个分组担任十二个部门中的一项甚至好几项工作。

让我们仔细考察一下,这种分段进行怎么会是劳动热情和豪华的源泉,怎样会发挥称为组合情欲的情欲。

每个分组都非常热心于它所选择的那一部分劳动,在这部分劳动中发挥自己的聪明灵巧。人们把这种聪明灵巧贡献给自己比较喜爱的诱人的活动。由此可见,就十二个分组来说,每个分组都信赖其余十一个分组,并且关心使所有其他部门都提高到完美的程度。每个分组都会向其他十一个分组说,我们将要细心做好我们选择的这一小部分工作，你们也得同样细心做好你们自己的那一部分工作。这样一来，全部工作就都会做得尽善尽美了。

这种把每个人使用在他擅长和喜欢的工作中的分段执行的办法愈是普及，信任和友爱便愈能发挥作用。

为什么在文明制度下，即使在具有引力的场合，劳动还是令人难以忍受呢？这是因为工匠不得不什么都照料。我常和爱好花木的人们谈天。他们不得不雇佣工人当助手来干粗活。这种工人如果被派去种植、挖掘和收获种子和球茎，就会偷窃这些东西，而且对工作不感兴趣、磨洋工，给工作造成困难，以便多雇用他们几天。因此，愿意种植花木的人厌恶这种事。凡是他照顾不到的地方，他就受欺骗、被偷窃。雇佣工人中有好心的又不会为他干活。他的农活对他只不过是一杯苦酒而已，更不要说被盗窃的危险了。我曾经看到，有个名叫比隆的元帅，由于他亲自照料的果园的水果一夜之间被人偷得精光而伤心致死。这就是臻于完美境界的文明制度的美妙之处！这就是道德保证给予田间劳动的朋友们的美好的愉快！

请把在不可能有盗窃行为和欺骗行为的情况下按协作制度方式分门别类进行劳动的愉快，同这种称为文明制度的欺诈机构作一比较吧！请把这十二个分组的心满意足，——每个分组都深信它擅长自己中意的那部分工作，并信赖其余十一个分组都会关心把各项劳动提高到同它所达到的同样完善的程度，——请把这种情况与文明制度农学家的悲惨命运作一比较吧！然后请确定一下，文明制度的生产体系是否与人的本性相容。人们有充分权利抱怨，他们在这种生产体系中找到的只是陷阱和惊恐的深渊，只是灾祸的汪洋大海。

现在让我们把分段进行的方式作为劳动奢华的途径来加以考察,而劳动奢华则是组合情欲的养料,即作为滋养在愉快方面不容许有任何节制的一种激励因素来加以考察。

十二个分组中的每个分组在培植某种花木时,都力图激励其他分组,向它们证明自己是很好的共事者。为了这个目的,它希望为它所选择的工作部门增加更多的光彩。由此,便产生了个人捐助,以便使每个部门的工作都做得非常出色。

克莱兹是为美丽的金凤花(有两种颜色——下面是一种颜色,上面又是一种颜色)搭天棚的分组的组员。卢库里是种植有斑点的金凤花的谢利叶成员。他们两人都非常渴望得到公众的好评,都希望使他们心爱的花卉成为光彩夺目的鲜花。他们支付了用绸料制作的并且带有穗子、花边和羽饰的华丽天棚的费用。法郎吉只会供给一种由条纹布制成的雅致天棚。他们则希望有华丽的天棚,以便使被这种奢华引诱来的外地人都奔到他们的金凤花花畦那里,以便使他们的花畦作为当地花坛的皇后而成为惹人注意的对象。

任何富人对他所隶属的分组也都会这样做。由此,便产生农活方面和工厂劳动方面的共同奢华,从而产生劳动的魅力。这种劳动魅力可以导致称为组合情欲的第十二种情欲起作用所必需的激情状态。

人们会提出异议说,不是任何劳动分组里都有卢库里,也就是说,卢库里这种人不会像加入石竹分组和金凤花分组那样踊跃加入缝制皮鞋分组和修理皮鞋分组。这种判断是不正确的。下面可以看出，协作制度的教育有一种属性，即只要富人阶级在比例上有足够的人数，而且有正常的等级划分的协作制度就可以把富人分配到所有各种活动中去。

让我们原则上承认这一点：分段进行具有把两种魅力应用到生产劳动上去的一种属性。这两种魅力是：一、由于分段进行在每个部门所创造的富丽豪华而产生的物质方面的魅力；二、由于分段进行在每个分组所造成的兴奋而产生的精神方面的魅力。每个分组都将欢欣鼓舞，因为它摆脱了这类劳动所固有的种种工作，因为他们看得到有经验的同事们怎样完成这些工作。

分段进行时，工作常常是同各种活动结合起来做的。如果某个小组对一种业务，例如对搭天棚没有足够的谢利叶成员，那么便可以从几个小组或几个谢利叶内去吸收，把热爱这种业务的群众集合起来，为各养花小组做这件事。

没有分段进行，小组便享受不到具有同一嗜好的魅力，因为在非常热心种植石竹的十二个人中，没有人会对这种作物所包含的十二种工作都有兴趣。因此，培植它的谢利叶成员如果忽视工作的分段进行，就会陷于纷争不和状态。

另一方面，在两个不热情的小组中间，是看不到对比的魅力的：魅力只能在和谐的对比的基础上产生，而不会在纷争的对比的基础上产生。

总之，分段进行是使称为组合情欲或狂热情欲的情欲上升到最高程度并且保证它充分得到发扬的一种手段。这种发扬依靠分段进行来支持，正如计谋情欲的发扬要依靠紧密相连的级别来支持一样。这种级别导致品种的多样化和细致化。

第二概述　谢利叶所固有的情欲动力的安排

我已经证明过,紧密相连的级别和分段进行这两种办法应用到由自由小组所组成的谢利叶时,保证会使这种谢利叶中称为计谋情欲和组合情欲的两种情欲得到发扬。还有待证明的是,第三种办法——有选择的短时间工作——应用在由自由小组所组成的谢利叶时,保证会使这种谢利叶中称为轻浮情欲的情欲得到发扬。

如果每个人都有选择这种短时间工作的自由,那么工作时间愈短,活动次数愈多,则情欲的平衡作为预防无节制的手段就愈能达到目的。

由此可见,协作社中的富人比穷人更强健。他们更有办法变换工作,使一天的工作多样化到三十种之多。通过采取来往变换的方式,或者把多种乐趣合并在一次工作中的方式来预防厌倦。在文明制度下,富人是没有这种享受的。只有在快乐摆脱了任何威胁而职业流动只会使人在物质利益和健康方面得到最大幸福的制度下,短时间工作才会使轻浮情欲得到充分的发扬。

概括起来说,谢利叶的三种有机的推动力——计谋情欲,或经过思考的激情;组合情欲,或盲目的激情;轻浮情欲,或多样化的癖性——同称为紧密相连的级别、分段进行和有选择的短时间工作等三种杠杆融合到这样的程度,以致把理论建筑在三种推动力上,或者建筑在三种办法上均无不可。因为它们是相辅相成的。在情欲谢利叶内这六种动力的效用是分不开的;在作为原因来观察三种推动力、作为结果来观察三种办法时便能够用两种方式检验谢利叶的正规性,因为对谢利叶机构的剖析就会提出产生三种结果的三个活动着的原因,以及由于三种原因的推动而产生的三种结果。

这是双重的检验方式。每个人为了搞清楚劳动谢利叶在理论上和实践上是否合理，将可以自由在两种试金石中进行选择。只要有机会在某个谢利叶内看到三种原因在起作用，便可以肯定你会在那里发现三种结果，反之亦然。

既然协作制度理论只是建立在使起杠杆作用的三种情欲配合行动的艺术上，而这三种情欲又应该是支配一切情欲的，那么便不能说对这些情欲研究得太多了。我现在也只是对它们的若干细节作些补充而已。

我们的道德家们斥责使用心计。我们的经济学家们和文学家们只是力求通过时装变更，通过在普通人所不易觉察的艺术的细微爱好——绘画、诗歌，等等——方面的争论，在经济活动或享乐的一切部门激起使用心计的精神。情欲谢利叶正是善于用这种序列的细微区别来激励二十个小组，并把这种计谋情欲所具有的讲究细致的要求从消费者传到生产者。谢利叶使它的每个成员在短时间工作结束之后就分散开来。他们从消费转到参加某种生产工作，并把使他们得到鼓舞的朋党精神带到那里去。

我们的行政集团因为就职而进行祈祷时，恳求圣灵保护他们免遭勾心斗角之害，使大家都成为兄弟，大家意见一致。这无异于请求圣灵起来反对上帝。因为，如果圣灵使计谋情欲化为乌有，它就消灭了上帝创造出来以便在意见分歧的基础上起作用的情欲，而任何按级别顺序安排得很好的谢利叶，都应该包含这种意见分歧。

对他们这种不适当的恳求绝不会表示迁就的安慰神，使情欲处于上帝创造这些情欲时所处的状态中。因此，我们看到全权代表们做过祈祷出来后,绝没有谋求意见一致的愿望,而是准备组织秘密委员会,组织充满使用心计和朋党精神的阴谋活动。这就永远是这种荒唐的祈祷的结果,而在这种荒唐的祈祷中,他们却呼吁圣灵效法哲学家,希望圣灵同意修改上帝在利用情欲方面的法规。

组合情欲是人的本性所固有的,以致任何人如果只对一种享受引起的简单愉快感到兴趣,他就会遭人白眼。一个人有精美的菜肴只是自己一个人吃,从不邀请任何人来同吃——他就百分之百该受到嘲弄。但是,如果他邀集了几个情投意合的伙伴,他们对精美的菜肴得到感觉的愉快,同时又对于友谊感到精神的愉快,那么他将受到赞美,因为他的宴会是复杂的愉快,而不是简单的愉快。

雄心之所以值得赞美,正是因为它使这一欲望的两种有机的动力——利益和荣誉——发生作用。如果雄心仅仅以追求利益这一项来作为动力,这种雄心是奸诈的。如果雄心只是谋求荣誉,它不过是一种叛逆性的想象作用而已。这就是说,必须把雄心从简单的提高为复杂的——既谋求利益,也谋求荣誉。爱情之所以美妙,只是因为这种爱情是复杂的,它把感觉和心灵的双重魅力结合了起来。如果爱情仅仅限于这两种愉快之一,它便成了卑鄙或欺骗的行为。

轻浮情欲是使体力和智力平衡的途径,是身体健康和智慧发展的保障,只有它才能够创造出哲学家们所向往的普遍的善意。因为,如果把做一项工作的合作者分散到一百个别的小组中去,那么这种结合便产生出每个小组都有自己的朋友在所有其他小组中工作的现象。这是一种与文明制度的机构相反的机构。在文明制度的机构中,每一种职业对其他职业的利益都漠不关心,甚至往往怀有敌意。

因此,轻浮情欲是一种以疯狂的色彩表现出来的智慧。其他两种情欲也是这样。

这三种情欲,在儿童即中性中间具有强烈的效力。儿童没有称为低级依恋情欲——性爱和父爱——这两种情欲,而更多地受三种起杠杆作用的情欲的支配。因此,我们看到,儿童爱好倾轧,爱好狂热,爱好花样翻新,甚至做游戏时也是这样。他们永远不会一连两小时连续不变地做同一种游戏。正是根据儿童的这种倾向,谢利叶的行为方式在儿童中间比在父辈中间能够贯彻得更快一些。

我本来应该详细说明这三种情欲和它们所利用的三种手段,以便预防在创立协作机构时采取任意措施。每个劳动谢利叶将有两套各自包括三项办法的规则。必须检查人们遵守这些规则的情况。违反六项规则中的任何一项,都会使谢利叶像经过化验证明是成色低劣的黄金一样,令人怀疑。正是用这种检验的方法才能使人相信,在英国和美洲所设立的那一切所谓的协作机构,存在着最严重的缺点。因为在那里既不懂得建立和应用情欲谢利叶,也不懂得在建立谢利叶时所必须遵守的六项规则,而遵守这些规则乃是协作力学中的首要问题。

尚待说明的是,怎样理解多种情欲谢利叶共同谋求行动一致。行动一致是上帝在社会运动方面和物质运动方面的目的。

情欲区分为三类——积极的情欲,即四种依恋的情欲;消极的情欲,即五种感觉的情欲;中性的情欲,即三种起杠杆作用的情欲。

第二概述　谢利叶所固有的情欲动力的安排

三种起杠杆作用的情欲在发展其他两类情欲时发挥作用。这三种情欲发挥作用时行动一致，因为它们对什么也不妨碍。它们发展三类情欲使之完全亲密无间。

相反的，道德却希望所有三类情欲互相冲突；希望心灵的情欲抑制感觉的激情；希望理智压制心灵的激情，不让中立的情欲出来干预。因此，它力图窒息所有三类情欲，或迫使它们互相冲突，让一个吞掉另一个，而不是让它们在共同的自由发展中结合起来，从而产生一致的作用。

在情欲的作用上只是制造分歧、障碍和冲突的哲学体系，从各方面看，都起着有组织的两面性的作用。这种哲学体系是统一的对立面，只能产生与统一的结果相反的结果。统一协调使我们有可能享受复杂而不是简单的幸福，而道德使情欲互相冲突，使其中一种为另一种牺牲，则只是制造了复杂的不幸，而不是简单的不幸；则只是使不可胜数的大多数人制造了感觉的不幸和心灵的不幸。

因此，在协作制度下会获得财富和荣誉的正直人，在哲学制度即文明制度下，只会得到贫困和诽谤。这是一种现在令人愤慨的结果。可是当人们理解了社会运动的规律时，却会发现这种结果倒是非常合理的。因为既然上帝给予我们意志自由，给予我们在它的规律和哲学家的规律之间进行选择的自由，我们就只能期待从人为的规律中得到与从上帝的规律中得到的结果相反的结果——坏人得到的是加倍的幸福，好人得到的是加倍的不幸。这就是文明制度或者哲学家的制度的始终不变的效果。

上帝和我们一样，要为这种在地球的最初世纪所不可避免的破坏性状态而哀叹。它赋予了我们永远摆脱这种状态的自由。引力在向我们阐明上帝的协作法典。它的声音始终在我们的耳边回响。我们随时都很容易计算出它的动力,确定它的机构和建立它希望我们建立的情欲谢利叶制度。

第七章 关于不正常的谢利叶以及应该采取的纠正措施

在指出第五章和第六章的规则之后,必须提出若干应用,即若干不正常的情欲谢利叶的例子和情欲改错的例子。这种例子会锻炼读者,使他能够具有辨别下述情况的能力:在什么场合下情欲谢利叶履行了劳动引力的条件,在什么场合下谢利叶是不正常的,平衡得不好,可以纠正的。

为了很好地理解正确的方法,必须研究错误的方法。我拟出甲、乙两个谢利叶为例子。每个谢利叶包含七个种植梨树小组:

谢利叶甲——极不正常的谢利叶

上翼 ｛马尔丹·谢克小组
脆梨 ｛墨西尔·让小组
中心 ｛白水蜜梨小组
酥梨 ｛灰黄水蜜梨小组
　　　青斑点水蜜梨小组
下　　翼 ｛蓬克莱因梨小组
多淀粉质梨 ｛阿床梨小组

谢利叶乙——较少不正常的谢利叶

第二概述 谢利叶所固有的情欲动力的安排

上翼——1、2小组——种植两种白水蜜梨
中心——3、4、5小组——种植三种灰黄水蜜梨
下翼——6、7小组——种植两种青水蜜梨

应该说明,这些谢利叶在什么场合是违背或遵守第五章所规定的竞赛、狂热、组合的规则的,是违背或遵守第六章中所规定的紧密相连的级别、短时间工作和分段进行的规则的;谢利叶乙是怎样接近这些被谢利叶甲完全违反了的规则的;谢利叶甲为什么在同一、对立、特殊完善和集体完善方面缺乏四种同情的推动力。

为了精确地研究这个题目,需要有同前面第五章和第六章的篇幅相似的一章,其余别的题目还需要更多的篇幅。

然而,这类题目的著名而且值得信任的批评家们都要求叙述得极度简略,要求把篇幅限制到三百页,否则他们就不读了。因此,只得限于指出那些应该研究的题目。肤浅地谈论这些题目,就等于制造疑问,而不是说明问题。

我要通过的这一章所包含的议论旨在证明:

在任何按照种类形成级别顺序的劳动谢利叶内,例如在由种植十二种鳞茎和块茎的花草——郁金香、百合花、长寿花、水仙、晚香玉、鸢尾花、西番莲等——的十二个小组组成的谢利叶内,都会有意见分歧方面的空白。

一个谢利叶的小组的顺序,至少要按品种,最好是按精致性和细微性来安排,而永远不要按种、更不要按类来安排,因为品种是产生意见分歧的最低一级的差别。

我在谈到紧密相连的级别时就已经确定了上述这个基本原

理。只有这种紧密相连的级别才能够产生派系争论、派性的固执以及随之而来的竞赛。必须使一个谢利叶中的彼此相邻的小组互相称对方为假聪明、愚昧无知、异端邪说的鼻祖和没有辨别力、没有理智的人。上面所指出的谢利叶乙是接近这种顽固的意见分歧的机构的,而谢利叶甲却只会造成漠不关心和一团和气。

谢利叶甲不会引起其他谢利叶的任何兴趣。谢利叶乙却会有来自各方面的拥护者加入它的使用心计的活动。它将用谢利叶甲所不能够造成的使用心计和联系来与法郎吉的群众结合起来。谢利叶甲的缺点在于,它包括的是一个区的作物,而不是一个乡的作物。何况几乎永远找不出一个乡的一平方公里的土地能适宜于种植所有三类梨——脆梨、酥梨和多淀粉质梨。自然界使土壤的质量一法里同另一法里不一样;两法里同两法里不一样;三法里和三法里不一样。因此,想把所有的三类梨都种植起来的谢利叶,自己就会冒使两类梨可能失败的风险,冒由于引力和热情不足而成为不正常的谢利叶的风险。

反之,只种植一类或半类作物而使品种和精致程度不断完善的谢利叶,则会在邻县也和本县一样激起热忱,它就会在使用心计方面达到内外的结合。

这条法则是与文明制度的方法对立的。在文明制度下,每个省和每个县都希望自己样样俱全,而不必向邻省和邻县购买任何东西。在和谐制度下,则遵循相反的基本法则:一个县宁愿只种植一种梨或一种土豆,培植它的二十个变种,供给邻县二十辆货车的这种产品,而从邻县获得二十辆货车的其他品种。这些品种在本县土壤上是达不到情欲引力机构所需要的那种完美的程度的。但

第二概述　谢利叶所固有的情欲动力的安排

是,让我们补充一句:在协作制度下,用不着担心商业的欺骗。而现在这种商业欺骗却使人把交易视为畏途,使人人都不得不种植二十种蔬菜或水果,以便使自己免于同不怀好意和进行诈骗的邻人打交道。

我已说过,那些试图撇开我来创办试验性法郎吉的人,将在安排他们的情欲谢利叶方面铸成千百种错误。尽管他们自以为确实是遵照规则办事,实际上他们会把十分之九的谢利叶搞糟。比如,拿谢利叶甲来说,这个谢利叶乍一看来似乎是很正规的,实际上却集一切缺点之大成:

它的中心与两翼失掉了联系;

每个翼并不是衔接的、紧密相连的级别;

由于缺乏意见分歧,每部分都是不积极的。

在这里,我还可以举出其他许多缺点,虽然这个谢利叶的中心如果孤立起来看倒是很好的。

这样安排的谢利叶,只会形成情欲的不协调,而不会形成情欲的和谐。这种谢利叶不仅不会在劳动引力方面有所成就,而且还会在安排机构上完全失败。随后,人们就会责怪发现者,说他的理论是一种美丽的幻想。我在第五章和第六章中已经对这种安排提供了非常确切的规则。在这里,再把一些有代表性的错误加以补充说明,使研究者们会充分运用这种方法。这样做将是适宜的。如果不充分遵循这种方法,那么很显然,整个生产机构便会缺乏竞争、热情和配合。

谢利叶甲的主要缺点是相邻各小组间缺乏意见分歧:1、2、6、7各品种和中心完全没有竞争,而中心也完全不去同它们竞争。如果级别不是十分紧密相连的,整个竞争和竞赛机构就会解体。现在,让我们来指出消除这种缺点的办法,指出恢复紧密相连性的办法,而紧密相连性是不容许按种类形成级别的。

我假定在某个法郎吉内,人们表现出来的爱好使谢利叶甲能够形成。尽管这个谢利叶有缺点,但还是要容忍它,因为永远不应该阻挠引力的发扬。不过,艺术会来帮助自然界的。为了使这个谢利叶达到紧密相连性,法郎吉的领导会议或评判会首先要仔细研究,在谢利叶种植的五种作物中哪一种最适合当地土壤。我假定是称为水蜜梨的酥梨。为了使这种作物占优势,而不致阻挠任何引力,就必须善于行事。因此,要宣布,谢利叶的两翼所种植的四种作物对本地土壤不适宜,不能为本乡增光,不能列在本乡的光荣牌①上。这四种作物将种植在偏僻处,应该在旗帜上挂上半吊丧的穗带——带银色穗子的紫色纱,以表示这些作物不为本乡所承认。

同时,人们将努力组织像谢利叶乙那种完备的水蜜梨谢利叶,使其达到十个、十二个、十五个小组,如果可能的话,并组织另一个种酥梨(白西梨或其他)的谢利叶,以便在这一类梨子能够达到优等质量的地方统统都种上这类梨。

至于相形之下黯然失色的四个小组,如果它们出产的水果还

---

① 在和谐制度下,徽章或光荣牌并不丧失我们现在的徽章或光荣牌的意义。它们是法郎吉所拥有的生产资料和荣誉的标志。它们代表着法郎吉的自然财富和人造的财富。永远欠斟酌的文明制度只选择那些丧失意义的徽号:行走着的狮子、尖端成为钩形的十字架、洼处带沙条的原野,以及其他荒唐无稽的东西。这些东西是在各方面都只呈现出乖戾反常的一片混乱现象的社会才会有的。

第二概述　谢利叶所固有的情欲动力的安排

过得去,就把它们列入别的乡中以出产那一类水果见长的谢利叶内,作为异种接枝。

在判断哪些种类应该弃置一旁的时候,好心肠是不能起任何作用的。因为要知道,整个地区就是根据事实,根据它在商业上对某种产品的需要是否迫切来鉴定产品的。那些很少有人或者根本没有人购买的品种,显然是低下而应该弃置一旁的品种。

整个乡遵循这个途径,只生产它在农业或工业方面见长的那些品种。它轻视自己生产的质地低劣的一切品种,而像谢利叶乙那样整批从以生产这些物品见长的乡采购这些物品,对这些乡则出售它自己所生产的那些质地优良的物品。

这一切供应,都是按照选配得适当的、紧密相连的分级比率来进行的。法郎吉不是出售一千公担同一种质地的谷物,而是出售一千公担有五、六、七种滋味不同的谷物。这些不同的滋味是法郎吉通过烤制面包检定过的,它们的差别则是根据出产谷物的土壤和种植方式来区分的。

拿最微不足道的食品或蔬菜来说,法郎吉也远不是全部出售某一品种。商业上供应的也只是一系列精选的品种。因为必须按照品种谢利叶来消费,以便在生产者之间建立使用心计方面旗鼓相当的谢利叶。必须把消费和生产正确联系起来,把同一结构应用到这两件事上。这种办法将在以后的篇章中阐明。

在协作制度下,每个乡将只生产上等商品。但是,与文明制度的人们的习惯相反,每个乡将需要二十个邻乡供应物品。和谐制度的人们与邻乡的贸易至少比我们现在多一百倍。因为就每种蔬菜——如萝卜和白菜——来说,法郎吉将从十个邻乡的法郎吉买来十种，将向它们买十车著名品种的白菜，自己则运给它们同样多本县生产的拿手白菜品种，作为滋味不同的一系列白菜品种中的一种来出售。

这种大规模的贸易只是就优质的品种来进行的。平凡的品种是找不到买主的。因为利用平凡的品种就会使劳动引力的机构变质；会使竞争、热情和组合三种规则受到破坏。

这种机构与我们所处的倒行逆施的世界，与我们的精益求精的文明制度是对立的。因为在文明制度下，任何运动都与上述三种规则背道而驰。因此，在我们这里可以看到，质地低劣的食品比质地优良的食品更充裕，更易于处理，因为任何人都不愿意付给质地优良的食品以应有的价格，甚至不会区别优良的食品和低劣的食品，而这又是因为道德使文明制度的人们养成了对吃好吃坏不加选择的习惯。这种嗜好的粗俗性乃是各种商业欺诈和农业欺诈的支柱。关于这一点，可以通过两种机构——协作机构与文明制度机构——的对比来加以阐明。

第八章 关于引力的种类和限度

让我们来分析一下劳动引力的等级和它所应有的运用形式，作为对基本概念的补充。这种等级分为三类：

直接的，即一致的引力

间接的，即混合的引力

相反的，即背道而驰的和不正常的引力

第一，当引力是由某一类劳动所从事的对象本身所产生时，这种引力便是直接的。阿基米德研究几何学时,林奈研究植物学时,拉瓦锡研究化学时,绝不是出于获利的动机,而是出于爱好科学的热情。任何一位种植石竹、橙子树的君主,饲养金翅雀、雉鸡的公主,都不是出于贪欲,因为他们为这种作业花费的代价比这种作业向他们提供的成果还多。因此他们是狂热地醉心于对象本身,狂热地醉心于这类活动本身。

在这种情况下,引力是直接的,即与工作趋向一致的。在协作制度下,当情欲谢利叶有系统地组成时,八分之七的活动形式将受这类引力支配。

在协作制度下,大多数种类的动物和植物都能激发直接的引力。当劳动谢利叶很好地贯彻使用心计时,直接引力甚至还可以运用于养猪作业上。

第二,当引力产生于与某种劳动作业不相干的传导体,产生于不靠获利的诱惑就足以使人热情地克服反感的那种诱饵时,这种引力便只是间接的引力。饲养可憎的爬虫或有毒的植物的博物学家的情况就是这样。他并不喜爱这些备受他关怀的非常令人嫌恶的生物,但是对科学的热爱却使他热情地甚至不计利益地去克服这种反感。

这种间接引力将适用于没有特殊引诱力的协作作业中。这种作业将占法郎吉工作量的八分之一。

第三,背道而驰的,即不正常的引力。这是与劳动作业和意图相矛盾的引力。这种情况是:工人干活只是出于需要,出于被收买,只是出于道德的考虑,而并没有欢乐,没有对自己工作的兴趣,没有间接的热情。

这类在情欲谢利叶内不能容忍的引力,却正是政治和道德所能够创造的唯一的引力。这就是在文明制度的人们的八分之七的工作中占支配地位的引力。他们憎恨自己的劳动。劳动对他们说来是饥饿或苦恼的轮换者,是一种折磨。他们带着沉思和沮丧的神色,以缓慢的步伐去承受这种折磨。

任何一种分散的引力都是一种真正的反感,是这样一种状态:在这种状态中,人不得已把一种惩罚强加给自己。协作制度是与这第三类引力不相容的,而在一切作业中,直至在最令人厌恶的作业中如清除臭水沟,等等,协作制度至少也必须达到间接的引力,使不受收买的纯洁激情,使像团体精神、宗教精神、友谊、博爱之类的高贵的动力都发挥作用。

因此,就要做到把分散的引力,把这种建立在对贫困的恐惧之上而最后不得不进行的劳动从协作法郎吉中铲除干净。

这里,我们试把两种制度下劳动引力的种类及其定量作一对比。

文明制度提供:

1/9 间接的引力;

7/9 分散的引力,消极的反感;

1/9 积极的反感,或富有的游手好闲者、骗子、乞丐等人的拒绝劳动。

协作制度的分析将提供:

1/9 间接的引力;

7/9 直接的引力;

1/9 迫于疾病、虚弱、年老或年幼(而不是由于兴趣问题)不得

第二概述　谢利叶所固有的情欲动力的安排

不放弃工作。

因此,直接的引力将扩展到绝大多数工作,而间接引力则将扩展到其余工作。同时,间接引力将还是一种非常强烈的、与我们所知道的最强烈的引力一样的引力。

收益的诱惑,对雇佣工人只激发分散的引力和在饥饿与苦恼之间进行万不得已的选择。但在协作制度下,它往往将是一种高贵的推动力。例如,如果事关一项刻不容缓的但却被人忽视的发明,如防烟的办法,那么协作制度会为发明防烟方法悬赏十法郎。谁解决了这个任务,谁就会隆重地从全世界得到五百万法郎。这笔款子应该由现在的人口所能够组成的五千万个法郎吉来分摊。发明者还将获得全球巨头的证明书,以及在全世界享受给予这种地位的尊敬。(敌视协作理论的学者们多么盲目轻率,而协作制度的理论将会使他们得到多么大一笔财产啊!)

这笔财产甚至就最不重要的部门来说,都会是巨大的。因为,如果随便一个小作品——一首短歌或交响曲——按照全世界五十万个法郎吉中的大多数的投票,从每个法郎吉得到两个苏的报酬,那么作者便因此获得全球统一代表大会的通知书。他持有这种通知书,便可以在君士坦丁堡(大会的天然驻地)提取五万法郎的汇票。他一年内能够多次获得这样一笔甚至更大一笔款子。难道优秀的剧本不会获得每个法郎吉的一个法郎吗?对这种作者说来,便是现款五十万法郎。此外,还要加上出售剧本的进款,按每个法郎吉至少购买十本计,即为五百万本。而这种出售是没有欺骗和伪造的可能的。如果从每本的收入中给作者四个苏的利润,就又是一百万法郎。一个好的剧本——悲剧或喜剧,总共会有一百五十万法郎的收入，并且保证它的审阅、通过和上演都不会遭到任何拖延。在对它进行评论鉴定时不会让任何阴谋得逞。

我敢断言，学术集团本身很快就会声明，他们过去反对这种对于他们比对文明制度任何其他阶级的人都更会称心如意的协作理论时，他们是处在神志昏迷的状态中的。

在协作制度下用得很少的第二类引力，即间接引力，也可以提供有力的手段。下面就是例子。

1810年，列日有一处煤矿被水淹了。二十四个工人困在矿里没有食物。为了及时拯救他们，必须在非常短的时间内进行大规模的掘进。他们所有的同伴都积极热情，全力以赴地参加掘进。力气大的人把要求干重活看成是光荣。结果，四天便完成了雇佣工人要花费二十天才能完成的工作。因此，新闻报道说，四天所完成的工作是令人难以置信的。这并不是为了金钱才做的，因为，如果为了鼓励工人们加速工作来拯救他们被困的同伴而同他们谈到金钱的事，他们会认为自己受到侮辱。

由此可见，令人厌恶的工作本身，如矿工的掘进工作，如果有高尚的动机来支持，便会成为间接诱人的工作。高尚的动机会产生许多间接引力。这些间接引力的效力与直接引力至少在力量大小方面是相等的。关于这一点，将在儿童队一文中加以论述。

我还要补充关于间接引力的第二个例证。在进攻马洪山崖时，法国士兵攀登上了的悬崖是那样陡峭，以致利舍叶元帅因为不了解他们怎么能攀登上去，竟想第二天作为检阅来要他们重演一遍这次攻击。结果，士兵们在冷静的状态下爬不上他们前一天夜里在敌人的炮火下所攀登的悬崖。然而，这并不是什么掠夺的希

第二概述　谢利叶所固有的情欲动力的安排

望鼓励了他们。鼓励了他们的是一种集团精神，是一种本能冲动。充满情欲的群众把这种本能冲动传授给了他们的每一个成员。在这种情况下，协同动作的人们会创造出奇迹来，而这种奇迹甚至连那些创造出了这种奇迹的人们自己也难以置信（这是第十二种情欲——组合情欲或狂热的作用）。

这种例子人们看得够多了，以致间接引力的这一美好属性终于应该引起注意。我们这个热衷于工业主义的世纪，本来可以用会试的方式来寻求一种办法，以便把这两种产生奇迹的引力——直接引力和间接引力中的一种——应用于生产劳动上。从事劳动的动物如海狸和蜜蜂，获得了自然界给予的礼物——直接引力——来进行自己的劳动。难道这个自然界就没有储备着把动物所具有的劳动引力的能力传授给人的某种手段吗？

这里，需要重复上面说过的话：哲学教导我们，不应该认为自然界只有那些众所周知的办法。因此，这个自然界可能有我们所不知道的办法来把引力运用于劳动中。但是，到哪里去寻求这种办法呢？哲学在这一点上也对我们有所教导。它教人们要"整个地研究科学领域，要认为只要还有事情可做，就没有什么东西已经做完了"。所以，在关于引力的研究，关于引力的分析及其应用的研究方面，还要做大量的工作。人们既没有开始这项工作，也没有提出甚至还没有初步区别开我刚才所阐述过的三类引力。这是哲学顽固地阻挠人们进行研究的一个题目。其实，如果不愿意答应用分析和综合的方法来研究引力，那又怎么解决把直接引力和间接引力运用于劳动上去的任务呢？Quaerite et invenietis（探索与发现吧）！

附录 被略去的几章

我已经在这里论述过八个基本题目。这些题目我至少略去了一半或者三分之二。人们会看得出这个空白点。例如,本编一开始,人们就发现有一个表,包括四个组。这四个组分为两个高级组和两个低级组。于是,读者会问:"高级组和低级组这个科学行话是什么意思?"人们不知道,要说明这一点就需要一大章。然后,为了把四个组划分到由两个复杂组和两个简单组所构成的小节里,并表明这种分法所根据的特点,还需要一大章。

人们对这一点会提出异议说:"把这些东西简略告诉我们一下吧!"我同意这样做,以便指出过分简略只会把新题目搞乱,而不会提供令人满意的概念。让我们来尝试一下。

高级与低级之间的差别,以两种原则的影响为转移。这两种原则称为肉体的物质原则和心灵的精神原则。家庭组和爱情组是低级的。因为在这里,特别是在家庭组内,物质原则居于支配地位,家庭牢牢地受着物质原则的奴役,因为不可能打破血缘关系,不可能像改换朋友那样来改换爱情关系,像改换同事那样来改换双亲。因此,家庭组不是自由的。由于有这种永恒的锁链存在,所以家庭组在情欲结构方面是有缺点的。它在这里,只有把它的反社会性质,即利己主义加以同化才能创造善行。因为这种利己主义使做父亲的为了自己的家庭能够去牺牲社会,并且认为,为了他妻子儿女的利益,他无论干什么都是可以容许的。

爱情组虽然也强烈服从物质原则,却不是物质原则的奴隶,因为精神原则有时也在爱情关系中占支配地位。例如,当你抛弃一个非常漂亮的情妇,以便娶一个不漂亮的情妇时,是因为她的智慧或品格迷住了你。这样看来,这种不是纯粹以物质因素为转移的组,乃是两种低级组中的最高尚的组。

雄心组或集团关系组,是以荣誉和利益关系作为特征的。这些组受着财富或生产性物质的影响,而生产性物质比肉体物质高贵些。由于这一优点和爱荣誉,所以这个组是高级的。在高级组内,则是精神原则占支配地位。

友谊组差不多完全摆脱了物质原则。如果把基于劳动的礼仪惯例撇开,这种组则完全属于精神原则。因此,它是高级的。

我把雄心组和爱情组这两个组称为复杂组,因为它们在情欲谢利叶内(而不是在文明制度下)具有一种属性,能直接平衡地发展物质因素和精神因素,使心灵推动力和感觉推动力保持应有的平衡,使它们获得充分的运动自由。

其余两种组是简单组,因为它们只有用间接方法才能达到感觉与心灵的平衡。必须使其中一组与物质联系,因为它过于脱离了物质。同时,要使另一组摆脱物质,因为它过于受物质的支配。由此可见,这两种组只有用间接方法,用违反其本质的特点的方法才会得到和谐。

我刚才谈过的两个定义,还有很多缺点,因为它们只粗浅地谈到学说的要点,而这些要点还需要冗长的注释。因为它们没有阐明论题,而是使论题更加晦涩。它们为怀疑论者和好吹毛求疵者提供了攻击的论据。因此,为了避免这种弊病,我往往要越过某个问题,而对有些问题也只粗略谈谈,这并不是因为作全部说明使我为难。我在和谐制度问题方面所拥有的可以提供的解答,比人们所提出的反对意见多十倍。但是,我必须抛弃这种在理论上把我们拉得过于遥远的做法。至于人们要求的简要的阐述,我刚才已经证明过,这些阐述只会引起怀疑,而不会阐明真相。

为了使人们对于把一个组双重地划分为:

高级的和低级的

复杂的和简单的

这种做法感到满意,至少需要有像第五章和第六章那样多的两章篇幅。此外,还需要同样多的篇幅来谈四种组的每一项彼此对立的属性,即吸引的属性。如果问题涉及在战争或火灾的情况下不怕危险这件事,那么四种组就会受到极不相同的影响:

友谊组:大家互相吸引

雄心组:上级吸引下级

爱情组:妇女吸引男子

家庭组:低级吸引高级

在研究各个组的时候,必须仔细考察这些题目中的每一个题目。这种考察一定会有冗长的阐述,带有对比和对照。这一切还要由四种圆锥曲线的属性的附件来加以证实。四种圆锥曲线是四种组的对象标志。

我突然打断关于这些问题的谈话,目的只在于提醒一下,被人当作娱乐的情欲引力是一种非常广大的、几何学性的科学。既然人们只愿意容许对它作一个非常扼要的论述,那么关于这件事便应该在选择材料方面信赖唯一曾经考察过这门新的科学世界三十年的人。读者所希望的简要叙述,如果能使读者承认不可能肤浅地阐述这门渊博的科学，那它便达到了目的。对这门科学原来预计不是提供简要的论述，而是提供厚厚的九大卷书。其中已有两卷于1822年发表，以便作为各部门的导言，并就给每一部门多大篇幅最为适当的这个问题征询过舆论界的意见。可是，人们没有就这个问题启发和开导我，却用谩骂来回答我。特别在法国，谩骂就是给予发现者的奖赏。

这里，我将只限于提供家务协作社和农业协作社的大略的试验所必需的材料。这种试验完成时，人们便会承认新的科学的重要性，并会徒劳无益地惋惜，怎么竟忽略了关于这种科学的一篇论文。我们的十九世纪在这方面正在步十五世纪的后尘。在十五世纪，当人们看到哥伦布带着金条和紫铜色的蒙昧人回来时，便决定相信新大陆的存在。当作恶已不再可能时，在最后时刻回心转意，回到行善之道，倒是近代文明社会中司空见惯的。这个制度未到最后时刻，还是要反对经济的新世界的。这是无关紧要的，因为一个小小的创始者集团就足以一下子实现全世界的大变革：Pauci, sed Boni（量少质精）。

第二编

试验性法郎吉的种种措施

第三概述 预备措施的物质部分

第九章 物质方面和人员方面的预备措施 接纳与循序安排

我必须一开始就预先说明,并且以后还要经常提到:为了能够领导与协作制度接近的或规模缩小的法郎吉,必须了解一千八百人的规模完备的法郎吉机构。规模缩小的做法只使用完备规模所需的资本的四分之一。但是如果不了解完备的机构,不了解大规模的和谐制度,就不能够判断在小规模条件下每个部门能够缩减的情况。我们在关于基本原理的第一、第二、第三、第四、第五这五编及其附录中将要叙述的,也正是完备的机构。这些编及其附录将是在第五编之后刊载的规模缩小的计算基础。因此,当发现前景过于辉煌夺目的时候,就必须想起,人们将不会这样大规模地行动。但是为了弄清楚这种机构在低级阶段能够缩小的程度,必须了解使情欲达到高度和谐的这种机构。

我把物质方面的预备措施分为三个部门:

一、创立股份公司

二、建筑房屋,供应物品和植树

三、逐步招募人员和安置工作

第一,创立公司。由于在这方面应该遵循与普遍采用的方法完全相反的途径,避免小股东拥挤——Pauci, sed boni(量少质精)。我认为把这个题目推迟到跋的关于《候选人》一文中去谈,是适当的。让我们现在只提出一项建议,即这两种公司要组织得很完备,并且拥有奠定大规模基础所必需的资本。因为,正是必须根据大的规模来研究理论,才能够创办小规模的事业。

第二,试验乡物质资料的分配。这个问题和有关引力结构的种种措施,将在本编即第二编的范围内加以叙述,因为如果股份公司以占统治地位的偏见为指导方针,便会在这个问题上到处犯严重错误。

第三,逐步招募人员、接纳和安排工作。在这方面,将遵循与文明制度机构相反的方法。文明制度的企业生硬地一下子就派定全体人员。试验性法郎吉(我假定为完备的法郎吉)的工作安排则必须分五个步骤来实现,即:

雇佣工人、辅助的核心干部		100
发端················1——核心和管理处········		300
从事四分之一的活动······2——预备类············		400
从事一半的活动······3——混合类············		600
从事四分之三的活动······4——殷实类············		400
从事全部的活动·········5——富有类············		200

近似这样的机构则只要九百人。

必须在人数上稍为充实一下试验性法郎吉,使它的人数达到一千九百和二千人(包括雇佣工人组成的核心干部),因为它比创办较晚的法郎吉需要克服更多困难。创办较晚的法郎吉的人数起初要缩减到一千八百人,之后则缩减到一千七百人,因为固定人数为一千六百二十人——这个数字得要稍微超过一点,特别在还缺乏活力的头几代人期间更是这样。

为了有条理起见,我必须先谈谈房屋和地段。不过这会是有点枯燥的细节。这个细节我也留到以后再谈。让我们从对几批人逐步安排所必须遵循的规则谈起。

如果法郎吉的房屋和树木完全准备好了,那么整个法郎吉九个月期间就会安排妥当,即:第一批人在八月安排好;第二批人在九月安排好;第三批人在十月安排好;第四批人在次年三月安排好;第五批人在五月安排好。

人们不能在大规模的范围内这样迅速行动。因为必须修建房屋、种植树木,然后再随着房屋各部分落成进行安排。因此,我认为,这种安排需要二十一个月到二十四个月。小规模的安排只限于三批人。这三批人的安排次序是:第一批八月;第二批十月;第三批次年三月。而首先是安排一百名雇佣的粗工。其中三分之二是男子,三分之一是妇女。他们都是干重活和干会阻挠劳动引力的工作的。这一百名雇佣工人将是试验性法郎吉的骨干。这种法郎吉很受引力缺乏的妨碍。无论在大规模范围内或小规模范围内都不得不依靠支援。

如果股份公司想一下子就招募全部一千九百人或缩小规模内的全部八百人,它会遭到失败的。首先,它会遭到工人阶级的勒索。因为工人不知道要他们去做什么事,所以会在条件方面提出苛刻要求。另一方面,殷实类和富有类的人们对事业不信任,会完全拒绝参加。问题在于要使这两类人都来申请,以作为一种特别优待而接受他们加入。为了在这方面获得成功，只要对第一批人慎重行事就行了。

在谢利叶成员之间分配收入时，如果意见不合，被吸收的人可以要求固定的报酬数目。这个数目与劳动者谈判来确定和选择（可惜我要略去关于这种契约的重要细节）。管理处不会怀疑在分配问题上能取得一致意见。不过，由于新吸收进来的人员将会怀疑这一点，所以必须这样确定定额报酬以使他们感到满意。

如果在某个地段的范围内有一所巨大的建筑物——城堡或寺院，就把它租下，首先把核心干部即第一批人（约三百人）以及管理处，都先安顿在那里。这批人大部分是园丁。他们将先培植果园、移植树木和从事应该先着手干的一切工作，如：饲养牲畜，生产水果和蔬菜罐头、种植像石刁柏和朝鲜蓟这种第一年不结果的植物。

第一件工作是要使这些草创者养成发扬引力的习惯，发展他们的情欲、嗜好和本能。他们——父辈和儿童——将深感惊奇的是，不是粗暴地对待他们和向他们说教，而是一味鼓励他们的嗜好，用短时间的和多种多样的工作使他们迷恋工作，把他们分配到小组和分组里去。这种小组和分组将使人精于用尽心机推销某些菜肴和某些烹调法，把三种性别的极不相同的嗜好依等级按顺序加以调整。

任何股份公司都肯定会排斥这种行为方式，并且会硬说，必须按照商业和道德的健康学说来教育训练这种组织。让我们更好地看看目的是什么吧！问题在于，要培养的不是文明制度的人，而是和谐制度的人，要通过迅速组成情欲谢利叶的方法来把他们导向劳动引力。这种谢利叶组成得愈迅速，劳动引力的产生便愈迅速；

第三概述　预备措施的物质部分

而最方便的捷径便是利用对精致的和花样多的美食的癖好。它首先要组成一系列消费谢利叶，然后把谢利叶的顺序推广到烹调上去。这种一度按膳食和烹饪法组织起来的机构，以后就会在农活和罐头工厂中建立起来。这是应该在第三编和第四编中加以考察的原理。这里我只是预先把它指出一下。

这种级别花样多的烹饪术既简单又明智。它是一种推动力。这种推动力是上帝为我们安排好的，以便我们在引力学方面迅速而稳妥地行动，争取从第一个月起就使试验获得成功。这种明智会使所有的草创者十分高兴。不过，对头一批三百人说来，它并不是非常有利可图，因为谢利叶制度的好处只有在人数达到六百时才会明显看出。但是，这是开辟劳动引力制度的道路所必需有的一项播种劳动。劳动引力制度在第二批人加入时才能建立。这种制度的产量会提高四倍。

在这个问题上，让我们注意：关于佳肴、养花、演歌剧及其他被称为轻佻风气或恶习的活动，我将不得不经常反驳文明制度在这方面的学说。我并不否认这些活动在目前情况下是有害的。但是，我是从把这些活动运用于情欲谢利叶制度的角度来考察它们的。在情欲谢利叶制度下，它们将变成有好处的途径。

邻近的城乡人民一旦知道了三百个草创者的生活方式，知道了他们的工作是自由选择的，每次工作时间短，每天工作至少有四次变化，给他们端到餐桌上的菜肴有许多品级供他们自由选择，领导者们关心使男子、妇女和儿童的快乐多样化，在附近所有的劳动阶级中这将是人们谈论的最大的话题。人们将谈论草创者们的福利。每个工人、手工业者、小农业主的家庭都要追求他们那种处境。以前对加入这个创办的事业犹豫不决的人,都会像恳求最高的恩惠一样来申请加入。

假定这时法郎斯泰尔①的一翼已经建成,并且适于作为住宅,那么就要吸收第二批四百人了。其中一部分是工人教练员——木工、车匠、鞋匠、钳工,一部分是初级小学教师。因为情欲谢利叶制度很快就会激发起人民和儿童受教育的要求。而在文明制度下,他们是迫不得已才受教育的。

在吸收这二批人时,管理处将挑选优秀的工人。工人们受谢利叶成员生活方式的引诱纷纷来到,超过所需要的人数的十倍,所以能够从中择优吸收。

采用这种征集方法使核心队伍已经达到七百人。核心队伍便从粗糙的准备工作转到"半近似"的工作,即"四分之一的活动"。

这时,谢利叶机构的试验便开始了。谢利叶机构创立时人数不能少于六百人。管理处供给所有被吸收人员工作服和典礼服。各小组就开始打着旗帜、唱着赞歌、吹着号角走上工作岗位。膳食也同样规定为三级。这种膳食对第一批人只限于两种。此外,还有管理处的膳食。

只有这样粗略地安排了谢利叶机构之后,才能够隐约看到:引力的属性及其几何上的正确性;用互相交替的各种享乐来预防过度的办法;劳动的完善和随着膳食的精美而增长的劳动热情;爱财富成为善行的途径;儿童被吸收参加生产劳动;在总的和谐中利用意见分歧,以及反感因素的间接协调。所有这些奇迹的萌芽,在七

---

① 即法郎吉成员共同居住的房屋。——译者

百人的群众中都将看得出来,而在三百人所组成的核心队伍,却不会都表现出来。但是,由七百人甚至六百人所组成的核心队伍,将提供一种结果,使人们对文明制度即将垮台不会有任何怀疑。

这时,所有的目光都将被吸引到和谐制度的这一萌芽上。有人将愿出双倍的价格来要求购买它的股份。富有阶级的许多人将请求加入第三批。管理处就要积极从事征集这第三批人的工作,或者毋宁说是从事接纳第三批人的工作。

当人们看到谢利叶制度最美好的属性显示出来的时候,财富相对增加十九倍,或实际收入可能增加三倍——不是一千而是四千,并且在法郎吉内所过的花四千法郎的生活,在文明制度中要花费两万法郎。这时要求接受加入法郎吉的人将会更多。

有的人很难被接纳加入第三批,因为这一批人是由教师、熟练的手工业者、有经验的农民、农学家、艺术家所组成的。他们负责对法郎吉的平民,特别是对儿童进行高尚的教育。

至于对富有的或贫苦的申请者进行选择,那么必须重视在文明制度下被视为邪恶的或无用的种种品质,即:

音乐听觉准确

家庭礼貌

艺术才能

并且必须遵照与哲学思想相反的各种规则——

优先照顾子女少的家庭

接纳三分之一的独身者

寻求被称为有怪脾气的人

在年龄、财产、知识方面确定按级别调整的顺序协作制度的生产会由于人们具有某些才能而得到很大的好处。例如，听觉准确是诡辩家所看不起的。根据他们的基本论点，谁能歌善舞，谁就会很少进步。而在协作制度机构内，特别是在试验性法郎吉内，这是一种非常错误的论点。因为法郎吉内的人民要是受到良好的教育而且唱歌和跳舞都很好的话，这个法郎吉就会进步得多。

首先，这个法郎吉（我说的是大规模的）将拥有从愿意出资的富于好奇心的人那里所征集的一笔巨款。单是这部分收入就会使股本增加两倍。如果法郎吉出示给富于好奇心的人看的只是一些粗鲁的人，他们既不善于促进和谐制度的物质的发展，也不善于以所要求的十分细致的态度来控制情欲，那么这笔征集来的巨款就会失去大部分。

由于需要配搭工人教练员，每一种职业至少要选择三人，以便进行方法方面的竞争。如果每个从城市里吸收来的工人都带有庞大的家眷，差不多有半数的父亲和儿童不习惯于农业，这就会把农业应该在其中占重要地位的协作机构搞垮。

法郎吉在关于垫付生活、衣着、居住等费用的信用贷款和活期存款这个问题上，永远不承认家庭关系，只承认个人。每个个人都有一本账。男子不能为自己的妻子和儿女共同办交涉。交涉都由每个个人分别办。仅仅三岁以下的儿童例外。三岁以下的儿童如果是贫苦出身，由法郎吉出资赡养。因此，凡是要负担幼小子女生活的工人都将力求加入法郎吉。但管理处只按比例接收儿童。至于这种比例，我将在其他地方指出。

法郎吉在第三批人加入时，至少要有三分之二的果树能够结果。因此,就必须用一笔开支移植果树,连根带土地装在箱子里移植。如果树很大,不能采用这种方法移植,就要按斯图亚特先生不久前在苏格兰宣布的办法,即露根移植法。这种方法能够把任何大树移植成功。采取这种措施,就可以避免在两三年内由于工作效率低和使用心计的精神贯彻得不好而把法郎吉机构弄垮的危险。而工作指的是新办的果园的工作。小组看不到果园里结有果子,果园便不会激起它的情欲。

试验性法郎吉,即使是小规模的,也必须向它提供招募来帮助工作的一百个雇佣工人的福利。通过各种多样化的活动和其他办法把他们提高到协作制度的半幸福地位,保证他们加入即将建立的第一批法郎吉,或者加入他们原来的法郎吉,如果这个法郎吉只不过规模缩小,但能够从九百人扩充到一千八百人的话。必须使这个团体中的任何人,甚至家畜都是幸福的。他们的福利是协作和谐制度的一个重要部分,是它的财富源泉之一。如果这个制度陷入柏拉图式的利己主义,就会使自己变穷,把自己的机构搞糟。因为柏拉图不是在寻求摆脱人类苦难的手段,而是感激上帝使他逃避了一般的不幸;感激上帝使他身为男子,而不是生为女人;生为希腊人,而不是生为野蛮人;生为自由人,而不是生为奴隶。我以后还要再谈柏拉图及其喽啰们的这种利己主义。哲学家们一方面具有这种特点,但又忽略了为一切人谋幸福的引力研究计算,这是否应该使人感到惊奇呢?

很容易预见到,任何工人,任何农民在加入法郎吉时,都想为自己的妻子和儿女预定低级膳食。如果他本人登记享用第二级膳食,便把他们的家属登记在第三级上。他还想为自己保留全部规定的报酬，即在吸收他加入时根据协议所确定的款项，只把一小部分给他们妻子和儿女。文明制度时期慈祥的父亲们就是这样。性格温和的农民在要别人保持好的、纯洁的道德的借口下，希望把一切据为己有。夫妻关系上和父子关系上的这种暴虐表现在协作制度下不是不许可的。不过，经过一个月，每个谢利叶成员都会开始鄙视文明制度时期这种掠夺行为，并且由于摆脱了赡养妻子、儿女的负担而感到十分满意。此外由于劳动引力的作用，他的妻子、儿女挣到的工资都将比他们自己的开支多得多。

有了第三批人的法郎吉，便可以上升到巨大的近似值，即需要一千三百人来从事的半实践。于是，高度和谐的行动，即诱人的或符合本性的教育就会开展起来。而这种教育在仅有七百人从事的四分之一活动时，则只能粗略地加以规划。

符合本性的教育（第三编），对于富有阶级将是最强有力的诱饵。人们见过法郎吉的儿童便会深信，甚至帝王靠自己的珍宝和雇佣的家庭教师都无法使自己的儿女获得像法郎吉的最贫苦的儿童所获得的体力发展和智力发展的四分之一。因此，除非股票比原来提高两倍，凡是需要抚育自己疼爱的继承人的富人，也请求让他们的子女加入。

我曾经说过，和谐制度的教育有一个最突出的属性，就是能使在文明制度的家庭生活条件下甚至会成为大懒汉的儿童，从幼年起，即从三四岁起，便发展了二十种劳动能力，并把这种儿童提高到爱好科学和艺术，并且能够准确使用手和脑。而做到这一点的办法只是听任他的引力、本性和他全部嗜好发展，不必有其他的预防措施。从诞生起就在情欲谢利叶内教养出来的儿童，到四岁时，力气就会比文明制度时期的六岁儿童大得多,智力的发展更会远远超过大部分十岁的儿童。

为了使这些符合本性的方法的属性发出光辉,必须为国王和显贵们从外面介绍来的大批儿童保留下位置。因此,必须避免在头三批人中吸收家庭负担过重的平民,以免产生儿童拥挤的现象。只要有足够的人数来建立包括五岁到十三岁的儿童的舞蹈活动组织就行了。这种组织应该有一百四十四个两种性别的儿童及其辅导员(假定为一百六十人)。于是,从五岁到十三岁的儿童至少要占到文明制度家庭的一千三百人中的二百二十个。因此,可以在头三批人中缩小儿童的自然比例,而把人们竭力介绍来的儿童接纳到寄宿学校中来。

我假定,第三批人在秋季开始时接纳到法郎吉中来,一千三百名法郎吉成员便可以在冬季内形成充分的联系,以便来年春季积极展开活动。那时,法郎吉会想满额招收自己的成员、自己最后的两批人——第四批和第五批人,以便给予文明制度有力的打击,并用六个星期的全面活动来争取人们决定抛弃文明制度,并且埋葬这种制度。文明制度将遭到大家异口同声的谴责。但是,由于冬季只展开一半活动,由于缺乏两个上层阶级参加法郎吉,这个时期将在情欲表现得很平静的情况下度过。所以,正是在这两个上层阶级加入之后,就会开始看到文明制度将可耻地受到挫折,遭到它从前的最顽固的维护者们的嘲笑。

我们先不去注意这第四批和第五批人的安排细节,因为人们还只限于建立由第三批人组成的小法郎吉。这个小法郎吉已经足以吸引大批好奇的付款者。他们来自各地,想弄清楚是否确实发现了人类的归宿,是否发现了协作制度的情欲力学,自然规律是否确实正在代替道德妄想。而道德妄想是力图压制、冲淡和改变本性的,是想用伽东和塔尔日的教化来代替神的认识的。

第十章 分类、管理和预算

文明制度下的任何团体,除了地位或财富的等级制度外,没有别的等级制度;协作制度则要利用另外一些我们所不知道的级差分类表,如性格的级差表和气质的级差表。性格在文明制度时期的人看来,乃是无法解释的天书。气质则被医学归结为四种。而实际上它的数量和分类与个人性格相同。不过,必须经过长期测验才能对性格和气质进行选择,组成合理的性格级别和合理的气质级别。

首先应该建立的分类,是符合不同年龄的集体性格的分类;集体性格的分类是自发进行的,无论谁都不会被迫归入某种年龄范畴。

大规模的法郎吉
十六个部和三十二个队的分类

按全性格和半性格,按管理处和补充者而有所差别

级别	类		年龄	人数	
上升的补充者	⎧乳 儿 ⎨胖 孩 ⎩顽 童		0—1 1—2 2—3	72 60 48	⎫ ⎬180 ⎭

特利巴和队

第三概述　预备措施的物质部分

				全性格		半性格	
上升的过渡	1	男孩和女孩 3—4½					
上升小翼	2	男小天使和女小天使	4½—6½	38		19	
	3	男六翼天使和女六翼天使	6½—9	44		22	
	4	男中学生和女中学生	9—12	50		25	
上升翼	5	男高中生和女高中生	12—15½	56	392	28	196
	6	男少年和女少年	15½—20	62		31	
	7	男青年和女青年		68		34	
	8	男女成人		74		37	
中心		管理处		54		27	
	9	男壮士和女壮士		70		35	
	10	男勇士和女勇士		64		32	
	11	男精细人和女精细人		58		29	
下降翼	12	男稳健人和女稳健人		52	364	26	182
	13	男明智人和女明智人		46		23	
	14	有荣誉男子和有荣誉女子		40		20	
	15	值得尊敬的男子和值得尊敬的女子		34		17	

半性格……… 405 405
全性格……… 810 810

下降过渡	16	男家长和女家长		
下降补充者		患病者	30	
		虚弱者	40	120
		缺席者	50	

总计　1620

(注:应该从这个数目出发,使其
　　在第一代法郎吉内达到………1800人)

在试验性法郎吉内达到1900人加
雇佣工人100人··············2000人
在近似的法郎吉内达到800人加
雇佣工人100人··············900人

请看看上列统计表。它的分类代表着均匀的或复杂的法郎吉：也许这是试验性法郎吉内所能够形成的唯一的谢利叶。

（注意！这里可以看到的是，均匀的谢利叶和简单的谢利叶一样，可分为三个集团——两翼和中心。但是，如果把这个谢利叶按性别分解为各个组成部分，那么便要规定另一种分法，分为四个集团。关于这一点，先不必忙着谈论。）

只要年龄、部和队的安排是完全自由的，三十二个队以及他们的集团精神和职权上的级差便是产生协调的有效源泉。在由八百个谢利叶成员和一百个雇佣工人组成的小规模的法郎吉内，不区分出半性格，因为半性格的作用只有在具备大约一千六百人时才能够确立。以后我将要说明全性格与半性格之间的差别。

儿童将热情地同意接受组成年龄上的集团级差，即第一、第二、第三、第四、第五、第六部，而不排斥这种可能性：才能发展较早的儿童可以提前，才能不很发展的儿童受到推迟。

儿童非常喜爱的按年龄组成的阶梯，对于竞赛、对于风度和动机来说，是十分必需的。而竞赛、风度、谈吐和动机应该按等级加以区别，从第六部传到以下的各部。整个教育是以第六部为轴心的。

老年人将愉快地组成第十四部、第十五部和第十六部，因为这三部的六个队在饮食、衣着、住所、行动工具等用品方面享有各种特权。家长（第十六部）无论怎样贫苦，将享有第一级膳食。受尊敬的人和值得尊敬的人，即使没有财产，也有权享受第二级膳食。

在衣着、住所、交通工具方面也是如此。我们近代人乃是真正的蒙昧人,不关怀老年人、儿童和病人。慷慨地让寄生虫享受有软座的带篷轿子,而让受伤者坐在没有弹簧架的货车上遭受颠簸和折磨之苦。任何一位道德家都不为他们说情。这就是臻于完美的文明制度的善行,这就是文明制度所吹嘘的慈善和道德。

第七部和第八部都是青年,第九部以及第十部也还是青年。他们将按照年龄的级差表分等,而毫不怨恨。只有少数是例外。因为在这种分等下,从第七部起到第十六部止,大家都将是自由的。

从第十一部、第十二部和第十三部起,便开始走向暮年。有人会认为,已届暮年的妇女并不高兴在这种部中,认为她们会断然拒绝参加。——实际上绝不会是这样。协作制度将产生许多与我们现在的利益不同的利益。协作制度的结果之一是保证对老年人敬爱。而在文明制度下,年轻人对老年人却是瞧不起的。

在关于按情欲结合的一章中将会看到,这种现在会使上了年纪的妇女感到可怕的暮年标志,对她们将成为一种诱饵。其实,每个人都能加入他得到同意加入的那个部。四十岁的妇女可以把自己列入三十岁的人的队伍中,只要这些人许可就行,而这种许可是很容易获得的。

既然二十岁以上的人的分配都是自由的,我就不必指出第七部以上各部的年龄了。

年龄上的级差表最有价值的应用,就在于进行符合本性的教育,使儿童树立合作精神。这种精神将诱导他们按照情欲去参加各种作业和生产工作。

在按部分类人员上，人们大概会觉察到有两个大类不相等。其实，自然界提供给我们下降年龄的人数比上升年龄少。因此，我对于完备的和谐制度的十四分部配置如下：38、44、50、56、62、68、74＝54、64、58、52、46、40、34，而不是以相等的数目来分别配置：36、42、48、54、60、66、72＝72、66、60、54、48、42、36。

第二种级差表是以两类年龄的人数相等为前提的。在三十年期间，实际则相反，第一类的人数将会过多，因为在文明制度下儿童是非常多的。

包括八百一十人的完全性格类是能充分运用体力和智力的这一类人。三四岁的儿童，甚至在协作制度下也不能够具有构成完全性格的机巧、灵敏和显著的嗜好。在这种幼年时期，他们很少有突出的嗜好，只是肤浅地对什么都接触到一下。只有从四岁和四岁半起，他们的天性才明显地流露出来，从而才能区分他们的主要情欲、次要情欲和本性等等。因此，儿童部不作半性格的区分。家长部也是这样。第十六种年龄的老人已经没有体力，不能再列入全性格的一类或列入可以积极使用的一类。

由此可见，半性格只是从十四个部——从第二部到第十五部中显露出。它由四百零五人组成。这些人的嗜好很少差别，而且模棱两可，但对结合各种活动却很有用，因为半性格往往用来代替两个全性格。这一类人在文明制度下被人卑视，而在和谐制度下却受到很大的尊敬：中等人和平凡人在这里最有用。

流动和活动的一类人称为积极和谐的一类人，仅限于十二个部——从第二部到十三部。

我曾经说过，无论是为了在劳动生产方面进行协商，或者在聚餐和娱乐方面、在次日和以后的多样化的活动方面进行协商，每天都要举行交易所聚会或咨议会。协作制度下交易所的机构与我们现在这种混乱到极点的商业交易所的机构大不相同。和谐制度的交易所在半小时内弄清楚的暗算行为和将缔结的交易，比文明制度的交易所半天内所做出的还多。不过，这种方法是在简要叙述中不得不略去的许多细节之一。

受委托领导日常事务和提供公共福利的管理处，只不过是作为舆论的权威的评判会的代表。它的成员如下：第一是每个劳动谢利叶或娱乐谢利叶的首脑，因为在和谐制度下娱乐和工作同样有益；第二是三个部——受尊敬的人，可尊敬的人和家长等三类人的特利巴；第三是具有每股一票权的主要股东，以及靠积聚零星储蓄获得股份的储蓄股东；第四、是法郎吉的男女显要人物。三种性别的成员的详细名单，将在其他地方看到。

评判会完全不需要拟定或保持什么章程，因为一切都由引力、特利巴队和谢利叶的集团精神来调节。这一会议就种种重要事项，如收割、摘葡萄、建筑工程等方面表示自己的意见。它的意见就作为经济活动的指针而被热情采用，但并不是非采用不可。任何小组都可以不顾评议会的意见，自由推迟自己的收割工作。

评议会对如何按与资本、劳动和才能成比例的三份来分配红利这一主要活动没有任何影响。在这件事中只有引力才是最公正的鉴定者。

无论评判会也好，管理处也好，都不负有像文明制度财政机关所担当的那种骗人的责任。文明制度的财政机关善于利用一大堆数字来掩盖揩油得来的利益。在协作的和谐制度下，会计工作是受托专门记账的一个谢利叶的事情。这种账目是每个人都可以检查的。

此外，在这种新制度下，簿记是极为简单的。这里没有什么每日支付，没有文明制度那种手里永远有金钱进出的习惯。每个人都开有与他已知的财产或与他从诱人的生产活动获得的预计收入成比例的信贷户头。邻近的法郎吉对它们相互买卖的东西如牲畜、家禽、蔬菜、水果、奶油、乳制品、饲料、酒、植物油、柴薪等，绝不是每天付款。对这种事要进行登记，并按照商定的期限在各区和各乡之间划拨，或在双方转账和抵偿后作出平衡表来。个人生活费和其他供应品的预支的结算，则只是到年终在总决算和分配收入时办理。

向国库和劳动军（下面将要谈到）缴费，不会产生收税人这项工作。每个法郎吉每三个月派人到省会的国库结付一次四种债票。至于劳动军，则省或区派遣的每一队都享有一定的信贷，但开支则由它借助票据向本区偿付。任何一个供应货物者都不能牟取暴利。

诉讼交由仲裁解决。每个人随时都可以收回自己股份的金额，但是没有结清的红利要待确立清单时才作处理。

儿童不需要任何监护人：不能从儿童的财产中剥夺他们一个奥波尔。他们的财产是由登记在每个法郎吉总账中的股份构成的。这种股本有一定的利息，每年总决算时计算红利。因此，孤儿没有任何受骗的危险。每个法郎吉的资本中都有孤儿的股份。这些资本随着利息积累起来，直到孤儿成年（二十岁）开始支配这些资本为止。

第三概述　预备措施的物质部分

必须就财产和膳食开支划分三个等级。这是和谐制度下所必需的等级,因为在这个制度下,任何平均主义都是政治毒药。在被吸收进来的谢利叶成员中间,会有些人拥有少量资本,拥有要出卖的土地、牲畜和农具,以及必需偿付价款的将要拆除的茅屋。他们将用这些存款来换得股份或一部分股份。于是,他们便形成一个高于群众的阶级。如果他们愿意,就可以被允许加入第二级伙食。这种膳食,也同样接受由于有宝贵的生产知识、因而取得信贷以便被允许加入第二级膳食的人参加。

将会形成一种第一类人。这类人由下列人员组成:主要工人、从城市中招募来的教练员和提供了大笔款项的债权人。提供了广大地段或可用的房屋因而成为著名股东的农民,将构成另一类人,——这两类都将要确定起来。以上三个等级甚至在规模缩小的小法郎吉内也不能缺少。

管理处,即负管理责任的股东委员会,构成了第四类。这一类只有在最后一批人加入法郎吉时,才能够把自己与法郎吉完全等同起来。

某些富有家庭可以决定从秋季起就加入法郎吉,这对在法郎吉进入全面活动以前的冬季期间增加使用心计的精神的效果,会是非常有利的。

为了春季取得决定性的进展,必须及早训练谢利叶成员,特别是训练儿童舞蹈和作其他活动,从歌剧直到焚香游行。必须使谢利叶纵然人数不够,也能够在冬季结束后以优美的形体面貌和精神面貌出现,使它作为舞蹈家和歌剧配角的动作异常熟练,能靠自由选择交替的各种娱乐提供情欲平衡的表现。这些交替的娱乐防止一切无节制的现象,并且表明当机构由于接收最后几批人而满员时,这种效果将是普遍的。

我始终认为必须对连续加入的几批人产生影响,并且我曾经证明,用于引诱的费用仅仅涉及很小一批人。现在让我们谈谈假定的预算。

规模完备的法郎吉的开办费
在缩小了的规模下将仅达到四分之一

地段和建筑物的年租	600 000
住宅和畜圈的建筑	5 000 000
牲畜、植树、农具	1 200 000
用于吸引参加者的开支和预支款	1 200 000
设备、台布、罩衫、器皿	1 000 000
工场、作坊、原料	1 500 000
六个月的伙食	800 000
引力的播种	800 000
用于事务所、管理处和谈判的开支	600 000
合作的非谢利叶成员工人的工资	400 000
带土块移植树木	400 000
水果罐头和蔬菜	300 000
公共图书馆	300 000
音乐和歌剧院	300 000
篱垣和木栏	200 000
意外开支	400 000
	15 000 000

在规模缩小的情况下,有四分之一即四百万就够了。有两百万就可以开始创办。因为一旦着手进行,就发现股东比所希望的

还多。

然而,预先说明一下情况是适当的,即:如果开始小规模地创办,那么就会丧失转让股份的可能。储存起来的值一千万的、三分之二的股份,在作出惊人事业后,在忽然把高度的情欲和谐显示出来的那种光辉基础奠定后,就可能以四千万的价格出售;

就会丧失从好奇心的自费参观者那里得来的收入。而这笔收入,在只有一个大规模的谢利叶的头两年,以及当他在机构方面处于优势的第三年,应该估计为五千万。

从好奇的自费参观者方面得来的收入,按每人平均一百法郎计算,如每天六百人,两年内就有四千四百万进款。在第三年内这种进款还多。但是,在缩小规模的谢利叶内,意见一致不会很引人注目。这种谢利叶在欧洲不会强烈地使人赞赏惊奇,眼花缭乱。而这种赞赏惊奇的心情会使被好奇心吸引的富有的旅行家竞相云集。小规模的法郎吉所吸引的参观者几乎只会有四分之一,因而参观费也会减少到四分之一。

人们回答说,要得到一千五百万认购款项很不容易。是的,因为文明制度时期有智慧的人只是不相信可靠而无风险的事情。如果要搞某种荒诞的花样,那就会找到几亿资本。难道不久以前不是有人曾经向法国人建议做一件荒诞不经的事情,即要把海船引进巴黎来吗?这是一种毫无意义的虚荣心。这样做要花费三亿法郎。实际上也许还要加倍,因为在从事这类工作时,对建筑费用总是低估,不考虑可能会遇到的障碍。

而现在,问题只是四百万。而开始创办时则只要其中的二百万。因此,该有多少资本家能够单独担任这项创业的事情啊!有一位法国贵族不久前曾经因为巴拉布的破产花费了三百万。既然有这样多喜欢冒险的人干危险的事,难道就找不出一个愿意从事没有风险的事业的人吗?

既然试办的法郎吉不得不进行建设,它就应该购买土地,而不是租用土地。不过,为了节省股份资本,它得廉价租用土地。如果可能,还要廉价租用房屋,以求两年内可以用商定的价格把这些房屋买下来。只要法郎吉一开办,它便会找到比它所希望的多得多的资本,供购买土地、房屋之用。

虽然任何土质肥沃的地区都适宜试办法郎吉,但是应该找到山河纵横、地形多样、丘陵起伏的地区,如伏州、萨瓦、莎罗列等地区,如布莱伊斯加乌和比利牛斯山脉,从布鲁塞尔到哈勒的美丽河谷。总之,要适宜于种植多种作物并且有美丽的河流的地区。

创办法郎吉应该靠近大城市。距城有十法里也不要紧,只要使富于求知欲的人们在从城市到法郎吉的途中不至于过夜就行了。如果距离大城市太远,法郎吉就难于在春季吸收那些应该在这时期加入法郎吉的富有家庭。

在房屋方面,对先前的建筑物应该少抱指望。为文明制度的关系配置的建筑物,不会适合劳动引力制度的关系。无论怎样改造现有的建筑物,它们对于情欲谢利叶的关系来说,总还是不方便的。可以购买文明制度时期的寺院。不过这种寺院都有一个缺点,即它们都是一种简单的房舍(只有一排房子),它们的畜圈不会适合谢利叶的安排。

可以利用一个甚至几个布满巴黎近郊的那种宽阔的城堡,让

第三概述　预备措施的物质部分

那些逗留一天以上的富有求知欲的自费参观者居住。如果拿距法郎斯特尔四分之一英里或半里的漂亮房屋做庄园或乡村仓库,同样也很合适。但是必须避免被乡村包围。因为,如果把整个乡村都吸收进来,势必要拆除村子里的一些房子。这会是件花费巨大的工作,会使这个地段成为非常吃力不讨好的地段。

如果法郎斯特尔与某一乡村或非协作家族为邻,它们就会纠缠不休,妨碍法郎吉机构的活动,使人觉得很棘手。因此,需要没有居民的地段,即使为此不得不砍伐和拔掉一部分树林。

不过,如果乡村内有一些散居的家族,可以把他们作为参加者加以考虑,在法郎斯特尔内为他们留出位置。他们将急于加入试验性的法郎吉,并且交出自己的小块土地来换取股份。特别是当妇女看到协作制度的家庭经济后,她们会把文明制度的家庭经济看成是一种折磨,以致因苦恼而憔悴。至于儿童,那就要非常谨慎,不要带他们到法郎吉去,因为他们一度看到引力机构的儿童队和儿童小组之后,再要他们离别这些队和组,他们就会因伤心而得病的。

我在预算内列入了篱垣费作为必需的费用。由于每天前来的好奇的自费参观者人数将很多,因此,必须提防那些行为令人讨厌的好奇者。凡是没有天然屏障、河流或围墙的地方,都要筑起围墙。我之所以说围墙,是因为协作制度不允许有像寺院的那种遮住视线并把公路变成牢狱的院墙。只是因为文明制度时期的人们具有种种恶劣嗜好,才会习惯于看这种不成样子的景象。

第十一章　按三种方式对农作物所作的安排

为了把使用心计、魅力、多样化——起杠杆作用的三种情欲的心愿——引进田间工作中，人们用三种相互交错的、适应不同地区的方式来安排协作的作物：

1. 简单的，即通盘的方式；
2. 中间性的，即混杂的方式；
3. 复杂的，即组合的方式。

第一，简单的，即通盘的方式，是一种排除交错的方式。它在我们广大农业地区完全居于支配地位。在这个地区，一边全是田野，另一边全是森林、草原和葡萄园。虽然每个山区都有许多地段适合种植其他作物，特别在森林里，那里应该保留一些空隙，让空气流通、阳光照入，以便使树木成长。

第二，中间性的，即混杂的和混合的方式，是一种称为英国式的联合菜园。我们应该把这种开辟菜园的思想归功于中国人。这种仿佛随便把什么作物都结合在一起的方法，在我们这里只是小规模采用，从来不在整个乡采用。协作制度从这种方法得到很大的好处。这种方法使景色更秀丽，使劳动更有魅力。现在的大块草原、森林、田野，将由于采用中间性的办法不再呈现一片凄凉的景象。

第三，组合的，即复杂的方式，是文明制度办法——围墙和障碍物——的对立物。在和谐制度下，盗贼绝迹，组合的方式完全适用，并会产生非常辉煌的效果。每个农业谢利叶都力图往不同的地点派出分支机构。它在其他谢利叶的各站都将有前线和个别楔角。这些谢利叶的活动中心距农业谢利叶的中心很遥远。由于这种混合（按合适的土壤条件），全乡便布满了各种小组。活动场所在这里变成了闹市，景色多种多样，美丽如画。

这三种方式可以与希腊的建筑方式相比拟。在看了三种希腊式的圆柱之后，人们找不到任何新鲜东西，除非是极少数的轻微的变化。能够指出的一切农业方法也将是这样，它们将只不过是上述三种方式的变形而已。

通盘的方式是文明制度时期人们在粗放农业中所采用的唯一方式。他们一方面把所有五谷作物结合一起。另一方面，他们每个人又都在自己的园内滥用组合方法，把二十种作物都聚积在那里，而那里最多不应该超过三四种作物。

用协调方法耕种本乡本地的法郎吉，首先要确定适宜于每个地段的两三种作物。除了有价值的葡萄园之外，把不同的作物合起来种植，总是会有成效的。就是在葡萄园里也可以种植水果和蔬菜，作为中心作物之外的附带作物。这种配合的目的，在于引来各种不同的小组，为它们很好地安排同它们本身工作有关的且使它们感到兴趣的会见，使每个小组在自己的作业中尽可能不致孤立。

为了达到这个目的，每个农业部门都力求参加其他部门。我们这里的住宅周围的花坛和菜园，会在全乡设立分支机构。它们的中心虽然邻近法郎斯特尔，但是它们却把强大的线条和个别地块伸展到田野。这种线条和地块逐渐变小而插入土壤可能对它们适合的田野和草原，即使是距法郎斯特尔稍远一些的果园，在它们附近也同样有某些联系的地段，有某些线条或灌木丛和成排树木伸入菜园和花坛。

这种令人看来愉快的组合更加依靠实用性，依靠情欲和使用心计精神的结合。安排各小组的联婚，即由于农作物组合而产生的男子小组与妇女小组的会见，必须特别热心。小组联婚的思想很有趣，一语双关。但是这种会见出于热爱劳动，十分规矩，而且大有裨益，不像我们现在沙龙和咖啡馆里的聚会那样毫无收获。例如，假使种植樱桃的谢利叶在距法郎斯特尔四分之一法里的自己的大樱桃园里安排一次很多人参加的集会，那么在从下午四点到六点的集会时间内，这个谢利叶看到下列小组同它聚集并且在它附近同它聚集是适宜的：

第一是从邻近的谢利叶来的队伍——他们是由两种性别的人员组成的，前来帮助种植樱桃者。

第二是乡的种花小组——他们前来种植一行一百法尺长的锦葵和西番莲。这些作物构成了附近道路的远景，并且与邻接果园的菜田形成四方形的边缘。

第三是蔬菜谢利叶小组——他们前来培植这块田里的蔬菜。

第四是百花谢利叶小组——他们前来耕作位于菜田与樱桃园之间的宗派祭坛[①]。

[①] 在这种田野的祭坛上，把宗派的庇护者——工作成绩卓著并以某些有益的方法使宗派致富者——的雕像和半身像放在用花朵或灌木丛堆成的顶端。这是宗派即劳动谢利叶的神话式的半神。考里班特在半神前焚起香来时，一项工作活动即行开始。由于劳动是和谐制度的心目中最高尚的作业，所以人们关心能引起热情的一切动力。如把用来报答在劳动方面对人类有功的男女的神话般的崇敬同劳动结合起来。

第三概述 预备措施的物质部分

第五是青年草莓小组——他们在工作活动快要结束时前来，他们刚刚耕种过附近森林中长满草莓丛的地方。

在五点四十五分，法郎斯特尔的悬吊式大车把所有这些小组的点心运来。从五点四十五分起到六点十五分，在培植樱桃者的夏宫内进餐。然后，各小组形成了友谊联系。它们谈妥以后每天的劳动集会或其他集会之后，即行散去。

不止一个文明制度时期的人要说，他不愿意派自己的妻子或女儿参加这种集会。这无异于用文明制度的行为来判断协作制度的行为。父亲们最希望在劳动谢利叶内看到自己的妻子和女儿，因为他们将会知道，那里无论发生了什么事情，人们都不会不知道的。妇女在那里非常谨慎持重。她们相信，她们所作所为会被父亲、丈夫和对手所知晓。这也是文明制度的家庭内所没有的事情，因为在文明制度的家庭内，父亲如果想监视妻子和女儿，就会受他周围所有的人的骗。

由于在和谐制度下结婚非常轻而易举，甚至连陪嫁都不要。姑娘们在从十六岁到二十岁这段期间总会得到安排。在此之前，可以让她们享受充分的自由，因为她们自己会互相监视，这一点将来在专门的章节中可以读到。要知道在妇女身边再没有比她的情敌的眼睛更可靠的看守人了。

我介绍读者看一篇论文，以便了解三种农业的三种方式配合的细节。在那篇论文里，可以找到对创办人大有教益的种种意见。谈到了关于小组的联婚，关于把两性一同列入劳动谢利叶内，关于利用这一点来达到进一步目的——分配上的意见一致——的办法等问题。如果没有这种分配上的意见一致，则在分配红利时发生争执之后的第二天,整个协作机构就会垮台。

三种农业方式的审慎的结合,是使善与美结合起来的手段。这些方式甚至连文明时期的农学家们也不知道。他们只会可笑地模仿这三种方式,即:

通盘的方式:把森林或田地堆在一起。他们那些被诗人谬加赞美的田园呈现一片单调景象,森林则乱七八糟。由于缺乏耕作栽培,树木很少结果,一片混乱。因为在文明制度时期,农业并不扩大到把森林包括在内。在这方面,我们还是蒙昧人。这是蒙昧时期的错综复杂的结合体的特征,正如军事法典是野蛮时期的错综复杂的结合体的特征一样。

中介性方式:它只能在我们的娱乐场所中采用,如在国王的花园里,在提伏里①,在市郊的别墅里那样,而且它只包括不大的面积。它在那里占支配地位而没有与其他两种方式相结合。更坏的情况则是:没有产品,没有善与美的结合。因此,只不过是对它的用途的一幅讽刺画而已。

衔接方式:在我们的农业中只看到反衔接式导致穷困和丑化的分散。三百户农家在不同的地点种三百垄白菜,而这些不同的地点中很难有三十处是适合于种这种作物的,并且在他们的三百个菜园里,最多只能找到这一蔬菜的十种可怜的品种。谢利叶则仅有三十个白菜园,分散在有利的地区。它会在那里很好地种植一百种白菜。因此,在农业方式的运用方面,也同在经济体系的其他任何部门一样,我们现在正处于与大自然的意图背道而驰的状况中。

---

① 提伏里,地名,在罗马以东。——译者

第十二章 房屋的统一安排

在建筑事务上预防专断是非常重要的。每个创办人都想按照自己的奇思妙想来安排房屋。需要有一种在各方面都能适应情欲谢利叶的活动的办法。我们那些不了解情欲谢利叶的建筑师，是无法决定适当的计划的。可是，如果在有关安排的措施上把物质方面加以歪曲了，那么在属于情欲的方面也会发生这种歪曲的情况的。

文明时期的人通常有爱好错误东西的生性。他们肯定宁愿采用最糟糕的安排。在"新和谐"地方就发生这种情况。在那里，创办人欧文正是选择了他本来应该避免的建筑形式——四方形，即单调透顶的形式。这就等于抓到黑票的民兵一样，老是运气不好。四方形的一个不方便之处是：喧嚣的拥挤的集会、抡汽锤的工人、吹风笛的学生，无论被安置在四方形的什么地点，四方形一半以上的地方都会听到他们的声响。我还可以列举二十种别的情况，来说明四方形会在交往方面引起混乱。

只要看一看这个建筑计划（Co-operative Magazine；January 1826①），就足以判断出：拟制这个计划的人，没有关于协作机构的任何概念。不过，他的正方形对于像他所创办的那种寺院式的集会，倒是很合适的，因为这种集会的实质就是单调乏味。

妨碍有成果地利用文明时期的房屋的主要原因是：在这种房

---

① 这是1826年1月的《合作文集》，是英国合作杂志的第一册。该杂志由英国合作协会协助出版。——译者

屋内几乎不可能安排谢利叶宫,即供情欲谢利叶交际用的一些大厅和房间。现有的畜圈也有同样的缺点。不过,某些现代化的建筑可以供小规模的法郎吉利用,而对于规模完备的法郎吉则不行。我现在提出一个规模完备的法郎吉的平面图。

双线代表房屋结构,白色地方表明是庭院和空地。

虚点所组成的曲线和直线表示有双重河床的溪流。

沿直线 L-L 有一条大路在法郎斯特尔与畜圈之间通过。不过,在试验性的法郎吉内部要非常注意避免铺筑大路。反之,这种法郎吉却必须用栅栏加以围绕,以防范捣乱分子。

P——是法郎斯特尔中央的检阅广场。

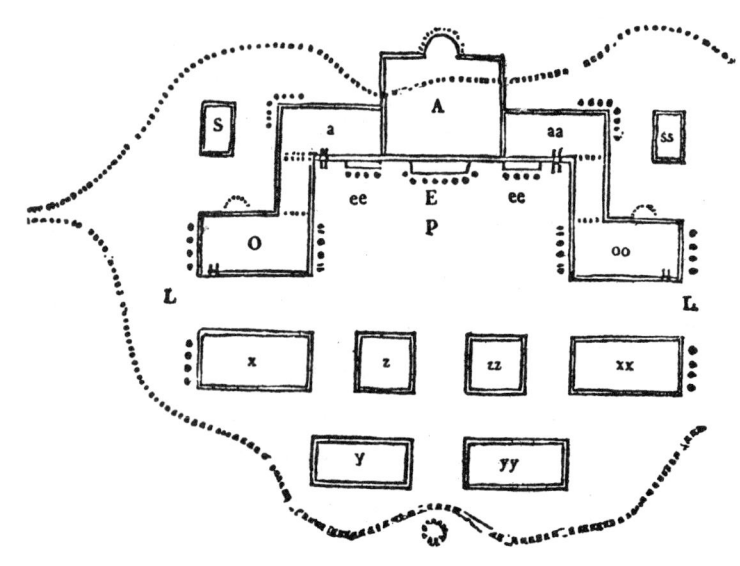

大规模法郎斯特尔的平面图

(傅立叶亲手画的草图)

P 广场长度——200 法尺。整个前沿线长度——360 法尺。

A——是荣誉庭院,作为冬季散步的场所。这个场所种有树脂多的、具有常青簇叶的多荫的植物。

a,aa;O,oo——是位于人住的房舍之间的庭院。

粗点……——是按不定形式划定的柱廊和柱列,在圆形建筑的十二根圆柱之外有很大的间隔。

x,y,z;xx,yy,zz——是农业房舍的庭院。

Ⅱ,Ⅱ——是四个关闭的并有暖气设备的门廊,不向外突出。

E,ee——是三个突出来的大门,供进入做各种活动之用。

∷∷两幢房屋之间的这种双点,是供作宁静工作用的,可以把教堂、交易所、评判会、歌剧团、守望楼、自鸣钟、电报局和信鸽安置在这里。

有一个侧翼需要拨出一块地方,供各种嘈杂的和使邻舍感到不方便的作业使用。

正方形A的突出的一半,即房屋的后部,专供富有阶级住宿。他们在这里远离嘈杂声音,接近主要花坛和冬季的散步小广场——这是文明制度时期的都市所没有的一种令人愉快的结构,而在所有这些城市里,差不多都是坏天气多于好天气。

连接两翼a,aa两个庭院,一个供厨房用,另一个供马厩和豪华的车辆配备用。两个庭院都必须尽可能有树荫。我在略图上没有把过道的连环拱廊标出。

S,ss两幢房屋,如果希望使教堂单独在一个地方的话,一幢可以供教堂用,另一幢作歌剧大厅用。使歌剧大厅单独在一个地方是明智的。两处都有通法郎斯特尔的地下道路。

位于每一翼中央的O,oo两个庭院,一个供商队作旅舍用,另

法郎斯特尔的主要建筑群的草图

一个供嘈杂的工厂——粗木工、锻工、钳工——和喧嚷的小学用。

依靠这种安排，会避免我们文明制度时期城市的种种不便。这些城市的每条街上，你都会发现听觉的灾祸：锤工、铁器商人、学笛子的学生发出的声响使周围五十家人震耳欲聋。为了商业的自由，石膏商或煤商则用白粉末或黑粉末笼罩了这些家庭，使他们不敢开窗子，使店铺和四周变得一片漆黑。

供商队作旅舍用的一翼，包含有接待外来人的交际厅。之所以把他们安置在这里，是为了使他们不至于拥挤在法郎吉的中心，使他们分散到农舍去，到田野小组和园艺小组去，而不至于堵塞大厦内部的通路。

所有的儿童，不管是富的或是穷的，都住在底层与一楼三角的夹层，以便受到夜间照管人员的服侍，这也是因为儿童在许多交往方面，特别是在夜间，应该与成年人隔开。在谈教育问题的第三编内，将指出这样做的必要性。

家长大多住在最低层。

法郎斯特尔伸延过长，会使人们来往速度减慢。因此，正如从图上可以看出的那样，把居住的楼房增加一倍是适宜的：有些房屋（X），面积为四十法尺乘八十法尺，还可以再分为两个或四个形式多样的单独房屋。

在这种双重房屋之间，将要建立两种交通道路：第一种是地下道路；第二种是第一层的走廊过道。走廊是由像 a 和 aa 这种在房屋衔接地点的圆柱支撑的。

为了节省墙壁和土地面积起见，盖高层楼房是划算的。这种楼房至少要有三层，外加一层顶楼。再把最低层和夹楼加在一起，包括顶楼上的流动性劳动军的单身营房在内,便有六种级别的住处。

必须避免像我们的寺院、宫殿、医院等那种单排房间的建筑。为了促进人们的交际往来,一切住房都应该具有双排房间。房间要相当深,以便安装壁龛和厕所。这将大大节省房屋。

走廊街是最重要的部分。见过巴黎博物馆的罗浮宫走廊的人,可以把它看成是和谐制度的走廊街的模型。这种走廊街同样是用镶木地板铺砌的。在第一层,它的窗子也和教堂的窗子一样,高而且宽,呈拱形,以避免三排小窗子的形式。可是在试验性的,即使是大规模的法郎吉内,也还要大大降低这种豪华程度。

最低层将有一些通往走廊街的过道。不过,这里的走廊街不能像在第一层那样连接不断,因为在第一层中,它绝不会被交叉路和入口处所切断。暖气管和通风管使这种走廊街四季温暖如春。劳动军经过时(在试验性的法郎吉内看不到这种事),可以充作餐厅。这种上有顶篷的通路,在协作制度下特别需要。因为在这里,小组每次工作只应持续一小时半或最多两小时,人们走动非常频繁。有顶篷的广场和通路是一种令人愉快的设施。在文明制度下,甚至国王都没有这种设施。你走过他们的宫殿时,会淋雨或挨冻。你走进法郎吉时,最简陋的车辆都可以从有顶篷的门廊通到室内门廊。室内门廊像前厅和楼梯一样紧紧关闭着,并装有暖气设备。

我不再谈单身营房,即设在最高层的大批小房间了。这些细节叙述起来永远没有个完。

谢利叶宫即情欲谢利叶的集会地点,与我们的社交厅没有丝毫相似之处。在我们的社交厅里,人们的交际往来是混乱地,毫无层次地进行的。我们组织的任何一种舞会和聚餐,都是单一的集会,没有部门之分。协作状态不容许这种无秩序的情况。谢利叶永远具有三个、四个、五个部门,要占用同样多的毗连的大厅。每个谢利叶宫都必须有几个房间和办公室与它的大厅接连,供每个部门的小组和分组用。例如,在宴会谢利叶宫即餐厅谢利叶宫内,需要有几个彼此很不相等的大厅——

一个是供家长用的

一个是供儿童用的

三个是供贫苦阶级用的

两个是供中产阶级用的

一个是供富有阶级用的

这里还没有计算商队旅舍的大厅,以及预定膳食所必需的或者愿意与等级膳食分开来用餐的伙伴们所必需的小房间和小客厅,虽然膳食都是由同一个售餐处供应的。

住宅是由管理处出租和预先拨给每个谢利叶成员的。住宅的排列必须按照组合次序,即:如果住宅有二十种价格,从 50、100、150 到 1000 不等,那就必须避免价格不断递增的次序,因为按这种次序,就会使所有租金昂贵的住宅都集中在中央,从中央到两头的价格逐渐下降。相反地,必须按下列次序分组排列住宅:

按照复杂级别的安排

两小翼的两幢楼 ⎰50、100、150、200、250。
房内的住宅价格 ⎱150、200、250、300、350。
两翼的两幢楼房 ⎰250、300、350、400、450、500。
内的住宅价格 ⎱400、450、500、550、600、650。

中央的住宅价格 $\begin{cases} 550、600、650、700、750、800、850。\\ 700、750、800、850、900、950、1000。 \end{cases}$

例如：为了使这些双重的递增次序联系起来，必须使一翼的住宅按下列办法依次排列，有价格的交替：250、400、300、450、350、500、400、550、450、600、500、650。简单的递增或递减的级数，会有很大的不便。它会伤害自尊心，使和谐的各种杠杆陷于瘫痪。因为它会把整个富有阶级都聚集在中央，而把所有的小人物都聚集在两小翼。其结果会是，两小翼丧失人们的尊敬而被认为是低等阶级。阶级是应该划分的，但是不应该相互隔离。

如果用组合级数来安排，那么住在中央 A 即豪华地区的某个人，可能还不及住在两翼住宅的人富裕，因为两翼交纳 650 法郎租金的主要住宅，比中央交纳 550 法郎租金的最差的住宅租价高。如果像现在每个城市的情况一样，法郎斯特尔有平民地区，有遭受嘲笑的地区，那么意义最重大的和睦融洽——三个阶级（富有阶级、中产阶级和贫苦阶级）的融合，便会被忽略掉。这个暗礁要靠组合级数的方法来绕过。

四十年后，这一切都做了正规安排的法郎吉，将有三四个庄园，设在本地区人们常去的地点。当四周的核心队伍为了从事某种工作而在这种地点集会时，早餐或晚餐就会送到那里去。因为他们如果回法郎斯特尔去进餐，便会浪费时间。法郎斯特尔可能不在他们的归途中。

每个谢利叶在距其农活不太远的地点，还将有自己的夏季别墅。每个小组则将有自己的望楼即小栈房。不过，在试验性的法郎吉内,这一切豪华的设施不会样样俱备。有一些敞棚和简单的遮棚就行了。不过必须努力妥善安排法郎斯特尔和诱人的手段,例如有带顶篷的通路等。

这种带顶篷的通路,对富人来说,将是一种非常有力的诱惑。富人们从头一天起就会对文明制度的房屋、大厦和城市,对泥泞的街头和对一个早晨得厌烦地上去二十二次的马车充满反感。他们认为,雨天或寒冬在镶木板或瓷砖地上走去参加各种内部会议,在根据气候变化而调节温度的走廊里走路,令人愉快得多。对于好奇的自费参观者们来说,这是第一种诱惑,来促使他们把所有的工厂、畜圈都一一走遍。他们将在那里赞赏各个小组的灵巧本领及其美好的外观,赞赏他们按地段和等级安排的工作。过三四天后,他们就会开始参加这些小事情当中的许多项。甚至在小规模的法郎吉内,富有阶级中的应征者的人数都会超过所希望的人数。

还要谈一谈建筑材料。在这方面,必须本着节约的精神办事,要用砖和石来建筑。因为,即使在创办规模完备的法郎吉这种初步试验中,仍不可能确定适合于每个谢利叶宫和每个畜圈的规模。只有开始了解到法郎吉最好专门从事那一类工作时,只有根据几年的经验可以确定每个地区的竞争项目和各种方便时,才能确切估计这种规模的大小。

过三四年后,每个法郎吉内都会有许多新的相互关系和它起初所不能组织的新的情欲谢利叶。因此,最初的建筑经过十年后会很不适用,而经过二十年和三十年后,这些建筑会更不适用。那时全世界所有的法郎斯特尔将改建得更加富丽堂皇。因为,人们根据经验会知道,在协作制度下,在建筑方面如同在所有各方面一样,奢华是引力的播种,因而也是致富的途径。

我略去这个计划的许多细节。我关于创办小规模法郎吉时担任领导者所必须知道的细节,已经说得够多了。法郎吉的股东们如缩小这个计划时,必须在安排上尽可能接近这个计划。

第四概述　准备工作的纯理论部分

老调:我本应在这里刊载两章。一章是关于创办小规模法郎吉时会遇到的暗礁。另一章是关于领导上最初应该避免的缺点。

这两方面的知识,对创办人说来虽然非常重要,但我为了缩短叙述却不得不略去这个内容。如果篇幅许可,我在推理中再加以叙述。

第十三章　对人们在动物界中更喜爱的谢利叶的研究

如果试验性的法郎吉企图就可能进行的各项活动都组成谢利叶,这个法郎吉就不会很好发挥作用。必须在活动的种类方面进行选择:我就要指出这种选择应该遵循的规则。

最初,很多生产资料将感缺乏,例如,种植得井然有序的果园和森林、在协调制度下驯养得适合于和谐状况的牲畜以及灌溉渠,等等。然而,必须组成大批谢利叶,因为理论指出:

对于充分和谐和完美一致的法郎吉来说,——要有谢利叶 405—%;

对于以它最初几年的微薄的能力所草创的和谐组织来说,要有……135—3/9；

对在最低近似值序列上进行的最低限度的试验来说，要有……45—1/9。

让我们好好考虑一下那些可以选择的一整批谢利叶的这个配合问题，以便把试验性的法郎吉提高为最高限度的草创的和谐组织。在这个法郎吉内至少组成一百三十五个甚至一百五十个到两百个机构良好的谢利叶。选择的对象应该是：

第一，动物界比植物界优先，因为动物界可以在冬闲时保持谢利叶的经常活动；

第二，植物界比制造工业好些，因为它更加诱人，而且会直接有助于和睦融洽；

第三，炊事工作，因为炊事工作是一种经常工作，是没有空闲的工作，是在劳动引力方面具有主动精神的工作，是与生产和消费有关的工作，是最能保持计谋情欲精神的工作；

第四、最后，诱人的工厂工作又比纯粹赚钱的工作强些，因为创办人的政策应该是创造美好的情欲的平衡，而不指望得到同协作制度不符的利益。如果这种利益不引向下列目标，那么，这种利益便会变成欺骗。这个目标是：迅速发挥劳动引力机构的作用；从打第一仗起，从进行全面活动的第二个月起就挫败文明制度，就靠辉煌的成就来从所创办的事业中获得报酬和利益，从好奇的和其他的人们那里获得捐献。

这些基本原理确定后，我要转而论述在试验性的法郎吉里最合适的种种活动。而这种法郎吉，由于有许多引力的空白点，由于它孤孤单单，独一无二，因而会遇到重重的障碍。

第四概述 准备工作的纯理论部分

我们先从栖息在陆地上的动物界谈起,从各种家养的和生产性的品种谈起。

这一界是最缺乏有益的品种的动物界之一。我们的地球住着两种有害的创造物。这两种创造物为我们提供的可以役使的有价值的禽鸟和四足兽数量非常少。法国几乎只有十六种禽鸟和四足兽。其中有些数量太少,不能进一步划分为不同品种,以致不足以成立一个小组谢利叶来管理。这十六种禽鸟和四足兽是:

犬、羊、鸡、鸭

马、山羊、雉鸡、鹅

驴、猪、鸽、火鸡

牛、家兔、孔雀、珠鸡

这些种类的禽鸟和四足兽(其中除掉鸡)也用不了十五个劳动谢利叶。这些谢利叶由照料三个、四个、五个品种的数目相同的小组组成。驴、羊、家兔、孔雀、珠鸡,只要不是根据饲养级别组成谢利叶,则每种顶多占用一两个小组。按照饲养级别组成的各个谢利叶,则以饲料和喂养的差别为基础。它们为建立应用于同种的动物的良好的不同的生活制度而斗争。这就是应该遵循的途径。

这些根据不同的生活制度而组成的谢利叶,是人为的,因为它们不是在品种的天然差别的基础上建立起来的,而是在喂养和饲料的差别的基础上建立起来的。这是一种接枝的谢利叶。它们人为地把谢利叶秩序引用到自然界没有提供办法来建立这种秩序的地方。

(注:我把孔雀也列为农家生产性的家禽,因为罗马的美食家们曾经非常赏识孔

雀。我们看不起孔雀,正如捷克人的河里虽然全是河虾,他们却看不起河虾并且不吃河虾一样,真是咄咄怪事。然而,虾却是在美食方面比波希米亚人高明得多的巴黎人爱吃的菜肴。)

天鹅和猫没有算作为生产性动物,虽然天鹅绒非常有用处,而猫肉,即使不闹饥荒,吃起来也很有滋味。猫同家兔不相上下。在被围困的城市中就有人找猫吃。

骆驼、水牛和野牛都不是法国或英国土生土长的动物。前两种不很吸引人,不会成为试验性的法郎吉考虑饲养的对象,因为这种法郎吉中不应该充斥种种大动物。照料大动物要花很多劳动力和时间,会妨碍组织大批的谢利叶。

其他动物,如鹧鸪,比鸡还容易驯养。用狗就能看管成群的鹧鸪。但是这种动物完全被忽视。可能鹌鹑也像野鸭一样,在第一代养不驯,在第二代或第三代就会养驯的。为了照料鹧鸪和鹌鹑,将组成十分诱人和非常有益的谢利叶。

在布满我们的地球的两种创造物中,生产性昆虫贫乏得令人愤慨。只有蜜蜂一种才能占用一个养殖方法多种多样的谢利叶,即人为地建立的、接种的谢利叶。我不来考虑胭脂虫这种热带昆虫了。我不知道这种胭脂虫和代替它的红虫活的时间是否长得足以占用一个情欲谢利叶,或只是成立一个临时小组就够了。

在任何意义上,养蚕对试验性的法郎吉都不适合。这种工作令人厌恶,而且在这样的时期,即正当果园、畜圈和鸽舍非常吸引人的时候,当三个有财产的阶级为了合并而开展使用心计的活动、开始策划、因而必须提防任何会减慢这些活动的东西的时候,会发生有使青年分心的弊病。同时,这种工作还会把人们从那时候会遇到的温室工作中吸引开。而温室工作与整个农活制度联系得非常好,并且还有只占用一个无限小的谢利叶这个优点。

大四足兽——牛、马的饲养,是不大适宜于试验性的法郎吉的使用心计的精神的。这种法郎吉没有像在和谐制度下培养出来的人所具有的那种熟练技能和知识,因而会在这种工作上花费过多的时间。况且,这种法郎吉还不会有被和谐制度的畜牧业制度改良了的牛马。而看管上千头这种改良了的牛马比看管我们现在的一打牛马还容易。因此,照管牛马大都要一支靠由一百个雇佣农工组成的队伍。这个劳动部门非常需要这种工人,因为法郎吉将比现在的村民拥有更多的牛马,特别是供儿童骑队乘骑的小马。

总之,家禽和四足兽将只占用很少的谢利叶。为了增加谢利叶的数目,必须采用我称之为工作制度多样化的谢利叶或接种谢利叶的做法,即在照料同一种动物上,通过饲养法的差异,在不同的小组间产生党派精神以及意见分歧和竞争。这也就是要把一系列方法同工作联合起来,而单靠这种工作本身并不会引起谢利叶之间的竞争。

尽管有这些方法增加动物方面的劳动谢利叶,但是我并不认为这样就能使劳动谢利叶的数目超过二十,因为必须从这个数目中减去养鸡谢利叶,而鸡比任何别的家禽能提供更多划分类别的机会。将以养鸡工作为内容组成最高级的谢利叶,即无限小的谢利叶。

我认为养犬是动物谢利叶的业务。犬的驯养将占用不同的小组和派别,因为现在由仆役和信差所担任的许多职责将由犬去做。每个法郎吉每小时都要派犬到邻居那里去一趟,送去和带回不很贵重的邮件袋。鸽子将在远程服务方面履行犬在近程服务方面所履行的职责。

协作制度将把那些由于文明制度的人的残暴或偏见而退避到水里和森林中的多种动物提高到驯化的程度。像我们具有已经驯熟的家兔的兔场一样，协作制度将会有驯熟了的野兔的兔场。有人会提出异议，认为这种动物倔强，不易驯服。不错，在第一代，它们也和野鸭一样，是倔强的。但是，到了第二代，由于采用文明制度的人所不知道的两种办法，它就会被人驯服。这两种办法是：

第二代和第三代在家养的条件下会改变本性；

实行统一的措施与和谐的方法。

正是由于这两种办法配合采用，协作制度将会像我们现在很容易有鹅群那样，有不同的水鸟群和林鸟群。虽然在禽鸟中，野雁疑心最重，最难接近，最使猎人泄气，但是它毕竟还是同家鹅一样的禽鸟。

在四足兽中，协作制度将饲养成群的斑马、克瓦加野马和野驴。这些动物，像我们现在的马一样会被很好地编进骑兵队。协作制度将会有成群的淡褐色的骆马和成群能够建造它们水中房屋的海狸。也许还会有驯熟了的鹿。

协作制度同样将会在特殊水塘和鱼池内养育许多杂交种的鱼，二十种逐渐习惯于淡水的海鱼。还会有养殖鳕鱼、鲭鱼、鲆鱼和鲽鱼的鱼池，而这些鱼在本地甚至没有见过。驯养条件与自然条件的差别，会使肉质滋味变化，像从野猪到家猪，从野鸭到家鸭有肉质滋味变化一样。

就当前的能力而论，我们只应该有大约占用二十个谢利叶的家禽(除鸡外)和四足兽,其中包括了接种的即人为的谢利叶。

此外,还可增加十个别的谢利叶:

两个狩猎谢利叶

两个捕鱼谢利叶

三个捕鸟谢利叶

三个池塘养鱼谢利叶

总计会有三十个饲养动物的谢利叶。

鱼类很快就会提供更多的谢利叶的工作,但只有在这个同林业一样与文明制度的经营方式格格不入的动物饲养部门中出现不同领域的竞赛时,才会有这种需要。同时,鱼类虽然是最有益于健康和最受人欢迎的食品之一,但却是所有食品中最便宜的一种,因为它以繁殖出来的过多的鱼类为食物。可是我们既不善于得到鱼类的好处,也不善于得到果木的好处,我们只从果树上得到叶子或四分之一的果实而已。

第十四章 关于植物界、产品储存和一般管理的劳动谢利叶

如果对合适的植物谢利叶逐一加以考察,便会过于冗长。我只提一提紧密性这一规则和一项指示。根据这项指示,对于所有不能提供在相近的色调方面递增得很好的、紧密相连的谢利叶的植物,不予重视和置之不理。

植物种植(包括造林,培养草地,在保暖和通风的温室里栽培作物),在春夏季可以占用五十个谢利叶。在文明制度下,人们只

知道建造温室。人们的思想在这方面也和在其他许多方面一样，完全墨守简单化的成规，即简单方式。这对文明制度的智慧说来是有典型意义的。复杂的温室，即既保暖又通风、两者结合利用的温室，如同禽舍一样，对所有三种性别的人们说来，而主要是对于富有阶级说来，将是一个引力极强的部门。因此，必须多关怀这一类劳动组织。

栽种和混杂得很有条理的树林和草地怎样培植，是个很大的细目。每片草地或树林都会种上对它合适的品种，将设立肥沃田野谢利叶。这些谢利叶在种植每一种植物的地段周围都要栽上花草和灌木，做成祭坛和边饰。这种奢华是引力和使用心计的一个极有价值的部门。

诱人的制造工业，即使在估计要创办大规模的法郎吉的情况下，需要的谢利叶也不会多于十个到十二个。

初步估计的总数是：

动　物　界——三十个谢利叶　⎫
植　物　界——五十个谢利叶　⎬——一百个谢利叶。
制 造 工 业——二十个谢利叶　⎭

要达到一百三十五个谢利叶这个数字，还需要组成四十个谢利叶。让我们来考察一下能提供这么多谢利叶的工作的家务劳动吧（炊事除外，因为炊事是要另作计算的）：

在这些谢利叶中，第1、2、3谢利叶管谷物、蔬菜和牲畜饲料的仓库；第4、5、6谢利叶管储存啤酒、苹果酒、醋、烈性酒等的酒窖、次酒窖，以及供应好奇的自费参观者的极丰富的小酒窖；第7、8、9谢利叶管水果窖；将购买大量的水果来制造罐头。这件事至少要占用三个谢利叶；第10谢利叶管蔬菜储存处（这是把经过加工的蔬菜存放在青草中，或地下，或器皿中的地点）；第11谢利叶管油坊；第12谢利叶管种子总仓库；第13谢利叶管牛奶场（不包括制干酪坊）；第14、15、16谢利叶是在餐桌边服务、打扫房间的餐厅女工和侍女谢利叶；第17谢利叶是保管从镜子到小锅等用具的家具保管女工谢利叶；第18、19谢利叶管供水、包括照管抽水机和水管；第20谢利叶是在婴儿谢利叶宫中服务的保姆谢利叶；第21谢利叶是乳母、包括补充哺乳和代替哺乳的乳母谢利叶；第22谢利叶是为使劳动禀赋像花一样的绽开而教育两岁到三岁的儿童的男家庭教师和女家庭教师谢利叶；第23谢利叶是为了发扬个性、评价性格和气质方面的优点而教育三岁到四岁半的儿童的男导师和女导师谢利叶；第24谢利叶是负责包括看护在内的各种医疗工作谢利叶；第25、26谢利叶是管理比文明制度下普及得多的教学事业（我这里所指的是农业教育和工业教育）的谢利叶；第27、28谢利叶是儿童队和小团队，即教育方面的主要谢利叶；第29、30、31谢利叶是管声乐和器乐的和谐的谢利叶：歌咏谢利叶、弦乐器谢利叶、管乐器谢利叶；第32谢利叶是管剧院，需要一个按戏剧种类细微差别安排的谢利叶；第33谢利叶管各种歌剧；第34、35谢利叶管舞蹈和体操；第36谢利叶管定期劳动义务；第37、38谢利叶是管生产动物产品和植物产品的两个中间类的谢利叶，也可以有四个谢利叶。

这四十个谢利叶构成对上述一百个谢利叶的补充，因为草创的和谐制度组织最低限度需要一百三十五个谢利叶。很遗憾，我要略而不谈这些谢利叶的每一种功能，而只谈谈这些谢利叶的功能的一个片段。

劳动义务（第四十种谢利叶），包括一切孤独的、没有吸引力的各种作业，例如做邮差和信使，在维持秩序的望楼上站岗，在电报局值班、发射礼炮或做悬旗的值班，在钟楼上值班撞钟，夜间在法郎斯特尔和商队旅舍看门值班，在法郎斯特尔和畜圈值班、吹起床号，以及担任夜间守卫，在消防队值班和充当灯塔的守卫等等工作。

劳动义务执行者的谢利叶，除了获得富人们为了免役所出的豁免捐（如同他们现在所做的那样）外，还获得极大的红利。不过，这种赎金只给整个谢利叶，而不给个人。因为，雇佣个人服役在协作制度下是可耻的。

此外，还要用各种优待来鼓励劳动义务执行者。例如，供给他们第二级膳食（通常他们享受第三级膳食）；希望做到使大概两星期轮到一次的劳动义务日成为人们愉快的一天。

这些慎重措施在文明制度的人们看来，似乎完全是多余的，因为文明制度的人们都已经习惯于把压迫看成是道德的智慧。他们会忘记，这里每一页说的都是创造劳动引力、实现分配方面的意见一致和使所有三个阶级融合。因此，必须想尽方法既不贬低任何作业，也不激起任何阶级的不满。这就必须用可靠的办法来把愉快普及到令人厌恶和受人卑视的工作中去。

这里我把已经提出的管动物界工作的规则重复一遍：少搞照料大动物（马和牛）和大植物（树木）的工作，因为这种工作会使我们经验不多的一代花费很多时间。不过，也不应该像现在这样忽视它们，但目的是要组成大批很好地贯彻使用心计的精神的谢利叶。种小花草和种菜的谢利叶差不多也和种橡树和枞树的谢利叶同样有利,而橡树和枞树的种植却要花费多十倍的时间。

除了我已经指出的这一大批自由的谢利叶外,法郎吉还应该至少有四个匀称的谢利叶和四个无限小的谢利叶,作为机构的中枢。这对试验性的法郎吉说来,将是一个空白点,因为试验性的法郎吉只能组成一个匀称的谢利叶,即按年龄和三十二个队所组成的谢利叶。此外,最多只能组成两个无限小的谢利叶,即可以无限地细分为"次谢利叶"级序的谢利叶。鸡舍就需要占用一个这样的谢利叶(这种谢利叶的级序,不能达到第八级,最多只能达到第五级)。

可以组成第二个无限小的美食谢利叶。美食是我们习俗所不反对而只是道德所反对的一种享乐。

我们到此为止,只把试验性的法郎吉所能组成的谢利叶估计为大约一百四十个。但是,我已经声明过,还有一个很重要的部门应该估计到,即炊事谢利叶部门。这个部门行将使谢利叶的总数达到二百个,因为炊事可以设立六十个谢利叶。这六十个谢利叶,由于大部分都整年不停地工作,因而尤其显得可贵。

取自动物界或植物界的食品,几乎没有一种不能占用一个以至几个情欲谢利叶,并且激起人们对膳食的兴趣。鸡和猪、土豆和白菜,每一种都要占用几个谢利叶,而在把烹调方面上升级别的使用心计同生产方面上升级别的使用心计结合起来时,谢利叶的数目甚至将会增加一倍①。

---

① 提供一章的篇幅来谈谢利叶的种类是合适的。我上面指出过的双重的谢利叶,在法文版《新世界》的269页上,我们曾读到接种的谢利叶;我在考察住宅级别问题时,谈到过组合的谢利叶。此外,还有许多其他的谢利叶。要对这些其他的谢利叶作

考切布说，巴黎承办家庭筵席的人会用四十二种方式做鸡蛋食品。他只在巴黎发现这件令人注意的事情。鸡蛋因此在膳食中能够占用三个双重的谢利叶，其中每一个谢利叶都会有十二个到十五个小组。

但是，人们所以将会得到这样多的谢利叶，只是由于接受了和道德家的基本论点相反的原则，采取了使嗜好和情欲达到极度精致这种手段；没有这种手段，各种不同的滋味便丝毫不会受到重视，谢利叶也就无论在食品方面或在烹饪方法方面都不能组成等级差别。如果不加区别地食用二十种食品中的每一种，不分味道好坏和烹调方法的差别，那么种植同一种作物的二十个品种的二十个小组又怎么能够互相使用心计呢？

哲学家极端鄙视的炊事工作，会对农业竞赛产生像果木接枝一样的效果：会使其价值增加一倍。农活方面和饲养牲畜、家禽方面的使用心计，由于同烹饪工作方面的使用心计相联系，将使自己的强度倍增，从而产生双重的谢利叶互相激励。这是劳动引力方面的强大动力。

在目前情况下，农业受到两种同协作膳食的这些美好的属性相反的恶弊的损坏：一种恶弊是由于想挣钱和由于必要才从事令人厌恶的劳动；另一种恶弊是只让游手好闲的人享受精美的膳食。

(接上页)简略说明，就会需要一大章的篇幅。但是，如果在这一切教导性的细节上耽搁时间，那么，基本的详细介绍就永远不能结束。

例如，必须组成分支的谢利叶，从所有同类的谢利叶汲取东西。如果说，事关选种工作，那么，每个谢利叶就要搜集和储藏自己的种子。但管种子总库的谢利叶就要从各谢利叶提取种子，以便把所有经过精选的种子都集中起来出售。因此，分支的谢利叶乃是同类谢利叶的总茎干。

从事农业的人,既不会由于自己的劳动有特殊引力而使用心计,也不会由于劳动方式方面的花招而使用心计,更不会由于食品烹调问题的争论而使用心计,因为他们尝不到食品,或者只吃那些被扔掉的东西,而且这些东西是胡乱烹调出来的。法郎吉则相反,每一种动物食品或植物食品都必须生产出相当的数量,以便让第三级膳食也能够享受到这种食品,否则在这种食品不足的情况下,享用第三级膳食的人们就不会在这种生产上使用心计了。

因此,我们的农业机构,由于缺乏生产上的使用心计,由于缺乏感觉上的精细,因此在各方面都是不正常的。感觉上的精细限制在游手好闲的人那里,而这种感觉上的精细在他们那里是完全无用的。因为它只会给这些人所鄙视的、并且为这些人的嗜好服务的人们带来悲惨处境。

文明制度机构的这一根本缺点,人们把协作的理论全部读完后,会更加感觉得出来。这里顺便指出这一点是适当的,即:道德所运用的方法总是与自然界意向背道而驰。这是在关于情欲引力的论文中必须加以证明的主要论点,因为道德和引力是两种水火不相容的东西:一个希望靠扼杀情欲来表现出社会的一致,而另一个则靠发展情欲来达到这一点。

第十五章 牟利性工业和产业性工业的选择

这种选择是棘手的活动之一。问题在于要在工业生产和农业生产之间建立互相适应的关系,从而使这两种劳动互相促进。如果不遵守宁愿促进劳动引力的发扬而不指望金钱利益的这项规则，那么，这两种劳动彼此就会发生冲突。而不遵守这项规则，则是文明制度的任何一位领导人都会染上的一种恶习。

根据这个规则，在选择法郎吉的工业生产时，必须注意使每一种生产都和农业有双重的共同性——

在导致使用心计的情欲的联系方面，

在当地利益的联系方面。

现在，我们要指出违反这两种方法的偏见。

工业生产在近代人的政治体系中备受赞美，与农业处于同等地位。而在协作制度下，则只被认为是农业体系的一种附带业务和补充，是服从农业需要的业务。

我并不认为在新制度下工业生产将很少受到重视，因为每个法郎吉都将有工业，而且任何人，不论富人或穷人，凡是在和谐制度下从幼年起受教育的，都将是不少的工业生产的热情工作者。但是，工业生产在产业中将只居第二位，而且工业生产在不能促进与本乡农业有关的计谋活动时，尽管有利可图，也会被弃置不顾的。

谁建议在试验性的法郎吉内建立棉纺厂，谁就会犯引起反感的错误。因为这个法郎吉假定在法国、德国或英国创办，它就不至于种植棉花，而且它的邻人也不至于种植棉花，因此建立棉纺厂就是从事同当地农活和情欲没有联系的工厂生产。

当法郎吉由于有几年的实践，由于同邻近的一些法郎吉有联系和竞赛，由于有诚实的商业机构等而巩固起来时，上述这种工厂生产将都是可以容许的。那时，在每个法郎吉内创办依靠外地原料从事生产的工厂是适宜的。这对于该法郎吉来说，将是同遥远地区发生联系的途径。

但是,试验性的法郎吉由于没有别的法郎吉作为邻居,而且在引力上还有其他的空白点,因而机构脆弱,无法接纳同当地农业丧失联系的工厂。因为这种法郎吉还是摇篮中的婴儿,必须用和领导成年人不同的方式来领导。所以,这种法郎吉在工业生产方面必须专门进行以本地产品或邻人的产品为原料的生产,而且只制造同它的农业的使用心计有关的物品。

我们将按两种办法来区别试验性的法郎吉所应该从事的工业生产:为了使用和为了牟利。

我把日用必需品的各种生产叫作常用的工业生产,如到处都有工人——木匠、鞋匠、裁缝匠、洗衣妇等——所从事的生产作业。这种生产是对大家有益的,必不可少的,而不是为了牟利的,因为任何一个乡少了这种生产都是不行的。我还要补充的是那些为任何邻近地区都需要的工业生产,如马鞍工厂、制桶工厂、制帽工厂、刀剪工厂,等等。

牟利的工厂生产则是这样一种生产:它的产品应该是对外贸易的对象,而对这种生产的选择我们将不得不作出决定。我们对于这种选择首先要确定三个一般的原则。

第一,要为所有三种性别创造在含量上有一定比例的引力,因为并不是任何一种工厂生产都能同样适合于所有三种性别的。甚至必须遵守这样一种渐进程度:按儿童的嗜好来选定一种生产,按妇女的嗜好来选定另一种生产,再按男子的嗜好来选定第三种生产,以便使整个牟利的生产能为三种性别中的每一种性别都保持适当比例的引力。

第二，在有利可图的部门中要为妇女保留一半职位；必须避免像我们现在这样，派她们去从事那些吃力不讨好的业务，去扮演哲学给她们指定的那种奴隶的角色。因为哲学断言，妇女只是为了撇去瓦罐上的泡沫和缝补破旧衬裤而生的。

在协作制度下，妇女很快就会相信自然界指定她们担任的那种角色，相信自己是男性的对手，而不是男子的仆人。必须注意使这种作用在试验性的法郎吉内立刻产生。如果做不到这一点，人们便会看出，这种法郎吉的机构在各方面是不稳固的。

第三，要把每种工厂组成具有对抗性的谢利叶，组成有三四种管理方法的谢利叶。因此，必须以三倍数目和按三种制度来聘请充当教练员的工人。

既然招募这种工人是为了训练法郎吉的人员，培养充满计谋情欲的学徒，就必须防止每一类作业只有一个教师，——每一种生产都必须有三四个教师。因为在只有一个教师的情况下，培养工作是做不好的，就像巴黎理发师的情况那样，他们大多数都不会刮脸，完全没有掌握安放和使用剃刀的要点，更没有掌握使用他们这行技艺的许多辅助工具的要点。他们中间谁都不会使肥皂沫保持不冷。他们犯了二十种这类滑稽可笑的错误。当你就这类事责备他们时，当你告诉他们应该怎样做时，他们便会大吃一惊地说："我们从来没有听说过要这样做。"

因此，必须为每种作业尽可能招募那些对本行技术喜欢争论的工人，即那些具有雄心而能够创立学派、引起竞争和竞赛斗争的匠师。在试验性的法郎吉内是无法严格履行这条规则的。这样做就需要搜罗过多的工人，因为好工人很少，而由于他们往往既不善于传授自己的操作法,也不善于对之加以分析,就不得不吸收理论家和实践家。这样,便会花费太大,因此工作上不求改进,做到差不多就算了。

说明了选择牟利的工厂生产应该遵循的原则之后,现在我要指出我认为对试验性的法郎吉来说最可取的一系列生产。如果没有更好的意见,我就把它们指出来。

首要的牟利的工业生产

1．——对于男子和男孩　　　精致木器生产……A
2．——对于妇女和女孩　　　化妆品生产……B
3．——对于男子、妇女和儿童　糖果甜食生产……C

次要的牟利的工业生产(对于所有三种性别)

4．——干酪制造　　…………………………D
5．——猪肉制品　　…………………………E
6．——罐头食品生产　………………………F
7．——花草种籽种植业　……………………G

中坚的　　　　Ⅹ　　　　乐器生产
中间的　　　　K　　　　　养禽业

(注:我在这里指出的只是经常性的工业生产,而不是像孵鸡暖室生产这样的短时期的工业生产。)

让我们看一看,这种选择是否与引力的集体表现协调一致,是否能够满足上面提出的规则——形成工厂生产与当地农业之间在情欲方面和利害方面的两种联系。

1——A。精致木器生产。木工是任何年龄的男子都喜欢的,儿童尤其喜欢。使用小锯子、小斧头、小刨子、小镟床、小凿子,是儿童最大的愉快。细木工的店铺差不多和甜食店铺一样,会使他们高兴。

这种工业生产在男性两个等级即父与子之间建立起情欲方面的联系,进而建立起当地利益方面的联系,即同当地产品相适应。因为,为了修饰所制造的木器家具的外观,就要利用当地的各种木材(在法国有胡桃木,樱桃木,榆木,桉木和槭木)以及外地的木材。此外,为了做家具内部的东西,还要利用橡木以及别种木材。

法郎吉在自己的精致木器工厂里使用某种木材。它了解到这种木材不足时,在营造森林和保管已经砍伐的木材时就会更注意避免这种不足的现象产生。这样,便建立起同制造品的两种联系,即情欲方面和当地利益方面的联系。法郎吉将希望制造出来的物品在双重意义上——作为自己的农产品和作为自己的工业产品——都非常出色。

2——B。化妆品生产是任何年龄的妇女,不论是成年妇女或女孩,都喜欢的。这种生产与种植花草联系非常密切,而种植花草在协作制度下则是妇女主要的事务。化妆品生产工厂还有一个优点,即可以使妇女对田间工作感到兴趣,使她们习惯于大规模的种植花草,习惯于在开阔的田野上,在活动天棚下种植花草。现在,她们只是在花盆里种花,丝毫没有表现出派别性的竞争和为本乡及其荣誉而努力的热情。

化妆品生产以及有关的农活,投合柔弱性别即女性的嗜好,正如木工投合刚强性别即男性的嗜好一样。此外,这两种工业生产都可以包含各种性别,因为每种生产都提供可以适用于另一性别以及适合儿童的作业。

第四概述 准备工作的纯理论部分

3——C。糖果甜食生产。这种生产提供各种工作,适合于三种性别的爱好和不同年龄的爱好。

管理炉灶和照顾锅子是一种需要力气的、适合于男子的工作。

妇女将从事准备水果和其他原料、装罐等工作。

儿童在这里会有许多轻活可做,如包装、挑选、制模型等。

这种用糖、花、水果、植物、香料、甜酒做原料的生产,有可以满足不同年龄和性别的爱好的东西。这种生产结合外地产品来利用当地产品,与当地工业联系非常密切。

同时,试验性的法郎吉生产的糖果糕点在当地的销路毫无问题,可以销售给那些前来参观和居住三四天的有钱而好奇的人。如果法郎吉一次又一次花十万法郎去采购糖果糕点,当然会受骗。因为自己生产糖果糕点的费用只是采购这种食品所花的费用的一半,而且还会大大促进劳动引力。

如果这里没有错误的话,牟利的工业生产的选择就是这样。这种选择最符合试验性的法郎吉的基本要求。因此,试验性的法郎吉应该至少吸收一打优良的教练工匠到这三类生产中来。三个部门中每个部门吸收四个。

所有这些工业生产虽然都是极其适宜的,但是如果法郎吉的工厂由于肮脏而令人厌恶,毕竟还是不会激起任何引力的,正像我们现在的工厂,由于狭窄拥挤,不能造成愉快、奢华和令人兴奋的气氛。奢华是引力的第一个目标,是它的第一需要。因此,在没有奢华的生产中很难直接产生引力。这是我们文明制度所有工厂的缺陷。

但是,既然生产糖果糕点的法郎吉宫是为有豪华的服装和劳动工具的五六百名男子、妇女和儿童群众建造的,那么也就能够使甚至锅炉房这种最肮脏的地方也变得漂亮起来。在锅炉房里各种大理石石板镶砌的炉灶安置得井井有条。墙壁常常粉刷成银灰色或肉桂色,周围的装饰常常焕然一新。其他没有烟熏的处所,也都会想尽办法来加以装饰。整个法郎吉宫将像我们的糖果工人在过新年时用糖制成的小教堂一样诱人。

建立这三种初等的工业生产,是为了使庞大的和很好地贯彻使用心计的精神的谢利叶冬天有事可干,以填补农业引力的空白。

现在谈谈次要的工业生产。这种生产虽然与农业接近,却也能与农业分离,形成独立的活动。

4——D。干酪制造,即各种干酪和奶油的制造。法郎吉本来可以向邻近城市销售自己的奶制品。最好是用奶制品做干酪。这种干酪的质量一定很高,因为法郎吉很关心牧场,会精心饲养好牲畜。

乳品工业的工作是妇女所喜欢的,这是她们专有的业务。这种工作儿童也同样喜爱。干酪生产也为男子提供各种不同的作业。

这种工业生产同饲养牲畜有密切联系。它很适宜于激起不同的饲养方法之间的竞争。把同一种牲畜分为三群,用不同的方法喂养。这三群牲畜的奶制成的干酪滋味不同,据此来判断饲养方法的好坏。如果把奶卖了,便无法知道用这些奶来制造干酪和奶油的效果如何。这种结果愈得到证明,不同的小组便愈热衷于自己的特殊方法。因此,这是一种能满足双重规则的工业生产:满足导致使用心计的情欲和满足当地的利益。

5——E。腌腊生产和浸渍生产，同样是与农业机构有密切联系的工作，并且是对妇女也具有引诱力的工作。她们在腌腊生产方面相当能干。男子乐于从事用盐大量腌制食物的工作。儿童也并不害怕同肠子打交道的工作。虽然如此，有一部分令人厌恶的工作，还是要吸收由一百名雇佣帮工组成的核心队伍来支援的。

这种工业生产应该算入诱人的生产之列。由于计谋情欲的作用，这种生产与喂养猪有联系。在法郎吉内，饲养很多猪。这些猪的食物是餐桌上和厨房里大量的残羹剩饭。同时，将创造出几种饲养方法。腌腊谢利叶将用质量不同的猪肉进行生产。饲料的多种多样使猪肉的质量有所不同。质量不同的猪肉味道也不同。

在这种生产中将出现浸渍业，来提供像汉堡的熏牛肉这类优美的食品。这种谢利叶非常有利于渐渐使儿童习惯于屠宰场的工作，以便能在两年后做到即使缺少那些对和谐制度的组织抱冷淡态度的雇佣屠夫也过得去。

6——F。水果和蔬菜罐头制造，这是一种非常盛行的、诱人的而在法国被极端忽视的生产。法国甚至不能像德国那样生产青豆荚罐头、青豌豆罐头、酸白菜罐头、做馅饼用的李子罐头，以及和谐制度的人们将常年食用的甚至最低级，即第三级膳食用的其他许多水果罐头和蔬菜罐头。

法国除了制造酒酿水果罐头，以及像梨饼之类的蹩脚罐头外，几乎就不懂得制造什么别的罐头。试验性的法郎吉应该把制造罐头的各部门联合起来，并使其成为头几批人的主要工作。因为头几批人在法郎吉进入半活动时期以前就要加以安排。法郎吉将利用阿别尔①方式和其他方式使这种罐头生产谢利叶达到最大的规模，因为这种谢利叶不论对好奇的自费参观者的精美膳食说来，或者对本法郎吉平民的膳食说来，都是很有价值的。当都市里的大人先生们还吃不到贵重的水果和蔬菜的时候，这个法郎吉的平民将会吃到这种水果和蔬菜了。

7——G。花子和菜子培育业。搜集、培育、分类和保存种子的技术，在文明制度下几乎没有人知道。农民既没有做这种工作的知识，也没有从事这种工作的资金。种子培育工作，竟交给少数爱吹牛的商人，交给像树苗商这类的骗子去做。

✕——人们会惊奇，我竟把乐器生产，即管乐器和弦乐器的制造工作，作为主要工业生产来提出。人们会提出异议，认为这种生产不够满足两个必需的条件。

这是错误的。因为乐器生产也和精致木器生产一样，由于要使用各种木材，因而与农业有极密切的联系；由于要做镶嵌工作，要用木料、象牙和珠母等做豪华的零件，因而与妇女和儿童的能力也有很密切的联系。人们只要用珠母和木料的装饰就行了，而不要采用铜的装饰——这是我的假设。

这类工作之所以能造成情欲的联系，是因为在法郎吉内每个人六个月后都将成为音乐家。只有像法国人这种在听觉方面陷于不幸的民族是例外。而在意大利或德国，在组成协作制度后过三个月，每个人就都会成为音乐家，每个人会弹奏种种乐器，并且对

---

① 阿别尔（？—1840年），法国厨师和制作糖果点心的师傅，他发明用罐头贮存食物。——译者

乐器生产表现出很大的兴趣。这种生产会强烈地吸引所有三种性别的人,并将促进音乐的发展。而音乐的发展对于和谐制度的教育事业则具有重大的意义。

谈到钱财的利益,我注意到,在协作制度建立初期,没有什么比乐器更贵重的东西。在三年内不可能储备很多的乐器并且一下子都找到:一百万架风琴、两千万只小提琴和中音提琴、六百万只低音乐器和大提琴,以及管弦乐队和铜管乐队按比例所用的其他各种乐器。

因此,乐器的制作很值得选择。就劳动引力和收入而论,也都很有利,而且,这种生产以后可以不去管它。

K——养鸟业,即饲养大小不同的美丽的禽鸟。这也是一项与我已经提出的条件非常符合的工作。它的产品有无限的价值,因为每个法郎吉都需要各种鸟棚。这是一个强有力的引力部门和使出身富有阶级的儿童习惯于灵巧熟练地照管鸽棚。在文明制度下,人们鄙视这种职业,因为当你在巴黎的卖鸟商人的肮脏发臭的小铺子里看到不管是叫的或者鸣啭的禽鸟都塞在狭窄的笼子里、混在一起、拥挤不堪和受到传染病的侵袭的时候,鸟会使你感到扫兴和乏味。

养鸟谢利叶的房舍将是一个宽大的鸟棚,几处分养着种类不同的禽鸟。在这里鸟儿生活环境奢华舒适,地方宽阔。夏天笼子里有树荫和用木格子围绕起来的小灌木丛。有小溪、草坪和天篷。惹人讨厌的鸟,如鹦鹉等,将隔离开来,以免打扰那些歌声悦耳、喜欢清静的各种鸟雀。

养鸟业是文明制度的人从来都不会大规模从事的一种产业部

门,它却是试验性的法郎吉的珍奇项目之一。

有了这些牟利的工业生产,就足以保证第一个法郎吉用工业产品同周围将出现的其他法郎吉进行贸易。至于文明制度的人,法郎吉在初期不同他们进行贸易是无关紧要的,因为诚实的商业制度只能在法郎吉之间建立。同文明制度的虚伪的人进行任何贸易,无论怎样都不会激起有利于劳动引力的使用心计的精神。

某些创办人将会主张选择比 D 和 E 更卓越雅致的工业生产,例如女性非常爱好的刺绣和金银绦带的生产。但是从盈利的观点看,这两种工作非常吃力不讨好。此外,它们只能形成所需要的联系中的一种,即与情欲有共同性的联系,而不能形成与当地产品有共同性的联系。

因此,这两种工业生产不会在动物界和植物界经营的事业方面培养竞争的精神。而制造干酪和腌腊生产尽管是不文雅的工业部门,但毕竟适应妇女的嗜好。并且由于在饲养方法、乳制品和肉产品的质量方面有所竞争,因而与动物界和植物界的工作联系起来。

刺绣和金银绦带这两种生产有这样一个好处:它们对富有阶级和中产阶级在冬季是适宜的。但是这种好处只是建立在缺乏使用心计之上的,因为这两个阶级在家庭生活上非常缺乏使用心计的精神。在协作制度下就不会有这种精神上的空虚了。不过,这两种工业生产和其他研究起来太费时间的工业生产,都是可以容许的。

我并不断言,A、B、C、D、E、F、G、×、K 所标志的九种工业生产是唯一适合试验性的法郎吉的。再说一遍,选择牟利的工业生产,即能够使小组谢利叶充满使用心计的生产,应该与当地的资源相称。当地的资源如何我无法预见。我只是想教会人们运用应该作为进行这种选择的指南的规则,即在谢利叶成员及其农活之间建立双重联系:计谋情欲的使用心计以及同当地利益的结合。

第十六章　变形的谢利叶和被阉割的谢利叶的区别

现在,我们从牟利的工业生产转到日用的工业生产。这种日用的工业生产可能提供一打谢利叶从事的必不可少的各种活动,如洗衣业、木材业和皮革业。

这些就是我现在要指出的谢利叶。它们大部分都有缺陷,很少与第六章规定的三种规章中的两种规则——紧密相连的级别和分段进行——相符合。这是在协作制度创始十五年到二十年期间不可避免的缺陷。

不紧密相连的作业,在试验性的法郎吉内会达到五十种和一打谢利叶。试验性的法郎吉既不愿受城市工人的骗,也不愿在需要钉一根钉时才去征集这些工人。如果这样做,就等于在法郎吉内塞满文明制度的人。为了确实使自己能避免这种情况,它将聘请各种家务工作的教练员。家务工作分四五个方面,如木材、皮革、五金、布匹等方面的工作。这些不同种类的活动可以组成下列谢利叶:

A——木材方面:粗木工、细木工

B——同上:箍桶匠、编筐匠

C——皮革方面：鞋匠、制手套匠、制裤匠

D——混合材料方面：鞍匠、皮件匠、制箱匠

E——铁器方面：锁匠、马刺匠、马蹄铁匠

F——混合材料方面：马车工匠、大车匠、铁匠

G——装饰方面：制女帽匠、刺绣女工、制金银绦带女工

H——布匹方面：裁缝匠、女裁缝匠、女修理匠、女织补匠、女紧身衣裁缝匠

J——五金方面：锅匠、火炉暖气安装匠、洋铁匠、制灯匠、铸工、抽水机制造匠

L——混合材料方面：刀剪匠、美术镞工、武器匠

M——同上：钟表匠、首饰匠、金匠

N——布料方面：衬衣女裁缝匠、织布女工

还有一些作业由于彼此之间联系太少因此很难把它们归属于某一种谢利叶。这些作业是：

1. 制帽匠
2. 织毯工
3. 羽毛加工匠
4. 制草垫匠
5. 假发匠
6. 干洗工
7. 纸板工
8. 毛皮匠
9. 印刷工人
10. 雨伞匠

11. 包装工
12. 玻璃匠
13. 仪器制造匠

大规模的法郎吉需要这一切作业。法郎吉为了印刷自己的交易所通报和其他小东西，为了修理壁钟或怀表、烟盒、羹匙、剪刀和帽子，都要求助于城市工人，这会是件很讨厌的事。第二、三批招募来的教练员应该培养干这种行业的学徒。法郎吉不采用织布厂，但要有一个小组来激发人们对这种工作的爱好，使某些儿童身上的这种天生的爱好像花一样的开放。

但是，在文明制度状态下教养出来的一代人，只会慢慢对日用的工业生产产生热烈的爱好。因此，这些工业生产在头几年不能就上述 1——13 各个数字所指出的每一种作业，甚至就从 A 到 N 各字母所标出的每一类工作都提供正规的谢利叶。在 A——N 十二类谢利叶中，有些谢利叶的各个小组之间缺乏紧密的联系，而且使用心计的精神也不会很好地贯彻。这是一种被阉割的谢利叶，即在和谐制度的动力方面以及在情欲的平衡方面不完善的谢利叶。在第一代人期间，由于迫切需要，只好满足于这种不完善的谢利叶，即被称为被阉割的或不紧密相连的谢利叶。

1——13 各种作业只能勉强形成个别孤立的小组。它们彼此之间没有联系，但是每一种小组到三十年以后都需要建立谢利叶，因为在协作状态下教养出来的儿童，除了在分段进行的操作外，都将参加非常多的作业小组。因此，对于不很普遍的作业，如包装工或雨伞匠的作业，法郎吉很容易有数十个由三个成员组成的谢利叶。

采用被阉割的和级差调整得不好的谢利叶,是没有经过锻炼的创办人常犯的错误。把这个问题预先告诉他们是重要的。这个问题已经在第七章中略微谈到。

被阉割的谢利叶与变形的谢利叶之间的差别很小。我们把那种配合协调得不好、级差调整得不好,但是可以纠正的(如在第七章中所看到的那样)谢利叶,称为不正常的谢利叶。

被阉割的谢利叶有同样缺点——级差调整得不合理,但是没有可能来补救这种缺点。因为这种谢利叶是由种种不可缺少的活动组成的,虽然这些活动彼此并不接近得足以由它们来形成紧密相连的、在级差上调整得很好的谢利叶。我曾经在第七章中举出过不正常的谢利叶的例子,现在再补充一个例子,来表明建立得很有次序的被阉割的谢利叶。

普通五金工作

上升的过渡＝制灯匠

上升翼 ⎧ 洋铁匠
　　　 ⎨ 锅　　匠
　　　 ⎩ 武器匠

中　心 ⎧ 锁　　匠
　　　 ⎪ 马蹄铁匠,马刺匠
　　　 ⎨ 斧　　匠
　　　 ⎩ 大车匠

下降翼 ⎧ 马车工匠
　　　 ⎨ 抽水机制造匠
　　　 ⎩ 制箱匠

下降的过渡＝刀剪匠

在这里，各种作业的级别分得很好，但彼此间距离远，组成了种类的级差表，而不是品种的级差表。这种缺点是被阉割的谢利叶的特征。在这种谢利叶内没有紧密相连性，级差虽然有规律，但是很松散。因此，这种谢利叶的小组无法表现出邻组间的友邻竞争和逐级的意见分歧。这是一些在级差方面比较低级的谢利叶，因为其级差是由种类组成的，而好的级差则只是由彼此很接近的、互不相同的和互争高低的品种组成的。由于这里所有十二个小组的作业的差别过于明显，就不能制造分歧，所以这种谢利叶就是丧失计谋情欲（即彼此竞争的使用心计的情欲）作用的、被阉割的谢利叶。

在第一代期间，将不得不在日用工业生产，甚至在其他生产的一切作业中组成不完善的谢利叶，也就是含有级差大的各个种类的谢利叶。不过，在协作机构建立初期，这种机构总的来说也只能够是被阉割的和谐，因为它不会有自由恋爱的关系——这种关系只有在第二代或第三代才能确立，也不会有和谐家庭关系——这种关系只有在协作的第四代和第五代才能够诞生。

幸而在试验性的法郎吉内，农业谢利叶不致有这种会使一切陷于瘫痪的紧密相连性不足的缺点，而可以按照调整得很好的品种色彩的级差来组织谢利叶。因为这种级差能够使三种起杠杆作用的情欲得到充分发扬。

我刚才规定的关于选择和指导日用的工业生产和牟利的工业生产的基本原理，是与叫做政治经济学的这种科学的基本原理截然相反的。在政治经济学看来，任何生产都是有益的，只要它能创造出大批把自己廉价出卖给征服者和工头的饿殍就行了。过火的竞争总是会使这种平民在有工作可做时工资少得不能再少,而遇到萧条情况时则一贫如洗。

协作制度把工业生产只看成是对农业的补充,看成是漫长的冬闲季节和赤道大雨时期避免发生情欲冷却的一种手段。因此,全地球的所有的法郎吉都将拥有工业生产。它们将力图使工业产品达到最完美的程度,以便使这些产品经久耐用,使制造产品所需的劳动时间缩短到最低限度。

让我们就这个问题提出一个任何经济学家都不承认的基本原理。这个原理是与论述引力的种类和定量的第八章相联系的。

上帝为工业劳动分配了引力的定量。这个定量仅仅相当于协作制度的人所能付出的工作时间的四分之一。其余四分之三的时间应该用于照料牲畜、植物、膳食、劳动军,以及用于与工业生产劳动不同的其他各种劳动。我没有把日常膳食列入这种其他劳动中。因为这种膳食是日常生活的服务。

如果某个法郎吉希望超过工业引力的定量,使这种劳动超过生产劳动时间四分之一的界限,并且把能够用于非家务工作的时间的一半拨给工业生产,那么便会看到,工业引力和农业引力将要相继遭到破坏。因为农业谢利叶会丧失三分之一的活动时间,因而也会丧失三分之一的成员,而谢利叶的紧密相连性和积极性也就会以同样比例消减。

这样,如果像文明制度的人们一样,干事毫无秩序,不遵循产业定量同自然界所分配的特殊引力的定量之间的比例,整个劳动引力机构便会搞得乱七八糟。

不仅如此,而且如果像现在这样制造一些质量低劣和对整个社会具有破坏性的产品,这个比例在一切工业生产部门中便都会是不正常的了。因为布匹和颜料质量低劣,会使衣服应有的穿用时间缩减一半或三分之一,或四分之一,以致势必要按同样的比例来增加生产量,而且要按同样比例来把一定数量的人口用于农业的时间和劳动力的总数加以缩减。

诡辩家们会回答说,这将是增加人口的办法。而这正是和谐制度下人们希望避免的缺点,因为从地球将来达到满员(约有五十亿人口)的时候起,人们将只专心于从事保证地球的居民的幸福,而不增加居民的人数。如果破坏引力的平衡,剥夺农活的时间,使得工业生产占用的时间比自然界所规定的多出一些,那么,这种幸福便会遭到损害,因为自然界想通过把谢利叶使用心计活动组织得能够使各种产品都臻于完美,来使工业生产工作占用的时间减少到最低限度。

正是根据这个基本原理,工业生产将不像现在这样都集中在穷人麋集的城市中,而将遍布全球乡村和法郎吉中,以便使人们在专心从事工业劳动时,永远不至于脱离引力的途径。因为引力企图把工业生产用作农业的辅助及变体,而不是作为一个乡或乡里任何一个居民的主要活动。

在结束关于组成谢利叶的这些基本概念的叙述时,我们要确定所有这些规则与一项总的法则的联系。这项总法则就在于要保证使三种起杠杆作用的情欲在所有各种活动中都能充分发扬。人们如果打算削弱最诱人的生产——农业生产——而来扩大工业生产,便会得到一种荒唐的结果,便会使三种情欲削弱,而这三种情欲的活动则是劳动引力以及应该从这种引力中所取得的一切利益的保证。

补充　诽谤者们的骗局：欧文派

人们已经可以看出，我的协作理论绝不会陷入体系制造者的专断之中。这个理论以汲取于自然界的、符合情欲要求和几何学定理的特殊方法为基础。因为情欲谢利叶的结构在任何意义上都是几何学的。在谈分配和类比的几章中，这一点会得到证明。

现在我们可以仔细看看十九世纪在这方面前后不符、自相矛盾的地方。十九世纪在改变人类命运所系的问题上，在协作社方法的发现上，竟然信赖用博爱的词句把自己装扮起来的吹牛大王，而没有在理论上或者在实践上对这些问题制定出任何应该遵循的规则。

人们看到，需要发明一种方式。这种方式就是情欲谢利叶。这是一个发现。这个发现要求对与文明制度格格不入的动力的种种安排和利用深入地进行探索。

如果人们希望有步骤地行动，就应该向罗伯特·欧文先生或别的野心家们要求发明创造，而不是向他们要求诸如宣布财产公有、取消拜神仪式，以及突然废除婚姻之类的章程或者奇思怪想。这是政治蛮干者的怪癖，不是什么新办法。然而，十九世纪正是对这种幻想已经信任了二十年。

让我们注意，罗伯特·欧文一开始就采取了与协作社的意义背道而驰的行动。他不懂得农业应该成为协作结构的基础，以致连一阿尔班①的耕地都没有就在新拉纳克聚集了两千多名纺织工人。他在铸成这个大错时，竟夸耀已经按照他的办法改变了人民的信仰，并且向国王介绍自己是社会世界的假定的革新者。他的科学只不过是诡辩家的学说而已——在各方面冒险，正如孤注一掷的赌徒在新奇的事物上进行赌博一样；audaces fortuna juvat②。特别是——大声疾呼地传播自己的博爱，——这种假面具总会使某些人上当的。

在进行了这样多试验之后，在四十年中看够了所有用这个称号怪模怪样地打扮起来的野心家之后，我们的世纪怎么能够让自己再来受慈善事业的伪币的欺骗呢？真正的博爱者要说："应该试图进行协作社的试验，但同时还应该对符合本性的做法进行探讨，并且悬赏征求这种发现。"

这种正当的步骤永远不会被那些并没有实实在在的办法却希望起某种作用的人采纳。欧文先生宁愿冒充发明家去建立一个体系。这个体系乃是公谊会创始者潘恩体系的复本。我在别的地方曾经把它们作过一个对比。让我们留意一下在欧文方法上的政治蛮干之徒的行径。这类政治蛮干之徒决心孤注一掷，进行骇人听闻的试验，而不去预见其后果。

例如：在关于爱情关系自由的问题上，他不了解，当新的分支体一旦稳固，它必然会举办的集团爱情的狂欢的后果将会怎样。他在自由恋爱关系的结构方面，如同在废除拜神仪式的后果方面

---

① 旧时的土地面积单位，约二十至五十公亩。——译者
② 拉丁文谚语：运气帮助大胆的人。——译者

一样，似乎所知不多。在只许恋爱有半自由以前，就必须采用一种甚至在和谐制度下的人只有经过十五到二十年的活动之后才能创造出来的那种平衡力量。

何况，恋爱关系制度所能容忍的变动，只有在政府、僧侣、父辈和丈夫需要这种变动之后才能发生。当这四类人一致投票通过某种新事物时，才能相信这种新事物是有益无害的。

毫无疑义，现在婚姻制度产生许多罪恶。我曾经在插曲中举出很多。所有这些乱七八糟的现象并不是主张废除婚姻的理由，而只是把它重新纳入有条理的序列的理由，以及在婚姻问题上建立包括七级、外加中间级和中枢级的正规谢利叶的理由。

而且，如果只是谈到第一级和第二级，不生育的婚姻比会生孩子的婚姻的关系更不巩固，这难道不是很明白吗？这就是第一级与第二级的区别。还要确定其余七个级的区别。我先抛开这种详细情况不谈，而指出这一点：甚至当认识到在婚姻方面所应该建立的全部九个级时，还必须懂得和安排这种会带来平衡与和谐的事物状态，以防止滥用自由和权力。这是诡辩家欧文所没有预见到的。他想一下子就实行解放，解除恋爱问题上的束缚，仿佛我们是在塔希提岛、哈姆、朗萨罗特、爪哇、拉普兰，以及在习惯和偏见都已经建立了平衡力量的其他地方似的。

我们不要去重视这个讨论，因为它只是人们在和谐制度下生活了三十年以后才应该开始研究的问题。在协作制度的第一代期间，让恋爱关系仍然处于作为文明制度的特点的普遍虚伪和欺骗状态乃是必要的。恋爱和亲属关系是两种最后才能进入诚实制度的情欲。那些像欧文先生那样想在情欲自由方面来进行同年哲学家们在突然解放黑奴方面进行过的同样鲁莽试验的人,完全不知道这种困难。

正是这些大批涌现的诡辩家预先安排好要来反对真正的发现者,并且使我们的世纪陷入非正义的诽谤的深渊。这种诽谤是比任何时候都更占支配地位的乖僻。然而,这都是文明制度性质所固有的缺点。最宝贵的发现,在它作出的时候都会遭到反对。咖啡和土豆曾经遭到法律的禁止,并且被列为毒品。轮船的发明者富尔敦和煤气照明的发明者勒蓬,在巴黎竟找不到一个听他们的话的人。

根据诽谤家们最近犯的这些过错,便可以估计他们的判断应该受到多少信任。他们自命为启蒙运动的拥护者和黑暗势力的敌人。他们责难某位部长,说他是新欧马尔①。他们责难某种社会,说它是摧残者的集团。可是,当他们发表言论,说在引力计算方面不会有任何发现的时候,当他们鼓动人们不要阅读那种以完备的形式阐明牛顿只提供了一个片断的理论的书籍时,他们自己又是什么人呢?

十九世纪表明自己是十五世纪以及迫害哥伦布和伽利略的那个时代的当之无愧的继承者。那时,迷信曾经反对新的科学。而现在,那些冒充是迷信之敌的人又来反对新的科学了。这就是他们对智慧知识的所进一步表现出来的虚伪的热情的秘密。这就是他们的高度飞跃。他们攻击迷信势力,只是为了取而代之,为了同

---

① 欧马尔(六世纪末),叙利亚、波斯、埃及的征服者。相传他曾在亚历山大城纵火焚毁了一座著名的图书馆。——译者

样进行压制,而且比迷信势力有过之而无不及地进行压制。

多么奇怪的前后矛盾啊！把引力计算方面的首倡者,把用渊博的学识来考察只具有纯粹奇怪特性的无用的部门的牛顿捧上了天。我们知道每个行星的重量有什么用呢？引力领域内还有两个重要部门尚待研究,即：

有益的,或情欲引力的理论；

愉快的,或类比和因果关系的理论。

按照诽谤家们的说法,谁提供这两种科学,谁就是粗野的畜生。而诽谤家们之所以赞美牛顿,是因为他考察了无用的部门,考察了引力领域中物质效用的部门。在引力领域内,牛顿却不能够说明任何一种因果关系。如果问牛顿主义者,为什么上帝给了土星七个卫星,却给了体积比它大一倍的木星四个卫星,为什么它给了土星光圈,而没有给木星光圈？他们对这个问题是不能作出任何的回答的。

虽然如此,他们的科学由于具有数学的准确性,仍然是很卓越的。不过,这门科学只是一种限于说明后果,不能说明原因的萌芽而已。当发现这个因果关系的理论的时候,就应该或者谴责牛顿,因为他只不过开始研究引力,或者庇护比他更值得支持的继承者,因为这个继承者考察了有益的和愉快的两个部门。其中一个导向社会的幸福,而社会的幸福,就另一种意义来说,当然比科学本身更宝贵。

让我们补充这一点：类比的计算虽然是愉快消遣的部门,也毕竟还有它有益的一面。因为正是应该把所有这些大部分还没有人知道的自然解毒剂,例如防治痛风、恐水症、癫痫,以及目前还是医疗技术的暗礁的其他病症的解毒剂的发现归功于这门新的科学。下面这点对我们的世纪说来，特别对法国说来，是一种诱惑：对发现者暂时放弃恶意的态度，对于最宝贵的发现，如果不是积极庇护，那么至少应该半信半疑地接待。根据任何不偏不倚的人都会赞赏的一些考虑，这种接待是有理由的。这就是简略的叙述：

"这是人们第一次向我们提出关于协作社问题和关于情欲和谐的结构问题的精确的理论。前者被认为是无法解决的，后者被当成是不可解的谜。如果这个理论切实可行，它会给予我们自古以来枉费心机梦寐以求的好处——通过向贫苦阶级让步，以便使他们能过最低限度的生活的这种途径来消灭赤贫现象；依照协议来废除奴隶制度和奴隶买卖；建立真理和正义的统治。这种统治建立在利益的基础之上。而真理和正义将在新制度下变成获利的道路。因此，这样的做法是审慎的：仔细考察这个理论，指出它的不足之处，请比较能干的人来纠正它，如果他们能够这样做的话。没有这种可能时，就对它进行实际的、绝不会有危险的试验，因为它研究的对象仅仅是农业和家务工作。由于它建立协调和节约制度，这些工作显然都会得到好处。"

一些有才智之士谈到这里就提出异议说："如果作者能采取常用的形式，并且对现代庄严的哲学表示敬意的话，我们听听是可以的。"瞧，这就是所有诡辩家的诡计。如果发现者采取了这种假仁假义的作风，人们就会非常怀疑他。那时人们就会有充分理由认为，他和别人一样，只不过是个一心想向上爬的江湖骗子而已。所有这些科学的走私商人都善于打学院式的官腔。这种腔调是谬误与花招的通行证。这里的问题在于唤醒文人雅士们，要他们警觉自己抱有的幻想，警惕上当受骗；向他们证明他们将是第一批因轻信体系制造者而牺牲的人。

人们谈论协作社二十年以来　如果他们采取了措施来达到目的，如果他们不对诡辩家欧文表示愚蠢的信任，他们便会得到真正的理论。实验本来就会决定大的转变。文明制度和野蛮制度的混乱世界早已会消失。学者和艺术活动家本来会过着十分富裕的生活，而不会被迫痛骂书报检查和蒙昧主义了（其实，他们自己就是用蒙昧主义来反对发现者的）。他们本来会享受充分的自由、财富和荣誉，再不会受到欧马尔之流的严密控制了。

为了使他们从这种欺骗，从这种选择奴隶角色和贫困的怪癖中醒悟过来，难道一定要我向他们屈膝下跪吗？我愈是低声下气奉承他们，他们就愈不相信我。不久以前，当普遍体系时髦盛行的时候，我们看到，某个口若悬河的诡辩家曾经对学者们奉承谄媚，指名道姓地把他们全都颂扬了一番。可是他也没有能够引起他们对他的总体系给予信任（他在总体系中只是忘记了对人或情欲和引力进行研究，对文明制度、野蛮制度和蒙昧制度三种结构及其固定的、变化的和组合的特点进行研究，以及对文明制度卑劣行为如欺骗性商业或倒行逆施的竞争和倒行逆施的流通进行分析；以及他同样忘记了关于未来的和以往的命运的理论，关于运动领域内的因果关系的理论，等等）。

学者们责备他，说他并没有说过什么新鲜的东西，说他只是用另一种说法重复了他以前其他几百人早已说过的话。这种责备是理所当然的。如果我用他们那种往往很少有什么益处的学院派的形式来装扮的话，我也就会让自己置身于这些滑头的体系制造者的行列中了。上面所说的那位作者只博得了十分庸俗的祝贺,祝贺他善于使人阅读他的东西,善于逢迎科学院的有权势者。

谄媚的腔调绝不是发现者所习惯的。他们没有演说家那种随机应变的灵活性,但是具有正直和坚强的性格。贺拉斯赞赏具有这种性格的正义之士:non civium ardor prava jubentium mente quatit solida①。我的这个题目并不包含对谄媚的腔调的论述。问题在于再向人们指出:他们不相信天意;他们探求神圣法典的愿望和积极性不够;他们缺乏慈悲心;他们对于那种会把奴隶制度、贫困和人类其他灾难一劳永逸地加以铲除的发现漠不关心。

在这里,唯一恰当的腔调是说教的腔调。人们不要求博须埃②、布尔达鲁③那些人去阿谀奉承邪恶的时代。人们称赞他们敢于大声疾呼,反对那些把我们引入歧途的虚伪的学说。即使我没有他们那种雄辩的口才,我也应该学习他们的行为,鄙视科学江湖骗子们的庸俗的灵活性,保持那唯一适合发现者的、以数学的和无法否认的证据为支柱的真诚和直率的态度。

学术界必然会遇到的暗礁——嫉妒心。人们不高兴地看到不知道哪里来的一位局外人竟得到了最好的猎获物。人的本能就是否定和扼杀他自己不能够得到的发现,攻击那个教门之外的发现者,因为这个人不顾精神的垄断,竟希望自己挤进特权者的行列,

---

① 此句大意为:深谋远虑的铁铮铮的男子汉,既不会在公民的强烈意志面前动摇,又不会在暴君统治面前屈膝,如果要他这样做的话……
② 博须埃(1627—1704年),法国著名教会政治活动家,专制政体的理论家。——译者
③ 布尔达鲁(1632—1704年),法国有名的传教士。——译者

而不承认这条规律:

除了我们和我们的朋友之外,任何别的人是不会有智慧的……

我知道,如果问题是关于普通的发现,违背这条规律将是不明智的。近代一位诗人维奥里·列鸠克说得很精辟:

> 如果您产生任何一种新思想,
> 您要善于小心地把它说成是
> 用其他方式修改过的他们自己的思想。

因此,为了使自己的发现得到承认,作者应该向精神的垄断者们说:"我正应该把发现归功于你们的渊博知识。我正是从你们的学术著作中汲取了它的要素。你们创造了这门新科学的全部资料。我遵循你们明智的方法运用了这些资料。我把这个发现献给你们是偿还自己的债务,因为这个发现与其说是我的,还不如说是你们的。它只不过是从你们的花冠上脱落下来的装饰品而已,我应该物归原主。"

哲学界听了这些话便会说:"这是一部严谨的、不偏不倚的著作。作者善于使人阅读自己的著作。他的态度是合乎礼仪的。他的风格绚丽多彩、谦虚优雅、脍炙人口。Aera metet Sosiis,——dignus intrare in nostro docto corpore(书籍给苏齐伊①兄弟以金钱——他们配得上加入我们的学术团体)。"

---

① 苏齐伊兄弟是罗马著名的出版商。——译者

如果我这样阿谀谄媚的话，就无异于欺骗学术界。为了学术界的利益最好还是坦率地向它说，在这个问题上，学术界和我将会有怎样的利益，并且要确定每一方面应得的一份。

学术界的收益是无法估量的。除了已经指出的金钱收入外，他们还会有同样无法估量的荣誉的收获。我要把未经开采的矿脉交给他们。我的理论给他们打开了通向新科学世界的入口和我一个人甚至无法部分地达到的二十种科学的道道。我为自己仅仅保留了关于情欲引力的科学。而且在我之后，关于这门科学还有很多东西可谈。至于其他科学，我献出一把打开它们的钥匙。关于类比的科学本来需要写二十万篇洋洋长文。我限于能力只能写两百篇，因为我对于自然科学史的所有三个部门都不内行。我必须花三年时间专门研究这门学问。这一点我过去做不到，现在也做不到。

因此，学者们对于胜利品落到了一个无法消受它、因此不得不把它的大部分留给他们、只为自己保留发现者的荣誉的人的手里，仍然会表示满意的。命运把科学的矿脉交给我，这对他们是很好的效劳，比我更有学问的人则会独揽一切。

做了这番坦率的说明，还要他们提防在他们身上的那种诽谤和嫉妒的倾向。因为在这种错综复杂的情况下，这种倾向会使他们上当受骗。我现在让比我更受到信任的人说几句话，让责备他们被骄傲自大和器量狭小迷惑住心窍的人说几句话。孔狄亚克向他们说道："以高度的鲜明性、高度的准确性来研究新科学是不会被所有的人理解的。什么书都没有读过的人，比那些进行过重大研究的人，特别是比那些著作很多的人，会更好地理解这些科学。"

这是针对骄傲自大和嫉妒说的。这两种东西把他们迷惑到这种程度，以致他们断言，仿佛以高度的鲜明性和高度的准确性形成的关于情欲引力的科学是不可理解的。我曾经看到，十五岁的姑娘们对于根据三种原因和三种结果加以阐明的（依据第五和第六章）情欲谢利叶结构有很好的了解，而经验丰富的学者们却断言，它是不明确的。这是因为他们不愿意了解。如果不是我还活着，如果他们能够为所欲为地剽窃的话，他们会很好地了解，并且歪曲我的理论，会力图把它部分地攫为己有，因为谁都不能够把它全部剽窃。那些声称在引力理论领域内不会有所发现的同代人的攻击，大大证明了我拥有这种发现。为什么他们不用这种学术裁决来反对牛顿呢？要知道，他们并没有像把哥伦布开除教籍那样，硬把牛顿开除教籍。后来当罗马的元老院更好地了解了情况之后，就赶快宽恕了哥伦布。协作理论的反对者们也会这样做的，因为他们对于否认自己的野蛮行为不会拖延的。

上面所说的孔狄亚克曾经注意到促使他们反对新科学的骄傲自大的习惯。而另外一位则注意到他们狭窄的器量。我现在把他针对当时诽谤家们侮辱一位著名人物的事所说的一段话，抄录如下：

> 成了十八世纪的同时代人的有预见天才的培根，在自己的著作中揭示出真理的无穷无尽的宝藏的培根，曾经飞跃得太高了。他在当时的人和思想上面高高地飞翔着，以致不曾对当时的人的思想发生任何影响。就这一点而论，他是有过

错的。(茹伊)①

现在也发生同样的情况：我的学说和培根的学说一样，绝不是过分高超。但是，我们的世纪也和培根的世纪一样，除了个别能否遇到的特殊人物之外，过于低下，不能理解。Pauci, sed boni（量少质精）。我只是在寻求像培根和孔狄亚克这种人物，因为他们曾经给自己所处的时代以明智的劝告，劝告重新培养人类的理解力，把人们从哲学方面所学来的一切统统忘掉，因为这时的哲学家比耶稣责难他们为黑暗势力的时候还更加黑暗。当时耶稣曾经说过："律法师和法利赛人，你们有祸了，因为你们把知识的钥匙夺了去，自己不进去，正要进去的人，你们也阻挡他们。"（引自《路加福音》第十一章）

我们今天的律法师们还是耶稣时代的那种样子。牛顿向他们提供了引力科学的钥匙，他们把它夺去了，但自己却没有本领深入到里边去，比牛顿更向前迈进一步；没有本领来研究这种几何学所不曾考察过的部门。他们现在却希望窃取这些部门的知识，并且对那些给世界带来了使牛顿的计算学得以继续发展的理论的人，带来了情欲引力和协作统一理论的人，带来了这种如果没有它、则所有其他科学便只不过是理性的耻辱的科学的发现者，竟公然加以诽谤。现在被剥夺了生活必需品的大众的处境，还不如那幸福地生活在自由的、无忧无虑的状态中的野兽。只要这种现象存在，这些科学的成就对我们又有什么用处呢？

---

① 茹伊(1764—1846年)，法国自由派作家，在复辟时期曾经红极一时。——译者

批评家们说:"我们同意这点。不过,在您的理论中应该慎重地对待深受尊敬的科学,例如温存的道德。它是人类交往的仁慈而纯洁的朋友。"唉!道德正就是由于与交往和欺骗勾结而变得受人鄙视。她在最后时刻背教变节。当它根据在文明制度下几乎不可能通过诚实的途径获得财富的这一观点来宣传鄙视财富时,它的过错是情有可原的。当它与重商精神妥协时,便丧失了自己享受尊敬的权利。如果它能通过探求诚实制度的方法来对重商精神进行攻击,它就会为自己开辟一条摆脱文明制度的美妙出路和进入社会进步的光辉灿烂的境界。可是它怯懦地向交上红运的恶习让步,对金牛犊顶礼膜拜,——它怎么能够奢望受人尊敬呢?

我承认,人们一天不了解引力理论或情欲和谐发展的理论,他们就只能满足于被称为道德的压制方法。但是,从这时起,道德已经成为无用的东西,也就谈不上光荣的投降了。因为它摒弃光明,摒弃这种唯一能够保证得到奖励的协作理论,因为它从来没有履行过自己的职责,例如大胆考察文明制度及其特点和探求人类交往的诚实方式等。它只是把希望建筑在推销体系上。人们看到,这些体系每年约有四十种都是为贩卖道德服务的。

1803年有一家报纸惋惜这方面收获不大。它写道:这一年内,我们只有十七篇关于道德的论文。它指的是法国。如果加上其他国家,那么,甚至在萧条时期,每年也至少达到四十篇论文。贩卖或制造道德这种事在英国、德国和意大利非常活跃。由于所有这些关于道德的论文互相矛盾,每篇都推翻在它之前最新发表的那篇的论点,因此,一个人每年至少必须改变自己的行为和习俗四十次,才能成为对仁慈而纯洁的道德训示唯命是从的人。此外,还得花很多钱去购买数不清的争论道德的文章；还得有很多时间和耐心去阅读；还得有很好的脑袋瓜去理解。因为这些文章的作者彼此并不了解。难道这些文章会向我们阐明，怎样才能既做人类交往的朋友，又做阴险的财富的敌人吗？！要知道，这两个道德的教条，和所有其他教条同样合理，具有同样的性质。难道其中有一条不被它的作者怀着惋惜的心情来看待吗？塞涅卡①教导我们要从即日起就放弃财富，要立刻接受哲学而不要等到明天，但他自己却积累了一亿法郎的财富。由此可见，道德永远只是一种演说家的花招和野心的假面具。任何一个蓄意从事某种欺诈勾当的伪君子，都是小心翼翼地拿关于道德的议论来作掩护的。

人们回答说，道德虽然给假仁假义作了掩护，但是它本身却是好的。不，它是罪恶的，这是因为：一、道德把那些试图拿它的学说在实践中准确地应用的人引向毁灭，却把那些拿它作假面具而不是作行动指南的人引向发财致富；二、它的教条是相互矛盾的，其中大部分是行不通的。例如命令人们爱好和支持庄严的真理的这一教条就是这样。不妨让一个人到某一个沙龙去讲一讲使在座的人闻而生畏的老实话，揭发在座的某个太太的不正当的男女关系，最后，揭发所有在座的人的阴私。于是大家都会对他群起而攻之，异口同声辱骂他。不妨让他想起要揭露真相，揭露关于挥霍国帑的全部真相并且因而牵累达官显贵，于是他就会懂得，实践庄严的真理会使他落到什么下场。道德的一切教条都同样是行不通的。

难道事实不是屡屡证明，道德总是把人引导到与它的诺言相

---

① 塞涅卡（公元前 4—65 年），古罗马哲学家。——译者

反的结果吗？证明一个民族关于道德的论文发表得愈多，它便愈加陷于堕落的深渊吗？因而，无论在实际上或者在学说本身，欺骗的科学总是互相矛盾的。它的下场是很糟的。它晚年与万恶之源的重商精神同流合污之后，便出卖了自己的贞操。宗教就没有沾上这种可耻的污点。

但是，为什么要说这些俏皮话来攻击温厚的道德呢？因为伪君子们依靠道德来诽谤引力理论。他们嫉妒地看待这种即将提供狡猾的道德曾经许诺但不能兑现的幸福的科学的诞生：建立真诚、正义和善良风俗的王国，使那些在实践中应用真诚、正义、善良风俗的人们发财致富，使那些企图在生活中弄虚作假的人们破产和受辱。

这些诽谤者中的某些人也希望用宗教精神来滑稽可笑地打扮自己，硬说引力的理论与宗教不是完全一致的。我不来答复这些伪君子，《福音书》已经答复了他们。耶稣的话使他们狼狈不堪。我要写一篇专文来论述这个问题。

正因为我的理论在每个问题上都与宗教的方向是一致的，所以它必然同近代的这些律法师和法利赛人，同这些狡猾的道德家，同这些大讲特讲美德的小丑们的看法是不一致的。因为耶稣曾经彻底揭穿过他们，并且骂他们是黑暗势力派，是野蛮的诡辩家。这些野蛮的诡辩家装出一副仿佛是在寻求光明的样子，实际上却勾结起来，以便在光明一出现时就扑灭它。他们现在的所作所为比在耶稣时代有过之而无不及。难道他们会忘掉诽谤神圣智慧的杰作和这种应用于生产活动的协作一致和情欲和谐的法典吗？

如果道德家是好心的，并且硬要表现得这样，那么为什么他们不接受挑战,不同意进行实验以便看看经验是赞成他们的科学还是赞成我的科学呢?既然他们预言,他们的行为会产生善,我的行为会产生恶,他们就应该通过实验来挫败我。这对他们说来会是一个辉煌的胜利。我的目的和他们伪装要追求的目的仿佛是相同的:建立真诚、正义和真正美德的王国。人们很快就会看出,这两种方式中究竟哪一种会达到目的。

如果我的方法是正确的,那么它就应该在充分运用的六个星期之内解决争论。他们的方法在许多国家内不是进行了六个星期,而是进行了三十个世纪,结果只获得恶的发展。何况,他们至少对冒牌的协作方法和罗伯特·欧文的方法提供了进行二十次试验的机会。他们依靠报纸上的经常鼓吹,保证了它的作者获得创设大量机构的捐款。但是,大家知道,这些机构都遭到了失败。因为没有一个奴隶主会为黑奴而接受它,也没有一个集团会接受它。

因此,他们正同在经济的分散制度上一样,在协作社制度上也弄错了;他们的手段显然是虚幻的。这对同他们的理论相对立的、并在几个星期内发生作用的那个理论来说,是个有利的假设。如果他们不接受挑战,那么这将证明他们没有诚意,证明他们对真正的社会进步漠不关心。

让我们就他们陷入荒谬的立场这一点向他们提出警告。一个偶然的事件就会使他们全体突然改变以前的主张。只要一个有名望的和希望扮演重要角色的作家抱着怀疑的态度表示赞成考察和试验,丢脸的诽谤家们便会提出意见,主张不要等待那会使他们受到嘲笑的试验而赶快放弃自己原先的声明。当伊萨培拉的忏悔牧师比学者们更加通情达理地表示拥护考察时,那些批评哥伦布的人便陷入狼狈的境地,诽谤者们立刻就全部破产。

在这里,怀疑的作用,对作家说来是可靠得多了。因为哥伦布还要冒两种风险:船舶在大海里遇险,以及有走错路和探索得不到结果的危险。但是,在劳动引力的试验中不但不冒风险,而且还会得到在任何情况之下都有巨大收入的保障。作家根据笛卡儿的训诫——怀疑和试验,提出这种试验时,便会获得最辉煌的成就。他在政治方面的成就,胜过圣奥古斯丁在宗教方面的成就。他推翻了虚伪的科学偶像,摧毁了腐朽的哲学建筑物。他将是社会变革的使徒。现在,我仍旧回到关于这种角色将给宣讲者带来巨额财富的问题上。

第三编

和谐制度下的教育

第五概述　幼年时代的教育

第十七章　文明制度下的教育与本性和良知的抵触

我在从原则问题转到实践时，必须提醒一下：协作理论遇到的一个明显的困难就在于要按三种生产能力——资本、劳动和才能来确定人人都感到满意的分配。文明制度只知道按照资本即投资的多寡来平分。那就是个算术的问题，而不是个有什么创见的问题了。协作结构的症结所在，就是要能设法按照劳动和才能使每个人都得到满足；把过去多少世纪的人吓住了，从而阻碍了对这一方面的研究，其根源就在这里。

欧文派为了逃避这个双重分配问题，便主张实行财产公有，除了股份收益外，把全部收入都交给群众。这等于承认，他们对协作社问题连碰都不敢碰。

只有在把情欲的和谐普及于三种性别时，才能够达到这种均衡的分配。在社会结构中丝毫不受我们重视的儿童，乃是协作和谐与劳动引力的主要关键。因此，必须首先研究使中性或未成年的性别的引力行动起来的动力，因为这个性别在缺少两种情欲——爱情和父子之情的情况下，便不会拥有像已经达到性成熟年龄的人组成情欲谢利叶时所需要的那许多手段。在儿童身上研究过的方法,更易于应用到能提供更多手段和更多情欲的其他两种性别上。所以,必须从教育开始,特别是因为教育将是人们首先要加以组织的结构部门,其原因在于儿童所受到的偏见和怀疑的毒害比较小,从而就比他们父辈更能顺从引力。他们从第一个星期起就会完全醉心于这种引力,并且很快就会显示出情欲谢利叶制度的优越性。

协作教育的目的在于实现体力和智力的全面发展,使人们把全部精力,甚至于娱乐都用在生产劳动上。

文明制度下的教育是沿着相反的道路前进的。它压制、歪曲儿童的才能。这种教育给儿童的那么一点点发展只会使儿童脱离生产活动,使儿童对它感到厌恶,并怂恿他们去破坏。它把孩子们引到与本性相反的方向去;因为本性或引力的第一个目的就是奢侈。奢侈只能从生产活动中产生;虽然工业品——玩具、帽缨和美食——都对他们具有引诱力,但他们却对生产活动处处感到厌恶。这样看来,儿童在自己的发展中变坏了,而处于同自己作战的矛盾状态之中。我们那些所谓人类的观察家们并不曾察觉到这些结构的矛盾。我们在分析这些矛盾时,要把内部的奢侈与外部的奢侈区别开来。

内部的奢侈,体力和感觉的精确性。文明制度下的教育是违反健康的,它使儿童随着教育费用的增加,身体相应地衰弱下去。我们随便从富有阶级中挑出一百个十岁儿童,他们都有保姆和医生照顾,营养良好,但是他们的身体就远不如一百个半裸着身子、生活在风里雨里、以黑面包充饥而且也没有医生照顾的乡村儿童

第五概述　幼年时代的教育

强壮。文明制度下的教育越是努力要使人趋向健康，就越是使人远离健康或内部的奢侈。它也使人远远离开了感觉的精确性，如果说，乡村儿童的感觉是天生迟钝的，那么富有的儿童的感觉则是人为迟钝的了。父辈和教师们都在阻挠儿童对装饰、特别是对美食的爱好，而这两种爱好却正是符合本性的教育或者说和谐制度的教育的主要动力。另一方面，文明制度下的人，甚至在乡村中，也不如那没有任何教育理论体系的野蛮人强壮——我说的是一些地区，那里的部族虽然邻近文明制度下的人，但并没有由于欺凌、烈性饮料和疾病等的影响而蜕化变质。

不过，在文明制度的人中间，我们也常常看到长寿的例子。这些例子证明，人类在得到符合本性的教育和诱人的生产活动时，就能够度过很长的生命历程。人通常能达到像匈牙利的洛温家族那样活到一百多岁的高龄。洛温家族中最不强健的人也活了一百四十二岁，而有些则活到一百七十岁，妇女和男人一样也活到这样的高龄。

不久前(1825年10月)，法国洛林省伏蒙村有一位名叫蒂芒的外科医生，活了一百四十岁，而他本来是有可能活到一百八十岁的。据报载："在他死前一天，他还以极其熟练的动作和健壮有力的手为一位老妇人的癌症施行手术。他一生中既不曾放过血[①]，也不曾服过泻药或其他药剂，因为他从来就不曾生过病；但是他却没有哪一天不在晚餐时干上一杯，顿顿不漏。"很显然，他的提前死亡，只是他死的前一天为人施行手术时受了某种有害影响所致，这

---

① 欧洲古代医术曾以放血法治疗某些疾病。——译者

就是协作教育下一般人都可以获得的健康情况。

现在使我们脱离健康或内部奢侈的这种教育,在外部奢侈或财富方面也同样起着相反的作用。我刚才在谈到儿童破坏的癖性及其对有益劳动的反感时,曾经指出过这一点。但是,所有证明中最惊人的证明,就是导言中所指出的一个问题——才干的埋没。关于这一点,我曾以一个赶大车工人为例。一个赶大车的工人由于偶然的机缘,竟意外地熟悉了业务而成了熟练的铸工。这件事便是对一切文明制度教育体系的批判:它们没有从人的幼年起就提供识别和发挥他们的二三十种而不是单独一种劳动才干的任何方法。恰恰相反,它们却使一切人的性格都歪曲了。塞涅卡和布尔培养过尼禄①,假使在和谐制度下,尼禄一定会具有很优美的性格;孔狄亚克以其形而上学的精密性,只能培养出低能儿;卢梭连教育好自己子女的勇气都没有;狄德罗和其他许多人在这类活动上也不出色。而且,文明制度分明感觉到,它在教育方面是完全处于本性要求之外的。这差不多是它相当谦虚地承认自己还有许多东西尚待发现的唯一的一点。

我要略去关于文明制度的教育与本性这种对立的极重要细节的一些篇幅。但是,文明教育制度由于方法的混乱和行动上的两面性而与良知发生对立的问题,仍需加以考察。撇开学校制度体系上的差别不谈,在家庭生活或者在社交界中还有十几种形形色色的方法,使儿童发生同样多的种种矛盾冲动;但一到青春期年

---

① 尼禄(37—68年),古罗马皇帝,暴虐无道。开始当政时在他的老师塞涅卡影响下政事清明,其后逐渐变坏。——译者

第五概述　幼年时代的教育

龄,这些冲动即被所谓社会精神的新教育所淹没。这也是为了缩短篇幅而要略去的一章。我已经谈过这类方法中的四种,但是还有许多没有谈到的,把父辈、导师、邻居、亲戚、同伴、仆役等等所提供的方法包括在内,计算起来达十六种之多。现在我只举出其中的一种。

趋时的或吸收的方法。这个方法将稍微触及到所有其余的方法:它要排除或改变其余的方法中间所有于它不适应的东西。当一个人满了十六岁刚跨进社会时,人们便教导他嘲弄在幼年时代曾经恐吓和约束过他的那些教条,而去适应谈情说爱的社会风尚,像这个社会一样去嘲笑道德学说这个享乐的敌人。其后,当他从爱情方面转到追求事业的雄心的时候,便要嘲笑正直的原则了。现在的科学先是教育儿童让他们适应一套见解和规律,而一到他们长大成人,这些东西便马上要遭到他们的鄙视甚至唾弃,这是多么荒谬可笑啊！因为我们还从来没有见到过一个二十岁的青年人,在得到通奸的好机会时,却希望像贞洁的约瑟夫那样,为了服从道德和理性的学说而拒绝美丽的查侣迦。这样的青年人,如果说真有其人的话,那便会成为大众、甚至道德家的笑柄了。年纪大的人更会嘲笑那种尽管保证他可以不受惩罚、也不敢揩油一块钱的金融家。大家会异口同声地给他起个绰号,管他叫不懂得"身在槽侧,岂能不食"这句俗话的大傻瓜和幻想家。我们的科学以及这些臻于至善的文明制度的学说是多么站不住脚啊！它们只是在不通或是在愚蠢方面才称得上完善罢了。在十六种不同的教育中,继承的教育、即父亲想把自己的一切缺点灌输给子女的意图就是如此。经纪人、商人想给自己的子女树立一个最狡猾的榜样;犹太人做父亲的夸奖最善于逢迎拍马的人；醉汉称赞那些从小就会喝酒的人；赌棍则要他的孩子养成好赌的习惯；然后，道德就向我们宣称：父亲是天然的导师！

现在我们转到符合本性的教育或和谐制度的教育，这种教育完全摆脱了这些矛盾。我把这种教育分作四个阶段和一个序曲或称之为幼年的雏形教育：

序曲，稚龄或婴儿时代——从0到2岁。

第一阶段，幼儿时代的先行教育——从2岁到4岁半。

第二阶段，幼儿时代中期的初步教育——从4岁半到9岁。

第三阶段，幼儿时代后期的进一步教育——从9岁到15岁半。

第四阶段，半儿童半青年时代的最后教育——从15岁半到20岁。

第十八章　预备教育、稚龄或婴儿时代

这里，我们想起了协作教育所应该加以解决的一个大问题，即如何把尼禄、提比略①、路易十一的性格应用得和提图斯②、马克·奥雷尔③、亨利四世的性格一样有益的问题。

为了达到这个目的，必须从摇篮时期起就大胆地发展天赋，而现在的家庭教育则是力图压制或戕害甚至在摇篮中的儿童这种

---

① 提比略（公元前42—公元37年），古罗马皇帝，以残暴猜忌著称。——译者
② 提图斯（39—81年），古罗马皇帝，以贤德闻名。——译者
③ 马克·奥雷尔（118—180年），古罗马皇帝，历史上誉之为开明君主的典范。——译者

第五概述 幼年时代的教育

天赋。

文明制度对于这种年龄的儿童只是给以纯粹物质上的关怀；而协作教育在这方面并不如此。协作教育从六个月起就要像对体力一样，积极地影响那被我们现在从襁褓时代就戕害了的智力。

实验群体在对那些已经被文明制度教育毒害过的儿童进行培育时，很难对九岁到二十岁的人试行和谐制度的措施，但对两岁到九岁的儿童能发生有效的影响，而对于幼龄即从一岁到两岁的儿童则能够发生更好的影响。

（注：我要把应该在这里提出有关教育的统一和完整性的问题的各种基本原理放到以后再谈，因为这种教学理论会使读者感到厌烦。）

首先我们要指出，由于两极年龄，即三岁以下的儿童和老年人、残废人的赡养在协作制度下被看作是协作团体所必须进行的慈善事业，所以法郎吉要让未满三岁的儿童无偿地享受一切照料。全乡负担婴儿、幼儿和幼童的全部生活费用（我不把三岁到四岁半的儿童计算在内，因为这种年龄的儿童已经能自谋生计了）。至于保姆和护士谢利叶，他们也像其他谢利叶一样，从总收入的红利中获得报酬。

协作教育部分的各项细节所应遵循的方针，也和整个机构中所应遵循的方针是一样的。问题始终在于，或者是按工作人员来组成谢利叶，或者是按活动种类来组成谢利叶。因此，必须组成保姆谢利叶、大厅谢利叶和儿童谢利叶，所有这三种都有类和种的差别。

未成熟的幼年时代包括婴儿或乳儿、幼儿或已断奶的小儿这两类儿童。

他们不分性别,划分为三种谢利叶,即:

婴儿和幼儿 { 沉静的或听话的孩子 / 倔强的或顽犟的孩子 / 讨厌的或淘气的孩子

为了安置这两类儿童,需要两幢谢利叶宫。每幢至少要有三个大厅,外加几间厢房。作为与吵吵嚷嚷的大厅隔开的寝室或供保育员和乳母使用,以及供每天照例不分贫富给儿童看病的医生使用。

关于这个问题,我们也要指出,和谐制度的医务工作也和所有其他活动部门一样,是根据与文明制度的利己主义的考虑相反的精神来考虑的。①

---

①　和谐制度的医务工作。在文明制度下,医生按他所治疗的病人数目多寡来取得报酬。因此,主要在富人阶级中间,患病的人数多和患病的时间长,对医生是有利的。

在和谐制度下,情形正相反。在这里,医生是从法郎吉总收入中领取一定份额作报酬。这个份额按照比率决定,即按照整个法郎吉集体的和比较的健康情况,按万分之一、二、三、四、五、六来增长,或按同样程度而降低。法郎吉在一年内病人和死亡者愈少,发给医生的份额便愈大。他们的服务质量是根据效果以及与气候条件相同的邻近法郎吉卫生统计材料的比较来评定的。

和谐制度下医生的利益和承保人寿险者的利益是一致的。他们所关心的是预防疾病,而不是治疗疾病。因此,他们积极注意,要使所有成员的健康丝毫不受损害,使法郎吉的老年人都健康,儿童都强壮,使法郎吉的死亡率降到最低程度。

牙科医生在颌骨方面的考虑也是一样:他们所动的手术愈少,报酬便愈多。因此,他们像护理父辈的牙齿一样来护理儿童的牙齿。

简单说来,这些公职人员的利益在于,使每个人都有好食欲、好胃口和好牙齿。如果他们像我们现在的公职人员这样,指望别人生病,那么在他们的工作中便会产生行为的两面性,也就会像文明制度结构内那样,个人利益与集体利益形成对立。文明制度结构是个人反对大众的广泛战争,而我们的政治科学还在大言不惭地谈论什么行为的一致呢!

第五概述 幼年时代的教育

在大规模的法郎吉内,保育员和小保育员或助理员的职务仅占用文明制度下这种职务所占用的大量妇女的二十分之一或二十四分之一,而且在这里面,最贫穷的儿童所得到的照料还会比文明制度下王子所能享受的照料好得多。现在让我们来说明这种结构。

保育员和小保育员谢利叶大概要占用文明制度下从事这一工作的妇女人数的四分之一,而只占用她们照料儿童所花费时间的六分之一,这样便使这种职务所花费的实际时间缩减到二十四分之一。让我们来研究一下。

乳儿和幼儿住的两幢谢利叶宫有六个大厅,每天要用十八个保育员,六班制,每两小时换一次班。六个女军官,执行监督和领导任务。——总计:每天二十四个值班保育员和同样数目的小保育员。这种小保育员大部分由七岁到九岁的女孩担任。有些这种年龄的女孩对服侍幼儿非常热心。这样,担任照料幼儿工作的总人数约为四十八个妇女或女孩。

因为三天之中只有一天从事这种工作,所以保育员和小保育员谢利叶应由一百四十四人组成,每天三分之一的人值班。再加上六个高级女军官,总计保育员和小保育员谢利叶有一百五十个妇女。这个数目是文明制度在这件事上所用的人数的四分之一。文明制度下,在一千八百人的小镇中有九百个妇女的话,其中就有六百人要照料儿童。

在和谐制度下,保育员人数缩减到四分之一,只需占用目前妇女这项工作的时间的六分之一,因为三天中只有一天在谢利叶宫值班,而且在这一天中,二十四小时内也只有八小时在班上;而文明制度下的保育员则要做十六个小时的工作,在城市里时间往往还要长。

由此可见,照料儿童的工作缩减到只占用文明制度下所用的时间和劳动力的二十四分之一:

人数缩减到四分之一

服务天数缩减到三分之一

工作时数缩减到二分之一

这三个数目相乘等于二十四分之一。

可能有人会提出不同意见,说这个计算太夸大了,因为农村妇女并不是一天用十六个小时照料儿童的。当然,她们要下地,但是她们往往把夜里的时间拿来照料孩子。要是孩子不大舒服,妈妈和女儿就得通宵照料孩子,而孩子哭哭嚷嚷的声音还要打搅父亲的睡眠。这对于需要休息的农民来说,是一个重大的损失。但是,为了估计精确一些,我们还是把三项节约的总和缩小为十二分之一,而不说是二十四分之一,因为我在习惯上总是把确切的估计打一个对折。

现在我再来把两种方法比较一下。

一个保育员并不要像卫兵或富人阶级的保姆那样,非要在谢利叶宫待上二十四小时不可;她只要准时到达就行了。

这种职务如果天天去做,便会觉得单调乏味;保育员在休息的两天中可以完全不必管儿童的事;虽然保育员更换了,但对儿童的照料并无变动,因为她们的谢利叶划分为几个竞赛小组,每个小组都按照一定体制进行工作,在应用这种体制时,只许热烈拥护者参加。

保育员由于外出旅行或其他原因不到时，可以请她的女伴代替。值夜班丝毫不会使她感到疲倦，因为在谢利叶宫的办公室内有专为保育员设置的床铺。保育员在夜间两次值班中间（比如从半夜到清晨四时）可以在那里过夜。

在文明制度下，保姆经常遭受那雇用她做这些没完没了的劳役的主人叱骂。在和谐制度下，保育员却不断受到那些到谢利叶宫来喂奶或探望孩子的妈妈们表扬，她们因看到席垫和摇篮等良好设备，惊喜交集。

保育员和小保育员谢利叶不仅可以得到相当可观的分红，而且还能获得巨大的荣誉。人们把她们当作公共的妈妈来尊敬，在庆祝宴会上，她们坐在首席。她们的职业使她们在工作上有很多上进的机会，因为这种职业需要许多女军官，至少需要全部成员的三分之一。需要把所有这些具有吸引力的因素和工作上的方便结合起来，以便组成充满热烈爱好气氛的谢利叶，并在这种本身很少有吸引力的工作中渗透探索竞赛的精神。

这些保育员对于和谐制度下的妈妈来说，是十分可贵的。因为和谐制度下的妈妈们不像我们现在的妈妈们那样抽得出空闲的时间来照料自己的孩子。在协作制度下，妈妈要参加四十个劳动小组，并且在这些小组中热烈地进行竞赛；由于分娩，她不得不离开所有这些谋划改进工作的集会达一个月之久，这件事就已经使她感到十分遗憾；因此，从产后去上班的第一天起，她就急不可待地想跟这些小组重新会面；她可以不必担心自己的孩子，她相信，孩子在婴儿谢利叶宫里会得到极好的照料：那里日夜都有热爱这种工作的、富有经验的保育员们在守护着。

我曾说过,婴儿和幼儿都安置在六个不同的大厅中,把沉静的、倔强的和淘气的三类孩子分开安置,以免让喜欢叫嚷的、淘气的孩子吵扰安静的孩子,甚至影响到已经驯服了的倔强的孩子。

在这六项繁重职务中,保育员有选择的自由。她们可以选择对她们最富有吸引力的职务,而那些在方法上各不相同的邻近法郎吉的竞争也会激励她们。她们同样也有适应不同的儿童小组的种种办法;这将是那些各自热情地赞赏某个保育员小组方法的爸爸和妈妈们开动脑筋的一个主题。保育员们为了维护自己的声誉,在把孩子们列入某一类,并接纳到铺有席垫的大厅之前,先要在预备厅内对他们进行一番测验。

在方法上始终简单化或十分简单的文明制度,只知道摇篮是乳儿的庇护所,而处处都进行有条不紊的组合的和谐制度则给予孩子两种境地:让摇篮和弹性席垫互相交替使用。席垫放得齐胸高,架起一个个小窝,这样可以把每个小孩都安排在里面,而不致妨碍邻近的别的孩子。按一定间距设置的绳网或丝网约束着小孩的行动,但仍然让他们有回旋的余地,并能够看到自己周围的东西和接近左右被网子隔开的儿童。

大厅温暖适中,好让孩子们只穿着单衣,避免因为被襁褓和裘皮衣服裹得太紧而转动困难。摇篮用机械设备推动,可以同时使二十个摇篮摇动起来。这一工作在我们目前要用二十个妇女来做,而将来只要一个儿童就办到了。

乳母要组成特殊的谢利叶,而且要按各人气质分别编组,以便使她们能与乳儿配合,特别是在换奶的时候。间接哺乳在和谐制度下是经常使用的方法,因为它有利,而且并不累人;同时还因为

第五概述 幼年时代的教育

比卢梭更富有判断力的和谐制度下的人认为,如果母亲本身体质衰弱,那么就让幼儿吃一个健壮的乳母的奶,这样做非常明智。这就是说,要给儿童嫁接,使他茁壮;自然界需要异种交配。一定要把孱弱的儿童硬贴在孱弱的妈妈身上就等于是为了道德上的虚荣而使母子继续衰弱下去。而且,人们将着力改进人工哺乳法,并把它与自然哺乳并行或独立加以应用。在协作制度下,母亲不论如何富有,任何时候都不会梦想在自己家里单独教养子女:儿童在家里连在幼儿或婴儿谢利叶宫所得到的关怀的四分之一也得不到。由于可以想象得到的这笔巨大开支,就不可能在家里弄到一个抱有热忱的保育员组,一个聪慧的、不断更换的、按三种儿童性格组成的保育员集体。不管花多少钱,但也没有哪一位公主会有这样设备精致的大厅、带弹性的席垫,并且还有可以互相嬉游、按照性格挑选出来的儿童作为邻居。主要在这种婴儿时代的教育上可以看出,文明制度下最有钱有势的人也提供不出和谐制度所慷慨给予最贫穷的父子的那种种机会。

在文明制度下,一切安排完全两样。婴儿成了家庭的累赘,而家庭也使儿童遭受折磨。儿童自己当然不了解这种情况,却希望得到在和谐制度的谢利叶宫内才能享受得到的那些待遇;一旦得不到,他便以啼哭来折磨父母、仆役和邻居,同时也戕害了自身的健康。

这种情形促使我们来谈一谈关于智力教育的萌芽。这种智力教育,目前即使有权有势的人家,也不能够让自己一两岁的孩子享受得到。为了想做到这一点,他们虽然花费了很多钱,但除了使孩子的性格变坏、戕害儿童的能力和损害其健康外,毫无所获。

我要根据一个不容争辩的基本原理来说明这种欺骗行为。这个原理就是："对于两头的年龄即过渡年龄，应该防止产生激烈情绪而使之趋于安静，因为这种年龄的人的器官和感觉已经不再有、或者还不曾具有适应激烈情绪的能力，而激情对他们是有害的，有时甚至是致命的；不过，他们能够承受温和的感情；因此，在教育从出生到两岁的儿童时，就要很好地利用这种温和的感情。"

我们通过适用于大多数儿童的感性培养的某些例子，来指出这种温和感情的运用。

在婴儿生下后六个月内，我们不打算给予任何训练。为了培养他们的感觉并使之更加精密起见，将采取很多预防措施，使他们养成灵巧的习惯，防止专使用某一只手而使另一只手变得永远不灵活的现象。要使儿童从摇篮时代起就养成良好的听觉，在乳儿厅内将举行三部合唱和四部合唱，让一周岁的幼儿在具有各种音部的小乐队的伴奏下游戏。同样将采取种种方法，来使听觉的发展与音乐的发展紧密结合起来，使儿童能养成犀牛和哥萨克人那种敏锐的听觉，同样也要锻炼儿童的其他外部感官。

就五种感官中的每一种来说，都有许多完善的方法可用于培养和谐制度下的儿童。从培养体力来说，保育员们将有各种不同的、互相竞赛的办法；从而产生的结果是：协作制度下的三岁儿童将比文明制度下许多十岁的儿童更聪明，在生产劳动上更行，而在文明制度下许多儿童在这种年龄时只会对劳动和艺术感到厌恶。

文明制度的教育只能使儿童从小就产生反社会的恶习：人人都在损害儿童的感官，就这样在等待人们损害儿童智慧的年龄的到来。如果是在法国，那么父母和仆役会争着给他唱些歌曲，不但

第五概述 幼年时代的教育

调子不对而且没有节拍；处处都使他失去利用脚趾的机会，并使他习惯于把一只手闲着不用。

在文明制度下，人们认为脚趾是没有用处的。和谐制度下的人则将把它当作手指一样应用。例如，和谐制度下的大风琴将带有用脚趾弹的键，演奏家将跨坐在一个鞍子上，差不多像用手指一样地用脚趾来弹琴。他将用脚后跟踩动踏板，而我们现在则要用脚踩。

因而，保育员这个角色需要不少的才能，而不是仅仅像现在法国的保姆这样，乱哼小曲儿和用狼来吓唬孩子。保育员都将受如何防止儿童啼哭的专门训练。她们需要安静；她们的心计和竞争心理也正是在保持安静的办法方面发挥作用。

目前最令人讨厌的幼儿吵闹声将减少到最低程度；他们在谢利叶宫内将很平静，原因很明显，因为好吵闹的人和同类人在一起的时候将会变得比较文明。难道我们不是每天都看到，爱吵架和爱打架的人遇到与他们的性格相似的人时，便会抛弃自己暴躁的情绪而变得非常温和吗？在和谐制度谢利叶宫中受教养并按照他们的性格分到几个大厅中去的婴儿，情况也是如此。我估计，第三类婴儿、淘气孩子或好吵闹的孩子比起现在听话的孩子来还要不那样顽皮，不那样爱哭爱闹。这种变得和婉的情况是从哪里产生的呢？是不是按照道德的要求改变了幼儿的情欲呢？当然不是。在包括乳儿和幼儿的初期儿童时代两种年龄级中，按照沉静的、混合的、淘气的性格分为三种谢利叶，将使儿童的情欲获得适度的发展，将使这些情欲在他们爱好的集会上得到休息。

要让这些淘气顽皮的孩子得到什么样的娱乐呢？这需要保育

员们去开动脑筋：她们在竞相想方设法的鼓舞下，不到一个月就懂得了怎样才能使儿童安静下来，从而结束那种的震耳欲聋的闹声。我仅在原则上确定有必要把儿童们集合在一起，根据年龄和性格把他们分为几个谢利叶，正如同保育员也应该按照性格和工作方法分成几个谢利叶一样。谢利叶永远是协作制度下一切智慧的指针；这是上帝在阳光中给我们的引路信号。离开了谢利叶制度就等于甘愿沉沦于黑暗之中。

最令人担心失败的一点是幼儿的养育问题，因为他们既不能说明自己的需要，又不能说明自己的本能；一切都要猜测。对于这点应采取什么办法呢？那还是引力为父辈所指出的那种办法，即按照作业、所在大厅、性格、年龄、方法以及其他各个方面来组成谢利叶。

鉴于在儿童中教育必须统一和阶级必须融合，我曾经建议，并且现在还要再次提出这个意见：应为试验性法郎吉挑选出一些有文化教养的家庭，特别是从下层阶级中来挑选，因为必须在工作中把这个阶级和富人们融合起来，使他们在这种融合中感到一种魅力，而这种魅力主要依靠下层阶级的有文化才能获得；正因为如此，巴黎郊区如布罗阿和都尔等地方的人，是很适合做这种试验的，当然要经过一番挑选才行。

还要检查一下上述种种结构是否合乎规律，以及与三种指导一切的原动力的情欲之要求是否适应。它们协调的作用是平衡与和谐的保障（第五和第六章）。

在教养婴儿和幼儿的那些大厅里面，运用巧思寻求改进的人是从本法郎吉和邻近的法郎吉保育员们所采用的各种竞争方法中吸取养料的。这些方法都是父母们争论的主题，各人对此都有所偏爱。他们可以按照自己的意图把孩子交托给某一类保育员，当然这要事先征得这一类保育员的同意；因为她们不愿接受足以败坏她们声誉的儿童。如果一个儿童因为禀赋恶劣或过于淘气而不为任何一个保育员小组所接受，那么便把他安置在中间性大厅内，同别的儿童一样加以照料。

至于年龄这样小的幼儿，他们还没有什么心机，又不会说话，在计谋方面，除了哭闹也没有什么别的手段可使；他们就靠眼泪来使他们的父母屈服。

保育员们的组合情欲由于双重魅力而得到发展：第一，她们只限于做自己心爱业务的分内工作，没有其他工作使她们负担过重，像文明制度下的保姆那样什么都要干。和谐制度下的保育员和小保育员之间是有分工的；每一个人在值班期间，只做自己负责的那一部分工作。在谢利叶宫内总是保持十六个保育员、小保育员和女军官，这个人数对于彼此之间按照各人爱好分配任务来说是绰绰有余的；第二，保育员从那些拥护她们的方法的家长方面得到表扬，并且还受到邻乡或者热烈赞成她们这种方法的旅客们的称赞。

儿童们的组合情欲是由那些划分为毗连小间的弹性席垫供给他们的双重魅力产生的：在肉体上，他们获得了活动自由和灵便；在精神上，得到了与他们相似的孩子接触的机会，他们因看到这些孩子并跟他们接近而感到非常高兴，但如果没有丝网或麻线网隔开一个个小间，那总是危险的，而且容易引起种种麻烦。

保育员的轻松情欲可以从轮流值班制度中获得满足。这种值班三天才轮到一次，每天上八个小时班，分为四个班次。在班次之间还有空闲可以做别的事，而不致像文明制度下的母亲和保姆那样沦于没有休息的奴隶地位。

儿童的轻松情欲从摇篮与席垫的轮换使用，从各式各样感官的愉快——食品、音乐会、演出、玩具、乘车出游等等中获得满足。

这是为幼儿教育所定的规则，这个体系任何人都不可以随便加以变动。对于其他年龄儿童的教育以及父辈的一切相互关系，我遵循同样的原则，即所有三种原动力情欲永远协调地发展，因为这三种情欲应该是支配其余九种情欲的，因而，也支配分布在情欲谢利叶的整个协作结构。除了情欲谢利叶之外，要引起三种领导情欲的协调发展是不可能的。

为了补充证明，应该把每一种措施都加以检查，看它是否有利于三种原动力情欲：凡是它们发生阻碍的一切措施都是错误的，必须加以废除，而代之以能够达到这一目的的方法。

这里所提供的关于幼儿教育的规则只是前面第五、第六两章所确定的基本原则的实际应用，而由于这些规则将普遍地适用于一切年龄和一切关系，造物主为了照顾全面而提供了种种极其简单的方法，使实施时不致发生偏差。我们不要轻信那些用深奥莫测的秘密来吓唬我们的故意危言耸听的人的话了。福音书对他们说："探索吧！然后你们将有所发现。"可是，他们在教育领域也跟在其他领域一样，宁愿贩卖专断和高压的体系，而不愿去探索自然体系。在自然体系一旦被人们认识之后，所有这一切在文明制度下倾向于压制和改变儿童或父辈情欲的方法必将一扫而光。

第十九章　男护士和女护士所进行的幼童教育

我刚才叙述了物质教育时期。这个时期的任务只是训练各种感官，对各种感官进行初步加工，以及预防那种在文明制度下从幼年起就遭受的戕害。一千个法国儿童中就有九百九十九个听觉是受过损害的，其他感官也是如此。

现在我们转到生产活动和劳动引力的发轫时期。如果没有这种劳动引力，一切教育都是荒谬的；因为既然人的三个目的中的第一个目的就是追求财富或奢侈，那么，如果他从人生的第一步即从大约两岁起就不自发地热爱生产劳动这个财富的源泉，如果他像文明制度下的儿童那样，只沉溺于糟蹋、打碎、毁坏东西之类的坏事，——有些愚蠢的父母还以为是好事呢——我们可以说他的教育是不对头的，走到相反的方向去了。

如果造物主设想不出一种结构能使任何年龄的情欲和引力趋于协调的话，那么，这种幼年时期行为的两面性，这种从小就开始与引力背道而驰的本能，便是他的耻辱。让我们来考察一下这种能够从事生产活动的最早期年龄的结构。

从儿童能够走路和活动起，他们便从幼儿级过渡到幼童级了。如果他从一出生就是在谢利叶宫接受教养的话，那么从二十一个月起便能长得相当健壮，足以升到幼童级了。在这些儿童中间完全不分男女性别；在这个时期，重要的是把他们混在一起，让他们在同一种工作中发挥自己的禀赋和两性的融合共处，到了少儿特利巴内才开始划分性别。

我曾说过,自然界赋予每个儿童大量的(大约有三十种)劳动本能,其中有些是第一性的或者说是起主导作用的,它们会导向第二性的本能。

问题在于首先要发现这种第一性的本能。只要向儿童撒出钓饵,他们就会上钩。因此,一旦儿童能够行走,就应该离开幼儿谢利叶宫。受委托照料他的男护士和女护士就要赶快把他领到各种工厂去,领到不远的劳动组合去;因为他到处都可以找到小工具和小型生产活动,那里已经有不少两岁半到三岁的幼童在工作,于是他也想跟他们一道摸索、操作,两个星期之后,就可以看出什么工厂能吸引他,他在劳动方面的本能又是什么了。

由于法郎吉里的工作是多种多样的(参看第十五和十六章),只要儿童走遍这些工厂,就不会找不到能满足他某些主要本能的机会。一看到那些比他大几个月的儿童熟练地操作小工具,他的那些本能就会迸发出来。

按照文明制度下父辈和导师们的说法,儿童都是小懒汉。这真是荒谬到无以复加!从两岁到三岁起,儿童就是热爱劳动的。但是,要知道,自然界开动的发条是要把他们引向情欲谢利叶内的劳动,而不是引向文明制度下的劳动。

在所有儿童中主要的爱好是:

1. 探索或操作一切,观察一切,经历一切,不断变换作业;
2. 生产劳动的嘈杂,对热闹喧嚷工作的爱好;
3. 摹拟或爱摹仿的癖性;
4. 小型生产活动,对小工厂的爱好;

5. 逐步由弱到强的训练。

还有不少别的癖好，我只是先举出文明制度下人们所熟知的这五种。现在我们来研究从幼年起就把这些癖好应用到生产劳动中去的方法。

男护士和女护士首先应该利用在两岁儿童身上占主导地位的对探索的爱好。这样年龄的儿童什么都想闯一闯，对一切看到的东西都想摸一下，翻来倒去探索一番。因此，人们不得不把他安置在一个没有陈设的房间里，否则，他会把什么都打碎的。

这种什么都想摸一下的天性就是趋向劳动的天然诱饵。为了引起他对劳动的爱好，人们把他带到小工厂去；他可以看到两岁半到三岁的儿童在那里使用小工具、小锄头操作，他也想试一试他那种被称为学做鬼脸儿的摹拟癖好；于是人们给他几件工具，他很想得到允许跟二十六个月、二十七个月的会工作的儿童一道干活，可是人家不要他。

如果这种工作适合他的本能，他就会坚持下去。这时，护士或在场的家长便教给他做某一小部分工作，他很快就会在给他先试做的某些轻活中成为一个有用的人。现在我们来看一看在拣豌豆这项幼儿力所能及的轻活上的效果如何。这种本来要占用我们三十岁的劳动力的工作将交给两岁、三岁、四岁的儿童去做。大厅里放着刻有各种沟槽的斜面桌子，两个小女孩坐在上方，把豌豆从豆荚里剥出来，豌豆沿着桌子斜面向下方滚去。下方坐着二十五个月、三十个月和三十五个月的三个男女幼童，负责分拣，各人都备有专用器皿。

这里所做的事就是把大小不同的豌豆分开来：最小的豌豆做

甜羹，中等的做脂油羹，大的做汤。三十五个月的小女孩先拣小豌豆，因为小豌豆最难拣；她把大的和中等的豌豆都送到第二个槽里，那里坐着一个三十个月的女孩，她把那些看来像是大一些的豌豆推到第三个槽里，把那些小的豌豆仍然送回到第一个槽里，而把中等的豌豆放进篮子里。安排在第三个槽旁边的那个二十五个月的男孩要做的事情就更少了：他只是把一些中等的豌豆送回到第二个槽，而把大的豌豆放进自己的箩筐。

才开始工作的幼童就安排在第三个位置上。他兴高采烈地把大豌豆拣进箩筐。虽然这是一种轻活，但是他会认为：他跟他的同伴们一样在干活。他热心工作，满怀竞赛的激情。等到第三个班次，他就可以代替二十五个月的幼童，把二类中等大小的豆子投入第二个槽，把很容易辨别的一类豆子拣起来。一旦他能够参加这种极轻松的工作，人们便在他的皮帽或无边的软帽上庄严地缀上一个拣豌豆小组见习员的小绒球。

把一些轻活留给幼儿去做，比如拣豆子放进箩筐之类，这是一切协作工厂采用的颇有预见性的措施。这件事本来用不着他做，而且并不要花多少时间，但是那样就会放过应该经常向到工厂来的幼童、甚至少儿或小天使们提供劳动诱饵的机会；因为儿童要不在两岁时参加劳动，就会拖到三四岁。

到处为各种不同年龄的儿童所保留的这种诱饵，对于二十四个月的幼童来说只是一种工作的影子，迎合孩子的自尊心，使他觉得自己也做过一点工作了，同那些已经参加了工作小组、佩戴羽毛饰物的二十六个月、二十八个月的幼童差不多一样；因为这种羽毛饰物在刚开始工作的幼童看来是非常值得珍视的。

两岁的儿童在法郎吉的小工厂内会找到文明制度所不能向他们提供的许多诱饵。这些诱饵的数目不下二十余种,现将它们列表如下:

表现才能的动力

1. 随着不同年龄而逐渐提高规格的各类小工具和各种小工厂的魅力。
2. 和谐的玩具或全套现代玩具,如小摇车、玩偶等应用于生产学习或生产协作的各种业务。
3. 按照不同级别佩带饰物的诱惑。我们现在的任何一种羽毛饰物已经足以使村民着迷,使他甘愿签名放弃个人自由;而上百种奖掖光荣的饰物对于引诱儿童参加欢乐的事情,参加跟自己一样的孩子们有趣的聚会,又将发生什么样的效果呢?
4. 参加检阅和掌握工具的权利;可以看出这些诱饵对于儿童具有多大的支配力量。
5. 当儿童由于愉快或者爱好而工作时,儿童团体所必然具有的欢乐。
6. 对法郎吉的热烈崇拜,因为在法郎吉内儿童能享受到他的年龄所能享受的一切愉快。
7. 每天按照当时工作竞赛而变化的同桌进餐伙伴,以及适合儿童口味的各色菜肴的供应,因为儿童有他们自己的专用厨房。
8. 谢利叶美食的影响,因为谢利叶具有以美味嗜好来刺激农作物生产的发展和联结整个劳动结构的属性。
9. 完成了某种轻活后的自豪感,因为儿童把这种工作看做非常重要的事业;应当让儿童保持这种想法。
10. 在儿童身上占主导地位的摹仿的爱好,在儿童受到比较年长的少儿特利巴的事迹鼓舞时,便获得十倍的活动力量。
11. 选择各种工作和每样工作时间长短的完全自由。
12. 完全的独立性或摆脱对于不是根据大家的热望而选出的任何领导的从属关系。
13. 分工或在任何劳动中选择自己愿意做的那一部分工作的优越性。

14. 工作班次时间短的魅力,多种多样,经常变化,由于充满竞赛精神同时班次不多而受到欢迎,即使每天都有,但班次很少,因为只需要三分之一或四分之一的协作成员轮流去做。

15. 家长、护士、辅导员们无微不至的关怀,他们对于每个幼儿都非常钟爱;儿童们只是接受那些符合自己要求的训练。

16. 在谢利叶制度下无须向父母讨好,因为在谢利叶制度下儿童们只是由他们自己的同辈来赏罚的。

17. 物质上的和谐,或在和谐制度下的工厂里才能实现的统一动作(这在文明制度下工厂里是没有的)。在和谐制度下工厂里行动起来配合着军事和舞蹈的动作——这是一种使儿童入迷的方法。

18. 累进分配的影响,仅仅这种影响就能在儿童身上激起生产学习中所必需的兴趣和熟练技巧。

19. 集体的吸引或由于伴随受赞歌、饰物、庆祝等所激动的同伴们而产生的兴趣。

20. 在谢利叶制度下,儿童具有极其强烈、充分的整体精神。

21. 组合的各类之间、同队和同一谢利叶的各小组之间、相邻的各队和各小队之间的竞赛和竞争。

22. 定期出现的希望升到高级队和高级特利巴,或升到每个特利巴的中级类和高级类的要求。

23. 按照尊重上升阶梯的惯例,受到高级班同伴们所作出的嘉言懿行的鼓舞。

24. 邻村之间的竞争或与邻近法郎吉儿童的竞赛,以及与他们的核心队伍的比赛,这种动力在试验性法郎吉内是不会有的。

这里我没有提到在四岁以前几乎不起作用的其他动力,如:

性别竞赛和本能竞赛

收益和大量利润收入的诱惑

这两种动力对于幼儿还不发生任何影响,对幼童则影响极小;这两种动力只是在小天使中间才开始得到发挥。

这些诱饵结合起来不到一个月工夫便显示出效力,等到一个月终了,儿童便显示出最主要的三种或四种才能,久而久之,这些才能还会促使其他的才能也显示出来。在工作上难以胜任的才能,只有长到三十个月和三十二个月的时候才会产生。

如果遵守一般规则(第五和第六章),使三种作为原动力的情欲都动起来,那么才干就比较容易显露。因为这些情欲已经能够以萌芽形式在幼儿中间得到发展,而在幼童中间则有了更大的发展。儿童的计谋情欲、组合情欲和自在情欲,通过他们在小工厂的参观、探索和试验将完全得到满足,因为这里的一切,对他们来说,都是充满了魅力和竞赛精神。

把儿童从一个工厂带到另一个工厂的男、女护士,要懂得在适当的时期把儿童安排在某一项工作上;他们要把看来使儿童感到高兴的事记录下来;三番两次地试验看是否能引起他的爱好。如果儿童的才具还没有显示出来,就要决定是不是应该再等几个月或者不再坚持下去。大家都知道,一年中间,不管在哪一方面,儿童都可能会显示出三十多种才能。

一个护士通常同时带领三个幼童;如果只带一个,他便很少有获得成就的可能;不过,在三个幼童中有一个比较灵巧,另一个比较热情,这两个之中的一个便引导第三个去工作。护士不要带领三个同年龄的儿童,而且他还可在工厂中改换他们的工作,他可以把某一个幼童留下来拣豌豆,而把没有接受工作的其余儿童和已经做完工作的第三个儿童带走。

护士工作对男女两性都是适合的,并且要求两性都具有特殊的才能;但是保育员工作,除少数例外,通常只适宜由妇女担任。

对于才开始劳动的幼童,最好的动力就是要讲老实话,而这一点在爸爸妈妈那里是从来找不到的;因为爸爸妈妈在看到自己两岁的孩子笨态百出时总是一齐假意奉承他们。在协作工厂里情况恰恰相反。儿童们彼此之间毫不客气,总是无情地讥笑那些笨孩子;大家会鄙视地把他撵走,于是他到家长或护士面前去诉苦,家长或护士就教育他一番,如果他还能行,就再打发他去,并且由于总是给他安排工作量最少、最轻而易举的工作,他便很快地参加十来个小组。在这些小组里,通过纯粹引力的方法,对他的教育就迅速地完成了。只有按照引力的方法才能学习得又快又好。

所有能激发儿童从事劳动的原动力中,在文明制度下最不为人所知、最为人所曲解的就是向上心的驱使;每个儿童都具有这种倾向,喜欢摹仿岁数比他大一些的儿童,听从他们的激励,并以与他们一起参加他们的一小部分游戏为荣(对于和谐制度下的儿童来说,一切工作都是游戏:他们只是由于引力而行动)。

这种向上心的驱使,要是放到现在,那是有害的,因为一群放任自流的儿童游戏起来不是作恶,就是危险,不然就是极其无益;但是,这些散漫的儿童,由于上面所指出的诱饵,就只专心致志于生产工作;这里可以看出一切关于文明教育制度的创始者所陷入的基本错误。

他们认为父亲或秉承父亲意旨的家庭教师是天然的导师。可是自然界的意见完全相反,它希望把父亲排除在教养儿子的事情之外。在这个问题上,论据有三:

第一,父亲力图把自己的爱好传给儿子,并且扼杀儿子与父亲几乎总是不同的天然志趣的蓬勃发展。但是,如果儿子继承了父亲的爱好，情欲谢利叶的结构就会遭到破坏。

第二，父亲总是爱假意奉承和过分夸奖儿子做得好的那么一点点小事。与此相反，儿子却需要那种要求严格的小组里的同伴们的严肃批评。

第三，父亲原谅一切笨拙行为，甚至还要根据需要把笨拙当作完美的表现，就像哲学家们把他们自己的可耻的文明制度称之为理性的完善境界那样。因此，如果说批评对儿子有益的话，那么父亲便阻碍了这种经常批评所带来的任何进步。

自然界为防范父亲教育出来的这些恶习，便赋予儿子对父亲和家庭教师抱有一种反感：即儿子想指挥父亲而不愿服从父亲。他按照意愿为自己所选择的领导者永远是那些年龄比自己大三分之一或四分之一的儿童，例如：

十八个月时，他尊敬两岁的儿童，并情愿选择他作为自己的领导者；

两岁时，他选择三十个月的儿童；

三岁时，他选择四岁的儿童；

八岁时，他选择十岁的儿童；

十二岁时，他选择十五岁的儿童。

如果儿童看到年长的儿童都结成团体，并且由于自己劳动和学习成绩而得到应有的尊敬时，这种向上心的驱使便会倍加有力。

因此年龄稍大一点的儿童是每种年龄的天然导师，但是在文明制度下他们都趋向为恶，互相引诱为非作歹，所以他们之间就不可能建立起有益的互相鼓舞的等级制度；因为只有在情欲谢利叶内才有可能产生这种效果。除此以外，即使在接近协作的制度下，连符合本性的教育都无法实现。

这种教育是在试验性法郎吉内所能见到的一种最惊人的奇迹。在试验性法郎吉内,七个儿童级按照本性的愿望,由于这种只会使整个法郎吉从善的向上心的驱使来彼此进行教育和领导;因为,如果最年长的一级青年,只是一心谋求劳动、学习和道德上的得益,那么他们就只会把受到他们鼓舞的高中生引向善的方面,高中生对初中生的影响,初中生对六翼天使的影响,六翼天使对小天使的影响,小天使对少儿的影响,少儿对幼童的影响,也都是如此。这七个一心向上的团体,虽然它们都享有充分自由,将在有益的工作和社会和谐方面互相竞赛,看谁优越、积极。在目睹这一奇迹时,人们便不再怀疑:引力只要能在情欲谢利叶内加以发展,便是上帝用来推动一切的力量;同时也不会再怀疑:在这种结构中,引力正是指引人们趋于至善境地的上帝的一只手。

这种和谐对文明制度和哲学来说实在是一声霹雳,如果忽略在其容许的一切部门发展引力,便会遭到失败。爱情在试验阶段是不容许的,但是这种例外并不妨碍在劳动领域十分活跃的七个儿童级的结构。所以必须一开始就努力地组织儿童,因为儿童是这三种性别中能够一下子就达到完全和谐的唯一性别。

我们现在来结束关于护士职务的这一段叙述。护士绝不奉承儿童或原谅儿童,他们的任务是使儿童在各个不同的小组中少受到拒绝,少受到屈辱,并鼓励他们用熟练的具体行动去报复自己所受到的屈辱。这个任务父亲就不能担当,因为他会认为那个反对他儿子的小组不对;他会断言这个小组是野蛮的,是敌视温柔的天性的。由此可见,为了执行男女护士的职责,甚至保育员的职责,都需要坚强善断的性格,都需要那种在本身职责上肯动脑筋想办法的人。他们根据团体的精神,热情地献身于普遍发展儿童的事业,而不是为了满足某一个儿童的怪僻任性。

在这种谢利叶内,也和在其他任何谢利叶内一样,只有依靠共同的进步才能达到高度的发展。每个护士都在与自己的竞争者进行竞赛;每个护士都可以选择适合于自己一套办法的儿童,选择那些他认为其才能无论是在完全本能下或不完全本能下即刻会显示出来的儿童;而在选择儿童时,他所依据的就是幼儿所在的谢利叶宫内幼儿保育员们提供的材料。

护士职务之所以重要,就在于他们施加影响的这段时期正是教育事业中最关键的时期。如果儿童在最初的劳动中取得了很好的成就,那么这便是儿童整个发育过程中继续进步的保证。他既然对十个劳动部门作出了贡献,很快便会对一百个劳动部门作出贡献,而且到了十五岁时,他差不多就能够熟悉他那个法郎吉和邻近各个法郎吉内的一切农业、工业、科学和艺术部门。现在我们来分析一下这种效果。

有这么一个儿童,尽管是某国王的儿子,但从三岁起就显示出对修理皮鞋这一行业的爱好,并且想参加修鞋工厂的工作。在协作制度下,修鞋匠和别人一样,都是有教养的。如果人们阻止他干这一行,如果借口修鞋这件事不能登哲学大雅之堂来压制他对修鞋这一行的强烈爱好,那么他就会愤怒地对待别的行业,对于别人想引导他去做的工作和学习将<u>丝毫不感兴趣</u>。但是,如果使他有机会从引力指导他做的这一点开始,即从修鞋开始,那么便很快地会引导他希望弄懂制鞋、制革的知识,从而引导他试图在制革的各种不同过程中研究化学,然后引导他更希望通过某种饲养方法和某一类牧场所提供的优质兽皮方面来研究农艺学了。

由于在修鞋方面开始竞赛,他逐渐会熟稔一切劳动。从哪一点开始,这并没有多大关系,只要使他在青年时代就对自己的法郎吉中的一切劳动作业有了一般的认识,并对于使他熟悉这些作业的一切谢利叶怀有感情就行了。

这种教育在文明制度下是不能受到的,因为在文明制度下,各种作业彼此毫无联系。学者们告诉我们:科学构成一条锁链,这条锁链的每一环节都与整体有关,而且是互相衔接的。但是他们忘记了,我们彼此分崩离析的社会关系在所有各种生产参加者之间散布不和,因而使每个人对别人的劳动漠不关心。而在法郎吉内,每个人由于同一谢利叶的某些成员在美食、歌剧、农业等方面的串联,所以对一切谢利叶都是关心的。由此可见,科学的联系并不足以引导人们去进行各种科学研究,还必须加上工作上的联系、个人之间的联系,以及巧思角逐的联系,而这一切在文明制度下都无法实行。

还有若干关于幼童教育方面的种种细节,都归并到我即将论述的少儿教育中去谈。

第二十章 由男女辅导员负责的少儿特利巴的教育

现在我们来谈谈儿童谢利叶中最有趣的一级,即从四岁起就已经能够赚很多钱的这一级:我要强调这一优点,因为在文明制度下,这一点不管是在父亲身上还是在孩子身上都是最受重视的。

我们所谈的这类儿童,即三岁到四岁半的少儿,在法郎吉内占有非常重要的地位:他们是十六个和谐特利巴中的第一个特利巴。但是由于第一特利巴和第十六特利巴代表两头的年龄或者说是过渡年龄(即中间年龄),它们在好几个方面都是脱离常规的。譬如说,它们都没有不完全性格的副特利巴,其原因我已经作过说明。

区分完全性格与不完全性格是专职人员对所负责的少儿教育方面的主要目的:我把这种专职人员称之为男辅导员和女辅导员并不十分恰当,因为一般辅导员是扼杀个性而代之以教条的那种人。和谐制度下的辅导员则恰恰相反,他们只是想方设法、实实在在地发展个性,以便确定它在总序列中的地位,并使这种地位到四岁半时,即当儿童应该加入男小天使和女小天使队伍时变得非常明确。

辅导员还有第二个任务,那就是确定儿童的气质,并且像对待个性一样,让这种气质在八百一十个完整品格的气质或四百零五个不完整品格的气质的序列中占有它的地位。

如果儿童前一年在幼童级时,他们的劳动爱好或美食爱好受到约束的话,他们的个性和气质便弄不清楚了。幼童时代是这两方面的初步陶冶时期。幼童已经对各种不同的劳动部门表示出爱好,这便可以看到他希望干哪一行,他的本性使他倾向于哪方面的活动。在美食方面也是如此:儿童一脱离高班幼儿时期,到了三岁便在美食方面有了明显的嗜好,也就是在对膳食、炊事从而对菜园、果园有了选择和偏爱。这类情欲在二十六至二十八个月的小幼童身上是不会显示出来的。可是,三十六个月的幼童在达到少儿级时,就已经充分地受到了培养。

在幼童中间要避免用明显不同的服装,如用裙子和长裤来区别两性,否则就会造成在每一种活动中妨碍显示才能和搞坏相互关系的情况。虽然每个劳动部门可能特别适合某一性别,如缝纫适合于妇女,耕田适合于男子,但是自然界却要求两性混合,有时要求男女各半,而在某些作业中则要求四分之一。它要求在任何一种活动中至少有八分之一是由另一种性别去做。举个例子,管理酒窖是专门由男子干的工作,但酒窖谢利叶要有八分之一的妇女成员。她们参加酿造白葡萄酒、多泡沫的酒、未充分发酵的酒、甜酒以及妇女喜欢饮用的其他各种美酒的工作,是很适宜的。因为这些妇女有些像学者皮蒂斯楚斯①的妻子那样的妇女,喜爱男人喝的酒,必要时甚至会把书呆子的藏书都卖掉,以便悄悄地偿清酒债。

在每一种作业中,由于这种男女混合,女性便对男性形成有益的竞赛。在一种活动中(如在医学和教学方面),如果完全排斥了某一性别,便会失去这种竞赛;而阻碍两岁到三岁的儿童这些本能的发展,实际上就等于把某一性别从这类事业中排斥出去。服装的差异会成为表现这种才能的障碍;因为那样一来,女孩便会与男孩分开;而在这种年龄上还是把他们混合在一起比较合适,因为这样可以使超性别的爱好——女孩身上的男性爱好、男孩身上的女性爱好,通过在每个工厂、每项工作中两性的混合一道而毫无阻碍地表现出来。

---

① 皮蒂斯楚斯(1561—1613年),德国数学家。——译者

第五概述 幼年时代的教育

儿童到三岁时,即在他们转到男少儿特利巴和女少儿特利巴时,这些爱好往往就已经流露出来。原来在幼童中间两性混合在一起是合理的,但到了这时候就应开始区分性别。这种混合似乎违背第十种情欲以及计谋情欲所要求的两性竞赛的一般规律。对于这一点,必须指出的是:男幼童和女幼童(两岁到三岁)属于开始参加劳动或半参加劳动级,因为他们只是稍微接触到劳动,而少儿从三岁到四岁半,便完全过渡到参加劳动了。自然界要求在构成过渡的时期或中间时期中脱离一般的运动规律,因此植物或动物每一系的两端,都有被称为两可、混合或杂种的过渡产物,如木瓜、油桃、鳗鱼、蝙蝠等构成一般规则的例外,并成为一种联系的环节。

近代人正是由于不了解例外或过渡的理论,不了解中间性的理论,所以在对于自然的研究上处处遭到失败;现在他们已经开始觉察到这种错误了。

辅导员具有和其他导师同样的目的,即借助于合理的诱饵把儿童的全部才能都引向生产劳动和正当学习上。

在引向劳动的诱饵方面来说,谢利叶或三个部类永远是最重要的动力。例如问题涉及少儿、小天使或其他时,总是应该把他们按三个级别——年长的、中等的和幼小的加以区分。正如我们所看到的,这种区别或以年龄来分,或以性格来分,甚至可以应用到幼儿和小娃娃身上。组成谢利叶愈多,结构便愈容易。分作四个部类的谢利叶比分作三个部类的谢利叶并不逊色。

首先要把这种级别序列应用于导师方面,以便为幼儿组成四种谢利叶:男护士和女护士,男辅导员和女辅导员。其中任何一类导师并不是对一切性格都能发生影响的。每个导师只照管那些在明显的情欲上或在劳动爱好上与他相适合的一类儿童。每个导师都根据他自己的好感去挑选他所要领导的儿童；任何一个导师都不必像在文明制度下那样，必须负责管教一大群胡乱挑来的儿童。就儿童方面来说，他们也同样要选择与自己性情相投的导师，因为在教育中，也像在一切领域中一样，必须建立互相吸引的体制。如果在这里仍然保持文明制度下的那种混乱现象，这种体制就不可能建立起来。

我不来论述辅导员为区别性格和气质所采取的方法。这个教育部门在初期实际上是行不通的。况且，在谈这个问题之前，应该先提供全部性格的知识。

在试验性法郎吉内没有懂得这一行的负责人员。法郎吉并没有那种善于识别儿童天赋的人，能使儿童的爱好自然流露出来，它有的只是在思想上已经被道德引入歧途的人，他们只会鼓励儿童压制引力，鄙视浮财，不断与自己的情欲进行斗争等等。这种目前被称作合理学说的幻想，在必须激发儿童从两岁起就能精确地发展情欲的制度下是不容许存在的。因为当儿童在选择工作和食物方面还没有明显的和内在的爱好时，既无法识别他的气质，也无法识别他的性格。

男护士和女护士的职责就是使少儿和幼童的才能充分发挥出来，因为有许多劳动是幼儿力所不及的，在这方面就无法试一试他是否爱好。有些劳动部门，他只有到十岁才能参加；另一些劳动部门只有到十五岁才能参加。在他达到小天使的年龄（到了这个年龄，竞赛本身就能带动他）以前，就必须对他的才能采取人为的发掘方法。这个题目使得我们要来谈一谈和谐玩具，即在幼童和少儿学习时所采用的劳动诱导方式。现在试举一例来介绍这种玩具的运用。

尼苏和艾丽雅勒都快三岁了,他们两个都迫不及待地希望被批准参加少儿特利巴,因为少儿们穿着漂亮衣裳、戴着漂亮帽缨,而且在大检阅时即使不亲自出场也会保持他们的席位。要被批准参加少儿特利巴,必须提供熟悉各种劳动的证明文件,而且要在其中热情地工作。

这两个幼童年龄还小,参加菜园工作不够格。但是,有一天清早,护士伊拉利翁把他俩领到菜园,园子里有一大队少儿和小天使,刚收过蔬菜,正在往十二部用狗拉的小车上装菜。队伍里有尼苏和艾丽雅勒的两个朋友,他们过去都是幼童,不久前才被接受到少儿队中来。

尼苏和艾丽雅勒想跟少儿们一起动手干,可是他俩遭到了拒绝。少儿们告诉他俩,说他们什么也不会做,并让他们一个驾狗,另一个把几个小萝卜扎成小捆,这样来试试他们。他们当然完不成所交给的任务,少儿们便毫不客气地把他们撵走,因为儿童对工作的完善方面彼此要求是很严格的。他们的做法与父亲一辈的做法相反。父辈们只晓得借口孩子年纪太小,对笨拙的儿童一味讨好。

被撵走的尼苏和艾丽雅勒十分悲伤地回到护士伊拉利翁那里。伊拉利翁答应他们,如果他们肯练习驾驶的话,三天之后,就会被接纳。随后,一队由精美的小车组成的漂亮队伍过去了:小天使和少儿们在做完工作后,系上腰带,戴上羽毛帽缨,围着旗帜唱起颂歌,就打着鼓吹着号走了。

遭到这个出色的团体所拒绝的尼苏和艾丽雅勒哭哭啼啼地登上护士的双轮带篷马车。他们一回去,伊拉利翁就领他们到和谐玩具店去,给他们一只木狗,教他们把它套在小车上,然后,又给他们拿来一筐硬纸片做的小红萝卜和葱头,教他们扎成小捆,并建议他们第二天再来上课,他鼓励他们要为他们所遭受的羞辱雪耻,并要他们对自己很快就会被接受加入少儿特利巴这一点增强信心。

伊拉利翁在同这两个幼儿值了两小时的班之后,便把他们带到另外一队,交给了另外的护士。

第二天,这两个幼儿就赶忙再去看护士伊拉利翁,跟他一道温习昨天的功课。经过三天这样的作业之后,他把他们领到收菜小组。他们在那里露了一手,表现出自己能行,并被允许加入新申请者一级。在早晨八点钟回来时,他们就荣幸地被邀请去同少儿们一道共进早餐。

由此可见,经常接触儿童集体会引导这两个幼儿努力为善,而在文明制度下,他们追随年长的儿童只是为了跟他们一起去干坏事,去打碎、破坏和糟蹋东西。

这里我们要指出对玩具卓有成效的利用。现在如果给儿童一个小车和小鼓,他当天就会把它们打成碎片,并且在任何场合下都不会给他带来什么好处。法郎吉将供给儿童所有这些大小不同的玩具,但是,这些玩具都将用在学习的需要上。如果他拿起一面鼓,那是为了要争取被批准参加在舞蹈中已经露过头角的少儿鼓手队。我也同样可以证明,女性的玩具如洋娃娃等,在女孩子方面也应该像小车、小鼓在男孩子方面一样加以利用。

评论家们会说:用十二部装菜小车所作的服务,不如用一部大车拉菜服务来得经济。这一点我懂得。但是，为了为数不多的一点节约会使儿童失去从小就学会熟练地干农活（如装载、驾驶和运输）的好处，其次还会丧失通过这些小型服务来培养儿童对他们所从事的那份农活学会动脑筋的好处。这些微不足道的服务会渐渐唤起他们对整个农业的热烈爱好。如果忽视劳动引力的播种作用，忽视使才能开花结果的手段，便变成一种完全虚假的节约。这种节约和缩减工资的竞争一样，同样是具有破坏性的。缩减工资的竞争会使工人为了彼此争夺工作而在政治上互相残杀，结果落到两败俱伤的地步。

刺激力在文明制度下不可能获得什么价值，而在协作制度下却是一种决定性的东西，这就是可以促使某些儿童早熟。在所有各种类型的儿童中都有在智力和体力上发育很早的儿童。我看到过这样一个儿童，他在十八个月时无论智力和体力都已经赶上三岁的儿童了。这些早熟儿提前升级，成为他们所离开的那个团体中同年龄的儿童们羡慕和竞赛的对象。文明制度不能够像和谐制度这样，在体力和智力方面利用这种早熟来取得竞赛的手段。儿童的提前升级对于他所离开的少儿特利巴中最有能力的孩子会产生强烈的印象，——他们将加倍努力，向他看齐，早日申请升级考试；这股冲劲在或大或小的程度上会传给下面低班的孩子。教育本身也就是靠所有这些细小的动力来进行的，而文明制度却不能够对这些细小的动力加以任何利用；因为在情欲谢利叶之外，劳动也好，学习也好，都没有什么吸引力了。

只有协作制度才能在所有各种劳动部门、按不同级别给儿童们提供一套对幼年儿童具有吸引力的设备，即一套适用于七个集体——幼童、少儿、小天使、六翼天使、小班生、大班生和青年——大小不同的四轮运输车、铁锹和别的工具。但是，锋利的工具，如斧子、刨子则不供给幼童和少儿使用。

主要就是通过应用这种循序上升的方法来从盲目摹拟性或在儿童身上占支配地位的强烈摹仿癖好中得到好处；并为加强这种诱饵把各种工具进一步划分成更细的序列。幼童所运用的某种工具分别适合于大班幼童、中班幼童和小班幼童这三类孩子的三种不同规格。这一点是那些主持试验性法郎吉筹备工作的人所必须注意的。

在劳动等级方面也同样要采用这种序列。劳动等级有各种不同的水平：预科生、一年级新生、中学毕业生、大学毕业生和各类军官。

在任何工作中，即使只是装装火柴，都要建立这种级别和识别标志的序列，使儿童能够按照功过来升降。

和谐制度下的儿童也具有和文明制度下的父辈们一样的弱点，——爱虚名，爱有荣誉的称号，爱佩带勋章，等等。两三岁的大班幼童至少已经有了二十种荣誉称号和勋章，例如：

火柴小组的硕士

剥豌豆小组的学士

木樨草小组的一年级新生……

以及标志所有这些职务的饰物。

授予各种等级的仪式是通过大检阅来进行的，场面很豪华。

想取得这些荣誉称号，以及希望被允许加入每个队的小班、中班和大班的急不可待的愿望，是对儿童的一种巨大的刺激力。因为这种年龄还很少为谋求利益而动心，也一点没有被爱情所引诱，他完全醉心于追求小小的一点虚荣；每个儿童都殷切地期望从某一个特利巴升到另一个特利巴，从某一级升到另一级。如果不是有考试和学位论文的严格限制的话，他总是急于想超过自己的年龄而升上去。任何一个特利巴都应该让那些希望作它的成员的儿童来自行选择。因为，儿童参加这个或那个劳动小组，反正都是一样的。他只要在某几个接纳他的小组中显示出自己的能力，从而证实他的技能和学识合格就行了。这种鉴定是以考试为基础的，任何袒护都不能使他通过这种鉴定，因为必须在试验性作业中显示一下身手。既然各儿童小组都很自豪，那么任何一个小组都不会接受那些在与邻近的法郎吉竞赛时会使本小组丢脸的申请者来作自己的成员。

我举一个争取接受加入小天使队的四岁半女幼童为例。她大致要通过以下各种考试：

1. 歌剧中的音乐和舞蹈表演。

2. 在半小时内洗净一百二十个碟子，一个不许打破。

3. 在规定时间内削出五十公斤苹果，没有一片超过规定的分量。

4. 在规定时间内准确无误地拣出一定数量的大米或其他谷粒。

5. 表演熟练而敏捷地生火和灭火技术。

此外，还要求她具有：

五个小组的硕士头衔

七个小组的学士头衔

九个小组的一年级新生头衔的证书

当这位女申请者希望从某一队升到另一队时,必须进行她可以自由选择的考试;对于从某一级升到另一级,例如从幼龄小天使升到中龄小天使,等等,则另有不同要求。

和谐制度下的教育不屑于利用像在文明制度下发给儿童、有时还发给父亲的那种奖金;和谐制度下的教育只利用崇高的动力,这种动力要比像在波拿巴统治下颁发十年奖金[①]时所看到的那种往往是基于好感而授予奖金的动力更加来得公正。这种教育在发挥荣誉和利益的作用,即迅速升级的荣誉和在几个谢利叶内获得收入利益的作用(参看第十九章,对早期儿童时代的刺激力一览表;我还要把对后期儿童时代以及其他许多刺激力加以叙述)。

九岁之前,体力方面的考查比精神方面的考查来得多。九岁之后,精神方面的考查则比体力方面的考查来得多,因为这时体力方面业已定形。

在早期儿童时代,首先力求达到身体机能的全面运用和各种器官的同时发展。如果男少儿或女少儿申请转入小天使级,那么对他们的要求是:除了进行上面指出的五种工作的考查并缴纳证明书外,还要在身体的各个部分的全面灵活性方面进行其他考查,例如下列七种练习:

1. 左手和左臂; 2. 右手和右臂;
3. 左脚和左腿; 4. 右脚和右腿;

---

① 拿破仑一世统治时代,曾对科学、技术领域中取得优异成绩的人颁发过奖金。——译者

5. 双手和单臂； 6. 双脚和单腿；

7. 四肢之一。

然后是智力试验，根据他们年龄的特点，这种试验将只涉及上帝对社会管理的唯一能力和人类理性的无能，因为人类理性的种种规律只会产生野蛮和文明、欺骗和压迫。

从小天使升入六翼天使，无论在体力方面（在比以前更复杂的锻炼上）或在智力方面（在六岁年龄力所能及的课题上）都提出更加严格的要求。

如果说，对幼儿的要求大部分或全部都是体力方面的考试，那么这是为了适应这种年龄的刺激力，因为这种年龄完全处在体力领域内。在和谐制度下，只力求促进引力，所关心的是如何有利于发扬个性，正如文明制度所关心的是力图如何压制这种个性一样。

因为教育工作将在男青年和女青年两队中结束，所以在他们转入男青年和女青年两队时便不再进行考试；但是，在所有各队和儿童时代所有各级中都还要按级继续进行各种考试。这种考试是激发儿童热爱学习的一种动力，因为儿童总是迫不及待地力求步步高升，而以受到任何挫折为耻。

各队和各个特利巴，甚至最年轻的队和特利巴，都完全充满了自尊心，决不收容拙劣的考生。劣者通过逐月参加考试，连遭失败。儿童在这方面都是极严格的鉴定人。被拒之门外的耻辱，对于那些已经超过了申请加入特利巴年龄的儿童来说是非常敏感的。经过六个月的延期和接连考试之后，如果仍然不够条件便被安排到不完全性格的队中去。父母既无法对他们的低能抱什么幻想，也无法像现在这样称赞痴呆的孩子可爱。只要父亲的溺爱行为没有克服掉,竞争心便从根本上被扼杀了。

被划分到不完全性格中,虽然不值得庆幸,却也并不是令人感到受了侮辱的事,因为这一类型中包括许多在感受能力方面有缺陷的人,但是他们也充满了智力上的长处。这一类人中还包括若干极有价值的中性人物,他们集两种性格于一身。

不过,要进入由完全性格的人组成的人数极其众多的集团是困难的,所以智力低下的儿童很容易被列入不完全性格之中。在这里,一个人的真正弱点在模棱两可作用下便被掩盖住了。

况且,当儿童转到高级特利巴的不完全性格队时,这对他来说是一个实际的进步。只要表现出必要的才干,他也可以转入这个特利巴的完全性格的队。

某些人可以在不完全性格的队中度过自己的一生,他们不会因此而不如别人幸福,也不会被人瞧不起,因为在这一类人中间,我曾说过,也有一些极有价值的人。何况,大家都知道,有的性格在青年时代表现得不好,但将来会有所发展,成为一个具有崇高品质的人。

归根到底,在不完全性格中也像在完全性格中一样,多种劳动引力的手段(参看关于对初期童年时代的这些手段)还保持其全部影响。仅仅是从预科生升到某小组一年级新生、从一年级新生升到中学毕业生的这种愿望,就足以鼓励年轻儿童去参加工厂、菜园、畜圈和其他活动。激发他去进行竞赛,这比降低他的热情、和由于他没有能力而安慰他还要容易,因为儿童为自己没有能力而深感痛苦,他是会努力加以提高的。怎么能把这些儿童跟那些被称做可爱的、到了四岁还没有别的本事、只会破坏和糟蹋东西、厌恶劳动，而且只有用鞭子和道德才能够使他们爱好劳动的、文明制度下的儿童相提并论呢？

因此，他们的命运是这样难以忍受，大家一心只想到休息——这在和谐制度下的儿童看来实在是可笑的事；因为这些儿童把跑遍各个工场、开会精心研究劳动看作消遣。在试验性法郎吉内令人赞赏的奇迹之一就是儿童们工作的场面。他们任何时候都不愿休息，总是刚做完一件工作又扑向另一件工作；他们所关心的只是小天使队在集会场所中讨论第二天的什么工作，少儿们从这些小天使队得到鼓舞；因为他们还不参加集会场所的活动，也不领导任何工作。

让和谐制度下的儿童享受充分的自由并不是放纵他们胡作非为；要是允许儿童去摸装上子弹的手枪那就太可笑了。和谐制度下的人不会滥用"自由"这一名词，他们不像文明制度下的人那样，借口自由去为商人的一切可以想象的欺诈行为作辩护。

当他们从某一队升入另一队、从某一级升入另一级的时候，才逐渐允许他们使用射击武器、小马和切削工具。这也是竞赛手段之一，使用这种手段是为了鼓励儿童去劳动、去学习，而从来不强迫他们。

在试验性法郎吉内还看不到这种全面展开的竞赛，因为试验性法郎吉还缺乏种种外部相互关系所引起的一切动力来在儿童中间激起自尊心和竞赛。这种法郎吉的儿童还缺少从十二三岁起就具有在检阅时指挥一万名士兵的那种高尚品格的前景。但是，从他们一开始获得极其辉煌的成果，就足以使人认识到，新的制度一旦得到一切资源的保证，以及通过总的组织上升到完善的结构时，将会提供出什么样的结果。

在少儿和少女教育中还有一个部门我没有能够加以讨论——即如何确定儿童的性格和气质,这就是说在八百一十个完全性格和四百零五个混合性格和超出普通水平之上的性格这个序列中确定一个儿童属于哪一档的这种本领。这是一个超出目前认识范围之外的讨论。我不得不避而不谈,而现在提出这一点来只是为了指出受委托担任这种科学任务的男、女辅导员的作用的高度重要性。

自然界把这样重要的任务给予女辅导员,必然使她们对于在教育事业中的次要作用,即对于摇篮中的婴儿的照料发生反感,这件事难道值得奇怪吗?如果她们必须把自己的全部时间都用在给小孩子熬稀饭、擦锅洗碗、缝补衣衫上,以求不愧为贤德之妇,那么,她们又怎么能有时间来从事发掘性格和劳动爱好、把气质分类,以及进行所有这一切工作所需要的极其细致的钻研呢?所以,被指定从事这些高尚任务的妇女必然会鄙视各种家务琐事,而在文明制度下,她们找不到工作发挥自己的才能,于是便沉湎于娱乐、舞会、看戏和谈情说爱之中,以便填补贫乏的文明制度给富有性格的人所遗留下来的空虚,这是理所当然的。谴责她们堕落是完全不对的,这只应该归咎于文明制度。因为文明制度,在教育领域如同在其他一切领域一样,只是为那些喜欢委琐、奴颜婢膝、十足伪善的妇女开辟了生活的道路。装出一副母爱的样子,往往只是一种假仁假义,对于那些没有任何真正的美德和才能的妇女来说,这不过是美德的垫脚石而已。

第五概述　幼年时代的教育

第欧根尼①说：恋爱是懒人的事。过分的母爱也可以这样说。某些妇女照料孩子的这种美好热忱，只不过是由于无所事事、而又没有更好的办法来消磨时光而不得不做的事情而已。如果她们具有为了自身利益和荣誉而需要追求的二十种生产心计活动，那么在保证幼儿得到良好教养的条件下，使她们摆脱照顾幼儿的事，她们一定会感到万分高兴。

和谐制度不会像我们现在一样，在医务和教育领域内排除妇女，使她们的活动仅仅局限于缝纫和烹饪琐事。和谐制度懂得，自然界平等地赋予两性从事科学和艺术的能力，只是分工有所不同。男子比较爱好科学，而女子比较爱好艺术，其大致比例是：

男子：2/3 爱好科学，1/3 爱好艺术

妇女：2/3 爱好艺术，1/3 爱好科学

男子：2/3 爱好重农活，1/3 爱好轻农活

妇女：2/3 爱好轻农活，1/3 爱好重农活

男子：2/3 爱好辅导员工作，1/3 爱好护士工作

妇女：2/3 爱好护士工作，1/3 爱好辅导员工作

那些粗暴地想从某一类工作中排除某一性别的哲学家，与安的列斯岛上的那些凶恶的殖民者倒很相似。安的列斯岛上的殖民者曾用种种苦刑使那些已经被野蛮教育弄傻了的黑人陷于畜牲状态，一面却硬说，这些黑人还未达到人类水平。哲学家们对于妇女的看法和殖民者对于黑人的见解一样不公正。

就爱好的倾向来说，和谐制度的教育在我们现在的教育尚未

---

① 第欧根尼（公元前 414—前 324 年），古希腊哲学家。——译者

开始时，也就是说在儿童约四岁半时就已经完成了。从这种年龄起，儿童在转到小天使特利巴时，仅仅依靠引力和竞赛的作用就会不断上进。毫无疑义，在二十岁以前，他们还有许多东西要学习。但是，这时候，要求受教育的是他们自己，他们将自觉地在科学或劳动组合中从事学习。无须任何专职人员监督他们，也无须像领导少儿和幼童那样来领导他们。从五岁起，他们将会像我们现在二十五岁的人这样，只是本着自己的愿望去学习，并取得更大的成就。

我们还要补充一点，这就是两种教育应当加以区别：我们现在的教育是把科学和劳动分开的，而在协作制度下，科学和劳动永远是结合在一起的。在这里，儿童将同时从事农业、工业、科学和艺术的活动。这种短期的、分段进行的方法，除了在情欲谢利叶之外，别处是无法推行的。

结　　论

在就教育问题继续谈下去以前，我们必须指出：我们文明制度的方法与自然界的要求是抵触的。自然界绝不希望妇女出于母爱一律爱好照料幼儿；它只希望八分之一的妇女做这件事，并且把这个不大的数目分到彼此各个不同的职位上，如保育员、护士和辅导员等。这些职务彼此之间没有联系，而且每一职务还要细分为各种局部工作，不同的职司可以自由选择。

此外，自然界希望把性别和本能置于竞赛之列。上面所提出的三种集团的本能乃是极不相同的本能，但是它们在整个早期教育中共同组成两性的合作谢利叶。

一个人从幼年时代起就与简单的自然界不适应。为了培养人,甚至从最小的时候开始(人并不是为摇篮而生)就需要一大套作用极不相同、但形成序列的配备。卢梭曾反对过那种把儿童捆绑起来的监狱,不过,他却没有能根据这种方法,想出有弹性的席垫、安排得当的照料和种种必要的娱乐这套作息制度。哲学家们只会用空洞无物的高论去对抗恶,却不善于开辟通向善的途径:要知道善的途径离开简单的本性很远,只有通过复杂的方法才能产生。

我们越是进一步研究和谐制度的教育,便越是能认识到道德与本性这种矛盾。现在,在这里重述一下从儿童时代初期教育中所摘出的若干细节,我想是适宜的。

道德要求把幼儿的教育体系建筑在最小的家庭圈子上,建筑在夫妻关系上。自然界则要求把按照小组、小组谢利叶和谢利叶法郎吉这三级划分的最大的家庭团体作为这种教育的基础。除了这种广大的团体外,既不可能形成职务和公职人员这两种等级序列(它们都以竞赛方式在等级的每一级上发挥作用),也不可能使儿童的性格和气质得到满足,因为性格和气质需要这些大厅和与这两个序列有关的服务,而这种服务除了劳动谢利叶法郎吉之外,是根本办不到的。所以在家庭中,儿童竟苦闷得整日整夜地啼哭,可是,无论他本人或他的父母都猜不透他需要什么娱乐,——他所需要的娱乐只有在谢利叶幼儿宫中才能找到。

道德要求:在小家庭中,婴儿不停的啼哭吵得父亲不能安睡和工作,做父亲的还不得不引以为乐。自然界则相反,它要求无论穷人和富人都能摆脱这种折磨人的闹声,恢复自己应有的尊严,把这个祸根打发得远远的，把儿童都安置在合乎健康和愉快的条件下生活，按照协作方法，使双亲和儿童的休息都能得到保证；可是这三种人现在却备受文明制度下所谓甜蜜的小家庭的折磨。人们既没有单独的房间来安置婴儿，又没有钱来满足婴儿的需要，于是这种小家庭对他们来说，就成了真正的地狱。

道德要求母亲给自己的孩子喂奶——这一点对占妇女总数八分之七的贫苦妇女来说，完全是一种毫无意义的规定：她们根本没有能力雇乳母，自己倒反而去给别人的孩子喂奶。至于谈到在数量上占八分之一的富裕的母亲们，则应禁止她们做这件事，因为她们实在是杀害儿童的凶手。她们由于无所事事，便无微不至地培养儿童千百种有害的怪癖，而这些怪癖便是慢性毒药，它们戕害大多数富家儿童。

人们常常会感到奇怪，死亡为什么老是夺去有钱人家独生儿子的生命，却饶恕茅屋中没有面包吃的穷人家的孩子。这些乡村的婴儿的健康在他们的母亲的贫苦中得到了保障，因为他们的母亲要下地工作，没有时间迁就他们的怪癖，尤其是不像高楼大厦中的阔太太们那样，培养他们这种怪癖。因此，卢梭认为要是号召母亲们具有温柔道德的温柔感情，便会产生妇女阶层的喂奶风尚，不过这些太太应该除外。因为在富有阶级中间，她们不是缺乏必要的健康，就是缺乏冷静而通情达理的性格，而这种性格，对母亲和儿童来说，乃是防止沾染邪恶的手段。

道德禁止父亲溺爱儿童。在和谐制度下，恰恰相反，这却是留给父亲的唯一工作。因为他的孩子在他所参加的小组里所受的批评和责备已经够多了，如果孩子很小，那么还会受到在幼年谢利叶宫中照料他们的保育员的批评与责备。

道德要求父亲是儿童的天然导师；可是自然界要使父亲免除这份关心，而把这份关心留给了护士和辅导员，留给了在本能和协作精神方面适宜做这种工作的人。

道德要求在儿童周围安排六七个如祖母和姑母、姊妹和堂姊妹、女邻居和教母等人，以便培养儿童的有害健康的怪癖，并用法国音乐来损害他的听觉。自然界则要求连这套配备的二十分之一也不需要，就可以在和幼儿的一切本能完全符合的谢利叶宫中愉快而健康地培育儿童。

道德要求儿童从小就养成鄙视财富和尊重商人的习惯。自然界则恰恰相反，它要求儿童从幼年起就养成重视金钱并力求通过诚实的做法来获得钱财的习惯。可是，诚实在文明制度下是不能获得财富的，它与倒行逆施的商业行为或当前的做法水火不相容。

道德要求不给儿童任何精美的东西，特别是饮食方面，要求别人给他们什么，他们就不加选择地吃什么。自然界则要求人们按照美食标准供应他们，饮食力求精美。因为在和谐制度下，这种艺术已变成号召儿童热爱农业的直接手段。

由此可见，无疑地，即使设想道德有着善良的意图，它也在起着江湖医生的作用。江湖医生只会提供有害的劝告，只会在炫耀漂亮教条的情况下违背自然界的种种意向，杀害病人。但是，要说道德及其泰斗们具有善良的意图，是否正确呢？在对这个问题发表意见以前，我们要继续分析这种科学与自然界的矛盾。在我们充分揭露它经久不断地违反常理之后，我们再来研究它的种种堪与无知比美的狡诈行为。

第六概述 中级、高级和混合级童年时代的教育本能与性别的竞赛

前　　言

我用了相当长的篇幅阐述了第一阶段或幼儿时代的教育,因为这是试验性法郎吉的强有力的方面,是试验性法郎吉能够立即大放异彩而且很少会遇到偏见阻挠的一点:偏见还没有纠缠住三四岁、以至五岁的儿童;他们比起九岁到十五岁的儿童来,还很少被道德所侵蚀,误入歧途的程度还比较浅,还很容易自由地发挥他们的天赋和估计他们引力的正确性。从五岁起,文明制度就开始用种种"正道"塞满他们的脑子以恶化他们的性格、特别是女孩子的性格。这样一来,试验性法郎吉就很难按类来分配性格,很难区别完全性格与不完全性格。从第一年起,就肯定不能顺利完成这件事。

现在我们接下去谈谈教育的第二、第三和第四阶段:

第二阶段即中级童年时代,其中包括两个部——小天使特利巴和六翼天使特利巴,年龄从四岁半到九岁。

第三阶段即高级童年时代,其中包括两个特利巴——初中特利巴和高中特利巴,年龄从九岁到十五岁半。

第六概述　中级、高级和混合级……本能与性别的竞赛

第四阶段即混合童年时代,包括一个男青年特利巴和一个女青年特利巴,年龄从十五岁半到十九岁半或二十岁。

年龄的界限起点是比较低的。此外,它们对于两种性别来说并不一样。

我将把第二阶段和第三阶段合并在一起研究,因为支配它们的体系具有同一基础,不过值得注意的是:在第二阶段应该更有效地发展体力,而在第三阶段则是更有效地发展智力。

只是在第四阶段,教育体系才应该有所改变,因为其中掺杂了爱情。所以应该把第二阶段和第三阶段合并起来研究,而对第四阶段则单独加以研究。

为了对这个题目好好地研究一下,需要的不是四章,而至少是二十章。正因为如此,所以我甚至无法作一概述,而只能作一般的叙述,对内容稍加概括。我将时时请读者参看有关和谐制度下的童年时代第二、第三和第四阶段教育详细情节的论文。

我们看到,道德曾忽略了属于这三个阶段的行为的一切原理,并按照自己的习惯把自然界想用来创造美德的一切动力都归入恶习之列。

为了确定产生劳动奇迹和美德奇迹的各种本能和性别的斗争,整个高级童年时代和混合童年时代——初中生、高中生、六翼天使和小天使这四个特利巴,要按照本能划分为两个集团,即:

专门从事与感官或自尊心相抵触的工作的儿童队

专门从事集体奢华事务的小卫队

这两个团体,由于它们的对立性,将有效地运用那曾被道德家妄图对每个性别都加以压制的种种本能——男孩子爱好肮脏,女

孩子爱好打扮。

协作教育把这两种嗜好对立起来,通过不同的途径使两种性别达到同一个目的:

儿童队通过善以达到美

小卫队通过美以达到善

这种方法使儿童享有自由选择的机会,享有在目前制度下他们享受不到的自由。因为在目前制度下,人们总是要强制他们采取同一种习俗体系。协作制度给他们开辟了两条明显对立的途径,这就有利于相反癖性——爱好打扮和爱好肮脏——的发展。

在儿童中间,我们发现大概有三分之二的男孩是爱肮脏的:他们爱在泥泞中打滚,爱玩脏东西;他们还爱争吵,态度倔强,爱说下流话,惯会使用激烈口气和说粗话,爱吵吵嚷嚷,不怕冒险,不怕风狂雨暴等,还有为了图一时快活而不惜破坏东西。

这些儿童可加入儿童队。儿童队的作业是:本着大无畏的精神把任何令人厌恶的、贬低工人阶级的工作,作为一件光荣的事业来完成。这个团体跟和谐制度下精致的文化程度比较起来,是一支半野蛮的队伍,但这只是就举止而言,而不是就感情而言,因为这个队伍具有最热烈的爱国主义。

其余三分之一爱好文雅态度和安静的作业的男孩,便加入小卫队。相反地,有三分之一的女孩具有男孩的癖性,而被称作"小男孩"的,喜欢加入禁止她们参加的男孩子的游戏。这三分之一的女孩便加入儿童队。这样一来;两个团体的成分是:

儿童队——2/3 的男孩,1/3 的女孩

小卫队——2/3 的女孩,1/3 的男孩

这两个团体中的每一个都将分作三类,这三类都必须加以命名。对于儿童队将采用三个具有平民精神的名称,而对于小卫队则将采用三个具有浪漫主义精神的名称,以便在一切方面都使这两个团体形成对照。这两个团体是劳动引力方面具有非常重要意义的杠杆。

第二十一章 关于儿童队

我们首先来分析他们的职权和他们的公民美德。这些美德愈是伟大,便使人愈有兴趣去探讨:引力究竟依靠什么动力,才能够达到这么崇高的境界。不管文明世界如何爱好道德和慈善的空谈,但是实际上,它对这一境界甚至连想都不敢想。

儿童队在为劳动统一体服务中居于神军的地位:作为神军,不管在哪里,只要统一体处在危险的境地,他们就应该首先站在崩坍的地方;在第五编中将会看到,为了支持统一,他们必须去掌管由于其性质过分令人厌恶而势必要恢复雇佣工人和受人轻视的阶级的那些劳动部门。

他们在进行这些工作时,将分为三队:第一队专干脏活,如掏阴沟,清除垃圾,在屠宰场洗制猪下水,等等;第二队专干危险工作,如搜捕爬虫和干些需要灵巧性的作业;第三队参加上述的两类工作。必须让这个由男女初中生和高中生所组成的队伍都骑上小马。

在他们掌管的事务中,有一项是每天要对大道的路面进行维护。和谐制度将来之所以能在全球遍布比我们现在的花间小径还要豪华的、长满花草的林荫大道，正应该归功于儿童队的自尊心。

如果某一条邮路受到一点损坏，便立刻发出警报，儿童队就出发进行抢修；并且树起表示发生事故的小旗子，以免任何旅客发觉时会谴责这个法郎吉，说它的儿童队不好。如果大路附近发现成群的青虫或听到癞蛤蟆的呱呱叫声，法郎吉也同样要受到谴责。这种可耻的现象会引起人们对这个法郎吉的轻视，并且还会使它的股票跌价。

尽管儿童队的工作最苦，缺乏直接引力，在所有谢利叶中报酬却最少。如果在协作社制度下不取任何份额是荣耀的事，那他们便会分文不取。他们只领最少的份额，但这并不妨碍他们每一个成员在其他作业中都能赚得头等份额。不过，作为一个博爱的友好团体，他们的宗旨就是尽可能无偿地进行自我牺牲的服务。

为使这种献身精神增加光彩，人们让儿童队有可能（虽然这个组织是由未成年的儿童所组成）从九岁起牺牲八分之一的财产来为上帝或统一服务——这两个词含义相同，因为统一或和谐都是上帝的目的。因此，拥有八万法郎财产的儿童，通常只有到成年时才能处理这些财产；但是，如果他是儿童队的成员，从九岁起就有权从中提出一万法郎存入儿童队的金库，而富有的儿童，尽管他们提供很大一笔款项（这笔款项要是在文明制度下会成为被光荣接受的保证），也还是不容易获得这种优待的。

在分配收入的会议上，所有的儿童队都让人把自己的现款带来，如果某个谢利叶抱怨亏空了一两百路易的款项，那么儿童队领导人便拿出盛有两百路易的一个筐子，放在这个谢利叶负责人的面前，这个谢利叶就必须接受。如果拒绝接受，那便是侮辱舆论，因为舆论早有规定,神军为了支持统一,为了纠正人们由于判断而犯的错误,有权牺牲自己的财富。对那个谢利叶来说,这是一种耻辱,是一个警告,要它在下年度更好地组织,更好地把它的成员的性格和竞争安排妥当。这样一来,在分配会议上便不致引起足以使统一事业发生困难的任何争执。一个法郎吉,要是在这紧要关头,在分配的日子里意见不合,会被认作是性格序列紊乱的法郎吉而失去舆论的尊敬;它的股票会因此跌价。必须赶快摆脱这种情况,因为我们知道,在和谐制度下面,如果在情欲方面发生纠纷,物质方面或经济上就要受到威胁,这与物质方面不能满足,情欲方面便会受到威胁一样。

既然儿童队是一切公民美德的发源地,它们就应该把基督教所推重的忘我精神和哲学所推重的鄙视财富都用来造福社会;他们应该把文明制度下所梦想和摹拟的种种美德结合起来并在实践中加以应用。社会荣誉的保持者,应该砸烂肉体上和精神上的蛇怪的头,应该扫除田野中的害虫,同时,还应该扫除社会上比毒蛇还要恶毒的害虫;他们要靠自己的财富来制止足以破坏和谐一致的由贪婪而引起的各种冲突;他们要用自己所干的脏活来压服那种贬低劳动阶级、借以恢复等级观点、破坏共同友谊和阻碍阶级融合的傲慢心理;阶级融合是协作结构的基础之一,因为协作结构的基础就是:

劳动引力,均衡分配

阶级融合,人口平衡

某些人仿佛认为,为了使儿童创造美德的奇迹,必须采取超自然的手段,如同我们现在的寺院所做的那样。寺院通过极其严峻的入教考验的方法来使新入教者养成忘我精神，而儿童队则按照完全相反的方式，它只采用令人愉快的诱饵。

我们来分析一下他们美德的动力。这种美德有四种，都是道德所反对的，即：爱干脏活的嗜好、自豪感、不畏讥笑的心理和爱抗命的癖性。儿童队正是沉浸于这些所谓恶习之中才实现了一切美德。我们试举一个例证来对此加以考察。

我曾经说过，引力的理论应该只利用上帝赋予我们的情欲，丝毫不容改变。根据这个基本观点，我曾指出从幼年时代的某些引力表现出来的天性是合理的，尽管这些表现在我们现在看来都是恶习，如好奇心和无恒心就是如此：它们的目的是吸引儿童参加众多的谢利叶宫，在那里施展他们的才干；爱与比他们年长的大孩子交往的癖性；在和谐制度下，他们正应该从这种人那里获得爱好劳动的动力（上升的友爱品格）；不服从父亲和导师的教导：他们都不应教育他，他的教育应该通过小组的运用心机的竞争方法来进行。由此可见，在早期的儿童时代如同在后期的儿童时代一样，只要对情欲谢利叶加以运用，青年人的一切动力便都是很好的东西。

并不是从第一天起就要叫儿童队参加种种令人嫌恶的工作，但必须把它逐渐引向这种工作。首先要以社会地位的优越性来激发其自豪感。当局的任何代表，甚至君王们都应该首先对儿童队表示敬意。他们拥有小马，是世界上最好的骑兵队；任何一支产业大军没有儿童队都不能作战；他们在任何统一劳动中都有首开战功的特权；他们在指定开战的日子出发到军队中去；工程师编制工作计划，而儿童队则打着旗帜全线挺进，在军队的欢呼声中执行第一批勤务：他们在那里度过几天，在很多工作中都干得很出色。

他们比其余一切部队都拥有优先权,并且在任何早晨的作业中,指挥权总是落在某一个儿童队队长身上。如果军团驻扎在某个法郎吉(小室营房)中,那么第二天早餐之后,就要准备进行检阅,也是由儿童队队长指挥。他像将军一样有自己的司令部,这是使儿童十分着迷的特权,也能参加军队;参加军队的权利只授予儿童队或从小卫队中选拔出来的人,但后者只有由儿童队保送,军队才会接受。

在寺院中,儿童队被安置在殿堂内,而在庆祝仪式上,它总是占据尊荣的席位。

这些特殊待遇,其目的在于利用他们爱干脏活的癖性。需要利用没有什么价值的小小的虚荣心来激起他们对这些工作的热爱,使他们觉得干这一行光荣;因为这个缘故,就要鼓励他们的自豪感、不畏讥笑的心理和不驯服的癖性。

他们有自己的行话或秘密语言,以及自己的小炮兵队;他们还有自己的男女祭司,即从那些保持爱干脏活的嗜好并由于这种服务而获得很多优先权的老人中间推选出来的伙伴。

就儿童队方面来说,应该遵循的方法是:要好好利用他们爱干脏活的热情,但不要让它消磨在累人的工作上。为了丝毫也不磨灭这种热情,要愉快地、光荣地运用它,工作时间要短。例如:

有一件极肮脏的活计,那就要邻近四五个法郎吉的儿童队集合起来;清晨四点三刻,他们进早餐;五点钟,唱过宗教赞歌,以及对被派去工作的各小组进行检阅之后,便敲钟、擂鼓、吹号,一时犬吠牛鸣,响彻云霄,于是儿童队宣告出发了。各个儿童队在自己的队长和祭司率领下高声欢呼着奔向前去,在给他们洒水的祭司面前通过。他们精神抖擞地奔赴工作岗位,把这种工作作为虔诚的事业,作为对法郎吉的慈善行为和对上帝和统一的服务来加以完成。

工作一结束,他们便进行沐浴、更衣,把自己打扮得整整齐齐的,然后到花园和工场去游玩,一直到八点才回来,怀着胜利的心情吃早饭。这时候,每个儿童队都得到一个用橡树枝编成的花冠,他们把这个花冠缀在他们的旗帜上。吃过早饭,他们再骑上小马,各自回到自己所在的法郎吉去。

这些儿童队应该作为宗教团体而归入僧侣阶级。在履行自己的职责时,衣服上都佩有宗教的徽章——十字架或其他标志。在推动他们从事劳动的力量中间,我们不应忽视宗教精神,这是激发儿童献身精神的一种十分强大的动力。

在他们被同伙情谊鼓舞着去从事过艰苦工作之后,培养他们在住宅、屠宰场、厨房、畜圈、洗衣房等方面干些普通脏活,便十分容易了。他们在法郎吉内就像在军队里一样,总是清晨三点钟一起床就立即投入工作。

他们掌握保护牲口的大权,他们监督屠宰场,不让一头牲畜受到折磨,而在宰杀时也尽量减少牲畜的痛苦。凡是虐待牲畜、禽鸟、鱼和昆虫的人,在工作中残忍地对待牲畜或在屠宰场折磨牲畜的人,都将被告到儿童队的谘议会里去。不管他年龄多大,都会被作为一个在理性上低于儿童的人而受到儿童法庭的传审。因为在和谐制度下,人们认定的法则是:只有人们很好地饲弄牲口,牲口才能膘肥体壮。按照法国的习惯,凡是虐待这些不能有所反抗的生物的人,他本身比受他迫害的牲畜还要低下。

第六概述 中级、高级和混合级……本能与性别的竞赛

试验性法郎吉将不会拥有前面谈到过的一般关系的手段来激励自己的儿童队。但是,它可以靠某些适当的方法去接近目的,譬如说,严格区分儿童队与小卫队;举一个例,从服装方面来说,小卫队有骑士式和浪漫式的服装,以及时髦的检阅时穿的服饰,即所谓骑兵式的直线式服装;而儿童队则穿鞑靼式检阅服饰,即具有奇异装饰的曲线式服装,以及大致是一种半北非式、半匈牙利骠骑兵式短上衣和各个不同的颜色鲜艳的长裤。因此,儿童队仿佛是一丛丛五彩缤纷的郁金香:一百名骑士能展示出两百种艺术地交相辉映的色泽,——这对于美丽的法兰西来说,倒真是一件相当艰巨的任务,因为在法国这种差劲的商品中,尽管有所谓商业上的精益求精的精神,可是,从来都找不出四十种颜色,以便有系统地用互相对照的两种色泽来区别各个团队的特殊标志。

关于这个问题我们有更详细的叙述。根据我所谈过的情形,已经可以预见到,具有道德对这种年龄所加以禁止的一切癖性的儿童集团,乃是一种动力,使道德家们所醉心的关于美德的一切空想变为现实:

第一,温存的博爱。如果肮脏使得某种劳动为人所不齿,那么从事那种工作的谢利叶便会成为贱民阶级。这种贱民是富人不愿在工作上与之接触的下贱人。任何可能产生这种恶劣影响的作业都由于担任这种作业的儿童队而变得高尚起来,而且这样做,儿童队就是支持富有、中产和贫穷三个阶级的接近、统一或融合。

第二,鄙视财富。儿童队并不鄙视财富,而是鄙视在使用财富上的利己主义;他们为了增加整个法郎吉的财富而牺牲自己的一部分财富;他们保持了财富的真正源泉,因为财富是三个阶级普遍

具有的劳动引力，它使得他们在一切工作中，甚至在留给儿童干的脏活上产生衷心的团结。富有的儿童也像贫穷的儿童一样，争着被接纳到儿童队；性格就是进行这种团体选择的决定因素。

第三，社会的善行。我们看到，儿童队在做这些好事时，便间接地带动大家在各种有利害关系的事业上都崇向美德（参看第五编）——这是一种反方向或慷慨行径的平衡分配，即富人们据以联合起来造福穷人，但在文明制度下，富人们却是勾结在一起掠夺穷人。

在以下各编中，我们将会深信，美德的一切胜利都是由于儿童队的优良组织而获得的。仅仅是他们的这种组织就能够在总的结构中形成对货币垄断的一种抗衡力量，以制伏这个世界上的暴君。货币在道德家心目中是一种可鄙的金属，但当把它用于支持经济的统一时，便变成极高尚的东西了。然而，在我们今天这个文明制度社会中，它却是实现这种统一的暗礁，因为在这一社会中，对于那些依靠财富就啥也不做的无用的人才赐之以正人君子的称号。他们这种正人君子的雅号倒也有理，因为既然在文明制度下的货币流通是以这群游手好闲者的随心所欲为基础的，那么，他们便真正是维持这种倒行逆施的流通和消费制度的正人君子了。

为了把上面关于儿童队的这一章作一总结，我们还要对推动他们的力量加以研究。关于这一点，只有在我叙述了他们的对立面或与他们对立的力量即小卫队之后，才能作出正确的判断。我现在即将对它们加以简略说明，然后，还要阐述贞洁少女和贞洁少年这两个团体，才能够说明童年时代各种不同的特利巴之间情欲平衡的体系。

我们不妨指出，在儿童队中间，任何一种情欲都不受压制；恰恰相反，要让他们主要的爱好（如爱干脏活便是其中一项）得到充分发扬。

如果我们的道德家研究了人的本性，他们便会承认大多数男孩子都有这种爱干脏活的癖性，便会像协作制度所做的那样，主张把这种癖性应用到有益的目的上。协作制度从这种嗜好中取得益处，以便组成德西乌斯①式的劳动团体来促进这种爱肮脏的习性。而温存的道德并不愿设法利用上帝赋予我们的这种情欲的手段，反而死命打击、压制这种习性。道德正是由于自己固执地拒绝研究本性，这才在教育问题上忽略了这个最重要的动力——逐步上进心的驱使或各级团体的推动力，忽略了一切儿童所共同具有的情愿服从年龄稍长的儿童小组领导的强烈愿望。团体内的年龄次序是儿童所愿意承认的唯一导师；他高兴地接受这种督促。正因为如此，指定儿童服从这种纪律的自然界便使儿童成了抗拒父亲和教师的命令的人，因为自然界保留给父亲的教育权是以对方的主动请教为前提的。

第二十二章　关于小卫队

如果拿自然界大概是为儿童队安排好的这种对立物来与它对照，儿童队的活动和竞赛便会加倍有力。大多数男孩子都爱干脏

---

① 德西乌斯，古罗马人，出身平民，他和他的后裔在历次对外战争中，为了保证罗马人的胜利，都不惜作出牺牲。——译者

活，不怕讥笑，而且行动粗鲁；与此相反，大多数女孩子则爱好打扮和文雅的风度。这就是表现得非常鲜明的竞争的萌芽；这种萌芽有待加以发展，使之应用在劳动上。

儿童队的美德及其公民献身精神愈显著，竞争集团为了在思想上和它较量而应该具有的长处也就愈多。小卫队是社会魅力的保持者——这一岗位不如儿童队作为社会协调的柱石的岗位来得荣耀，但是，照管集体的装饰和协调总体的奢华，在协作制度下是和其他劳动部门一样有价值的。小卫队参加这一类活动很有用处，他们把在物质上和精神上装饰全乡作为自己的工作。

在和谐制度下，每个人在选择自己的服装方面是完全自由的，但在团体的会议上则必须着清一色的衣服：每个小组、每个谢利叶都可以就选择什么服装进行讨论，而且在物质上的装饰或是服装的选择和革新所进行的竞赛中，对玩偶的爱好也可加以利用，这就像我在谈到幼儿教育时所指出的利用对玩具的爱好一样。装饰玩偶和时装模特儿的任务，交给大部分女孩子所组成的小卫队去完成。她们经过品评研究之后，才对玩偶和时装模特儿进行选择。

小卫队的举止与儿童队完全不同，很讲究文雅和彬彬有礼，使男孩子都尊重女孩子。这倒是一种极其有益的习惯，因为可以使儿童对二十岁到三十岁人组成的特利巴的风流举止有个天真的想法。当儿童们看到这种彬彬有礼的态度在由未届青春期年龄的儿童所组成的小卫队中占着支配地位，而这些小卫队成员在学校里大半是出类拔萃的人物时，儿童们就不会猜想这种风流举止的真正原因了。

男孩子在这里只占三分之一。小卫队里集中了对科学研究很早就显露出卓越才能的、像巴斯加尔[①]那样早熟的青年学者,以及从幼年起就具有温柔感情的女性型的男孩子。

他们起床时间比较迟,不如儿童队积极,要到清晨四点才去工厂。他们没有必要早到那里,因为他们很难得去照料大牲畜,只是专门照料难于饲养但颇易驯服的动物,如信鸽、各种飞禽、协和劳动的海狸,还有斑马等。

他们拥有保护植物的大权。凡是攀折树枝的人、不到时候就采摘花果的人、随便践踏植物的人,都要被带到小卫队的参议院去。参议院类似儿童队在保护动物方面的谘议院,它将根据刑律进行审理。

他们还担负着全乡的精神装饰和物质装饰的任务,履行法兰西学院和意大利语言改革院[②]的职责,对不合规范的语言和不正确的发音加以审查。小卫队中的每个骑士都有权像雅典女商贩那样,对泰奥弗拉斯托斯[③]用词不当加以嘲笑。小卫队的参议院甚至有权对于父辈的文字进行检查。它把每个协作社成员所犯的语法和发音上的错误都开出一张清单,然后由小卫队办公厅把这张清单交给本人,建议他改正。

他们是否受过足够的教育来进行如此艰巨的评判工作呢?当然受过。不过我现在不谈这个问题,因为它属于有关教育的一章。

他们被儿童队所树立的美德和公民献身精神的伟大范例所鼓

[①] 巴斯加尔(1623—1662年),法国哲学家、数学家和物理学家。——译者
[②] 意大利文为:della crusca。
[③] 泰奥弗拉斯托斯(约公元前372—前287年),古希腊哲学家,继亚里士多德之后任书院院长。——译者

舞,心里充满在自己的职掌范围以内向他们看齐的愿望。一个有钱的女骑士在自己青年时期加入骑兵队时(九岁)要以某种装饰品作为礼物赠送给自己的分队。如果她的资财容许的话,要向整个骑兵连赠送礼物。如果人们怀疑她抱有浸透文明制度精神的利己主义,她便会受人鄙视:因为这种利己主义会引导妇女鄙视自己的性别,对自己的不幸、对自己的被奴役和被剥夺反而感到高兴;她之所以珍视某种小装饰品只是因为自己贫苦的邻居妇女没有这种装饰品而已。小卫队认为自己具有与文明制度的妇女完全相反的风尚是一种光荣,而且,她们喜爱装束只是为了使其成为普遍友爱和全县装饰的推动力量,成为鼓励人们劳动和表现集团慷慨大方的杠杆。

为了表现这种慷慨,必须在小卫队内建立集团库房。如果说儿童队必须用它们八分之一的财产来为博爱服务,那么,小卫队也完全可以动用它们十六分之一的财产,必要时还要动用由它们股票的贴水所获得的收入。儿童们通常都把这种贴水积累起来,因为他们赚到的工资永远是超过开支并有盈余。

小卫队聘请获得柯里巴神男祭司和柯里巴神女祭司称号的成年同事为自己的助手——这种柯里巴神男女祭司与儿童队的德洛伊德男女祭司正好对立。在他们游客的盟友方面,即在献身于艺术的大男游侠骑士和大女游侠骑士团方面,也截然不同。另一方面,儿童队还把从事公共工程的男女猎奇者作为自己的游客的盟友。

自然界在分配性格时,安排好了强烈的或鲜艳的色彩与温柔的或和平的色彩的基本划分,——一切创造物都有这种区别:就颜色来说,由深色到浅色;就音乐来说,由低音到高音,等等。这种截然相反的对照在儿童中间很自然地形成了擅长不同作业的儿童队与小卫队的差别。

儿童队的作业产生了阶级融合的伟大奇迹,人们从小卫队方面也获得相当出色的服务。这是谢利叶从童年起加以精心安排的结果。教育的目的也就在此。

在第五、第六两章中已经看到,如果在劳动谢利叶内缺乏紧密的联系,这个劳动谢利叶便不完备。为了使联系紧密起来,必须把爱好的多样性、精致性和细微性加以仔细区别。人们很早就让儿童养成这种区分情欲上的细微差别的习惯。小卫队的任务就是把那些酷爱在装饰方面(这是女孩子和妇女所惯于争论的)表现出精致性的儿童们集合起来;她们就像我们的文学家和画家那样,能在一般人挑不出任何缺点的地方看出刺眼的毛病来。

小卫队有能力确定趣味上的细微差异,对艺术的精致性进行分类,并通过想象的精密性以及阶梯序列,使谢利叶紧密联系起来。这种属性,除了美食之外,极少为儿童队所具有。

和谐制度的教育就是这样在两种截然相反的爱好中——爱肮脏的嗜好和爱雅致的嗜好——也就是被我们教育界的诡辩家们所谴责的两种癖性中获得自己平衡的手段。儿童队在否定的意义上发生作用,而小卫队则在肯定的意义上发生作用:一个扫除了阻挠和谐的障碍,破除了由令人嫌恶的工作所产生的等级观念;另一个则以其组织趣味的序列,以及以确定各种不同的小组间的细微差异的能力,创造了谢利叶的萌芽。由此显然可见:

儿童队通过善,通过有意不爱清洁的方法以达到美;

小卫队则通过美,通过爱装饰和发奋学习的方法以达到善。

这种截然对立的行为正是自然界的普遍规律。在其整个体系内,我们发现正作用和反作用、上升波动和下降波动、曲射形式和反射形式、强烈色彩和柔和色彩、离心力和向心力等的对立与平衡——到处都存在正作用与反作用,这是文明制度的教育事业所完全不懂得的原则。因为文明制度的教育事业在方法上永远是单一的,而且也是非常简单化的,总想按照唯一的模子来培养所有的儿童:在斯巴达,它要求儿童都成为清汤白水的朋友;而在巴黎,则不顾本能的对立和竞争,要求儿童都成为商业的朋友。

另一方面,文明制度的教育不用复杂的方式而采取混乱的方式;它要儿童服从符合等级观念的各种不同的道德守则,服从适应内阁更迭带来的各种不同的原则;今天按照布鲁突斯的意志来教育他们,明天又依照恺撒的意志来教育他们。这就是说,它缺乏体系的统一,采用了在特点上来说是千篇一律,在方法上来说是杂乱无章的措施。况且,在文明制度的教育中,你在任何地方都找不到符合本性的方法的一点点痕迹,也找不到与本能和性别的对立。以后我们要在进入青春期的年龄中来研究运用这个对照问题。现在,我们先来谈一谈协作的教学体系,而这种体系的动力和方法与我们现在的教育体系和方法毫无共同之处。

关于小卫队的详细情节,我写得很少。至于谈到证明,那么这也跟其他任何措施一样:问题要看是否已经形成了谢利叶,是否充分推动了三种原动力情欲。谢利叶在小卫队中也同在儿童队中一样,按三类组成,其中两类按完全相反的活动形式组成,一类按混合的活动形式组成。整个说来,都是按照与儿童队的作业完全对立的形式组成。如果这种规则得到很好的遵守,所有三种情欲的发展便会比在一切教育活动中最吃力不讨好的作业方面所说的发展情况更加容易。这些细节我们留待编末再谈。

第二十三章　关于和谐制度下的教学

直到现在,我只是部分地、一个队一个队地、一种作业一种作业地考察了协作教育。现在应该来考察青春期前年龄的所有特利巴及其竞赛动力,并把它们与文明制度的教育作一比较。在文明制度的教育中我们发现有五种失调之处:

1. 进程的颠倒。
2. 行动的简单化。
3. 实质的缺陷。
4. 形式的缺陷。
5. 缺乏物质引力。

第一,进程的颠倒。它把理论摆在实践前面。文明制度的一切体系都陷入这种错误:人们不懂得诱导儿童去从事劳动,在儿童六七岁以前——这个时期本来应该用来使儿童成为熟练的实践家——就这样让他们虚度光阴;到了七岁,他们却要他去学习理论和各种学科,寻求他根本不感兴趣的知识。而在和谐制度下的儿童则不会不发生这种求知的兴趣,因为他们到七岁时已经做过三十种不同的行业,深切体会到研究精确科学的需要。可见,文明制度的教育在过程上是颠倒的,它把理论摆在实践前面,——这完全是本末倒置。它那整个体系都是这样,教育不过是其中的一个部分而已。

第二，行动的简单化。儿童只限于做一种工作，这就是学习。一年有十个月到十一个月，从早到晚，都在初步知识和语法上消磨时间，他怎么能不对学习发生反感呢？这种情形甚至使那些热心好学的人都会感到厌恶。在一年中最好的季节里，儿童需要到花园、森林、草原中去工作；他们只应该在下雨天和空闲时间才从事学习，而且学习要多样化。哪里作业简单化，哪里就没有行动的统一。

这个社会已经犯了把父亲一辈子囚禁在办公室中的错误，很容易再做一件蠢事，就是把儿童关闭在某个寄宿学校中。在这种寄宿学校里，儿童既对学习感到苦恼，又对教师感到反感。如果我们的体系制造者熟悉情欲的话，我倒要问问他们：这种禁闭儿童的办法和作业的单一性怎么能够与被称做自在情欲和组合情欲的这两种情欲相协调呢？我们的政治和道德著作家们不断地高谈本性，却片刻也不想征求一下本性的意见。请他们看看好容易才挨到了假期的儿童们吧！一到那个时候，儿童们三五成群地穿着短衫在干草堆里打滚，兴高采烈地参加收获葡萄、胡桃和水果，以及捕鸟等工作；请他们在这个时候去试一试向这些儿童提出研究初步科学的建议吧！这样就会看出，儿童的本性是否愿意在一年中最好的季节整天被禁闭在四周都是书本和学究的环境中。

有人反驳说，为了使人无愧于自由人这一堂而皇之的名字，无愧于商业和宪章，难道不应该让他们在青年时代学习吗？嘿！当他们由于引力、由于智力竞争的冲动而去学习时，他们在每次只有两小时的一百堂冬学课中所学到的东西，将远远超过硬把他们送

第六概述 中级、高级和混合级……本能与性别的竞赛

到被称作寄宿学校的幽禁所中的三百三十天里所学到的东西。

第三,实质的缺陷在于使用强制手段。文明制度下的儿童只有在穷困、惩罚、藤条、皮规尺的威胁下,才迫不得已养成学习的习惯。被这种讨厌的体系所困扰的科学,只不过从半个世纪之前起才开始设法通过比较宽容的方法对此加以粉饰。科学力图掩盖儿童在学校中的苦闷,在学生中间创造一套类似竞赛和尊师之类的名堂。这就是说,它仿佛看到了应该怎样才是,但是却没有找到建立这种体制的任何手段。

师生之间的真诚融洽只能来自学生的主动请教,而这正是文明制度下永远不会发生的事,因为在文明制度下由于把理论置于实践以前的倒行逆施,由于简单行为或无间断的学习,整个教学就走上了邪路。

有一些儿童、最多是八分之一的儿童顺从地接受学习,而不是要求学习。于是,教师便由此得出结论说,其余八分之七的学生都不堪造就。这无异是把例外的现象作为普遍的规律——这是所有歌颂完善境界的吹鼓手们常有的幻想。在所有各种类别中,都有构成例外的八分之一,它不遵守一般的惯例,并且能很容易地使自己服从新的习惯。但是,变化只是由于它适用于绝大多数、适用于八分之七才能奏效,而这一点也正是我们目前的体系所做不到的。我曾指出:他们只是引导学生接受学习,而不是引导学生要求学习。至于谈到构成绝大多数的八分之七的儿童,现在还是跟过去一样,对学校感到非常苦恼,只想摆脱它。我曾看到过并询问过一些从著名学校(如彼斯塔罗齐学校等)出来的人,我在他们身上发现的只是教育的平庸,以及他们对于学习和教师漠不关心。

第四，形式的缺陷。这就是说对学生所使用的方法单一化，好像所有学生的性格都是一模一样的。

我曾叙述过由九种方法组成的谢利叶，——当然在这方面还可以增加许多别的方法。只要这些方法适合学生的性格就都是好的，而且让儿童从九种到十二种方法组成的谢利叶中进行自由选择，这并不算太多。

我曾经指出，当达朗贝尔①在研究历史时大胆地提出与编年顺序相反的反综合的时候，曾受过人们的嘲笑。他反对从过去延伸到现在的正综合相反，而主张从现在上溯到过去。有人曾经责备达朗贝尔，说他想要破坏历史的魅力，而把数学的枯燥无味引进教学法中，真是多么奇怪的诡辩！任何一种方法只要适合性格，都不会带来枯燥，而只会产生丰硕的成果。如果没有许多方法供儿童选择，那么有许多性格便不能养成对学习的爱好。对比是非常有意思的：把那本名叫《法兰西政治的欺诈行为》——这在路易十四和波拿巴这两个如此类似的朝代也很多——的真实著作跟那本题目为《法兰西历史懿行录》的捧场书籍对比一下，就会看到：研究欺诈比研究虚构的所谓"懿行"，更诱人十倍。

关于和谐制度下的教学，我曾写过三章，为了弄清楚试验性法郎吉内所应该遵循的步骤，可参看那几章。在试验性法郎吉内必须试行近似竞赛的各种方法，尽管开始不可充分采用竞赛方法。

第五，缺乏物质引力上的动力。从上面可以看到，在我们现在

---

① 达朗贝尔(1717—1783年)，法国启蒙哲学家，百科全书派创始人之一。他也是一位数学家，在微积分研究方面很有造诣。——译者

的种种方法中既没有内心的或精神上的动力,同样也没有物质引力上的动力——歌剧和实用的美食嗜好。

歌剧使儿童养成富有节奏感的一致性。这种有节奏感的一致,对儿童来说,乃是收益的源泉和健康的保障。因此,歌剧是通向两种奢侈——外部奢侈和内部奢侈——之路,而奢侈则是引力方面的第一个目的。歌剧诱导儿童从小就参加种种体育和舞蹈的锻炼,引力强有力地推动他们进行这种锻炼;儿童们正是在这里获得情欲谢利叶各项工作中所必需的熟巧,因为在谢利叶中,一切工作都要以我们在歌剧中所看到的那种沉着稳定、有节奏感和一致性来完成。因此,歌剧在幼年实践教育的动力中居第一位。

我把一切舞蹈练习,甚至持枪和捧香炉的练习,都归于歌剧之列。协作社中的儿童在这方面大大地胜过我们。我们往往连组合的舞步这样一些最基本的东西都不知道;例如,每个法郎吉为了举行礼拜仪式,要由一百四十四个踏着循序渐进的步伐的舞蹈者组成一个团:

捧香炉者	持花女郎	步伐
男高中生,24	女高中生,24	短步
男初中生,20	女初中生,20	半步
男六翼天使,16	女六翼天使,16	全步。
男小天使,12	女小天使,12	双步

因为十二打这个数目是很巧妙地适合机动演习的多样化的,——宗教游行在和谐制度的乡内远比在我们现在的大都市中

富丽堂皇得多。在我们现在的大都市中,特别是在巴黎,这种宗教游行实在寒碜得很。

捧着香炉、携带枪支和歌剧的舞蹈动作演习是儿童们非常喜欢的。被吸收参加这种演习,对他们来说,是极大的幸福。歌剧把所有这些练习结合在一起。如果不把歌剧列于幼年教育动力的首位(要知道幼年只适合参加体力锻炼),那就是对人的本性一无所知。

协作教育把儿童的身体看作是心灵的补充和助手:它把心灵看成是一位大贵族,这位大贵族要等他的管家把道路整修好了这才进入城堡。协作教育在幼年时首先就是培养儿童的体格,使之适合和谐制度人的心灵的一切服务,这就是说养成公正和诚实、表现协调、均匀一致的品德。为了在心灵养成这些品德以前使身体习惯于这一切优点,就要运用与我们的道德方法完全相反的两种动力,即歌剧和饮食或实用的美食嗜好。

儿童必须:通过饮食来练习两种积极的感觉——味觉和嗅觉,通过歌剧来练习两种消极的感觉——视觉和听觉,以及在各人专长的种种活计中练习触觉。

美食和歌剧是情欲谢利叶制度下引力引导儿童的两点。歌剧和幻梦剧的魅力强烈地吸引着幼儿。在按序列安排的法郎吉的美食中,儿童将在动植物界产品的轻巧劳动中获得技艺和知识。他们在餐桌上进行烹调的争论时以及在菜园、牲畜棚里进行农艺学的争辩时,都会对这两类产品发生兴趣:美食是这种种活动的联系环节。

歌剧是物质的和谐综合,其中含有全部音阶:

各种年龄和不同性别的舞蹈表演

1. 歌唱,或有节奏的人声。
2. 乐器,或有节奏的人工音调。
3. 诗,或有节奏的思想和语言。
4. 哑剧,或姿势表情的和谐。
5. 跳舞,或有节奏的运动。
6. 体操,或和谐的锻炼。
7. 和谐的场面和服装。

严谨的结构,精确的演奏。

由此可见,歌剧集和谐的一切物质表现之大成,是上帝精神或均匀一致精神的真实标志。所以,如果说儿童教育应该从体育开始,那么就应当早早地吸收儿童参加歌剧,使他熟悉物质统一表现的一切部门,这样他便会很容易地升入精神的统一。

我知道,在文明制度下,在教育事业上使用歌剧会招致多少开支和不便。这会是一种极危险的杠杆:在令人厌恶的产业制度下培养平民文明智慧是不太合适的。但是时代不同了,风尚也不同了;在和谐制度下,让平民在文化程度上与跟他们一道工作的富有阶级互相竞争是合适的。粗鲁的人会使工作失去魅力;而被称为组合情欲的第十二种情欲会因此得不到充分的发扬。

既然在我们中间,歌剧院只不过是奢侈浪费和跟女人调情的场所,那么它被形形色色的道德家和宗教界人士看作是应受指摘的东西,便没有什么可以奇怪的了。但是,在和谐制度下,这是一种友谊的聚会,它决不会让任何危险的倾轧在这些时时刻刻都在产业谢利叶各种工作中碰头的人们之间发生。

现在花费浩大的歌剧,对和谐制度的人来说几乎不需要花多少钱。由于引力,他们从幼年时代起就都是石匠、木匠和铁匠,所以每个人都可以在建筑、装置、绘画、合唱队、管弦乐队和跳舞方面参加工作。每个法郎吉应该有约一千二百到一千三百个艺术人才,或者登台表演,或者参加管弦乐队和从事机械装置的工作,而不必请求邻近法郎吉的核心部队和流动军团帮忙。一个最穷的乡,在歌剧方面,肯定会胜过我们现在的大都市。在全世界代表会议上所达成的语言和读音的统一,在极大程度上正应该归功于和谐制度下的人登台表演的共同习惯。

我在总结上面所谈的关于和谐制度下教学的途径和方法时,应该指出:在运用理论以前早就进行了长时间的实践。这种实践建筑在两类谢利叶上,其中每一类谢利叶包含着许多种谢利叶。

歌剧将在音乐、舞蹈、绘画等方面提供极为广泛的谢利叶(参看上面歌剧的九个部分)。

饮食,同样具有各类谢利叶,如器皿、家具、机械设备等。在法郎吉的大厨房内,一切设备都是按谢利叶来划分的。例如,在这里计有七种大小不同的烤肉铁叉子,从烤大牲畜的铁叉子一直到烤小飞禽的小铁叉子,应有尽有。小铁叉子是让一些有经验的小孩使用的。至于烹调,我已经指出过,它可以有六十个彼此展开竞赛和经常发挥作用的谢利叶。

但是,如果不用关于饮食的烹调讨论来激发儿童,他们怎么会参加这类厨房工作呢?这种讨论之所以能够进行,只是由于人们从儿童幼年起就训练他们讲究美食,这是所有孩子们都感兴趣的。因此,只要在很好地组成所有各类谢利叶之后让儿童受到吸引就行了。引力首先引起他们对于美食的嗜好，造成不同嗜好的竞争派别。他们一旦热爱这些事物，便会参加厨房工作，并且当循序渐进的竞争心理在消费和调制上逐步发生作用时，还会扩大到动植物生产工作上去；这种工作，由于在餐桌上和厨房里已经获得了丰富的知识和培养了很大的抱负，因此能胜任愉快。这就是各种不同作业的自然结合。

关于这个题目可以参看有关儿童在谢利叶厨房内所得到的诱导、和谐制度下儿童所从事的农业工作、对动物和谐的饲养各章，以及关于和谐制度下的教育的全部文章。

我本应该写一篇关于文明制度下的教师的论文。文明制度下的教师只有本事在这一制度下的最后一行占个位置；他们在各种桎梏中干着待遇菲薄的苦役犯式的职业。"圣职"人员也处在同样危险的境地；除了一些主教和极少数的宠臣之外，大批正、副本堂神甫都在接近赤贫的境遇和没有办法上进的状态下苟延残喘。这两类人是多么需要鼓励有人去实验协作制度啊！只有在协作制度下，他们才会过上富裕的生活。

第二十四章　混合级童年时代的教育

我们已接触到教育的微妙部分，恋爱的过渡时期，也就是我们一切压制方法遭到失败的这一部分；因为我们的压制方法，从一开始以至整个恋爱生活期间，只会在恋爱关系上产生普遍的伪善态度。

必须不断谴责科学的无能，当然这件事很累人。但是，在恋爱问题上还要加重这种谴责的分量,因为在这一方面,科学比在其他任何领域表现得更加无能。

对于行政、金融和诉讼的种种弊端,哲学家至少已经找到了一些解毒剂,但在爱情方面却什么也没有找到;他们应该对此感到惭愧,因为他们在这里只建立了普遍的虚伪和对法律的暗中的背叛;既然爱情除了欺骗就没有别的方法使自己获得满足,于是它就变成了时时刻刻在瓦解社会和践踏社会一切规则的阴谋家。

为精简起见,在这里我不得不把这个已经在论文中作过相当长的叙述的题目只作一个概述。我曾在那篇文章中证明过,文明制度在爱情方面只有永不付诸实施的法律,到处都在保护假仁假义的行为,使它不受惩罚,并且还要因为违法者胆大妄为而加以庇护。

文明制度下的人们以强制为基础的立法产生了这些可耻现象,要不得,我们必须使和谐制度能够从初恋的充分自由中产生出:

1. 吸引各种不同年龄的人都来参加劳动。
2. 两性间淳良风气的竞赛。
3. 对真正美德的奖励。
4. 把这些美德用在社会福利上,而在文明制度下美德与社会福利是格格不入的。

吸收两个对立年龄的人——青春期前和青春期后——都参加劳动,这是为协作状态下初恋所规定的一项最重要的任务。在这里,要像儿童队和小卫队那样,在男青年特利巴和女青年特利巴中组织本能和两性的竞赛。我给这两个团体以这样的名称:

供奉贞洁女神者,包括2/3贞洁女郎,1/3贞洁少年。

风流少年,包括1/3小姐,2/3公子。

贞洁少年集团在规定年龄——十八岁或十九岁以前——要遵守贞洁。风流少年集团则很早就沉溺于恋爱。各人自由选择,可以按照自己的愿望加入和退出这一集团或另一集团。但是,既然加入了某一集团,就必须遵守该集团的习惯。贞洁少年的习惯是贞洁;风流少年则是忠诚。关于这一点,和谐制度的人是有充分保障的,甚至在男子的忠诚方面也是如此。要知道男子的忠诚一向比妇女的忠诚更不可靠。

青年人很少具有摹仿贞洁的约瑟夫的癖性;他们加入贞洁少年集团当然只是少数。因此,为使青年人在十八岁或十九岁以前熬得住硬性规定的贞洁,就必须让这个集团具有巨大的优越性。现在我们要把贞洁少年将来所拥有的这些利益加以阐述,并反复说明,我所叙述的这种种习惯在和谐制度的初期是不能建立起来的。这些习惯只有经过十年之后才会部分地见诸实现,并且只有经过四五十年之后,当文明制度下所教养出来的一代人都死绝了的时候,才会全部实现。

一般说来,凡是自己选定加入贞洁少年集团并在规定时期内能坚持下去的人都具有坚强刚毅的性格;风流少年或爱情方面早熟的人,一般都具有温柔的性格。少女,从女高中生队出来之后,一般先加入贞洁少年集团,并在其中至少过几个月以学习礼仪。

屈服于诱惑的公子和小姐势必要退出儿童晨会,因为他们既要参加晚间九点到十点在恋爱宫大厅的集会,那么就无法像在冬天八点钟入寝的一般儿童和贞洁少年那样早起。由于改变信念和其他原因，风流少年集团在儿童中间享受不到尊敬，因为儿童们只尊敬贞洁少年集团。所有的青年特利巴都对贞洁少年集团中的少女抱着对在分裂之后还依然忠心耿耿的党派的那种依恋感情。儿童把公子小姐都看作叛乱的魔鬼天使，他们只护送年长的贞洁少女们的车辆。

二十岁、三十岁和四十岁的人所组成的高级特利巴，都对供奉贞洁女神和真正的贞洁抱着出于另一种动机的敬意。因此贞洁少年集团博得了儿童和成年人最大的好感。这个集团是一种对于地方经济和军队工程的成就极为可贵的动力。

参加贞洁集团的少年和少女们，由于他们对脱离这个集团和放弃这种角色的优越地位有完全的自由，因此他们的贞洁就更能得到保证。况且，这种最多延长到十九岁或二十岁的贞洁，如果本人在军队时找到合适的配偶，便可以在十七八岁时合法地加以结束。关于军队这一点我以后将会谈到。

贞洁集团的住处要安排得使他们在私人生活习惯方面得到充分保障：文明制度只是在表面可见的风尚方面具有保障。贞洁集团只能占有规定男女两性分别专用的两个地区。从监督的意义上来说，是不能指望依赖父母的，因为他们对于那种善于奉承他们的人是太盲目轻信了。尽管如此，参加贞洁集团的少年和少女们除了睡眠的时间之外，绝不是闭门不出。每天同所有的人交往，对贞洁少女们来说是必要的，因为她们必须参加二十个或三十个两种性别的小组中去做自己熟习的工作。

她们都有一定的恋爱时间和公认的追求者。贞洁少年同样也有自己的女追求者。得到公认追求者称号的男子可以享受在最近出征中编入军队的优先权,如果他所追求的对象是在这支军队中的话。这种称号在恋爱宫的男、女重要人物的参加下由贞洁集团授予。如果一个男子要求获得这种称号,那就要彻底考察他的品行。人们并不把思想感情容易变化看作是他的罪过,因为在和谐制度下,这也有其有用的一面;但是要考察在他和妇女的关系中,为人是否庄重和忠诚。对于那种在法国被叫作"小滑头"的人是不会给予这一称号的;这种人专以玩弄妇女而自豪,还有那些假道学的骗子手也一样,他们的伪装谦恭只不过是一种引诱妇人少女的狡猾手段罢了。这种多情善感的伪君子们往往比世俗的小滑头更坏;后者追求的只是寻欢作乐,还有的想借此发财;他们表演的只是一场以骗取富有的女继承人为目的的喜剧而已。当然,如果少女要想得到女追求者的称号,她也要接受同样的考察。因为人们不会允许她用自己的美貌作直接的商品交易,或按照文明制度的方式作间接的商品交易;文明制度常常把贞洁和品行端正的尊称授给跟高级娼妓一样的淫妇。

聪明人会回答道:"如果竟是这样故作矜持、高不可攀的话,恐怕大家都要离开你这个贞洁集体啦!"哪个男子会愿意跟那些在公开的会议上神气活现地来考察他的行动、习惯和性格的妇女小团体发生关系呢?通俗喜剧是会揭露她们这种故作庄重的犹太教徒味儿的。这就是文明制度下的人们的反对意见。但是在和谐制度下,一个男子如果对贞洁少女们的看法怀着恶意,那么这对自己就不会有什么好处;第二天,他的名字准会被从他期待遗赠或继承额的五十个老人的遗嘱中一笔勾去(参看第五编——分散的继承);老人们将把自己的幸福和愉快寄托在支持贞洁少女、儿童队、苦行者和互相亲密无间的小仙女这四个团体上。既然老人们不想重新陷入文明制度下老年人的悲惨处境，他们便会很好地维护他们自身幸福的这四根柱石。各种年龄的人都喜欢顶礼膜拜，而贞洁少女的光辉地位正是建筑在顶礼膜拜的需要上。

尽管罗马人对待受到诱惑的贞洁少女残暴无情，但是他们却把这些女修士当作公众崇拜的对象，当作介乎人神之间的一个阶层。和谐制度下的人同样把守护神火的职责委托给她们。这种火不是什么物质的火，不是无聊的迷信的对象，而是真正的神火，忠诚而高贵的风尚之火，劳动引力之火。

在十六岁至十八岁的少女身上，再没有比她们那无可怀疑的贞洁和对有意义的工作和学习的热忱更令人肃然起敬的了。至于谈到工作，除了脏活之类以外，贞洁少女都是儿童队的合作者。但是，当发出紧急号召时——如在暴风雨即将到来前进行抢收——首先奔赴岗位的便是贞洁少女和儿童队。

每个法郎吉都尽力培养出最出色的贞洁少女。这些少女的优点列举如下：

1. 豪华或美丽。
2. 才干。
3. 仁慈或忠诚。
4. 善意。

在这些品德中间，道德家们会说，不应该赋予善意以任何意义：我们的法律只有先不重视它，最后才会做到处处都重视它。要像对待火那样去对待善意。在发生火灾时，为了使火不把一切都烧掉，就要牺牲一部分东西。和谐制度的社会甚至为善意设有专门的宝座。凡是想把它排除掉的人都是对情欲结构一无所知的人。

每月,贞洁少女要推选出一个四人领导小组。领导小组的人在举行典礼时坐在车上,并在盛大节日的宴会和集会上代表群体接待宾客。当君主来到法郎吉时,应该注意不要像我们现在这样,弄几个冷冰冰的吹牛家去跟他纠缠,高谈什么商业和宪章如何美妙,胡诌什么他们对于津贴和肥缺如何喜爱之类的话。每个法郎吉应该取消这种枯燥无味的接待,而派遣自己最殷勤可爱的贞洁少女到边界去迎接客人。如果来的是女王,就派贞洁少年去迎接。

在军队集合时,要由贞洁少女们向它授予军旗,并且也像在劳动会期中一样,在庆祝会上由她们坐在首席。最著名的贞洁少女聚集一堂,是吸引青年人参加这些军队的诱饵之一。这样,在军队中,在活动的天棚下进行工作,就一点也不会使人厌倦。由于这里每天晚上都举行庄严盛大的庆祝会,对这里的青年就不必按照对待我们那些以自由人的美名而自豪的新兵那样,用锁链套在他们的脖子上拉到这里来。因为劳动军是由三分之一的祭酒神女郎、舞女、女奇术家、女游侠、女英雄、小仙女、女魔术师及其他职业妇女组成的,所以,总能找到比需要的人数更多的男青年来参加这一支军队。因此批准参军实在是一种鼓励,而贞洁集团的少女们则是应该参军的第一个团体。凡是加入贞洁集团的少女,在第二年中都允许参军;如果法郎吉认为适当时,甚至在第一年都可以批准。

贞洁集团的服务之一是使人们都积极争取参军。选择对象,以及同追求者或各级男女君主结合的问题,就可以在这里加以解决。这些男女君主到军队来就是为了在这里按照自己的兴趣选择丈夫或妻子。因为在和谐制度下，君主不像在文明制度下那样当奴隶，要别人逼迫他们按照中国方式，跟他们素不相识的妇女或男子结婚。

既然贞洁集团由于自己的这许多优点而博得儿童和成年人的好感，它成了社会崇拜和半宗教崇拜的对象，这就没有什么使人觉得奇怪的了。人类喜欢为自己创造偶像。由于这种普遍需要，贞洁集团便成了整个法郎吉的偶像。而居于神圣集团或上帝代表之列。儿童队对于世界上任何权力都没有表示最高的敬意，却在被他们尊之为上帝代表的贞洁集团面前垂下自己的旗帜以示敬意，并替它担任仪仗队。

这个团体的最美妙的前程，就是按等级排列权杖和王位继承权。现在我对此作一扼要的解释。

第一，各级权力。和谐制度的社会拥有各级权力，从支配一个法郎吉的权力直到支配全世界的权力。这种为情欲平衡所必需的上升序列构成了十三级统治权力（十二种统治权力和一种中枢权力）。

如果为十三级中的每一级仅规定有一对君主，那么，这便会像在文明制度下那样激起虚荣心的猛烈爆发。为了满足这种情欲，必须就十三级中的每一级至少规定有十六对君主，甚至要有二十四对君主。

并且，要在这些对君主中规定彼此极不相同的守则，使男人不致侵犯女人的权利，使女王、女皇、女大帝、女至尊不致像在文明制度下这样，名义上是女皇，实际上是女奴隶。在文明制度下，她们

第六概述　中级、高级和混合级……本能与性别的竞赛

既没有支配权,也没有实际权力:她们不外乎是扮演女恳求者那种奴隶一类的角色,不外乎扮演被在真正荣誉感和真正自由精神下培养出来的和谐制度的妇女们所鄙视的那种角色。我们的议长太太什么会也不主持,我们的元帅夫人什么也不指挥。她们的地位只不过是一种荣誉的空衔头而已。和谐制度的妇女要行使她的称号所规定的种种活动:女议长要在某种会议和某个议院担任主席,女元帅要指挥某个军团。既然妇女在劳动军中占三分之一的数目,如果要招募一支三十万人的军队,这里面便应该有十万个妇女——祭酒神女郎、祭神舞女、女游侠、小仙女、女魔术士,等等,她们不要男人来指挥,她们有自己的女元帅和各级女军官。

按十三级排列的十六对主权者也是如此。这些职位中有十四种是选出来的,其中之一属于贞洁集团。这样看来,任何一位贞洁少女在保持贞洁的这一短时期内就可能被选为最高级的统治全地球的女至尊或

第一级女奥古斯都,统治地球的三分之一地区;

第二级女大帝,统治地球的十二分之一地区;

第三级,女皇,统治地球约四十八分之一地区;

第四级,女哈里发①,统治地球约一百四十四分之一地区;

第五级,女苏丹,统治地球约五百七十六分之一地区;

第六级,女王,统治地球约一千七百二十八分之一地区;

第七级,女酋长,统治地球约六千九百十二分之一地区。

---

① 穆罕默德逝世后,伊斯兰国家领袖尊号,此处借用为某一级统治者称谓。——译者

这些不同的当权者待遇很好,而且使贞洁少女有机会广泛获得荣誉。第八级、第九级、第十级、第十一级和第十二级职位数目太多,它们没有薪俸,只支付其生活费用,而这种费用几乎是微不足道的,虽然这些显要人物的排场很大①。

第二,君主的继承,这是由十三级中的某一级君主所挑选出来的女配偶的任务。

具有世代相传称号的君主,和我们现在的国王和领主是一样的。他们到军队去选择女配偶;如果是女君主,便去选择男配偶。虽然可以自由挑选,不过通常他们宁愿选择贞洁集团的少女和少年(参看第五编关于亲属关系的和谐表现问题,为什么他们要坚持

---

① 我们看到文明制度为了一点可怜的排场要支出巨额费用,而这样盛大的排场怎么只花费微不足道的款项呢?这是因为协作制度的排场是与劳动活动相结合的,而今天的这种排场则是与劳动彼此脱离的。例如,在任何法郎吉内,为首的贞洁少女们乘坐三套辕、十二匹白马拉的车子,车子上饰以玫瑰花,并由军乐队、骑士和彩车护送;她们用珍宝库中的贵重宝石作装饰(每个富有的协作成员在临终前都对宝库有所遗赠)。她们的侍从队,我就不详细说了,总之要比任何一位法国国王乘坐御车去参加庆功感恩礼的侍从队更加豪华。

但是法郎吉对此开支却极其有限。事情一完,这种豪华设备就仍然用在工作上:这些白马还是像黑马一样,很好地供人役使;这漂漂亮亮的一群人,这些组成侍从队的术士和骑士们,一个钟头之后都到田园、工厂里去了。就是他们方才所迎接的君主本人也在参加他自己所热爱的某一种工作;他希望熟悉他所到的这个法郎吉的工作方法,并把它们跟自己那个法郎吉的工作方法作一比较。

至于谈到仪仗、马车和服装的费用,那么这是法郎吉的动产的一部分:漂亮的马车将连续供所有的贞洁少女们使用;不必像文明制度下这样,单独为每个人购置仪仗用具和马匹,并为他设立警卫和仆役,而实际上这些东西除了检阅时用一下,其余的时间都在那里闲着。我们现在的习惯只是培养由人民支付高昂代价的游手好闲的人,在和谐制度下,公职人员都从事生产;大家在参加过短时间的仪仗检阅之后,随即回去从事他们在计谋情欲上所热爱的有益工作。因此,不是按照我们的政治家们的想法要废除这些要人,而是要大大地培养他们,使他们的人数比在文明制度下增多二十倍。

到军队中去选择,以及这种规定的制度怎么会促进他们的情欲,使他们具有选择配偶和继承者的双重机会,使他们具有我们文明制度时期的国王们所失去的两种自由)。如果贞洁少女做了母亲的话,女配偶便可以进一步称为君夫人;我们的君主与众不同,如果妻子不能生育,他们就解除婚约。关于这种制度需要作很长的说明,不过这无论是试验性法郎吉,还是现在这一代人都是毋需知道的。

我们所要指出的是,贞洁少女的任务,也和所有其他任务一样,必须给予被称作计谋情欲、轻浮情欲和组合情欲的三种情欲以出路。这个任务必须用无限光辉和高度幸运的种种机会来补偿爱情问题的推迟解决。如果没有这些机会,这就不是什么热情的任务,而是令人苦恼的、压抑人的道德义务了,就像我们现在的阔家小姐们的处境一样。这些阔家小姐竟都给搞成哲学家了,她们不得不克制自己的情欲,压住内心的爱好,可是她们这种悲惨的损失得不到任何补偿。

试把文明制度下贞洁所受到的蔑视拿来与和谐制度下对贞洁所表示的尊敬比较一下,便会看得一清二楚了。在文明制度下只赏识表面的贞洁和荡妇的狡猾手段;这些浪荡婆娘久涉情场,早就学会了一套本事,专门勒索男人,叫傻瓜上当,并在那些左右舆论的骗子手当中找到吹捧自己的人。

今天,十六岁以后还保持自己贞洁的纯朴少女在我们这里得到了什么样的鼓励呢?如果她穷,那她就找不到求婚的人,因为这些人都是精明的算术家,他们很懂得在家庭生活中美德不能当饭吃。她的父母竟至于把希望寄托在某一个六十岁的老头子身上,或者寄托在准备让她去卖淫的无赖之徒身上;她甚至连个中年的老实丈夫都找不到;因为她的美貌会使她丈夫放心不下,她的美德将来会受到猜疑。

如果她小有资财,她就要在很长一个时期内成为媒婆之间肮脏交易的对象。弄到最后,她终于嫁给某个沾染了种种恶习的男人,因为坏丈夫要比好丈夫多得多。

如果她在十年中都没有嫁掉,她便会受到社会上的讥笑。一旦到了二十五岁,人们便开始传出流言飞语,把她的贞洁当作疑点来妄加评议了。随着年龄的增长,她将得到种种加在老处女身上的无聊戏谑,作为对她失去了的青春的报偿——这真是无愧于文明制度的不公正啊!文明制度把它本身所要求的牺牲品丑化了。忘恩负义的文明制度竟像共和主义者那样,用各式各样令人难堪的侮辱和刻薄手段来报答少女的自我牺牲。知道了这一切以后,当你发现任何一个缺乏管教的少女只不过戴着贞洁的假面具,而一位贞洁女子到了老年却由于唯命是从,倒反而被那些要求把她美丽的青春作为偏见的牺牲品的舆论所惩罚,那还有什么可以奇怪呢?

还有什么比永久的贞操更无用的东西呢?这就等于是不拿来吃而让它腐烂的水果——这真不愧是奢求智慧和经济的文明制度的怪现象!如果纯朴的少女们也都有结婚的保障来作为对她们贞节的报偿,难道这算是褒奖吗?她可能会遇到一个粗暴的丈夫、任性的家伙、赌棍、专门吃喝玩乐的人。忠厚的少女很少有足够的机智来辨别追求她的人的伪善面目,以及他们极其巧妙的掩饰,而对于这种掩饰,稍有阅历的妇女是不会上当受骗的。更何况,即使他是个好配偶的话，也不免被某个善于媚惑情郎的女人所破坏。这样，纯朴的少女还是不免遭到失败，只博得了有名无实的尊敬，一辈子做老姑娘。

我本应在这里专门写一章关于贞洁少年的事，另外再写一章关于公子和小姐的事，但限于篇幅，只好略去许多必要的论述了。关于恋爱方面的事，是不能泛泛地谈论的：这是一个首先要触犯到偏见的论题，因此必须彻底地加以考察，以证明文明制度的种种习俗是多么下流无耻、假仁假义、伤风败俗；而和谐制度的习俗，乍一看来似乎别扭，却能产生出文明制度梦想不到的一切美德。

我应该阐述关于和谐制度下儿童时代的生活作息守则，因为构成它的种种措施只是与体系相抵触，而很少与偏见相抵触。例如，在我谈到发掘儿童劳动才能的男女护士、男女辅导员的作业时，指出他们如何巧妙地通过健康、成绩、竞赛、良好风尚来指导儿童，同时又不要什么开支。任何一个做父亲的人读到这里肯定会大叫："这正是我为我的儿女们所希望的事啊！"但是，如果我来叙述一些跟贞洁集团的少女们不同的恋爱风习，那班好斗的道德家们就会大叫大嚷，说我有伤礼俗了。这种礼俗，无论拿什么来比，肯定都要被触犯的。例如，拿贞洁少女与文明制度的结婚比较吧，在文明制度下道德只是规定若干下流无耻的习俗：男女双方结合以前，先要举行什么叫做婚礼的猥亵仪式，招引全区那些爱说笑话的人和醉汉们前来，大吃大喝一通，胡言乱语地讲述一些戏谑新娘的下流话。

这种无耻的淫荡风气当然不适合于品行端庄的贞洁少女。她们的方式是先行结合，然后才通知爱说笑话的人和醉汉。这些人只是在第二天才知道结婚的事，可是已经没有什么供他们取笑或进行道德上的嘲弄的余地了。

贞洁少年。在和谐制度下不允许只培养贞洁少女而不培养贞洁少年的这种不彻底性。如果那样做，就无异于摹仿我们今天的习惯，命令少女们守贞节，却容忍男子跟别人通奸。这就是说，一方面号召做某件事，另一方面又禁止做这种事情——这真不愧于文明制度的两面性。

参加贞洁集团的男青年是哪一类人呢？他们是忒修斯的儿子[①]一类人，一心扑在积极的事业上而很少顾到爱情。如果说，光是打猎就足以使希波吕托斯放弃爱情，那么在和谐制度下，每个青年都从事三十种比打猎那一类平凡的愉快更引人入胜的劳动和富有雄心壮志的角逐，事情又将如何？

对于贞洁少年还有不少别的机缘，首先是爱贞洁少女的机会。如果成为这些少女的追求者，你就会被允许跟她们一道参加伟大的军队。在和谐制度下，军队同样有十二级，而贞洁集团的每一次出征，都按双倍计算，甚至把贞洁少年的女追求者也计算在内。十二次出征都授予全世界统一的男女骑士这些军衔。

这些贞洁少年无论多么不出色，在军队中都有与女皇结合的机缘。他们可能被某个地位崇高的女统治者选作王储生父。如果有后嗣的话，他便获得女皇丈夫的称号。如果女统治者失去了女继承人，她便到军队中来挑选男配偶，对象就是这些贞洁少年。

[①] 即指希腊神话中雅典的缔造者忒修斯之子希波吕托斯。他一生敬奉狩猎女神阿耳忒弥斯，醉心狩猎，不顾爱情。——译者

第六概述　中级、高级和混合级……本能与性别的竞赛

甚至那些现在讥笑贞洁少年的妇女,将来都有一天会称赞他们的贞洁,她们对这件事将会抱有与文明制度的太太们完全不同的见解。那些文明制度的太太们由于对未来的享乐缺乏信心,所以匆忙地使用青年人。在《男奇术家》一文中可以看出,和谐制度的妇女具有给予自己乐趣的正当手段。在这种制度下,一切年龄和一切性别的情欲的发扬都有保障。

我们要记住,这些读起来像是浪漫主义的风习,在使各种各样的恋爱促进生产劳动的成就时,都是以把现有财富增加四倍、把相对财富成二十倍、四十倍增加为目标,财富将随着情欲的自由发扬而增加。一旦协作的和谐达到了必要程度,足以合理地奠定恋爱自由,保证这类自由在各种年龄上都不致被滥用,并使其在一切方面都能够促进生产,和谐制度下的老年人将比现在人们更爱财富和享乐,正是为了这个,老人们会首先要求实行这种自由。这些抗衡力量是由建立本能和性别的竞赛的很多集团所构成的,不过在这里我无法把所有这些集团一一加以考察。

另一方面,老年人很快就会觉察到,他们都上了文明制度下的强迫规定和奸诈行为的当。文明制度的法律从来都是老年人制定的,但他们制定的东西竟完全对他们不利;我们的老人们安排了爱情和家庭关系,却使自己成了青年人憎恨、嘲笑的对象,希望他们早死早好,这一切岂非咄咄怪事! 很少的几个例外更证实了这条规律;我知道,有些家庭中儿女们不希望家里老人早死;但这样的爱又是多么罕见啊! 尤其是在一般平民中间。在本书内,我不能因为考虑几个有德行的人而放弃对占普遍支配地位的恶习的批判。

现在我还是再回到这个题目上来;因为在爱这一方面我们有需要解决的重大问题,有保证父母享受天伦之乐的问题,而在文明制度下,与他们所抱的自己骗自己的幻想相反,他们几乎完全没有这种天伦之乐。既然天伦之乐的和谐表现与爱情的和谐表现具有内在的联系,那么,就必须对这两者同时加以考察,并且要首先说明家庭的和谐。这种和谐是文明制度的一切父辈们所强烈期望的,可是他们却远远没有达到。当他们深信爱情和家庭的和谐是分不开的时候,他们便会对于新型的爱情关系抱容忍的态度了。因为,不如此做,他们就无法获得他们希望用以巩固自己幸福的家庭欢乐。我介绍读者去看第五编,以便打消种种自欺欺人的幻想和愚蠢行为。再没有比这类人受害更大,更有理由来抱怨文明制度的了。

对已经阐述过的理论的扼要总结

题目愈是新颖、愈令人迷惑不解,就愈需要用不断的重复来帮助读者,以巩固读者对基本原理的认识,因为读者为了迁就自己一脑子的道德偏见,很容易忘掉这些基本原理。

我们已经看到,从基本原理方面来说,我的理论在任何场合都是一贯的和不变的;任何关于情欲的协调问题,我总是以同一方法加以解决的:形成自由小组谢利叶,依照三种规则——紧密相连、分段进行和上班时间短(第六章)来把它们加以扩展,以便使应该指导一切情欲谢利叶的计谋情欲、组合情欲和轻浮欲望能够充分发挥(第五章)。

第六概述　中级、高级和混合级……本能与性别的竞赛

这就是形成和扩展谢利叶的十分明确的规则。至于谈到它们的目的,我曾说过,它们应该到处建立性别和本能的竞赛。我曾把这种做法应用到儿童时代的各种年龄上去,并应用到照管从婴儿直到成人的儿童工作者身上。

我对诽谤者们的回答就是如此;诽谤者们曾经指责过我的理论含糊不清。他们说:所有这些谢利叶将如何发挥作用,都无法理解。规则对所有谢利叶都是一致的,而且,当我们涉及使三种资料——资本、劳动和才能——都能获得满意的分配这一最重要的问题时,我始终不渝地遵循同一方法:即运用适合上面所列举的种种规则的情欲谢利叶。

我本应把我的理论应用于儿童时代,因为儿童时代还没有体验到两种情欲——爱情和父子之情(依恋的初级感情),而这两种感情在第一代和第二代期间较少适应和谐的能力,而只是逐渐地屈服于和谐。读者对恋爱自由反感,由此便会得出儿童血统混乱的结论。为了破除这方面的偏见,便需要一种我并不准备肤浅地涉及的普遍理论。这个理论将证明,文明制度产生了一切罪恶,而由于恋爱自由则更加令人担心。但是,在由若干情欲谢利叶组成的法郎吉内实行的这种自由却足以防止在文明制度下可能产生的一切混乱放荡情况。

我们曾看到,随着自由小组谢利叶的发展,儿童的十种别的情欲便会充分自由地达到和谐。如果爱情和父子之情这两种情欲不适用于谢利叶中这种自由发展的制度,那么上帝的体系便会具有两面性;它便会注定让十种情欲享受自由而这两种情欲受到排除,并会有悖常理:对儿童采取自由,而对父辈和达到青春期的人则采

取压制。

我曾说过,文明制度的方法会引起它希望在爱情和家庭关系上避免的种种危险。让我们把这个论点应用在四种年龄上,就每种年龄可能遇到的许多危险中仅指出其一种。

第一,未达青春期年龄。这种年龄会失去父爱。巴黎的统计向我们指出,三分之一的男子拒绝承认自己的子女并把他们遗弃;在二万七千个婴儿中就有九千多个被遗弃的私生子;而巴黎却是道德教育克臻完美的首善之区。如果到处都像巴黎这样克臻完美,那么我们便会看到到处有三分之一的儿童遭到遗弃。

第二,青少年。文明制度使他们成为梅毒的牺牲品。这种灾祸只有在协作制度下实行四五年普遍防疫以后才能消灭。文明制度的风气就是这样使青年人习于堕落,它把传播这种疾病作为一种游戏,而这种疾病的危险使得任何一个谨慎的人都不敢涉足情场。

第三,壮年。在爱情的忠贞方面,过去男子欺骗过妇女,这时则轮到妇女欺骗男子了:她们是在报复。如果说,我们在巴黎这个首善之区看到每年有九千个父亲遗弃了自己的儿女,那么母亲进行报复的比例也一样多。在二万七千个婴儿中,就有九千个婴儿是做母亲的与丈夫和情人之外的人所生的。这对于儿童、父亲和母亲三者都有害。

结果是:

九千个儿童失去了父亲的护持;

九千个母亲失去了丈夫的护持;

九千个父亲失去了自己真正的后裔,而负担被别人遗弃的子女。

第四，老年。爱情已经衰退的老人把自己享受的打算都寄托在家庭温暖上，寄托在自己那些按照健康的理论培养出来的温存的子女和侄辈身上；可是他们在这种家庭温暖中只找到了欺骗和相互之间虚伪的感情。原来别人所看中的只是他们的财产，而不是他们本人。要使他们相信这一点，就应该让他们去听听情夫和情妇们在幽会时谈论他们亲属的话；这样一来，他们便会知道，情人们怎样把他们当做可笑的阿巴贡①或讨厌的阿格斯②看待；他们便会听到，情人们如何期望享受财富的时刻早一点到来；因为在青年们看来，这些老年人根本不会享受。

人们会回答说，在一切值得尊敬的家庭中是听不到这些放肆的私房话的。对，这是因为那里无时无刻不管束很严；一旦父辈和阿古斯们死去或离开，甚至往往有时父辈还在世时，下辈们就马上胆大妄为起来；因为青年人会叫父亲相信，他们绝不会去诱骗处女，他们是宪章和道德的真正朋友；另一方面，他们会叫妈妈相信，她和她的女儿一样年轻——有时这话是对的。他们就凭借这两点理由，在家里安排起秘密的宴会来了。父亲觉察到这种诡计，正待发作；但是他的妻子却对他说，这样做是缺乏常识，于是他只好不吱一声完事。

即使父辈们能够逃避这种圈套，他们就不会陷入另外二十种

---

① 阿巴贡，法国十七世纪喜剧作家莫里哀的作品《悭吝人》中的主人翁，后用来称吝啬小气的人。——译者

② 在希腊神话中，阿格斯是一个奉大神宙斯妻子赫拉之命去监视宙斯情人的神灵，后用来称机灵警惕的监视人。——译者

灾难和道德愚蠢的绝境吗？这里，一个顺从听话的女儿，由于自然所要求的结婚需要，结果反成了疾病和死亡的牺牲品；那里一个则给人拐骗了或者把肚皮搞大了，搅乱了父母的通盘打算；此外，还有一大群套在父亲脖子上的没有妆奁的女儿。为了甩掉她们，他对他那些漂亮女儿的风流韵事，故意闭起眼睛不闻不问，免得她们再向他要钱置办新装；他把他的那些不漂亮的女儿打入终身幽禁的冷宫，并告诉她们，她们将来有福气，因为她们将与上帝交往。其后，在女儿的婚姻上又上了当，女儿和她那毁坏了的小家庭又得由父亲出钱负担。他原以为已经把女儿打发走了，结果是适得其反，还添了半打以上的外孙。

可以列举出上百个例子来说明这种父亲以及夫妇的不幸。老是爱自我吹嘘的道德却拿某些例外情况，即少数幸福家庭作例子来证明幸福是存在的，然而，在文明制度下大多数家庭却失去了这种幸福。父辈和孩子们一样，在这里都陷入了虚幻的境地，良好的秩序只建筑在或多或少带点隐秘的强制上；这种强制也同样在戕害爱情，它只不过使这些爱恋之情维持着表面的联系而已。只有在适合本性要求的制度下，父亲才能得到真正的爱；可是，道德家们却从来不肯对爱情方面进行任何研究。请看他们忽视这种情欲的最近的一个例子吧：

许多人都曾对瑞士的伊沃尔顿寄宿中学大事吹捧，都曾期待这个学校出现奇迹，因为这是由著名的彼斯塔罗齐和他的著名助手克侣哲和布斯所主持的。他们用直观教学法来教育男女青年。结果是，这些从直观教学法得不到满足的青年，便偷偷地在这种方法中加进了感性方法；这一来就发生了可怕的混乱后果。许多处女同辅导教师或青年学生发生性关系导致怀孕,从而使这三位著名的导师大失所望。这三位名导师在他们直觉的精致性中忘记了注意爱情的直觉。哲学所想加以取消的情欲,便这样出乎意外地取消了这个可怜的哲学体系。

没有怀孕的少女们也同样受到怀疑,怀疑她们比她们的女伴更巧妙地尝试过感性方法,结果只有把这一大批迷恋自己导师的新海洛伊思[①]们统统开除学籍,一旦人们想接近自由,不管在爱情方面或其他情欲方面就堕入了愚蠢的深渊,因为自由只是为情欲谢利叶制度而创造的,道德对此一无所知。确实,自由是人类的归宿,但是,在家庭生活中或在教育事业中完成对自由的某种试验以前,必须懂得那个抵制滥用自由的抗衡力量的结构。在此之前,人类精神处在黑暗中,它的革新家们都一齐陷入腹背受敌的处境;并且,革命家们的政治经验,彼斯塔罗齐[②]、欧文以及其他在政治自由或恋爱自由方面的蛮干家们所做的道德试验,也足够证明这一点了。如果要在雄心、爱情或其他情欲上建立真正的自由,那么所应遵循的方法是完全不变的;我把它归结为下列规则,它规定了一般部署方面的九个条件(我在第五编中将谈到一般力学的条件)。

---

① 海洛伊思,法国十二世纪的经院派哲学家比尔·阿贝拉尔的女学生,因爱上了自己的老师,最后造成了悲剧。——译者

② 1822年,当我写成这篇有时加以引证的论文时,还不知道关于这件事的结局。我当时曾看到,思想家们都受报纸上大肆吹嘘的彼斯塔罗齐的直观方法所迷惑,便认为,用直观法来安排我的前两卷著作,是按照读者的胃口来为读者服务。当然,问题在于要教给人们多种对立谢利叶的分配方法:我曾以复杂的谢利叶或均匀的谢利叶的方式安排了第一卷,而以简单的谢利叶方式安排了第二卷。读者曾被这种直观的新方法所吓倒,所以我在以下各卷中不想继续采用这种直观的新方法,我对它进行了试验,以满足读者对直观法的偏爱。

组成各种情欲谢利叶；

在其中发展 { A. 计谋情欲 / B. 轻浮情欲 / C. 组合情欲 } 和谐的三个原因或根本动力（见第五章）

在其中建立各种本能和两性的竞赛；

借助于 { A. 紧密相连的次序 / B. 短班次工作 / C. 分段进行 } 三种原动力情欲的趋向和后果（见第六章）

以达到行动统一。

这种统一之所以存在，只是由于这一部署使它所吸收参加的不同性别和年龄的人，直接或间接关系到的人完全获得满足；而在文明制度的一切自由中，特别是在把百分之九十九的居民排除在代表机关之外的选举制度中，上述条件都遭到了破坏。

由此可见，文明制度的人对于树立雄心的自由毫无明确认识；那么他们对于恋爱、家庭以及他们从来不曾做过任何研究的其他情欲的自由怎么会有认识呢？两位哲学家、做过恋爱自由试验的欧文和彼斯塔罗齐都不懂得，在获得实现九个条件的第一个条件：即"组成恋爱谢利叶"以前，至少需要和谐制度已经存在了五六十年，需要健康长寿、极其壮硕的妇女，以及在我们现在只是还很少见到的其他因素。

至于谈到家庭谢利叶，在把这种谢利叶圆满地组织起来以前，就需要有一百年到一百二十年的时间。只有当逐步复兴的人类恢复了自己的力量，像过去那样长寿，并普遍能看到自己的第五代的时候，才有可能建立。

我必须写出这些细节来驳斥那些诽谤者,因为诽谤者武断地说我主张从和谐时期一开始就要在恋爱问题上确立自由,其实在我1822年所写的论文中就有二十多处意见与此截然相反。我的看法决不是这样,唯有我能说明为什么在和谐制度初期——这跟在文明制度下一样——不许可有这种自由。首先存在着一种物质的障碍,即必须在全球坚决加以根除的梅毒;其次是习惯的政治障碍;但是更大的阻力,则是只要让恋爱稍微享受一些自由的地方立刻就会产生秘密的集体纵欲。恋爱上的放纵与恋爱谢利叶之间的关系,正如毛虫与蝴蝶的关系一样;它会摧残情欲谢利叶的一切劳动属性和一切值得尊敬的特点。而且,欧文派对自然的平衡力量一无所知,由于自己混淆不清的自由的尝试而陷入这个罪恶的臭水沟中。——在未能在恋爱上依照年龄和活动种类形成谢利叶以前,他们只会得到这种不可避免的淫乱的后果。

根据对和谐制度初期各种爱情表现的概述已经可以看出,这种集体的放纵是不能用压制方法铲除的,而必须通过美德和荣誉心占优势的途径才能解决。对于和谐制度下一切恋爱集团也是如此。未知的科学——基本同情心和偶然的同情心的代数学——将会把这些由于具有祭酒神女郎和舞女的世俗名称、本来可能被人怀疑为生活淫乱的集团变为美德的天使。我之所以使用这些名称,是因为我如果给以其他称呼,就不免流于标新立异,而标新立异,在法国只有院士们才有这种特权吧!

至于谈到上帝对于这些将来的变化形式看法如何,我已经考察过这个问题了;在《摘自〈新旧约全书〉的证明》一文中还要谈到它。在这篇文章中,对于协作复兴之后可能发生的上帝敕令不加臆断，我将依靠众所周知的事实和颠扑不破的权威，来对怀疑和反对意见给以圆满的答复。

此外，还必须提防这样一种想法，即认为上帝创造了这种最优美的情欲，是为了让立法者、道德家和总督们随意加以抑止、强制和压迫。文明制度的强制制度产生了什么结果呢？这就是爱情的秘密，而非法的结合要比合法结合广泛流行六倍，在这里我从合法的结合中排除了非爱情结合的投机性婚姻，或强迫性的婚姻。在这种制度下面非法的结合竟比合法的结合多六倍，难道这还是一种符合情理、符合本性的制度吗？而那些道德家居然选择这种制度作为智慧的途径，他们怎么敢吹嘘研究了本性、自称是本性的朋友呢？

他们是这样安排爱情的：使得爱情脱离劳动，脱离学习，只是促使青年人懒惰、轻浮、疯狂地挥霍浪费。和谐制度下的人们的初恋则是使人在文化和学习的竞赛中干劲倍增。

他们并不懂得爱情和谐与家庭和谐是分不开的，而却要我们达到家庭和谐，关于这一点，我将在关于各种平衡的一编内叙述家族关系谢利叶或家庭和谐谢利叶时答复他们。这种谢利叶应该普及于家庭服务，亦即文明制度下家庭所一直抱怨的不幸根源之一。在这篇文章中可以看到，这些家庭距离真正的幸福是何等的遥远。

我在这篇论文中完成了一项重要任务，即提醒读者在了解社会和谐的一切问题时，只有一种必须遵循的方式，这就是依照上述的条件组成谢利叶。如果我背弃了这种方法，那么我的种种措施便会陷于武断和陷于体系的框框。请大家给我指出，我在哪些地方背弃了这种方法，并可以对我的理论提出批评指正。但是，哪一个诽谤者敢于作这类反驳的尝试呢？

这样已经可以把我的方法与他们的那些方法作一比较了：他们只会而且只能凭强制行事，他们没有关于符合本性的途径或引力的任何观念。他们是不是想培养贞洁少女呢？他们利用的是女伴娘、道德家、牢房、古代的刽子手和现代地狱的烈火。而我们用什么手段呢？我们用的是自由、荣誉、魅力、光荣和崇高的诱饵，以及生动的、充满巧运心计的生活乐趣。

从各个生活阶段来看也是如此；我的理论只采用高尚的动力，以达到美德和真理。文明制度的哲学家们则希望、而且也只能够利用强制和小商人式的欺诈行为。他们口口声声谈论什么自由和自由主义，但是却丝毫不能加以应用，例如：

在爱情方面，文明制度下青年妇女所享受的很少的一点自由，导致了成为一切罪恶根源的秘密纵欲。

在事业问题上，自由产生了各党派的疯狂行为和商业上的欺诈；自由只是在可耻的压迫中，才能补救这种过火行为；就像这种选举金法，规定抢劫了三十万法郎的阴谋家可以获得代表资格，却把仅有十五万法郎的正直人士排斥在外，这不是可耻的压迫吗？

在家庭问题上，要不是强制性的法律硬让一些纠纷不致爆发到争讼公庭的话，——打起官司来总是最狡诈者得利——可以看到十分之九的家庭都有像阿特利得①家那样多的丑闻。

在朋友关系上，我们只看到蠢材和坏蛋们所玩的把戏。有这

---

① 传说中迈锡尼王阿特莱的后裔。因为他的祖父丹塔尔有罪，上帝就罚其孙子阿特利得的兄弟们，使他们自相残杀，扰攘不已。——译者

么多假朋友和这么多圈套,所以父亲们只好禁止孩子交朋友,向他们宣传利己主义;他们自己已体会到利己主义是必要的。

  这就是这些哲学理论的成果——文明制度的不足之处。这是一种只能够建筑在强制和不信任上而一旦离开强制便会产生罪恶的制度。在这以后,让人们在协作理论与诽谤协作理论的道德科学之间进行抉择吧。因为协作理论是借助于引力来发生作用的,而且除了自由和真诚以外,并不利用别的动力。而文明制度下的每一个人,如果他不是有钱有势的话,实行自由和真诚待人,必然会使他趋于灭亡。这就是文明制度下的人偶尔有时奉行正义和诚实的唯一可能的下场。

第四编

引力的结构与和谐

第七概述　劳动引力的衔接

第二十五章　谢利叶劳动中个人引力和集体引力的创举

我们把应该吸收参加生产劳动的几种人分作两种谢利叶，即：

三种性别——男子、妇女和儿童——的谢利叶

三种财产状况——富人、中产者和穷人——的谢利叶

在性别中间，弱者吸引强者。因而，必须首先引诱儿童，由他们去引诱母亲参加劳动。然后，母亲和儿童联合起来，去引诱那由于疑虑重重而比较倔犟的父亲。——深重的疑虑心理在文明制度下度过了青年时代的人们中间占着支配地位。在各阶级中间，比较富裕的人引诱境况较差的人；因此，必须尽可能地引诱富人，因为当小市民和一般平民看到当今的伟人们都热情地投入工作时，他们也会全力以赴的。我们来看看协作劳动是否一开始就能够吸引儿童和富人。

对儿童来说，第一种诱惑就是美食。为他们设有特殊饮食部，并可以随意表示爱吃什么，只要有由七个儿童组成的小组提出对某种菜肴，或对早餐、午餐、晚点、夜餐的某种烹调要求，任何癖好均可满足。要是法郎吉配备齐全的话，对三个儿童一组的不同癖

好也能满足。从一开始便要培养他们对每一道菜肴有不同的品味,弄清他们对每一种烹调方法的嗜好。这种新的智慧使他们感到非常美妙,这样一来他们都要成为法郎吉的谢伊德①了。

我们曾看到,另外的诱饵是小型的生产、小工厂、小工具、短时间的工作和舞蹈活动,等等。

富有阶级将首先动摇,他们将会逐渐地卷入某些被称为局部工作的小事中去。我们来看一看在栽种卷心菜这种普通作物方面所产生的效果吧。

大自然赋予孟道尔经营农活菜地的爱好和能力——这种工作就是育种、专门采集、保藏种子。孟道尔很喜欢红卷心菜,他曾在法郎吉内看到一畦一畦非常漂亮的卷心菜,并发现这种菜用于佐餐极为可口。他要求看看菜子,他谈了这种菜蔬应该如何栽培,并向种子专家小组提出很好的建议。这个小组跟孟道尔说了一通恭维话,这样,孟道尔的自尊心由于他对这件小事做得很出色而获得极大的满足。他便加入卷心菜种子专家的行列,但并未参加栽培这种作物的其他小组,因为他的热情在这件事上仅属于一小部分,仅限于种子。他与其说是加入照管红卷心菜的各个小组,还不如说是加入一般种子的谢利叶。

在参加工作后第二天,孟道尔在清晨检阅时看到,一队由八岁到十岁的儿童所组成的军乐队向他走过来,敲着鼓宣布给他提升职称。然后,白菜谢利叶的女传令官便宣布:孟道尔由于知识渊博应解除学徒身份,并晋升为红卷心菜学士。这之后,负责授予升级

---

① 谢伊德是穆罕默德的忠实信徒。此处指盲目忠诚的信仰者。——译者

第七概述　劳动引力的衔接

证章的贞洁少女来同孟道尔拥抱,并献给他一束人工制作的卷心菜花;随后,他在儿童军乐队的欢迎乐曲声中接受首长们的祝贺(这种办法与文明制度的习俗正好相反。文明制度的习俗是在举行仪式时,要发表一通含糊不清的冗长演说,还要硬叫一个年青女学士接受一位八十高龄的市政官员的抱吻)。

在前半个月结束时,孟道尔已经在这项工作中取得了好些成就;他不想再离开法郎吉了,他在这里开始卷入竞争之中,而且决心参加各种不同小组的远景规划。

每个有钱人,不论男子或妇女,在参加了几天法郎吉的工作之后,忽然看到在自己身上表现出他本人过去不知道的二十种劳动引力,将会大吃一惊。但是这些劳动引力都是局部的,而不是全部的劳动引力,因为这些劳动引力绝不会应用到工作整体上,如同在一切方面违反自然本性的文明制度结构所要求的那样。

把工作分段进行,在这种方法影响下将会看到,八分之七的妇女将热情洋溢地去做她们现在非常反感的家务工作;不喜欢照料幼儿的妇女将参加缝纫部门的某一小组;讨厌在厨房里洗碗碟的妇女将热情地埋头去调制甜乳汁,并因为在这一方面才能出众而将成为这个小组的代表,尽管她对厨房其他部门的工作并不熟悉。像洗漏勺、汤锅这类工作,当不再强迫人们去做那种使文明制度家庭主妇累得喘不过气来的其他二十种工作时,也同样会找到对它发生强烈兴趣的谢利叶女成员;而使文明制度的主妇感到灰心丧气的是,除了工作繁杂之外,同时还没有足够的金钱可花,因为丈夫和道德给予主妇的忠告多而给予金钱少。妇女在家务工作中获得的只是忙碌和贫困,而男子在他所干的农事工作中则只受到欺诈和厌恶。大家都对这些自然赋予他们的工作充满反感,这还用得着奇怪吗?

虽然把工作分段进行也是劳动引力上首创精神的主要源泉,但是我们看到,劳动引力也是由许多别的诱饵产生的;——像在社会接触中企图胜过别人和热情地为家庭服务就是属于这一类。

在社会接触中企图胜过别人的这种思想会引诱某一个从来不想工作的人来参加工作。克罗艾在几次服侍乐器制造谢利叶的成员用膳之后,在他们充满计谋情欲的会餐中,对他们热烈商谈的竞赛发生了很大的兴趣;这使她产生了去参观这些人的工厂的想法:她在那里的木器制作或贝雕工艺方面找到了一些轻松工作。这些工作正像对她的伙伴一样,也很合她的心意,于是她就加入其中某一部分的工作。如果她在参观工厂时不是事前就与这个谢利叶的成员们有过接触,她以后就不会去参加这个工厂的工作。

乐器生产很快就引诱克罗艾去参加其他的工作。这些工作她过去并不关心,完全是由于这种接触才激发她去做的。可是在文明制度下绝不会有这样的事,因为每一行业的工人对于其他行业的工人的竞赛是漠不关心的,而且总是持讥讽的态度。

间接的家庭生活服务是情欲和谐制度最光辉的成果之一,并且是劳动引力的强大动力。现在那些为了谋生去服侍别人而经常受到主人的无理解雇和虐待的人,将一下子拥有五十个热情的服务员。这些服务员仅仅是出于衷心的爱好而为他工作,并不要他付给任何工资。

有个叫巴斯坚的贫穷青年人把自己的一件最漂亮的衣裳撕破了。第二天,女仆小组在收拾巴斯坚的房间时,便把这件衣裳拿到修补工厂去。这个工厂是由一位五十岁的有钱老太太谢兰特主持的。老太太热爱修补破烂衣服的工作,自诩在修补方面没有人可以比得上她。

谢兰特对巴斯坚颇有好感,因为她常常在各种不同的小组中遇到他。他在这些小组中是出人头地的:在禽舍中饲养谢兰特最心爱的野鸡,在小组中照料她的那种带丁香味的石竹花都是他。她很想认识他。在看到附有巴斯坚的名字标签的衣裳时,她自己就把衣裳取走,并把它修补得非常好。

就这件事情来说……巴斯坚就已经有了一位拥有百万家财的太太做他的女工,她出于热情,完全无偿地为他服务。法郎吉都是用拨给小组的股息来偿付各种服务的,任何人都不领取个人报酬,因为那是不光彩的。

我们看到,巴斯坚虽说很穷,也处处一样受人服侍。铺床叠被、掸衣服、擦皮鞋等工作,都是由妇女和儿童来做。他们组成女仆小组、掸衣小组和擦皮鞋小组时,便会由于偏爱而选择巴斯坚和别的他们所喜欢的人的什物。因为各种家务都是由某个自由小组去做,各人可以随心所欲地选择他所愿意服侍的人,同样也可以离去。凡是没有任何人来选择他的什物的人,都由补充小组来服侍:补充小组是依次为没有受到服役的人而工作的。

对于这个简单介绍,还需要加以证明的是:每个人,不管老年或青年,穷人或富人,都会在任何项目上找到热心的服务员,并且真正有五十个对他抱有好感的日常生活中的仆役,这些仆役往往比他富有百倍。在文明制度下,不但使仆役而且往往连主人都感到懊恼的日常生活服务工作,在法郎吉中则变成了无数联系的泉源。

这种结合应该使人预感到他们会有一种更有价值的结合,即完全以情欲为基础的教育上方面结合。每一个穷孩子在他的青年时期将参加三十种甚至一百种工作;他到处都会遇到热心关怀某种工作的继往开来并以教导某个穷孩子为乐的老人。老人会把这样的穷孩子看作自己心爱的劳动的接班人;从而常常会发生这类事情:一个没有钱的小伙子竟成了一位老妇人的养子之一,因为老妇人把他认作是自己心爱的某种工作的继承者,并在遗嘱中把某些财产留给他。

正是为了把这种美妙的结合安排适当,自然界才赋予儿童种种与父辈不同的爱好,而在文明制度下做父亲的却常常为此诉苦。可是他们马上就会由于造物主在高尚的和谐表现中的智慧而惊叹不已,因为协作状态从直系亲属的这种爱好不同产生出崇高的和谐。

与这种辉煌的和谐表现相反,分工经营在一切方面只会导致不同年龄和不同等级的龃龉不和。工资在这里成了无休止的争吵的题目,而个人命令则成了众人憎恨的对象。任何专断的命令,对服从命令的人来说都是侮辱性的。在和谐制度下,任何时候人们都不能接受命令,除非是自愿的、集体的和大家所热烈赞同的纪律。在这一情况下,发布命令不是专断行为,而服从也不是屈辱。在文明制度的方式或各自雇人料理家务的制度,往往会产生双倍、有时甚至四倍纠纷的地方,采用了协作制度的方式就能产生双倍和四倍的魅力和形形色色的联系与协调。

我在开始转到集体引力问题时,已经计划叙述它的三种动力:

中间性情欲的运用；

军队中的恋爱关系；

母爱的序列。仅限于其中的第一序列。

为混杂的和人所鄙视的种种爱好（这在我们这里得不到任何利用）所推动的结合体，叫作中间性小组或中间性谢利叶。现在我们来证明这些所谓恶习的用处，在组合的活动中它们却颇有价值。

我假设现在要着手进行一项困难工作，譬如说，荒山有碍全乡景色之美，为了点缀或绿化荒山起见需要造林，但是目前不大可能组成一个愿意担任全部工作的谢利叶，这样一来，就必须使用中间性谢利叶作为顺序接替。

首先要使雇工队伍发挥作用，去从事初步的运土和粗活等准备工作（我说的是试验性法郎吉，因为经过三年之后就不再需要雇工队伍了）。

随后要使发起人，使那些对一切事情都有始无终的人，使那些才做了几个班次热情就开始衰退的人行动起来。不过这也没有什么关系。为了开展最困难的第一步工作，他们却是有价值的。这些人的性格都是容易激动的，什么最危险的工作都吓不倒他们。他们一开始是动手大干，参加几次两个钟头一班的工作，果然不出所料，半个月之后丢下就跑了。在此期间，事情却已经粗具规模。这些发起人在雇工的支援下，已经把笨重的工作大大推进了一步，并在不同的点上设置了几个植树小组。

这时候就要依靠随机应变的性格或风派人物，依靠善变的、见风转舵的、喜欢附和最后一个人的意见的人，以及只有当新事业开始博得信任时才赞同新事物的人了。当他们看到事业进行顺利时，便认为这项事业值得接受，并且来附和那得到大量雇工帮助的发起人的意见了。

此后，就要求助于赶热闹的人或异想天开的人。这种人愿意插手已经完成了一半、但需要略加变动和修改的事情，像房屋建成一半继续再造下去，不加考虑地调换职业，甚至不过是由于他们也茫然不解的某种不安情绪，竟会放弃好职位去干坏差事。当他们看到种植工作已经有所进展，他们便热情地参加。为了讨好他们，不妨同意他们作某些无关紧要的改变，这样一来他们就会在一定时期内同先前留下的同事们一道参加这项工作。

继他们之后便是随大流的人或称普罗透斯①，这是文明制度下一种为数极多的中间性人物。此种人物当看到某种事业兴旺时，便来参加。他们不想对已经完成了三分之二的事业持漠不关心的态度，所以总是不等事情结束赶忙参加进去。他们的参加将把接近结束的事业大大地向前推进一步。

这一下就到了吸收集大成的人物的时期了。这种人当看到事业差不多已经大功告成时，便热情地献身于这种事业。事业才开头的时候是不会得到他们的赞许的；他们叫嚷什么不可能啊，什么滑稽可笑啊，反正是满口冷嘲热讽，攻击进行改革的当局，把那些进行建设、排水、在生产中实行革新的业主统统称之为神经错乱。

但是，当事业已经完成了四分之三时，我们看到，这些阿里斯达克②便改变腔调，宣称自己是曾经被他们诬蔑过的事情的鼓吹

---

① 在希腊神话中，普罗透斯是海神波塞冬的儿子，善于变化。——译者
② 阿里斯达克，公元前三世纪时希腊语法学家和评论家。后人通常以其指代吹毛求疵的评论家。——译者

者,而且就好像驿车上的苍蝇①一样,断然说他们对这项事业出过力;我们常常看到,他们甚至还在那些由于一开始就支持这种事业、而被他们不断加以嘲笑的人们面前吹嘘这种事业。他们觉察不出自己前后自相矛盾,只是在事业快要圆满结束时他们才热乎起来的。在法国,这种性格是一种最普遍的性格。因此,法国人对一切新事物的要求总是马后炮,在新事物初出现时总要嘲笑一番。

法国人不会不表明自己是创立和谐制度或劳动引力事业的集大成者。他们开头先诽谤这种发现以及发现它的人,继而便讥笑创业的股东,之后,当他们看到试验乡的种种措施有了进展,便改变主张;最后,等到一切安排就绪,他们便以三四倍的价格来购买股票;并且还要证明正是他们曾经庇护过创业的人,赞美过、鼓励过他的发现。两个极端常常会碰在一起,法国人就已知的事物来说可算是最大的发起者;任何一个民族都不像法国人这样老是有始无终,工作才完成了一半就改变计划。你在法国人中间,任何时候都不会看到儿子按照父亲的计划把事情做完,或者建筑师按照前人的规划把工作继续下去。法国人总是心血来潮,不能坚持某一种爱好、某一项意见,而是从一个极端一下子跳到另一极端、使对立的东西混淆起来的中间性人物。半个世纪以前,他们最鄙视商业,而现在他们则是商业的庸俗崇拜者;他们曾经以诚实自诩,而现在呢,在商业上却像犹太人和中国人一样虚伪。

一句话,他们身上显然集合了我刚才叙述过的中间性的一切

---

① 驿车上的苍蝇指对某事毫无劳绩而喜欢居功的吹牛家,见拉·封丹寓言。——译者

特点；在任何行为上都保持中间性，乃是法国人的民族性格。当和谐制度的人在叙述文明时期的历史时，按照性格序列把各个民族分一下类，那么，法国人将被列为中间性的典型，而不是忠诚性的典型。

在这里可以预见到，我们那些最受道德非议的癖好，在协作制度下都可以利用起来，使它们变成可贵的品德。文明制度时期的人却不停地互相嘲笑某种古怪的癖好。我刚才在回答这种批评时曾经描述过，一件最困难和最令人讨厌的工作就是通过所有这些中间性格的人的协作、带着热情完成的。

愈是进一步研究情欲谢利叶结构，便愈加相信我们具有很多的手段来引诱群众以及各个人参加劳动。我们的志趣、我们的本能、我们的性格，甚至最古怪的性格，只要把它们用在情欲谢利叶上，都将像上帝创造它们时那样优美。邪恶的泛滥绝不是由于情欲而产生的，而是由于文明制度而产生的。文明制度是在分散的或小家庭式的活动下运用情欲的，因此，神圣制度会产生多少善行，文明制度就会产生多少灾难。

在总结本章所论述的主要问题时，我还可以指出发动劳动引力的其他许多途径；不过，下面这四种：

分段进行

间接的家庭生活服务

人们接触中的运用心计

中间性的利用

就足以证明，社会世界当它按一家一户来分配经济活动时，是背离自然的途径的。如果使用这种方法，那么相互关系的欺诈，工作时间过长，厂房的肮脏，工作的复杂，下属工作的吃力不讨好，主人的不公正与自私，参加工作者的粗鲁，这一切都促使劳动变成一种苦难，从而大大降低产量，使它只能达到协作制度下生产的四分之一。因此，文明制度乃是命运的对立面，是颠倒世界，是社会地狱。只有被哲学的白内障所蒙蔽的人，才不承认这种理性的荒谬。

第二十六章　借助计谋、情欲、美食学的谢利叶的衔接

在前面几篇和本书序言中，人们可能会嘲笑我曾多次重复一个乍一看来觉得滑稽可笑的论点，即关于在协作制度下美食嗜好是智慧、知识和社会协调问题的根源这一论点。我可以对这个古怪论点提出最确切的证明。

再没有任何一种情欲比贪食美味更被人认为恶劣的了。是否可以设想，上帝把他赋予最大支配力的这种情欲看成恶习呢？（因为再没有任何更普遍支配人民的情欲）其他情欲，如爱情、雄心，对成年人和壮年人的影响较大，但是嗜食美味对无论什么年龄的人都不会失去支配力：这是一种长久不变的情欲，是唯一的从摇篮时期直到生命终止时都占支配地位的情欲。这种情欲在有文化的阶级中间固然非常有力，它还作为至高无上的统治者支配着人民，支配着那到处被看作口腹奴隶的儿童。我们看到，兵士为了那准备让他酒醉饭饱的人而起义；对文明人极端仇视的野蛮人，为了一小瓶烧酒就会来参与文明人的经济活动；为了几大瓶烈性液体，必要时甚至能把自己的妻子儿女都出卖给文明人。

如果说上帝不是早就确定了这种情欲在他为我们设置的结构中具有卓越作用，难道他会为此专横地硬使人类受这种情欲控制吗？况且，如果说这种结构是劳动引力的结构，那么这种劳动引力不应该与被称做嗜食美味的美食引力有着密切的联系吗？确确实实，正是美食嗜好应该形成劳动谢利叶的总联系，应该是劳动谢利叶竞赛性角逐的灵魂。

在文明制度条件下，美食嗜好与劳动没有联系。因为手工劳动的生产者根本就尝不到他们在农业或工业中所创造的精美食品。这样一来，这种情欲在我们中间便变成了游手好闲的人的特征。也由于这一点，这种情欲即使没有由它带来的浪费无度现象，也会是一种恶劣的情欲。

在协作制度状态下，美食嗜好则起着完全不同的作用：它不再是对游手好闲的奖励，而是对劳动的奖励。因为最穷苦的农民在这里都能分享到珍贵食品。更何况在这种美食嗜好把消费的角逐与生产、调制和分配的角逐联系起来时，由于多样化，它只会起防止无节制现象和激发人们从事劳动的作用。既然生产是这四者之中最重要的一种，我们便首先要提出指导生产的基本原理，即普及美食嗜好。实际上：

如果能使全人类甚至对于像白菜、萝卜这一类极普通的菜蔬都提高到美味的程度，并使每个人都相当富裕，对质量不高、烹调不佳的食物拒绝食用，那么，便会发生这种情况：任何耕种区域，几年之后，都将充满精美产品，因为像某些地区出产的苦瓜、苦桃子这类不良产品，便找不到任何销路；这样，那些地方就不再种这些东西了。每个乡都会固定种植其土壤能种出品质优良的作物；都

第七概述 劳动引力的衔接

会在那出产劣质产品的地方把土层深深翻过，或者把田野变成森林，变为人工的草原，或者用于生产别的优良产品，这并不是因为情欲谢利叶不消费任何普通食品和布匹，而是它们希望哪怕像豌豆和粗呢绒之类一般产品的质量，都能尽善尽美，与自然界在生产引力方面所确定的规模相称。

应该作为出发点的基本原理在于，通过消费者对食品、衣着、家具和娱乐普遍的严格要求和讲究，便会使生产达到普遍完善的境界。这个原理已为道德家本身所承认。我们看到，古典作家们如何大声疾呼地反对公众的恶劣趣味，因为公众都沉溺于通俗歌剧和骇人奇闻之中不能自拔，而这些正是具有纯正意趣的人们所鄙弃的东西。

在这个问题上，也和在任何其他问题上一样，道德是自相矛盾的，因为它一方面希望我们在文学艺术方面成为趣味高尚的人，另一方面却又希望我们在社会体系供给养料的这个重要部门成为粗鲁的人。这是各种关系的一个部分，它是应该产生劳动引力，以便从这里影响其他一切部门的关键。于是，那些无论在理论上还是在实践上总是搞不好的道德家们曾把完善的原则或精致趣味的必要性运用在应该放到最后的对象上，即精美艺术上。而我则要把这种精美艺术放在社会政治领域的最后一级上，因为在这里所采取的精致性会引起双重缺陷：

第一，它败坏艺术本身。由于唯利是图，艺术便愈来愈陷于华而不实，陷入浪漫式的过分夸张之中，陷入各种歧路之中；而这种败坏也传染了那些比任何时候都更醉心于体系精神和蔑视本性或引力的人们。

第二，如果说，精致性在或多或少的程度上支配着艺术领域，那么，它也是仅以这个范围为限，它丝毫不扩展到第一系列的关系，即消费和配制关系，从而也不会扩及于生产方面。由此可见，美好趣味或精致性的发展完全被道德的差错所曲解和打断了，因为道德希望在将它应用于美食嗜好以前，仅限于把它用于艺术方面，其实只要采用情欲谢利叶，这种精致性便会从这里扩展到一切方面。

为了证实这两重憾恨，我们注意到，号称艺术中心的巴黎也就是饮食恶嗜的中心。不管东西好坏，巴黎人都毫无差别地加以消费①。这是一批由八十万哲学家所组成的乌合之众，这些哲学家

---

① 这种说法在巴黎人看来，也许会认为是不公正的，我现在要用一些确切不移的事实来加以证明。

自1826年以来，巴黎的面包房和糕点铺都是把一切面食只烤到半熟程度。在这个面包和点心都应充分烘烤的时代，巴黎人在美食方面是多么无知！那种做法只是格里莫（法国十九世纪美食家。——译者）、贝尔舒（法国十九世纪食谱作家。——译者）时代的事。如果说现在的做法是符合正理的话，那么格里莫和贝尔舒等就要负不善烹调的罪责。要不要揭穿这种怪现象的秘密呢？秘密在于，烘制半熟程度的面食能保持大量的水分，因而分量重，在销路不好时则比较容易保存。这种烤得半熟的方法是为商人的利益服务，而不是为消费者的利益服务的。如果巴黎人在烹调术方面不是野蛮人的话，显然，他们绝大多数早就会起来反对这种奸商的伎俩，而要求把面包充分烤熟了。但是，有人却要他们相信，这种做法很好，是从英国人那里传来的英国方式。1797年，有人又让他们学会了一种英国方式，即用几乎不能用的、向上弯曲的叉子来叉半生不熟的牛肉吃。正是这种英国热，使得他们养成了在早餐时取消本国精美菜肴、而代之以被称作"茶"的玩意儿。英国人是迫不得已才吃喝这些东西的，因为他们既没有好葡萄酒，又没有上等水果，除非花很多钱。他们像病人一样只喝茶，像小孩子一样只吃点奶油，因为穷苦的妈妈总是只给这样的小孩一片涂上奶油的面包。

难道可以把这种没有明显的嗜好而一味赶学时髦、再加上商人欺诈行为给他们带来的各种愚蠢思想的人称作美食家吗？对于被称作"挂面"的发霉糟糊汤百般赞美，便是此事的明证。这种浆糊汤现在已经成了巴黎流行的羹汤，因为它使食品（接下页）

们吃东西时只知道一味抑制自己的情欲和鼓励商人的狡猾,他们对一切欺骗行径,对为营利而发明的任何毒物,都是奴隶般地一味顺从忍受,给啥吃啥。

另一种坏毛病是法国所特有的,也是从巴黎发源的,这就是妇女对美食的不重视,而且这种不重视的倾向与日俱增。这将是和谐制度初期一种极大的缺点。因为如果在美食方面、即劳动引力发轫途径没有热烈嗜好,人们便不能生气勃勃地热爱农业工作,也不会热烈地竭尽全力来为农业争作贡献。道德和良好风度的说教者们竭力要使法国太太们相信,美食嗜好是恶劣的情欲。可是在和谐制度下却必须使太太们改变想法,要使她们卷入至少为文明制度的习惯所认可的十种情欲方面的角逐。德国女性的恶习比较

(接上页)杂货商大赚其钱,并节省了厨师的时间。巴黎人在美食方面的知识就是对想哄骗他们的各种骗子俯首听命;因此到处都可以看到各种饮料、葡萄酒、醋、烈性酒、啤酒、牛奶、奶油、糖等的假货;他们的肉食腐烂、发出臭味,这是因为商人要想多赶路程而逼住牲畜快跑的缘故;他们的蔬菜都带有作为郊区菜园的某些肥料臭气;不过他们还有一些好水果,因为商人无法像用颜料、苛性钾、铅赭石、酒渣、六分之三的酒精、熬好了的葡萄汁、糖稀、甘草汁、明矾水、鸢尾草以及其他奸商用毒药制成的葡萄酒(其中最坏的葡萄酒是朗格多克的圣吉尔葡萄酒)那样,可以进行伪造。此外,他们这里的农民竟外行到这种程度,以致从收获那天起就坏掉一半土豆;在拿到市场上去出售的二十筐土豆中,你会发现有十筐由于生涩、发酸、发粘而不能吃。他们的蔬菜都带有作为郊区菜园的某些肥料臭气;不过他们还有一些好水果,因为商人无法像用颜料、苛性钾、铅赭石、酒渣、六分之三的酒精、熬好了的葡萄汁、糖稀、甘草汁、明矾水、鸢尾草以及其他奸商用毒药制成的葡萄酒(其中最坏的葡萄酒是朗格多克的圣吉尔葡萄酒)那样,可以进行伪造。此外,他们这里的农民竟外行到这种程度,以致从收获那天起就坏掉一半土豆;在拿到市场上去出售的二十筐土豆中,你会发现有十筐由于生涩、发酸、发粘而不能吃。难道在美食方面还有比这更外行、更野蛮的民族吗? 在和谐制度下教养出来的五岁儿童就会在巴黎的所谓美食家的晚餐中找出五十种明显的谬误;对于他其他方面的"英国热",比如他们的书法,又有什么可谈的呢? 什么书法,我们只不过看到一堆 u 罢了,uuuuuuuuuuuu……

少。德国妇女比较公开地爱好美食，甚至酒类，而法国少女则以蔑视饮酒为荣。

一切克制嗜好之举，不过是对自然的歪曲而已。自然界在食品方面（无论固体或流质），早已为三种性别的人个个准备好一套他们所爱好的东西。此外，嗜好的组合，把八分之一的女性吸收到男性的嗜好中，而把八分之一的男性吸收到女性的嗜好中。这种组合是存在的，尽管是以隐秘的形式存在着。我认识一个九岁的小姑娘，她很喜欢大蒜，并且贪婪地吃大蒜头。大概，到十五岁时，她就不再大嚼蒜头了。但是，这件事证明了，按照本书第一编所提规则，妇女们不顾时尚的阻挠，都在适当的程度上具备了情欲谢利叶相互衔接所必需的一切嗜好。

因此，必须在试验性法郎吉内发展这些嗜好，唤起妇女身上往往与良好风度完全矛盾的天然癖性。如果迫切地希望达到劳动谢利叶的衔接和情欲的平衡，就必须首先唤起她们在美食方面的本性。年轻的姑娘不顾别人的嘲笑爱吃大蒜；为了双重衔接，你就应该重视这种嗜好，因为它能够实现：

一、某一谢利叶内男女的混合。因为栽种这种鳞茎类蔬菜如洋葱、蒜、分葱、韭菜、细香葱的谢利叶一般都是男性。必须通过组合的方法至少要在那个谢利叶中加入八分之一的妇女，而这八分之一的妇女必须在年轻的姑娘中找寻，因为一到十六岁，少女们就未必有爱吃大蒜的嗜好了。

二、个人工作的混合。某个年轻的姑娘爱吃大蒜，而不爱学习语法。她的父母希望她放弃大蒜而专心学习语法，这就是说，要双重地违反她的本性；我们要设法在两方面发展她的本性。先让她在餐桌上和菜园里与大蒜爱好者发生智力上的联系，随后把马赛卢斯写的大蒜颂给她读，她会赶忙读完这首诗，并会对别人讲大蒜的那些恶言恶语产生反感。她从读诗中间得益，使她初步知道了抒情诗，懂得了诗的章节和自由体诗歌的差别。也许，从此她便喜欢诗，以后对语法也爱好起来。对某一学科的研究很快地就会导致对另一学科的研究。协作制度下的教学就是这样使计谋精神与古怪癖性结合起来，以便激起儿童对学习的爱好，并且以间接方法引导他去学习那些要是没有某种计谋刺激因素来促进，他就会顽强地拒绝学习的科目。

我坚持所有这些角逐都应与美食嗜好联系起来的原则。因为美食嗜好，对儿童来说，是产业活动方面的发端和组合的天然途径。当然，还有应该加以运用的其他动力，但是，这种动力却是在儿童中间居于首位的一种动力。不承认这个原则，试验性法郎吉便会走上谬误的道路，它会像乌龟一样地慢步爬行，只要一旦犯了其他严重错误，就会陷于破灭。

第二十七章　关于美食学或美食谢利叶的智慧

我们的所谓美食家们，不管是著作家还是实践家，谈这个问题都不够格。他们用开玩笑的口气谈论这个问题，借此贬低它的意义。固然，在文明制度下，美食可能起着极其从属的作用，更接近于放纵，而少接近于智慧，但在和谐制度下它将被认作是情欲平衡的主要动力。

味觉是一部四轮车,这四个轮子是:

1. 美食
2. 烹调
3. 腌制
4. 农作物

在情欲谢利叶中所进行的这四种作业的结合便产生出美食学或保护卫生的哲理,即按级调整、适合人类气质序列的卫生学;文明制度的医学对此是一无所知的。

文明制度依照其倒行逆施的世界的本性来说,在这方面完全是南辕北辙;它想在那个应该结束的地方开始。任何做父亲的都非常赞许他的子女在第三个和第四个——农作物和腌制——部门中出人头地,他甚至希望年轻的女孩子到第二个部门——烹调工作中去锻炼一下:由此可见,他们只承认三个不能创造劳动引力的科学部门,而排除了第一个部门——即可以从中产生其余三个部门的情欲的美食。这种笨拙行为当然又是道德的一项功绩了,因为道德使我们跟自己的感官成了敌人,跟商业却成了朋友:商业只是一味引起纵欲而已。

另一方面,下流的作家们则在给我们的卢库鲁斯[①]们上了关于"好吃"的一课。这些穷奢极欲之徒对诗和修辞一窍不通,却从他们自己的厨师那里获得了足够的知识。这种文学上的卖淫现象败坏了美食的声誉,也就像欧文派的那些胡言乱语败坏了协作社

[①] 卢库鲁斯(约公元前199—前57年),罗马将军,生活豪侈。此处泛指穷奢极欲之徒。——译者

的名声一样。

美食只有当它能够保证一切人的需要时才成为一门值得尊敬的科学。事实上是：群众距离良好的饮食非常遥远，他们的营养愈来愈坏。他们甚至连有益于健康和必需的食品都缺乏。在巴黎，我们看到三四千个讲究吃喝的朋友，营养非常好；但是，除了他们之外，还有三四十万个连菜汤都喝不上的平民：现在他们是用变质了的猪油、蜡烛和污水熬成一种冒充肉汤的东西来填肚子。商业精神日益猖獗，它的欺诈行径也愈来愈压迫下层阶级了。

美食只有在下面两个条件下才是值得赞美的：

1. 它能直接应用于生产，与耕种和烹调食物衔接，配合，并吸收美食家参加农业和炊事；

2. 它能促进工人大众的幸福，并使平民具有文明制度下的游手好闲者所擅长的讲究美食的嗜好。

为了达到这个目的，就必须使属于味觉的各种作业衔接，使它们与四个部门中最吸引人的部门即美食嗜好联系起来。可以肯定，这种美食嗜好是不会被人遗忘的，它永远有吸引力；因此，必须把美食嗜好选作建筑的基础，如果希望这一建筑经久长存的话。

我们的哲学家们在原则上认为，自然体系内一切都是有联系的，但是在我们现时的产业体系内，情欲方面则没有丝毫联系。产业活动应该借助于美食谢利叶来形成自己的联系。美食谢利叶通过情欲把餐桌上的论题引到厨房和腌制储存上，然后引到农作，最后引到按人的气质形成序列及适合每一序列的卫生制度的烹调上。因此，在和谐制度下，将力图尽早吸收每个人都参加上述四种作业，以便使他不只是起好吃美味的不光彩的作用，这正是我们的阿比鸠斯①们可耻的地方。他们的全部能耐不外乎是用颌骨来工作，而缺乏在其他三种属于味觉的作业方面活动的能力。

没有任何一种情欲比味觉的情欲对于作业的衔接更有影响了。我在第二十六章中曾举过爱吃大蒜的例子。我在那个例子中假设，有一个人由于在维护自己的味嗜方面使用心计，并由于热爱赞扬味嗜的这一门文学而逐渐被引到诗的研究（计谋情欲和组合情欲的发扬）中来。如果要根据情欲谢利叶这样从每个儿童的美食嗜好来考虑问题，那么只是在这一部门就会发现使儿童热爱各种学科的方法了，对父母也可以这样做；因为在和谐制度初期，必须像教育儿童一样来教育父辈。我无法更充分地提醒人们必须首先从美食上来考虑问题，把它看作是比其他任何产生引力的东西都更为有效的引力播种机，看作是一种最迅速地达到目的的手段。这个目的是，必须按照情欲使作业结合起来，通过运用巧思而振奋热烈的刺激因素，把各种作业一个个带动起来。最后，必须建立哲学所梦想的但一个也建立不起来的一般联系，特别在教育事业中更是如此；因为长期以来哲学既不能使教育与愉快相结合，又不能使它与农业实践结合起来。

在这一方面一个恼人的缺陷是不知道把医学与愉快特别是与味觉的愉快结合起来。每年都可以看到在医学领域内出现很多体系，除了心脏医疗体系外，其中没有一个试图越出老框框。味觉的医学，即在每一种疾病上所应该提供的愉快的解毒理论，完全是一个崭新的、但对于学院来说却是成果甚少的领域。我曾看到过用

---

① 阿比鸠斯，古罗马富翁，生活奢侈。此处泛指讲究精美饮食的人。——译者

果酱、葡萄、甜酸苹果和上等葡萄酒所进行的种种疗法;我也曾看到过用一小杯陈白酒就治好了寒热病。民间有许多令人愉快的治疗伤风感冒的妙法良方。比如说,把一瓶陈葡萄酒温热,加糖服下,然后睡上一觉。这种医学可以称为卫生美食学。这将是科学的一个部门,是预防疾病同时也是治疗疾病的一种方法;因为它用各式各样的大量好食品,以及用迅速的愉快的方法换掉餐桌上的享受,以此来预防暴饮暴食。

自然界把好吃作为支配情欲赋予儿童,正是为了把我们从幼年起就引到这种饮食制度上来。有人说他们是好吃美食的小家伙,这真是荒谬之至。他们并不好吃美食,只不过是饕餮、食欲旺盛和贪吃罢了。他们连没有成熟的果子和其他粗糙的食品都贪吃。如果他们真是美食家、行家,他们早就把这些粗粝倒掉喂猪了。他们贪吃的情欲只是一种萌芽,有了这种萌芽就可以引向美食嗜好,引向那经过精心考虑和适用于味觉的其他三种作业的美食学。

到处可以看到,对饮食最有自制力的人是厨师。他们是严格的鉴赏家,最善于品评菜肴,而又不陷于贪馋无度。他们是能随意摄取美食的人中最有节制的一种人。因此,不管是对儿童还是对父辈,防止餐桌上暴饮暴食最好是采取这样一种办法,这就是要使大家都成为烹调家和讲究美食的人,从而把美食与烹调、腌制和农业这三种活动联系起来,并且与按照人的气质序列逐级调整的保健联系起来。

由于这种美食制度在股份公司中间最可能遇到反对者,由于某一些人可能因为道德偏见,其余的人则因为对节约作了错误的理解，因而对于鼓励或容许美食嗜好的现象会表示反对，所以我必须断然向他们提出警告，不要犯这种错误，而这种错误是协作制度试验时最危险的暗礁。

有人会觉得奇怪，我对利用美食竟然这样重视，以至于把它看作是试验性法郎吉成功的必要条件，而我在1822年所写的论文中却不曾提出过这个条件。

我的这一看法是在对十二种情欲中每一种的影响的分量进行深入研究的结果，其目的是为了在因为大量缺少引力而遇到困难的试验乡内发扬和衔接各种产业引力。现在让我们对这些影响的分量逐一加以概述。

雄心。它将在劳动竞赛方面提供许多良好的推动力，但并不是一开始就能提供的。例如，我曾经谈过的权杖序列就是一种非常好的推动力，但是它只有等待和谐制度在全球建立之后才能确定下来。因而，这是一种要推延四五年后才能加以利用的杠杆，而人们所需要的却是要从最初两个星期起就可以利用的推动力。为了实现这个紧迫任务，美食就是对一切阶级都最适用的手段。雄心在初期将提供四种极为重要有力的推动力，即：创立法郎吉有功者有希望获得奖励，从好奇的出资参观者身上能得到一笔收入，光荣的小事，以及竞赛性的斗智。但是为了一下子就能创造出劳动引力以及运用巧思智谋把这些引力组合起来，就没有任何一种手段比得上实用美食学了。

爱情。它能对劳动提供强大而有效的推动力，在形成爱情谢利叶及恋爱自由和平衡的组织时可以看到，不到两年时间产量即增长百分之五十。我曾说过，这种产量最初将比我们现在的产量增加三倍,而在恋爱自由获得平衡的情况下,会增加五倍。但是,大家都知道,自由地享受这种情欲将是半个世纪以后的事;在此之前,这种享受将仍然处于犯罪的地位。这样看来,它不像美食那样是马上可以应用的东西,美食本身甚至在反对它的人的心目中也是没有任何罪过的;因为我们常看到,某个说教者在发表了一通反对好吃的漂亮说教之后,还是要水陆俱陈,饱餐一顿。虽然如此,但是当爱情这种情欲在摒除了各种无节制行为而获得平衡时,便不再是一种罪过;不但不是罪过,而且还有益于健康,因为它所提供的快感将有助于保持健康。

亲属关系。亲属关系在劳动引力方面得到的利用,如果不算例外情况,可能要到一个世纪之后才会开始;因为在十年后人们将看到,它的一个部门——各种形式的劳动收养部门才开始萌芽;其余的部门,比如同情收养和父爱序列,则还要延迟更长的时间。这一切距离具备适用于一切阶级的立即使用的条件还非常遥远。

友谊。从友谊中将得到巨大的帮助,但是利用美食的序列、并精益求精,才是在短时期内发展友谊的手段。再没有任何东西像对于某些菜肴或某种烹调方法的共同嗜好更能迅速地建立人与人之间的联系了,特别是对离奇古怪的、中间性的和被大多数人嘲笑的东西有同样嗜好时更是如此。因此,把美食利用于社会结构就足以促进友谊。如果把我以味觉为基础的劳动引力组合体系归功于友谊的话,那就会高尚一些。但是,如果我在这里把首位归于友谊,那就等于把结果放在第一位,而把原因放在第二位了。我要防止这种错误。

让我们更正确地判断自己的感觉吧。当我们感觉的影响导致善、劳动和社会的协调时,我们便不会对它们感到羞愧。上帝在使外部感觉适合心灵时总是不愿玷污物质,而是利用物质;它为这些感觉提供先导,就像我们对先于主人而来临的仆役给予先导一样。我之以美食作为先导,正是应该这样来看。消费、烹调和栽培某一种植物的共同爱好把人们结合在一个小组里,而美食就是用作建立各个劳动小组之间的最初友谊的手段。

我不来研究三种原动力情欲对劳动作业的衔接提供什么手段:既然所有三种情欲都对其余九种情欲发生影响,那么先分析一下九种情欲中每一种的效力就行了。我曾把四种依恋情欲的影响与味觉的影响作过比较,现在我们来估量一下其余四种外部感觉在最初出现的法郎吉中的影响。

触觉、视觉、听觉、嗅觉:我将把它们总括起来加以论述。

这四种外部感觉的任何一种对于试验性法郎吉中人数最多的、只受过初级国民教育的农民和工人都不会发生什么显著影响。在和谐制度初期必须满足于这些由文明制度培养出来的人面兽心的人,满足于这些从来不会与诗神打交道的笨拙的利穆赞人和下布列塔尼人①。他们对于视觉、听觉、嗅觉和触觉的精致细腻之处完全漠然不解,而只是强烈地渴求味觉享受和金钱利益。一大堆有肥力的粪堆,对他们来说,要比那不提供任何利益的春天的花卉更加美妙。最美丽的景色在他们心目中抵不上一顿丰盛的晚餐;他们要你抛开优美的艺术,只把好菜端上桌来。

让亟待改进的文明制度所培养出来的这个粗鄙的一代死绝了

---

① 利穆赞和下布列塔尼是当时法国比较落后的两个省份。——译者

吧。在一般体系中试验建立触觉、视觉、听觉、嗅觉这四种外部感觉的支配地位,再等上十五年或者十年吧!在此之前,能够达到这类细致性的个别的人将尽可能地从这些感觉中得到益处;但是,他们实实在在只占少数,而饕餮家在所有三个阶级中却占绝大多数。这就是说,开始应该把希望建筑在适合情况的手段上,而不是建筑在未来的完善的境界上。美食之所以最值得引起创办人重视,其原因就在这里。在能够感化堕落程度较轻、不太粗鄙和适合于全面享受十二种情欲的一代以前,它将是社会协调的临时性萌芽。我们的法律只接受其中十种,而排除了自由恋爱和自由的亲属关系(因为这是两种依恋的初级情欲,而文明制度在初级的发扬方面是不健全的)。

除了在形成劳动组合方面最强有力的情欲之外,还应该指出被相反的属性所玷污了的情欲,这就是使联系破裂并因此为道德家们所激赏的情欲:这就是家族精神或者说亲属关系,这个一切社会混乱现象的根源。在关于劳动组合的篇章中,把这种情欲的罪恶作一概述是必要的,因为它是劳动组合的主要障碍。

第二十八章 关于一般纠纷的萌芽或简单的家族关系

在整个第四编谈到关于协作一致的萌芽时,必须说明一般纠纷的萌芽,这一全不为人所知的东西即道德家所大事赞扬的家族关系。文明制度的世界安排得对于家族关系非常有利。为了消除这种谬误,必须把证明放在理论之前,而把基本原理置于本章之末。家庭、即可能的社会结合中最小的结合,因此也是与上帝意图、节约和联系最背道而驰的社会结合。现在我们来看看家庭产业中最突出的缺陷。

第一,不稳定性。我们的家庭制度是极不稳定的;家长的意外死亡,他的全部事业就会一天天趋于瓦解;遗产的瓜分、父子性格的不一致、认识的分歧以及二十种别的原因,将会把父亲所创造的一切全部推翻,他垦殖的地区将被荒废、分散和破坏;他的工厂将陷于混乱,他所收藏的图书将流入旧书店,字画也将送进古董铺。在公民团体或宗教团体中情形则与此相反。在那里,一切都会保存下来,并且更加趋于完善,个人的变化或死亡丝毫不会使企业安排受到损害。

第二,后裔的不肖。任何一个有事业心的人都希望至少有一个儿子将来能接替他,继续他的事业。命运却只给了他一个婚生女儿,而他却有几个不为法律所承认的非婚生子,于是他的名字就从此湮没无闻了。他可能在自己的企业方面找到充满热忱的继承者,不过要在财产和生活条件极其悬殊的阶级中才能找到。另一些情况是,他的孩子拒绝帮助他,或者是他们没有帮助他的能力。子女过多和抚养费用过大、往往使父亲的企业陷于瘫痪:他的吃力不讨好的劳动无力抚养他们和妥善地安排他们的将来。对他辛苦了一辈子的报答是,让他看到好些孩子由于急不可待地要享受他的遗产,竟希望他早死早好。

第三,夫妻以及家庭间的不和。这是一个很大的题目,应该讲一讲。有事业心的人将因妻子或某些子女的恶劣品行,同事的背信弃义,嫉妒者的中伤和诉讼,以及他的全部希望所系的子女的死亡而灰心丧气。我们看到，文明制度下的父母们在失去他们所钟爱的子女时竟致陷于疯狂状态；他们没有任何平衡力量来抵抗这种苦难和许多别的苦难。由此可见，这种家庭情况实在是一种陷阱，真是一只潘多拉的盒子①。怎么能设想上帝会希望把企业建筑在对领导企业的人来说，尤其是对执行的下属来说是这样一个摇摇欲坠的状态之上呢？

第四，企业的陷阱。政治和道德没有本领创造劳动引力，便依靠狡猾手段。它们称赞没有财产的婚姻的美妙，并且定下社会制度来强迫贫民娶妻，好让子女的沉重负担强迫他去工作，以赚钱养活饥饿的孩子。因此，贫苦阶级中所有当父亲的和全人口中八分之七的父亲都叫喊不迭："这下子我要苦一辈子啦！"这种陷阱就是道德家们赞美甜蜜婚姻的不可告人的目的。他们为了得到源源不绝的新兵，为了使半饥不饱的工人每天为挣一点点微薄报酬去给大头领的发财干活卖命，就把平民往这个陷阱里推。

第五，对劳动的积累的反感。儿童的反感已经相当强烈。如果不是慑于惩罚，他根本就不工作；并且，这种混乱现象将随着进入性成熟年龄而不断增长；恋爱一来，就使他在厌弃劳动之外，又添上爱花钱和爱结交的习惯，这正与父亲的见解和家庭的和谐完全抵触。这种在十五岁时加进来的新动力本应是可以改进经济结构的，因为对一项机构增添一个零件，乃是为了改善它的功能。在和谐制度下的人们中间，爱情将通过两条途径来加强劳动引力，这

---

① 在希腊神话中，上帝宙斯送给人间第一个妇女潘多拉一个盒子，内藏一切罪恶。潘多拉的盒子，寓意为罪恶的根源。——译者

就是说青年通过在工厂、牲畜棚两性在一起工作中所发生的新的魅力,以及通过献身科学中最美妙的科学——类比学,这门科学是不给未成熟年龄的人传习的。这种极其诱人的科学将会激起成年人的学习热情;一直到二十岁以后,当他们认识到整个自然界和千千万万表现在动植矿各界产品中的情欲标志时,这种热情才会逐渐减弱。但在文明制度下,恋爱关系不能成为对劳动和科学的双重推动力,却产生了两种相反的恶习,成为父亲的苦恼。父亲一辈势必要经常进行监督,供给衣饰费用、嫁资,而且往往还要拿出钱来替青年人还债和弥补他们的其他差欠。因此,毫无疑义,对父亲一辈来说,夫妻关系乃是一条荆棘丛生的道路,只有少数富有家庭例外;而在成年人中产生爱情,只是为了使他们堕落。

现在我们从这些迹象来对恶进行精确的分析。我曾注意到,夫妻关系即我们社会制度的基础,乃是可能的结合中最小的结合:不能想象比一对夫妻更小的结合了。虽然如此,但是我们有理由假定,如果上帝希望创造最大的协作结合,并确定尽可能最大的自由,那么由此可以得出结论:恶的萌芽,即与上帝见解最相背离的状态就存在于这种规模最小的和自由最少的结合中。这就是特定的夫妻关系,从这里面便产生了仅限于唯一的血统的简单的家庭关系。这种关系和文明制度是属于同一类型的,因为它是所有社会中最不协调的社会。

恶的萌芽肯定包含在十二种情欲中的某一种情欲之内:这种萌芽只存在于那种与上帝意向截然相反的结构的情欲中。就宇宙结构来说,显然,上帝希望依照几何学正确性规律使一切东西都是自由的和协调的,而我们则采取了家庭制度。在这种制度下,只有专横、虚伪、非正义、不和、压迫;每个家庭里集体利益和个人利益总是矛盾的。

家庭小组的另一根本缺点是:它绝不是自由的,而其余三种小组则是自由的。可以依照自愿调换朋友、情人、合伙者,但是在血统关系上却丝毫不能改变:它是永久性的,与自由选择相对立的。这也是人们没有想到去认识的缺点,而这个缺点却是如此严重,使得和谐制度要采用许多抵消性的平衡力量来与它对抗,比如像劳动收养和分沾遗产的规定条例就是这种平衡力量。

这些迹象有助于我们说明恶的统治:恶从来都占据着统治地位。在今天,由于商业精神的胜利,它的统治力量甚至更加扩大;因为商业精神使文明制度下的人变得比他们开初更加卑鄙、更加虚伪了。诡辩家们根据这一理由,提出人的天性是不是恶的问题,而他们中间大多数人对此都表示肯定。这种判断无异于伊斯兰教宿命论者的那种论证方法:因为他们不想费力建立卫生检疫工作,他们就断言,瘟疫是一种不可避免的疾病。我们的哲学家们也犯了同样的错误:为了使自己避免去寻求防止恶的手段,他们宣布恶是不可避免的天意,但他们却发表了几千种预防体系,说是可以通过对于商业和其他幻想(这些被他们称为智慧的激流和至高无上真理的预言)的热爱,来使文明制度成为尽善尽美的制度。把某一个问题或某一件事搞乱的最可靠的手段就是掺进才华之士吧!自从法国创立了三百个农业研究所之后,某些县里的毛虫比任何时候都多得多了。

全世界运动的规律证明,恶或虚伪的制度在宇宙结构内掺入八分之一的东西,它的统治拥有八分之一的时间、地点和事物。因为自然体系内一切都是有联系的,恶依靠其中有自己根源的某种事物来与总的体系相联系,这是必然的。这个某种事物只能是家庭,这是范围最小、最有强制性的集体。难道能在其他三种小组的某一小组中看到恶的根源吗?不会的,因为其他三种小组都是趋向于自由和大规模的结合的,都是趋向可以自由变动的广泛联系的。道德本身在向我们赞美这些联系的扩张,因为它希望我们的友谊带着广泛的爱扩展到那被改造成为一个兄弟般的大家庭的一切人身上,以便让我们的雄心把我们与全球爱交往的朋友们联系起来。爱情从它本身来说,是没有界限的;一旦让它按照其天然的倾向行事的话,那么自由而富有的男子便会马上像聪明的所罗门那样有上千个妻子,而自由的妇女也会希望得到同样多的丈夫。这种爱情关系的众多性是如此自然,以致我们从来不曾看到过,信奉伊斯兰教的国家的君主,甚至在他年迈的时候,只以一个妻子为满足,他们都有自己的三宫六院。由此可见,爱情也和其他小组一样,也是力求达到大规模的结合的。

当人们懂得并且能够把家庭关系从简单形式提高到复杂形式,从强制方式提高到自由方式,并使每个家庭成为像波斯王纯洁的菲特·阿里沙赫的家族那样多的人口时,家庭关系的进程就将是如此。在未来的世纪中,在和谐制度建立三四个世纪之后,每个老年人,虽然只有两三个直系的子女,在旁系亲属和收养子女中却还有三百多个儿童,其中包括自己的孙子和旁系的孙子。那时人们将享受到他们在目前情况下所无法得到的亲属关系的全部好处,特别是利益一致的好处。利益一致将使自私自利同种种高尚感情协调起来,并使继承者为了自身的利益而希望赠与者延年益寿。

光是侈谈什么平衡和均衡的文明制度的人们想必也会觉察到,他们的家庭制度实质上并没有平衡。上一代人对下一代人的爱要是三倍的话,下一代人对上一代人的爱就只有三分之一还不到。所有做父亲的都这样诉苦,而实际情况也确实如此。我们那些老是想着一切都要求平衡、均等的"平衡论"者们,怎样能对这种不相适应的情况无动于衷呢?他们怎么才能使父亲得到满足,让他们收回与父爱程度相等的子爱呢?要解决这个问题,子爱必须来自三个源泉:

第一,来自同血统的人或直系子孙(现在的父爱就全部放在他们身上)。

第二,来自事业方面的养子或做父亲的各种不同爱好的继承者、在三十多个小组和谢利叶中的事业继承者,他们都曾是门生弟子。

第三,来自双重序列的同情者;由于性格相同和性格相反的同情者(我们关于同情方面的幻想家们不了解这种必然的双重性)。

这三类中来自第二、第三两类的人,在和谐制度下有权被收为养子和按照遗嘱接受遗产。这在文明制度下是不存在的,因为文明制度下的人绝没有爱好相同的继承者,也不会发现相同方面和相反方面的两类同情者,因为大家的性格都被扼杀它们的道德教育或市井的粗野行为所歪曲了;更何况家庭中的人是如此自私自利、如此充满嫉妒,根本不能容忍有人分享父亲的爱。父亲不得不限于爱自己的亲生子女,却往往在这些子女中发现尽是与自己性格相反的人、敌人和破坏自己事业的人。可以通过准确的计算性格序列的方法证明：如果一个人有三个儿子和三个孙子，总共六个直系后裔，我可以用两百比一跟你打赌，你在这六个人里面既找不到性格方面的同情者，也找不到企业方面的同情者或情欲方面的继承人，特别是当这种企业活动像在文明制度下那样只限于某一类活动的时候。对文明制度下的父亲们来说，这是多么悲惨的前景啊！这是父爱的多么可怕的陷阱啊！

由于家庭小组所固有的这许多缺点，协作制度将扫除它在有关收益和分配的种种问题上的任何影响，因为它只会带来不公正和掠夺行为。这种小组应加合并，使它能够适合普遍的一致。必须不断地发展和扩大用上面所说的三个系统来淹没家庭的利己主义。我将在关于结合的报导中阐明这种方法。

某些读者由于不合理的顾虑，反对这种把夫妻关系看作恶的萌芽的学说。如果说夫妻关系是罪恶之树，其原因并不是它所产生的罪恶，而是因为它是可能的联合中最小的联合，因而它是最违反经济的、与作为最高经济主宰的上帝的意向最相背离的。上帝作为最高主宰不能把混乱和分散的现象作为制度的基础，拿三百所互相敌对的茅屋来代替一座关系协调的大厦。我们看到，冒充经济学的若干科学固执地偏袒这种所能设想到的最丑恶的结合，这不正像博马舍①所说的："聪明人多么傻"吗？

但是，他们却提出了反驳说，我们不知道有任何其他的结合。那么，就应该去寻求：Quærite et invenietis（探求和发现），并且应

---

① 博马舍（1732—1799年），法国十八世纪戏剧作家，著有《费加罗的婚礼》等。——译者

该把唯一寻求过并且已经找到了它的那个人的理论好好加以研究。
．．．．．．．．．．．

第八概述 分配方面自愿的协调

小　　引

现在我们接触到分配的问题，整个协作结构就是建立在这个问题的解决上。如果在这个问题上协调削弱了，那么很快就会看到，整个建筑物即将瓦解。试验性法郎吉在它第一步行动结束时就会解体。为了保证在分配问题上达到协调一致，我们有两种足以应付裕如的手段：第一是任何时候人们都不会缺乏的贪婪心理。然而，如果能把它改造成为公平分配的保证，那就肯定会获得正义的统治了；第二种分配均衡的手段是文明制度下所难于实现的慷慨大度。文明制度的人按照自己的习惯来判断，会认为在和谐制度下也同样不可能有慷慨大度；因此，必须扼要地向他们叙述这种由慷慨大度所产生的协调一致；甚至在着手分配以前，便可从中得出自愿的协调一致。这一研究可分为四个小论题，即物质、爱恋、结构和统一诸方面的协调一致。

第二十九章　关于由物质享受所产生的自愿协调

在协作社中,协调一致的第一途径便是发财致富。因此,我们看到,在任何商业公司中,当企业不能提供利润时,合伙人就会发生争吵而离散。只有当每个人在这里都看到自己的财产和享受大大的增长,看到增加三倍的现金收入、增加三十倍和四十倍的相对收入时,法郎吉中才能够充满这种自愿的协调一致。我们现在来证明在序言第二篇论文中已经说明过的协作制度的这一属性。在这里,我只是以现金收入与相对收入进行比较来对它加以考察。

任何一个人家居住在法国富庶省份,如图尔、昂儒,在生活方面来说,都比它要是住在伦敦富裕十倍。它在邻近图尔城和索缪尔的乡下,只要用相当于伦敦十分之一的钱就可以买到同样好的水果和葡萄酒。因此,我们看到有许多英国家庭迁到图尔地区来,为的是在这里可以节约,生活还可以过得富裕一些。由此可见,存在着这样一种情况,就是说即使不增加实际财产也能够使财富在某些部门增长十倍;如果再把增长四倍的实际收入加在这些财产上,那便会使财富相对地增加四十倍,因为这里只要有四倍的财力就可以得到十倍的舒适生活。

在协作结构下,相对的财富在不同的部门中能够提高到无数级,在把这种财富与增加四倍的实际收入结合起来,财富甚至能够提高一百倍。下面就是从最豪华的和微不足道的奢侈品中信手拈来的两个例子。

行。现在,任何一个想要乘车外出的家庭,只有三种马车可乘:一是城市用的马车;二是郊区旅行用的马车;三是带篷的双轮马车,外加雇一个仆人的费用和马匹、车辆维修费,在巴黎这项交通费就非六千法郎不可。而在和谐制度下,这个家庭每年有六百法郎就可以包乘所有等级的马车甚至仪仗马车,或者骑马也行。

如果算上可以自由选择各式马车的好处,算上可以免得跟招摇撞骗的生意人和工人发生争执,算上可以免掉一批侍从仆役,免掉他们盗窃、搞鬼、刺探情况和其他窥伺的烦恼,——这就使人有充分理由说,仆役是贵人们的灾难——那么,这种增加十倍的财富便会变成增加二十倍了。

就行的问题来说,马车和马匹并不是唯一的值得羡慕的享受;四轮马车往往不过是一种令人厌恶的差劲的东西而已,不过因为没有更好的工具可使,就只好采用它罢了。比如在巴黎和伦敦,乘那里的四轮马车简直完全不是一种乐事,它只是一种避免泥泞、恶劣天气和长途跋涉的工具;其次,巴黎郊区的情况也令人不快。在这里,富有阶级由于道路不好和马路两边筑着两道讨厌的土墙、情愿待在自己的庄园里不出来。巴黎周围的道路简直是游客和打猎人的灾难:在冬天七个月里,它们是肮脏的臭水沟,在五个天气晴和的月份,有时从三月起(像1825年那样),则是一片遮天蔽日的灰尘。

在协作制度下情况则与此相反。协作制度能够为行准备好各种道路:有供载重货车走的马路,有供轻便马车走的道路,有人行道,有马和斑骓走的便道,有林荫大道,有经常洒水的小路,等等。就行的问题这第三个部分来说,也和上面两个部分一样,舒适程度至少比我们现在增加十倍。这样一来,在行的方面我们的享受相

第八概述 分配方面自愿的协调

对的说已经增加了三十倍。

第四个美妙部分是:所有住宅区、牲畜圈、商店和工厂的内部走廊上方都有天棚,在上工、去教堂、访友、参加表演会和舞会时,使人不感到冷或热;跳完舞出来时,经过温暖的走廊回到自己家里,不致伤风感冒。如果从一法里远的地方回来,可以在暖洋洋的门廊里上马车。在这方面,牲畜也分享到人的舒适。我不会说,在这类享受上,和谐制度下的人的舒适将大过我们现在十倍,因为对我们来说,这种舒适享受根本就不存在。动一动几乎总是非常不便,往往还挺危险,甚至对国王来说也是这样。因为法国国王没有带天棚的、温暖的门廊,他也只有冒着风雪严寒登上御车。我们常常看到,妇女们在从舞厅出来时感染肺炎;任何人在哪天早晨出门会客和办事时,都不得不换二十次车,不断地在楼梯上爬上爬下。只有把这些与带天棚的走廊的美妙比较一下,人们才能估计到生活上的这种种困难,并且会相信,在建筑方面,跟其他一切方面一样,文明制度结构也是一个颠倒世界。

把这种增加二十倍的舒适与上面所列举的增加三十倍的舒适加在一起,我们便会发现,享受的总和在行的方面已达到五十倍。既然为了享受这种舒适,人们的收入将增加四倍,在拿四倍的实际收入乘五十倍的相对可能性时,便会达到二百倍。这就是说,在和谐制度下,舒适的增长是无法计算的。我们就物质方面继续往下谈;现在我要转到种种细微的情节上。

国王虽然有一批专管膳食的侍从,却不能吃到像和谐制度下一般平民所吃的那种精美菜肴。他们不可能随意挑选带有天然香味或某种蔬菜香气的各种肉汤;他们吃的肉汤被某种卤汁和浓汁的气味所压倒。他们的厨师既没有手艺,也没有耐心为他们调制一套精肉菜羹。这些宫廷厨师在烹调他们认为有损自己体面的菜肴方面,更是一窍不通。同时,国王的胃口也跟小市民的一样,需要多样化。精美的菜肴,也和普通菜一样,往往引不起食欲。不久前,有一位大公爵夫人在旅行途中,地方官和市长精心备办了一桌丰盛的酒席招待她,她一看就对他们说:"这些都好极了,不过,我想吃点土豆。"她在巴黎很不容易吃到土豆,因为巴黎不会栽培和收集这种蔬菜。况且,她的厨师难道懂得保存这种食品香味的方法,就是要放在炭火中烘烤这一最难而又为宫廷厨师所不屑一顾的手艺吗?难道她的厨师会去打听蔬菜是在哪一种土壤中用什么方法栽培出来的吗?文明制度时期的国王自己无法得到这些品质优良的东西,但对和谐制度下最贫穷的人来说却都是有保证的。即使他只吃炒鸡蛋和青菜,他也会这样想:"我吃得比文明制度的国王还要好。"实际上,我们不知道用不同方法养出来的鸡味道竟是多么不同:国王也只好以买到平常的鸡蛋而心满意足了,但其中有些鸡蛋是表面漂亮,里面却带着一股恶臭。

在计算情欲结构时,依照规则我们要在同一系列的两极对比上找到证据。我已经在享受方面进行过比较,引述过一件最豪华的事情——关于车马随从和仪仗马车的事;现在对于那些不习惯于两极对比规则且认为这些规则不登哲学大雅之堂的风雅之士们,对不起,我要谈一谈最庸俗的东西了,尽管这些先生们认为哲学会鄙弃庸俗的比较,鄙弃斯卡龙[①]滑稽可笑的遗嘱中的题材。

[①] 斯卡龙(1610—1660年),法国十七世纪喜剧作家。——译者

斯卡龙在遗嘱上说：

> 留给莫里哀一顶绿帽子，
> 留给胖子圣·阿曼一片干奶酪。

如果说干奶酪可以入诗，甚至写入抒情诗（参看勒布伦[①]关于我们本地风物的礼赞，其中包括对出自加拉戴之手的旺沃[②]奶酪的颂歌），那么这种乡村美味就更可以放在我粗俗的散文中了。当一片干酪在我们面前揭穿文明制度伟大业绩的渺小时，我们就可以看到，它上升到了最崇高的哲学顶峰。

坦率地说，这种情况具有这样一种意义：任何一个国王，即使使用他的全部宝藏，也不能叫人端出一份让一桌人都感到心满意足的干酪来。可是在和谐制度下做奶酪供应时，则分三种序列：第一是诸式品种，第二是每一品种的异味，第三是存放年限不同的各式异味。按三种序列的差别，甚至在只有像巴黎所最常吃的硬干酪、半硬干酪和软干酪这三种干酪端上桌来，就需要有近五十片不同品种新切的干奶酪。在巴黎可以看到，最好的饮食，毫无疑义，包括国王的饮食在内，也只有三种干酪。无论从品种来说，从质量来说，或是从存放年限来说，都毫无序列可言。和谐制度下最贫穷的人将享受到我们的国王所享受不到的丰富多彩的食品。因为，各式干酪或有益于健康，或对健康极为有害，这主要要看各人的消

[①] 勒布伦（1729—1807年），法国十八世纪抒情诗人，以颂歌闻名。时人比之为古希腊诗人班达。——译者

[②] 旺沃，塞纳区一小镇，当时盛产奶酪。——译者

化能力，所以同桌有十二个人就需要十二种不同品质的干酪。吃的人只有在用各种玻璃罩罩着包括三种序列——品种、质量和存放年限——的一套几十种干酪的柜台中才可以找到它们。这些是和谐制度下一般人每天所能享受的，而现在连国王都享受不到。

重要的是，就在像干酪这样的小事上，可以看到和谐制度下的平民在各式各样的享受方面远远超过我们现在的达官贵人和王公。难道有什么人敢在国王的餐桌上说："这三种干酪不是我所需要的，我要的干酪是很咸的、中间有孔的、饱含大量水珠的、没有弹性而质地坚实、表皮略呈面包壳褐红色的那一种"吗？这种人会被称做乡巴佬；如果你想得到肥缺，在国王的餐桌上必须说什么都好吃。文明制度下的人处处这样受客套约束，不得不克制自己的情欲。不需要约束任何情欲，可以随意要哪种表皮哪种心子的干酪，这件事对和谐制度下的人来说便是一种魅力。他们将在三种系列中找到他所需要的品种，对所有其他菜肴也是如此。

现在我们便得出关于这种自愿协调一致的结论。自愿的一致是由物质方面的享乐而产生的，而物质方面的享乐就是按照每时每刻都能提供一切美妙事物的序列来调整的。因为物质生活的美妙就在于：在任何时候都有在种种小事上使自己最微小的古怪嗜好获得满足的机会。只有在情欲谢利叶中才能获得这种幸福，连国王都比不上；任何国王在参观过试验性法郎吉之后总是怀着极大的蔑视心情来看待自己的宫殿、宫廷和礼仪，这就是其中的原因之一。

可以看出，在谈到实际财富增加四倍和享受增加四十倍时，我的估计低于实际情况。因为在许多部门，如交通和运输方面是增加一百倍以上。我所说的二十倍和四十倍这类话,乃是为了冲淡这个光辉真理的一种谦虚说法。

同样可以看出,协作结构是确切地遵循两个极端接触和各个部分互相联系的这一规律的:它所提供的享受普及于一切阶级和最小的部分。

除了这些感官上的愉快之外,还应加上父母可以免除物质的忧虑;父亲因摆脱了家务、教养和陪嫁方面的开支而感到愉快;妇女因免除了穷困和繁重地操持家务而感到愉快;儿童在美食方面得到了引力、激起了他们在高尚娱乐中所感到的愉快;最后,加上富人由于财产的增加,以及由于摆脱文明制度下富户遭遇的各式各样的危险和陷阱而感到的愉快——这一切便很容易预感到:试验性法郎吉从第一个月起除了怎样来维持这个极良好的制度外,便不需要操什么别的心了。而且,当试验性法郎吉认识到,维持这种制度将完全以分配问题上的协调一致为转移时,它便开始注意去实现这种协调的手段了。在第一次行动中人们是会怀疑这种协调一致的;因为由于分配只是在总结算之后,即在一月或二月中才进行的,在开始时人们还看不到这种协调一致。

因此,人们将看到,谢利叶、小组、各个人之间如何为这种一致互相进行协商,如何竞相采取最宽宏大度的决定,如何承担金钱牺牲的义务(不过这种牺牲将是完全不必要的)。每个人都将本着自愿的忠诚,本着大公无私的决心进行奋斗。每个人一想起将会倒退到文明制度下的状态时,就像想起掉到地狱的火海里一样害怕,每个人都会声明他同意,如果需要的话就把自己的利润收入放弃一半。从这个时候起,统一的愿望和保持统一的自愿一致便达到了最高峰。现在我们来看看物质以外各个方面的同样效果。

第三十章　关于通过三个阶级融合的途径所实现的衷心一致

现在我们从感官的愉快转到心灵的愉快,转到慷慨大度的鼓舞;由于这种鼓舞便产生并形成在分配问题上的衷心一致的愿望。

达到这个目的第一个途径,在于消灭阶级之间的反感。儿童队在担任起受人鄙视的工作时,便达到这个目的。这就是说,消除了妨碍阶级融合和分配收益上协调的意图的主要障碍。

为使人们能够看到这种阶级融合的轻而易举,我们要从某一种实际出发。我们看到,最高贵的人——像亨利四世——一旦遇到值得优待的下属,就最喜欢跟他们接近,不管是仆役还是其他的人。路易十六对待自己的属下也很平易近人,比如,他在亲自锻造时铜匠都过来帮助他。他拿坐垫扔到自己的侍从克莱利头上闹着玩,克莱利也照样回敬他。

这些例子说明,富人们如果有一些能够在一定关系上融洽相处、相当诚实、相当无私的属下,他们将会觉得幸福。在文明制度下,情况则与此相反,家庭仆役在达官贵人们眼中都是讨厌的和值得怀疑的随从,因而这些达官贵人们不得不在这些危险的仆役中间保持森严的规矩。

我已经叙述过充满热情的日常生活服务所提供的魅力;我还要运用某些详细情节,把这种情形强调一下。

达蒙是一个爱好花卉的人。当他住在巴黎时,就为布置自己的花坛费了很多钱。卖花的不但不支持他,还要骗他;园丁或仆役们则偷他的花。这样,他对养花感到厌烦,不再爱花了。

达蒙在试验性法郎吉安家落户之后,却又更加爱侍弄起花儿来了,因为热心的同事们都帮助他。这些热心人不会引起他的不信任,而且不管他要什么,他们都主动去做;甚至不要他吩咐就很熟练地完成了他自己不想担当的一切工作。他同他们没有任何利害冲突,因为一切开支都是由法郎吉负担的。由于他拥有在他们看来是很宝贵的知识,因此,他受到他们的爱戴和尊敬。他们把他看作集体的中坚分子,设宴欢迎他;他对于小组中的每一个人都抱有好感,特别是那些在可能要下大雨时赶来替他在花坛上搭起帐篷的儿童们。他把这个花卉爱好者的团体看作自己的第二家庭。他在里面选择了一些劳动上的养子养女。

例如:贫穷的小姑娘阿曼特是谢利叶最能干的成员之一,她对达蒙热情洋溢。她忘了他已经是六十岁的人了,把他看作自己所心爱的花卉栽培工作的支持者。她想向他表示,既然她是侍女小组的成员或女侍从,她就要负责收拾达蒙的房间,照管他的衣柜(至于打扫等工作由儿童队负责)。这样,阿曼特便自愿地成了达蒙的女管家。达蒙并不付给阿曼特工钱,她认为要工资是丢人的事。她也跟别人一样,在侍女小组中有自己的一份收入,因为她不只服侍达蒙一个人,不过达蒙却是她怀着特殊的好感来服侍的人。她对莳花的喜爱扩大到达蒙身上,而达蒙则由于自己的知识和财富,成了这项活动的台柱。

达蒙在这里获得了双重魅力,即两种充满热情的服务:一方面是在花坛上有阿曼特和别的同事们服务,他们都对他的工作有很大帮助；另一方面是在他的住处，有美丽的阿曼特负责收拾他的房间，并照顾他的日常生活。

由此并不能就得出结论，认为阿曼特会成为达蒙的情人：她的服务是超出爱情关系的范围的。当然很可能达蒙会爱上阿曼特；不过不管在这方面有什么插曲，他有魅力能得到她双重的热情服务，一是在花坛上，一是在住处：这都是她最开心的事。这样，能同一个身任文明制度下两种家庭仆役工作的人——园丁和侍女——交往密切，他当然感到幸福；他不会忘掉把她当作自己的劳动养女，这种关系便保证了她将来在达蒙的遗产中获得一份。

我们可以看到，我在这里只是使友谊关系、生产协作关系发生作用，而这种友谊关系在儿童中间更加深厚，因为友谊正是在儿童中间才能得到很好的发扬。在这里，它既不会遇到自私自利的障碍，也不会遇到爱情的干扰，也不会碰上家庭利害关系的阻拦。如果父亲们不加干预，不使自己的子女养成骄傲习惯，那么在幼年期间，友谊便会把各种地位的人都融合在一起。

在青年时代产生的爱情必然把各种地位的人融合在一起，把帝王之尊降到他所追求的牧羊女一样的水平面上。由此可见，即使在目前的制度下，也还存在着各个地位悬殊的阶级融合的萌芽，甚至在雄心中间也会发现这种萌芽：各个地位悬殊阶级的融合使上等阶级在党派事务上、在竞选活动中习惯于跟下等阶级亲近交往。我们曾看到，西庇阿家族的人和伽图①家的人亲自走到老百姓跟前握手言欢，以便获得他们的选票。英国的公爵们为了得到

---

① 西庇阿和迦图是古罗马贵族的两个名门大族。——译者

第八概述　分配方面自愿的协调

某个小市镇的统治权,曾付出昂贵的代价,向多少人低声下气!

因此,在目前状态下,我们也还有不少养成阶级融合的萌芽,不过都是通过卑劣行为和令人厌恶的自私自利途径来实现罢了。我们已经看到,这些卑劣手段正在引起互相敌视的各个阶级的人们接近的迹象。当人们依靠高尚手段、依靠真正爱的关系就像我刚才所谈的达蒙与阿曼特之间的这种关系来发挥作用时,这些彼此之间的接近便会容易二十倍。

达蒙除了在莳花方面所形成的这些关系外,还将在各种不同的工作基础上形成二十种其他的关系,因为在每一项工作中他都要与大多数谢利叶成员发生关系。在这里,他便养成了对集团的爱恋;在和谐制度下面,每个人都从自己的同志方面博得衷心的赞美,这种关系便更加有活力,因为每人都只限于在某一工作部门工作,而且是分段进行,这样就能把每个谢利叶成员都用在他最能发挥其所长的那个部门中工作。

经常的赞美或每天的表扬,是和谐制度下吸引富人们的主要魅力之一。这种表扬来源于两个方面:他对各部分工作的干练(每个人在对他有吸引力的工作上都是很出色的),以及他对自己的谢利叶和自己的小组在生产上所作的贡献。达蒙是个有钱的人,他肯花钱从远地买到管理处不会出钱去买的多种名贵花卉;为此,所有谢利叶成员都很器重他,把他选为检阅时的首长,花卉爱好者大谢利叶的上校。他们每个人都是达蒙所买来的这些名贵花卉的热心保护者——要是在文明制度下,这些花卉早就让仆役们偷光或糟蹋完了。于是,达蒙便由于自己的赠献而获得双重衷心联系的报偿——自己对热心而聪明的同事们的感激和他们的友谊、他们的尊敬,以及跟他竞赛的邻人的好评:他博得大家赞美,别的谢利叶也同样称赞他。在这些谢利叶中,他由于对一定工作的熟练而成为第一流的协作社成员。这样一来,那个所谓恶习,被道德诅咒为:

> 可憎的谄媚者啊!上天的怒气
> 把你这个祸害当做礼物送给了人间。

与我们一切的所谓恶习一样,便变成了对劳动的鼓励,变成了协作和谐的源泉。连工作很好的贫民在他们小组里也会受人赞美。但是在文明制度下,只有对富人才奉承,而且奉承富人也只是为了哄骗他或者促使他去作恶。

如果说有这么多的原因使富人对穷人发生好感,那么就会有更多的原因使穷人也对富人发生好感;原因就是下面这些:

协作所有制的精神,分享收入

富人对穷人的间接服务

贫苦儿童由收养他的富人教养

劳动收养和分享遗产

由富人为法郎吉出钱而获得的果实

半价出售的一级餐肴

富人出资举办的团体宴会

富人的使用心计的赞美

让贫苦儿童分享一部分收入

这么多新的联系很快就会使目前相互之间只有憎恨、掠夺和欺诈

第八概述　分配方面自愿的协调

的两个阶级达到团结一致。

在协作结构中最令富人神往的事,就是他能够忘记一切尔虞我诈,而对周围的一切充分信任。但是在文明制度下人与人的关系就不可能避免这些欺骗行为,这些常常令人发指。在法郎吉内,富人在对人表示充分信任时,任何时候都不必担心上当受骗,也不会遇到什么纠缠不休的请求:自有儿童队给他们必要的帮助。不过这种事是极其罕见的,因为具有充分的最基本的生活保证的和谐制度下的人,不需要在物质利益上有求于人,因为他们都有保证地能够在每一个引人入胜的劳动部门中获得与他们的劳动、才能和资本(如果他们有的话)相称的报酬。不需要任何袒护。可以相信:任何袒护对他们的竞争者也跟对他们一样,都是无益的,相信不管有什么计谋活动,报酬和上进都会达到公正的分配,这对他们来说乃是一种享受。在第九和第十概述中可以看到这种结构。

因此,在贫富悬殊的人们之间建立起联系,在和谐制度下是很容易做到的。在这里,由于下等阶级的愉快、适意、礼貌和正直,由于劳动环境的豪华和协作社成员间的团结一致,这些结合非常引人入胜。最贫穷的人将会为自己新的地位和他们的法郎吉行将改变世界面貌的高尚使命而感到自豪。他们将非常重视那有别于文明制度下的人的正直和公正,因为正直和公正将是谋求利益的唯一途径。他们在短时期中便具有了突然间从茅屋迁进高楼大厦中那些人的气魄和风度。如果第一个法郎吉所选定的地区内的人民,都像图尔和巴黎近郊那样有文化,这种良好风气在这个法郎吉的贫穷阶级中是很容易建立起来的。

富人们多多少少有点憎恨文明制度下的平民,可是这种心情马上就会被他们对法郎吉平民的热爱所代替:他们将会把法郎吉的平民看做是另外一种人,并且由于对文明制度的虚伪和粗野加倍的恐惧而愿意同这些人亲近。他们同和谐制度的平民在一起,便很容易忘掉自己的身份,就像现在他们接近文雅大方的巴黎女工时一刹那间便忘了自己的身份一样。这些女工虽然出身平民,但都很具有良好的风度。

因此,我认为从第二个月起,这种阶级融合的萌芽就会显示出来。富有阶级首先就会对文明制度政治的下列基本论点表示愤慨:为了几个富人,就必须有许多穷人。这个论点很快就会被下面的这一论点所代替:为了使富人幸福,就必须让穷人们享受各种不同程度的幸福。

我们要提醒注意的是,儿童在符合本性的教育下所取得的成就,或者不需要父亲或教师的任何督促而自愿参加劳动和学习,这将是实现这种阶级融合的主要手段之一。正是这一奇迹在鼓舞富有家庭的家长,并使他们对阶级融合表示好感。

即使从第一年起不曾有效地实现阶级融合,分配上的协调一致也不会遭到失败。在第九概述中可以看到,还有一个不依所有这三个阶级的融合为转移的手段来达到这种一致。如果试验性法郎吉是由粗鲁的平民所组成的话,这种融合便不能很快地实现。

不过,即便是依靠选择有文化的平民,要实现这种融合,还缺少两种动力,因为在文明制度下教养出来的平民毕竟还缺乏高尚教养;另一方面,过渡到协作结构的富有家庭并不是从幼年时代起就与平民建立联系的。

尽管有这两种障碍,但由于普遍的热忱,融合已经是可能的。

第八概述 分配方面自愿的协调

很快地，富人们除了在公众典礼和庆祝集会之外，并不希望有什么地位上的差别。在所有别的场合，集体的友谊将会占上风，并产生出一种文明制度的人所不理解的情欲——联合情欲。关于这种情欲我将在第三十二章中作若干扼要的说明。

如果说，我们现在的社会关系是一切纠纷的根源。那么这是因为它们到处都是为了少数人的享乐而压迫大多数人。一百个人在跳舞厅里寻欢作乐，而一百个马夫和仆役却跟留在风雪中的马匹一样在院子里挨冻；厨师和仆役们在备办筵席却对自己的工作兴趣索然，只感到非常苦恼。可是在情欲谢利叶内，或者由于烹调上的竞赛，或者由于房屋的分配，特别是由于间接的日常生活服务制度，这些乏味的普通工作便会变成诱人的事情。因为在各种不同的作业中，间接的日常生活服务制度把富人变成热情为穷人服务的人。

因为这些协调一致的表现对富人和穷人都产生同样程度的魅力，无论在哪一方面都将看到同样的热忱，都将看到解决分配问题的同样慷慨大度的竞赛，而良好的协作制度即依靠这个来维持。但是，当共同工作的人都认识到，为了在这种分配上达到协调一致和公正，除了贪婪、爱钱或追求更多收入的愿望之外，并没有可以产生功效的其他动力时，他们将会如何惊讶啊！在第五编中将看到对这种奇怪的哑谜的解答。这个奇怪的哑谜将以几何学方法来说明爱财是情欲谢利叶中通向正义和美德之路，这样说并没有嘲弄道德的意思。

第三十一章 关于由结构的美妙而产生的自愿协调一致

我们已接触到协作关系的美妙方面之一：现在所要讲的不只是奇迹，而是双倍的奇迹。我们渊博的学者们在为上帝创造奇迹的能力进行争辩，可是人们马上就会从协作世界中看到更惊人的能力——创造双倍奇迹的能力，在相互关系的每一部门中同时实现两种奇迹、而不是一种奇迹的能力。

自然界使我们具有爱好仙境的癖性，这并不是没有道理的。这些浪漫主义的幻想正是协作制度下人们的本性，不过这与那些只向我们提供简单奇迹的浪漫主义者所采取的具有完全相反的意义。就这方面来说，浪漫主义者还不如一般平民有洞察力，因为一般平民很好地观察到并阐明了人的命运——幸福或不幸是复杂的，从来都不是简单的。

这个基本论点可以用两句流行的民间谚语来表达，一句适用于财富，另一句适用于贫困：

财富：石子尽奔大堆，金银总属老财。

贫困：讨饭袋，归乞丐。Abyssus Abyssum invocat.①

确实如此，如果这个人有钱，那么就会有薪俸优厚而清闲的美差落在他头上：波拿巴曾给予有钱的银行家们以二万五千法郎年金的参议员薪俸。如果一个人贫穷，那就甚至连工作都找不到；他

---

① 拉丁文，大意为：地狱的还是回到地狱去。

的诚实会使人怀疑;他的赤贫多招一层羞辱:对于一个社会的人来说,善和恶永远不是简单的,人的命运无论幸与不幸永远是双重的,方式是复杂的而不是简单的。

我们的政治科学。道德科学和形而上学科学由于不了解这个基本论点,都曾犯过简单化的错误。这种错误在于,把社会运动和人的本性都看做是简单方式,认为人或者是为了简单的幸福而生,或者是为了简单的不幸而生:我所称作简单化的这个荒谬论点曾把他们从谬误引向谬误,一直引到最可耻的谬误——唯物主义和无神论。唯物主义和无神论是两种简单化的见解,它们把自然界只归结于某一种要素,即物质;而陷入这个荒诞不经的谬误的世纪竟敢吹嘘自己的高度飞跃!现在我想再回到本题上来:我们首先要破除关于命运是简单的这一偏见。我们要用关于财富、健康和节约的三种例子来证明,当人恢复了自己的本性,恢复了协作结构时,在我们日常生活和劳动的关系中,大家将都具有复杂的幸福和双重的魅力。

一、财富方面双重的奇迹。文明制度下的人经过几年茹苦含辛之后,得到了富裕的生活作为自己的劳动果实,他便认为是幸福了。其中八分之七的人在整个青春时代忍受极端的穷困,到了晚年还是落得个一无所有的下场。因此,在青年时代用艰苦劳动的代价,而在中年时代即在四十岁时,也就是在能够享受生活乐趣的时期获得了富裕或小康生活的那个阶级,便可以称作是处于顺境的阶级了。鉴于必须克服的种种困难,这种成就是一种半奇迹;要是人们最初毫无资本,从四十岁起通过劳动而获得了巨大的财产,那就是十足的奇迹了。可是,如果除了纵情欢乐之外,既不投资,也不作别的努力，很早就获得了巨大的财富，那么魅力便会是双重的。在这里会有这样一种奇迹，奇迹就是在于没有辛勤的播种就会得到巨大的收获；也还有另一种奇迹，就是在于通过享受欢乐的方法来获得财富；而在文明制度下，享受欢乐却往往使那些拥有财富的人失去财富。

在和谐制度下，每个人都看到创造这种双重的奇迹是如何对自己有利。的确，因为工作在这里已变成一种有利可图的、诱人的快乐，每个人通过享受欢乐的方法就能获得财富。在这里，早年的时候，即在二十岁、十岁甚至五岁就获得财富，因为和谐制度下的人在享受着我们所羡慕的一切幸福，比如四轮马车、马、猎狗、美食、不间断的演出和宴会。所有这一切欢乐都是和谐制度下最贫穷的人分内的享受；他有最起码的四轮马车、猎狗和马。他的生活跟有三万法郎收入却享受不到可以任意挑选的全套东西的巴黎人的生活方式不相上下。

因为欢乐在这种利用欢乐的社会制度下是有报酬的，所以热爱打猎和音乐的小组，也跟那些从事农业（这时已经成了很诱人的工作）的小组一样，得到收入作为报酬，于是便发生了这种情况：

第一，和谐制度下的人从青年时代起，不要播种就可以得到收获，他心里只想到娱乐。

第二，他在享受这许多欢乐时，便发财致富了。假如是在现在，这些欢乐不要多久就会使他破产。

由此可见，这是对他有利的双重奇迹，在致富事业中这是复杂的而不是简单的魅力。现在我们再来谈一谈其他复杂的妙不可言的现象。

二、**健康方面的双重奇迹**。依我们看来，有一个非常明智的规则，这就是，为了保重身体，要有节制地享受欢乐；欢乐无度的人竟能保持住健康的那种稀有的范例只能看成是奇迹。尼禄享乐无度十八年之后，竟能保持充沛的精力，这曾使古代人感到惊异。

如果这种享乐无度成了获得健康的途径，如果那一味醉心于欢乐的人竟变成了最强健的人，那么这种效果便会成为双重的奇迹，这在文明制度的生活条件下是难以理解的，因为在文明制度下，每一种欢乐通常都使人不知节制以致损害健康。而在情欲谢利叶内，到处都存在着以各种各样的享乐为基础的平衡力量，每个人将按照他参加各种娱乐活动而赢得强健的体格。

我们现在来证明这一点。在一天之内享受三十种娱乐的人，对每一种娱乐只能留连半小时左右；那个只进行十五种娱乐的人，在时间上便可以增加一倍，大概一小时一场；如果他只享受八种娱乐，便是两小时一场。显然，对每一种娱乐只享受半小时的第一类人，比每场要待两小时的第三类人，就较少放纵一些，较少沉溺于娱乐一些。四个人在参加盛大的长时间的宴会之后，第二天都抱怨消化不良。可以断言，如果宴会时间缩短一半，其中三个人是不会引起消化不良的。亚历山大麾下的将军们曾经设过一次通宵狂欢的宴会，结果参加者当中有四十二个人第二天便一命呜呼了。如果这次宴会只有两三个小时，那就一个人也不会死，因为他们都避免了通常在席终时和场次太长时才会产生的过度疲劳现象。

按照这一原则，娱乐次数愈频繁，花样愈多，则沉溺于娱乐的危险便愈少，因为娱乐也和工作一样，在有节制的享受它们的时候，便成了健康的保证。宴会应限于一小时之内，要以生动活泼的谈话使它丰富多彩，防止过快；防止暴饮暴食，这样的宴会必然带有节制性，足以帮助恢复长时间在餐桌上过度消耗的体力，比如文明制度下的盛大宴会、选举人、互济会、行会举行的会餐，以及其他为了庆祝亲密友谊而在餐桌上一坐半天的会餐都是这样。文明制度下这些长时间的联欢会，这些没完没了的酒会和舞会只不过是贫乏、缺乏消遣和缺乏手段的一种表现而已。

和谐制度使人们，特别是使富人，时时刻刻甚至每隔十五分钟就可以另换一种娱乐，它用娱乐的丰富多样来预防一切过度的现象。娱乐的不断交替将是节制和健康的保证。从这时起，每个人将随着娱乐增多而变得身强力壮——这与文明制度结构所获得的效果恰恰相反。在文明制度结构下，愈是欢乐无度的阶级，其中没有一个不是身体最衰弱的。这不应归咎于娱乐，而只应该归咎于娱乐种类过少，从而产生无节制的现象。这种娱乐无度似乎使道德家们有权来责备伊壁鸠鲁式①的生活，于是他们大事宣传相反的节制或抵制娱乐的诱惑；他们不懂得正面节制的生活制度，或让自己获得多种多样的娱乐，以便使这些娱乐能够彼此平衡，以其多样性和组合性来防止无节制的现象。

这种结构专为情欲谢利叶而设，在文明制度下根本不能建立。我们现在的全部智慧是截然相反的，特别是在医学领域，我们实行的是节制和空谈减省，而不采用美食学或美食嗜好，用同时满足味

---

① 伊壁鸠鲁（公元前341—前270年），希腊哲学家，主张人生应享有纯真的幸福，不为命运或外物干扰自苦。他以身作则，自奉甚俭；但后世道德家歪曲其原意，称之为"享乐主义"。——译者

觉、想象和胃口的多样化来达到平衡;而胃就消化能力来说,当它获得适应体质的一系列各类食品营养时,会变得强健得多。

由此可见,健身制度将会从众多的娱乐中产生,而现在的娱乐却由于稀少而引起的无节制行为倒成了极其有害的事。健身制度这样一种结果将是双重的奇迹或复杂的魅力。就健康方面来说:

第一,这种制度将使在目前结构下成为消耗健康和财富之路的伊壁鸠鲁式生活变成增进身体健康的保证。

第二,它慷慨地给予富人这种经常变换的娱乐时,便使现在只能把身体搞坏的财富变成增进健康的途径了。他们之所以把身体搞坏,是因为豪富阶级的人从来就最容易生病:关节性痛风,风湿病,以及其他许多病症专找主教和部长们,却从来不进农民的茅屋,便是一个证明。但在农民的茅屋中,则另有其他疾病,如寒热病,但这只是由于劳动过度而不是娱乐过度才发生的。

三、节约方面的双重奇迹。我曾经谈过这一点:依照怪癖嗜好的多样性和精致性的表现来增进节约,这是情欲谢利叶的特性。任何一个法郎吉都能生产二十四种面包而开支比只生产一种面包还要来得少,因为只生产独一无二的品种,便会产生一种缺点,即绝不能激发起充满心计的竞争,这样就不能把兴趣普及到工作上,就不能使劳动引力这一经济杠杆发生作用。

当你听到向餐桌供应五十种蔬菜会比只供应一种蔬菜来得便宜,提供五十种轻便马车比只提供一种轻便马车来得便宜时,最初你一定会感到吃惊,我必须写几行文字来打消这种怀疑。

法郎吉栽种好多种蔬菜,每天并依照以前说过的规定从邻近的法郎吉获得其他蔬菜。因此,它在供应一千六百人时(幼儿除外)能够提供七种蔬菜。这七种蔬菜按照七八种方法来烹调,以满足各种口味,这样便构成在品质和烹调方面各不相同的五十种蔬菜。假如法郎吉从节约的幻想出发,想把自己的需要缩减到三种而不是五十种,劳动引力的全部结构便会被推翻:再不会有关于品质、关于不同烹调方法的充满心计的争论了;再不会有按照不同方式来栽培蔬菜并使蔬菜口味多样化的个别部门的联盟了;再不会有与邻近法郎吉展开卓有成效的竞赛了。竞赛没有了,蔬菜法郎吉也不再有推动力了。它的产品逐渐退化,它的工作被人忽视,而这些工作只有通过履行义务者才能得到维持;而且,这样一来,得到的是质量不好的生菜,但比可以自由选购的品质上好、烹调精美的五十种菜蔬价钱还要贵。这个道理也适用于四轮马车和所有别的东西上。

我们已经把以不超过普通生活条件的费用来过豪华生活的艺术看作是节约的奇迹了。对于以大大低于勤俭度日的费用来过极其阔绰生活的艺术,自然更不消说了。这种成就就是双重的或复杂的奇迹。因为它一方面把生活的费用压得比过单调、艰苦生活的费用还要低,而另一方面却增加二十倍或一百倍的享乐。

协作结构的奇迹(在这里我只提到复杂的或双重的一类)在各种不同的部门中则达到超复杂的或三倍的,以及双重复杂的或四倍的奇迹。这些不可理解的但为看到过法郎吉的人所证实的惊人现象,将在地球上使人们大吃一惊,使一切富人都想前往旅行,以便亲眼看一看这种不可思议的后果:一旦试验性法郎吉采取措施大规模地实行,并在它初步所能具有的一切部门中显示情欲和谐,这便保证试验性法郎吉能从每天付一百法郎的好奇的参观者身上获取四千万法郎的收益。

在看到这种协作制的魔术般的场面、这些一致的表现、这些奇迹、这个只由一种引力或神圣动机所产生的种种极大乐趣的海洋，人们将会对上帝、对这种美妙制度的创造者感到欢欣鼓舞，而有待改进的可耻的文明制度则会受到普遍的咒骂。它的政治的和道德的藏书将在爆发愤怒的第一瞬间被人们唾弃、撕毁，将被当作最低级的东西来利用，直至附上批判性说明加以重印，永远成为人们的笑柄。

在这里，我们要对哲学科学的基本错误——简单化——提出批评。这些哲学科学总是用简单的方式去考察人类的本性和命运；他们固执地掩盖社会的不幸，把它只是看作一种灾难或简单的贫困，其实这种贫困通常是双倍的、四倍的、十倍的。至于他们用来哄骗我们的道德幸福或政治幸福的前景，也永远只能是简单的和欺骗性的幸福，如爱美德的幸福只是为了美德本身，而没有任何与实践这种美德相联系的收入、光荣和崇敬。这样一种卑劣行为是与人格格不入的。人的命运，无论幸与不幸，本质上都是复杂的。

同某种压在文明制度下的人身上的种种复杂不幸加以对立或对比，也列入这一情况之中，这将是适宜的。不过，如果想在每一章中只谈一下最必要的东西，那就会永远也谈不完了，因为这种情况的简单轮廓就包含着二十四种压在文明制度下的穷人身上的苦难。把现有的这许多苦难，把破坏性结构这许多必然结果的数目翻上一番，可能是轻而易举的。这种破坏性结构在各方面都产生与协作制度的善行截然相反的东西。

根据情欲谢利叶结构所引起的赞美，便可以看出获得果实的协作社成员们的决心：他们甘愿作任何牺牲，只要这种牺牲为保证分配所必需。关于这种自愿的一致，我想补充最后一章。不过，我重复一遍，这种自愿的一致人们并不需要；因为，当劳动谢利叶组织得很合理时，贪婪心理本身就足以建立起真实的公正。

第三十二章　关于由三种统一——物质利益、感情联系和结构力量而产生的自愿一致

"统一"是被学术界糟蹋得最厉害的一个名词。学术界深信它应该是社会结构的目的，但人们不懂得用什么方法来达到这个目的，只是梦想在社会协调一致问题上达到统一；而这种统一，从三种权力的统一直到家庭的统一，都是非常虚伪的：这三种权力中的一种权力并吞其余两种较弱的权力，在家庭中则是某一性别压迫其余两种较弱的性别。

好奇者从地球上各个角落来到试验性法郎吉时，使他感到惊讶的奇迹之一，就是行动的统一和享有充分自由的情欲一致。

在有密探阻挠争论的地方，暴力压制状态绝不是情欲的一致：我们能够用监狱和绞刑架的威胁使一个小镇上四百个家族停止互相残杀，但是他们不会因此便变得友好、亲热、团结起来；在家庭里情况也是一样，父亲靠皮鞭和道德来建立安宁的秩序，而这种安宁绝不是感情的融洽一致。

因此，在一个由一千八百人组成的法郎吉内，要让每个人都热爱所有其余的人，甚至在必要时情愿掏出自己的腰包来帮助别人。

第八概述 分配方面自愿的协调

有人会说,热爱所有的协作社成员,具体地说是不可能的,因为对于任何一种性格来说,都有它所不喜欢的性格。我们把这个问题再重复一下,任何现行的一般性的论断都包含着八分之一的例外:年龄在四岁以上的一千六百个协作社成员中间,爱所有的人,这就是说,其中有一千四百人是出于直接依恋而爱,而其他二百人则是因为从他们那里得到某种服务,由于间接依恋而喜爱。只要直接依恋达到了八分之七,便可以说具备统一的融洽一致了。我们先对它加以叙述,然后再来研究它的特性。

百万富翁多利孟住在高楼大厦里,对于邻近的某一个工人家庭要在今天肯定是会漠不关心的。这个工人是细木匠。如果多利孟请这个细木匠干活,他就给木匠工资,事情这就算完了。当然,他们之间绝对谈不上什么友谊关系。

在法郎吉内会发生这种情况,所有这些人都为多利孟做了弥足珍贵的服务:细木匠负责指导多利孟长子的一部分劳动教育,因为多利孟的孩子在六岁时想从小天使升到六翼天使。摆在这个孩子面前的是,要显示出七种不同活动的能力。由于他对细木工有极明显的爱好,他便把这种工作选作自己七种考试项目之一,而细木匠雅克给了他很好的指导。这样,他立即便被接受到这个劳动部门中。

他在其他六个部门中,也同样得到六个人的指导。多利孟对这些人都深表感激,因为这些服务是绝对无法直接报偿的。儿童和教师由于互相适应、由于引力和好感而意气相投。既然多利孟的长子从六岁起在生产和美术方面就有三十多种喜爱的东西,那么多利孟要感激的就不是三十位导师,而是一百位导师,他们出自纯粹的爱心来帮助孩子进行学习;因为一个和谐制度下的儿童,在他所学习的每一部门中通常都有三四位热心的导师。

多利孟另外还有两个孩子,一个四岁,一个两岁。由于对他们的辛勤培育,参加保育员、护士、辅导员等谢利叶的另外两百人将成为多利孟表示感激的对象。他将看到,他的孩子比文明制度下的儿童进步要快十倍。他对孩子们的进步感到非常高兴,便喜爱所有那些由于喜欢他的孩子们而帮助他的孩子们进步的人。

这样一来,仅就一个部门来说,仅仅就他的孩子们的教育方面来说,多利孟便与住在法郎吉内的男子、妇女和儿童形成三百种联系。我也把儿童列入这些人里面,因为在导师中间有很多儿童,这些儿童出于友谊将把他们先一年所学到的东西教给年龄小的儿童。

还要补充说明的是,多利孟本人就是许多儿童的导师,他发掘儿童们对他所喜爱的那些劳动部门的天赋和才能。要知道,教育那些你把他们看作是劳动继承者的聪明而诚恳的年轻学生,对任何人来说,确是一大快事。他对这些儿童的培育,使他从儿童的父母方面得到像他对他的孩子的导师们所抱的那种热爱之情。这样,教育本身就为多利孟建立了扩展到法郎吉四分之一人员身上的大量友谊关系。如果多利孟是一位老年人,他可能有了第二代和第三代,那么他由于感激别人教育他的后代而和别人建立的友谊联系,为数将会更多。

如果我们再把多利孟能够形成感情联系的其他有关部门(如美食学、科学和艺术、农业、爱情关系,等等)加以考察,那么便会看到,由于集团的爱,他与自己所在的法郎吉的八分之七的成员都有感情联系,而对其中少数人,他虽然没有直接和他们建立联系,但他们由于间接的服务仍然受到他的器重。他不爱吉隆特,他们之间存在明显的恶感。但是,却发生这种情形:吉隆特是一位有经验的培植天门冬的谢利叶成员,而多利孟很喜欢天门冬。由于这个原故,他爱护吉隆特的工作,并且尊敬他,他与吉隆特有一种间接的亲近关系,他同吉隆特就可能发生友谊。

这种联系的众多性,这种与一切协作社成员的感情的结合,是以利用第六章所指出的三种手段——短班次,多样性的工作,分段进行和紧密衔接——为基础的。这三种手段,换句话说,不过是三种主导情欲的结果而已,因为劳动引力的体系在一切细节上都是与这三种手段协调的。

如果没有短班次工作和分段进行,怎么能够使各个人与三十个谢利叶和一百个小组和分组,从而与整个法郎吉所有的人发生关系呢?

协作社成员的一般联系也正是建筑在这种相互关系的众多性上,特别是建筑在与农业的竞争相结合的美食学的竞争上。如果他们之中每个人,像在文明制度下那样,只是单干,而没有人数很多的同事,他们彼此之间便会互不关心。

哲学家对我们说,自然体系内的一切都是有联系的,而且应该是有联系的。既然这样,那就应该首先在最低一级的相互关系范围内,即日常生活方面的相互关系的范围内建立起联系来。我们甚至不能够在六个人的小家庭中建立起相互的联系;——如果没有法律或皮鞭和道德的干预,一家人就会四分五裂。必须不依靠上述这三种力量在形成协作结合最低级的日常生活制度的一千八百人中间建立起情欲的联系。如果这件事获得成功的话，很显然，在拥有三百万人的一千八百个法郎吉中间，或者在一万八千个法郎吉或一百八十万个法郎吉彼此之间，都能够建立同样的协调一致关系。因为无论是一个法郎吉，或者是全地球所有的法郎吉，其结构总是一样的。当全球人口达到五十亿时，法郎吉的数目将增加到三百万个。

当第一个法郎吉的情况证明，它在日常生活上和经济上达到统一，在性格的相互关系上和涉及物质利益或有关收入份额的分配关系上达到情欲的一致时，便可以得出结论，在全地球的一切关系中都将达到统一。这里只须列举统一的几种用途，就足以使人们判断出这种希望所激起的无限兴奋之情。这种统一将支配着：

一、语言、印刷符号和交际手段；

二、保健措施、防疫和人类的集体检疫；

三、消灭有敌意的或有害的动物或某些植物、沼泽等；

四、恢复某几种动物和植物或以珍贵品种代替劣种；

五、综合地恢复气候水土；

六、物质方面，货币、度量衡、子午线等等，直至音域；

七、生产方面，军队的公共工程和有关科学和艺术事业；

八、商业方面和国库方面，关于全球协调供应的措施，以及适应不同阶级的各种最低限度生活的保障；

九、情欲的普遍一致方面，把情欲联系起来并同心协力使其在全球得到发展的艺术。

如果只谈这些一致表现的第一种，即语言、印刷符号和其他交际手段方面的一致，那么文明制度世界，甚至在交际手段方面还没有获得和谐的最低效力时,怎么能够侈谈统一,夸耀它的完善境界和高度飞跃呢?两个文明制度下的人,一个法国人和一个德国人,他们都冒称由于康德或孔狄亚克①的形而上学而获得了臻于完善的能力,可是他们甚至彼此不能了解,不能交谈。就这方面来说,他们连低级动物都比不上,因为任何一种动物首先能在它的同类之间建立起它们所能够达到的一切交际关系。

同时,语言和文字的统一是接近其他一切人的途径。在文明制度下,这种统一在物质上是可能的,因为在这里我们已看到它的美妙的萌芽。意大利语是所有地中海沿岸地区甚至是葡萄牙、摩洛哥和黑海沿岸地区的统一语言。英语则是所有北方沿海地区、以至英吉利海峡以北地区的统一语言。音乐符号和意大利语音乐词汇在所有文明国家都是统一的,虽然在印刷字体上有所不同。

因此,如果文明制度在最迫切需要达到统一的方面,在它已具有一切萌芽的交际手段的统一问题上,遭到了失败,那么在它真正会遇到障碍的方面,比如在卫生检疫,以及在消灭从和谐制度时期第五年起即将在全球加以根绝的一切疫病,如疥疮、天花、梅毒、家畜流行病等方面,又怎么能够达到统一呢?

我们在摆脱非人类所固有的物质灾难,如消灭狼和各种野兽、蝗虫、老鼠、毛虫、毒虫、沼泽爬虫之类的害虫及其他有害的生物方面,显得更加落后,而这些害虫从和谐制度时期的第一代起很快地就会绝迹。

---

① 康德(1724—1804年),十八世纪德国哲学家;孔狄亚克(1714—1780年),十八世纪法国哲学家,主张唯感觉论。——译者

关于统一的表现可以参看有关的论文、特别是关于法国人所规定或试行的那一套谬误的计量单位制度的注释。法国人选定了"十"这个荒谬的数字为基数,以代替"十二"这个数字。而且,他们按照文明制度的习惯,付出了巨大的劳动去寻求那唾手可得的东西——巴黎王家尺度检定所偶然提供的天然尺度单位。

为了详细说明统一制度下的行为方式优于文明制度下的行为方式,我曾证明过,在目前制度下,任何一种选举都要使每个选民在旅行、出谋划策、选前宴会、投票等上花费五六天时间,而在和谐制度下,甚至是关系到全球三亿男子,或三亿妇女、三亿儿童参加的世界性的选举,不要一分钟就行了。

关于科学方面的统一可以参看某些细节,根据这些就足以判断学者们的愚蠢。他们不要这种无限的财富,却宁愿担当那种下贱角色,去奉承手持戒尺对他们像小学生一样严加管束的文明制度,去奉承把他们叫作"文丐"——每月只要付给五十法郎阁楼租金就行——的投机商界。立法团称他们为每月挣一千二百法郎的阁楼作家。这就完全不通了,因为当你每月赚到一千二百法郎时,你也不会再住阁楼了。

在所有这些陈词滥调中,表现得最清楚的,就是学术界被那用大量的蔑视来酬谢它们的大量知识的其他阶级所嘲弄。这些学者们如此狂热地拥护这种把他们拖入泥坑的文明制度,显示出他们是何等的奴性十足啊!他们怎么还不抓住机会去摆脱文明制度呢?一旦他们起来建立协作制度,他们就会立即得到巨大的财富,因为这种制度由于需要他们的才能,不得不经常依靠慷慨大度的方法来争取他们,并且除了这项财源以外,还得加上另外三种财源：新科学的研究、数以百万计的统一的奖金（文明制度下只发一些有名无实的奖章），以及发表对文明制度和哲学科学的批判性著作，——这将在二十多年间成为有经验的作家们得到无数收益的丰富论题。

我已在这四章中证明了，自愿的一致贯穿在这四种关系部门，即：物质的或涉及利益方面，精神的或情感联系方面，内部的或日常生活制度方面，以及因此而产生的外部行动一致的倾向即这个全人类魅力与巨大收益的源泉方面。

当集体一致的愿望成了普遍的愿望时，便很容易达到分配问题上的一致，只要它的方法是正确的并适合于情欲的要求。关于这些方法是否能符合这个条件，我将在下编中加以探讨。

关于应用的概括性结论

为了叙述和谐制度的种种关系，为了应用第一编和第二编中所叙述过的基本原理，我加写了三编。

第三编是论述只限于十种情欲，对于爱情和父子关系还一无所知的青春期前年龄的种种关系。

第四编是论述有了十二种情欲的青春期年龄的种种关系，其中有两种情欲，即自由恋爱和自由的父子关系，在和谐制度初期则将受到压制。

第五编将论述收益的分配和社会反感的结合这两者所共有的情欲平衡的种种关系。

我应该首先叙述青春期前年龄，这种年龄的人，由于没有在我们目前生活条件下有罪的、而在和谐制度最初几代中必须加以抑制的那两种情欲，因此最能接受充分和谐的制度。

我在谈青春期年龄时（第四编），受到极大限制。无论关于自由恋爱也好，或是关于自由的父子关系也好，都没有机会谈到。这两种情欲在半个世纪内将遭到压制，而对它们横加阻挠将造成和谐制度结构的巨大缺陷。

我把达到青春期年龄的各种关系跟结构方面的两大问题结合起来，这就是：

各种劳动引力的衔接（参看第七概述）；

分配的有意一致（参看第八概述）。

现在将这两编最重要的论题，即与我们现在的习惯距离最远的效果，再扼要复述如下：

在教育方面。我们看到，我们现在的制度在任何方面都有缺陷。人们甚至不知道应该达到什么目的，也不敢考虑这种目的，即如何教育儿童去实现其劳动的使命。如果说，一个人必须靠农业和工业劳动生活，那么在使他成为学者之前，就必须先使他成为农民和工匠。和谐制度下的教育步骤就是如此。在和谐制度下，儿童，即使他是世界王位的继承者，只要他一会走路，就应该到某个法郎吉的菜园、禽舍、工厂和厨房中去受教育；在学习研究以前，他要先在那里成为农民和工业生产者；他只是逐渐地从事研究工作，并且最初是把这种研究作为对他从两岁到四岁逐步参加的生产工作的一种辅助。随后，他将要求学习，以便把学到的东西应用到他渴望加以改进的那些工作中去，并且获得用各种各样方法所提供的完整的教育。他可以在这些方法中自由进行选择，而不受某个诡辩家的体系的约束。

在这种教育下,它的过程是直接的,儿童直接追求的目的就是劳动。儿童需要学习是为了在劳动上应用,为了有利于他引以为乐的工作。如果没有这种应用,学习对儿童来说,就永远是一种苦恼,不管出于什么形式;我们现在的方法很不合适,根本就不知道如何提出学习。在我们最好的学校里学生都厌倦学习,并且只是抱着反感去学习;教师也同样苦恼地进行儿童所不想接受的那种教育。工资是教师们唯一的动力,他们完全不懂得相互引力——对他们本人和对教育对象即师生之间的双重亲近关系。

现在每个教师和每个寄宿学校都想发明出种种新的方法。可是,肯定没有任何一种方法能够接近像我刚才所阐述的这一目的,即把这些方法应用在劳动上并使其成为相互之间的引力。

在现代教育中,我们几乎只看到一种新的思想——互教互学,这是和谐制度的一种极重要的方法。在和谐制度下,由于引力而工作的教师,不会担负那种要细心照顾成百个学生的工作;他的力量仅容许他对七个、八个或九个学生进行个别教育,这其中有一些学生再把知识传授给同样数目的学生,并这样依次类推传授下去。

有人说,这种方法是从希腊人那里拿来翻了个新花样,人们把很多希腊人的思想作为新的东西向我们复述。(参看迪唐①《归功于现代人的种种发现的来源考证》。因为这一著作中充满了对骄傲的剽窃不利的真理,所以销路不好。这本著作证明,现代天才就

---

① 迪唐(1730—1812年),法国学者。他写过一本书《归功于现代人的种种发现的来源考证》,以证明今天的这一切发现在古代早已有过。——译者

其各个细节来说，都使人想起希腊学派的最初的设想。希腊学派缺乏足够的资料来使科学深刻化，可是却有本领发现科学的一切萌芽，例如牛顿关于引力的理论就是毕达哥拉斯①所预见到的。）

既然文明制度下学校的学生中只有十分之一的人热情地爱好科学并有志于科学，相互教学只是作为一个试验草案在这里应用，因为不可能把一大群学生按照每个人对研究科学或传授科学的热爱程度加以有序列的安排。

这种新方法的反对者们把它说成是从毕达哥拉斯学派中剽窃而来的。即使假定这种新方法是现代人的创作，这对他们来说，仍然是一种可耻的事；他们为了理解自然界最微小的秘密——自然界对于任何一个学生人数过多的教师所提示的一种方式——就需要三千年之久；而且这种方法一拿出来公之于世，便招来了四倍的诋毁之词：

它被诬蔑为无用而危险的方法

它被贬低为古代事物的旧样翻新

它变成了派性的杠杆

它变成了从兰卡斯特学派②剽窃来的东西

文明制度时期的学者们多坏啊！他们的发明多么迟慢，他们的发明应用得多么不成体统啊！在这种自夸为向尽善尽美境界前进的惯于吹牛的社会中，真是又无能又邪恶，一塌糊涂！如果这个

---

① 毕达哥拉斯（约生于公元前 580 年或前 500 年），古希腊哲学家，数学家。——译者

② 指英国教育家约瑟夫·兰卡斯特（1778—1838 年）创立的学派。他主张在教师指导下，从学生中挑选出成绩优异者带动别的学生学习，或互教互学。——译者

第八概述 分配方面自愿的协调

社会认识了社会运动的规律,它就会懂得,在教育事业中,也和在一切事业中一样,必须首先引导人们达到引力的第一个目的,即达到内部奢侈和外部奢侈(健康和财富);然而受教育最多的阶级却是最敌视农业和工业生产领域有效劳动的阶级,而这个阶级的人身体也是最不强健的。因此,它缺乏达到两种奢侈——内部财富或健康,和只有生产劳动才能产生的外部财富——的方法。文明制度时期的种种教育体系,都同样是虚伪的。某些细微的差别并不能使它们都能避免我刚才所列举的严重错误。

考察了四种自愿一致的第八篇概述,提供了和谐制度结构与文明制度结构的令人惊奇的对照。后者为了使它所产生的意见分歧受到牵制,非常需要多种自愿一致的手段,可是它却产生不出这种手段的任何一种;而和谐制度则大量地创造出这些一致的手段,虽然它对这些手段并没有任何需要,因为它具有足以使雄心抱负获得协调的其他手段。

在这里,自然界乍一看来好像自相矛盾:它使一个社会失去了它所需要的某些力量,而却把这些力量浪费在并不需要这些力量的社会中。这种分配是不是有缺点呢?没有,依照复合的或双重的运动规律,这种分配是十分公正的(参看第三十一章,我们在那里看到,人是为了双重的幸福或为了双重的不幸而创造出来的,而不是为了简单的幸福或不幸而创造出来的)。哲学家们信仰无神论,部分是因为对这一规律的无知;当人们不懂得这种复合运动规律的原因时,便倾向于怀疑上帝了。其原因如下:

既然上帝为比那些混乱的社会的寿命要长七倍的协作制度创造了种种情欲,既然它曾赋予协作制度以双重幸福的属性、双倍的奇迹(参看第三十一章),那么情欲在文明制度下必然倒行逆施,起破坏作用;因为动力(十二种欲望)无论在哪一种制度下都是一样的,它们必然在善的或恶的方面都起着双重作用。如果文明制度的人的不幸只能是简单的话,那么可以说,和谐制度的人的幸福也就只会是简单的;而上帝如果为了照顾不幸时期,居然以幸福时期的幸福作为抵偿——这种幸福时期将延长七倍多的时间——那就未免太令人遗憾了。

虽然如此,我们在文明制度下所积累的不幸愈多,则让人们想到关于它的谬误和激励人们寻求逃出迷宫的出路的智慧也就愈高。如果不幸和非正义在这种制度下只是平凡的和简单的,人们便可以相信,这种文明制度确实是能够臻于完善的,就像诡辩家们所相信的,这样他们就不必费力去发现更好的制度了。我们要警惕自己不要重蹈覆辙,而且为了使我们注意到这种错误,让复合的不幸或双重的恶成为我们这个时代一切哲学改革的经常结果,是有益的。

在读第二十九章时,应该抛开文明制度的人反对中间类型的偏见,因为中间类型在情欲和性格中,也和在所有各界产物中一样,是占有一定地位的。人们从来对它抱着蔑视态度,从来不曾编订过一种中间类型一览表,而不久以前有一位作家从某一极端跳到另一极端,他希望在生命分解的名称下使中间性的东西成为单独的一界;这是一种错误。中间性的东西不是单独的一界,而是所有各界的联系,正如"转",并不是一篇文章中的专门段落,而是文中各个段落的联系一样。

学者们所犯的另一错误,除贬低中间类之外,还贬低了平庸类,并且希望在运动中排除平庸部分,指责它不登哲学大雅之堂。我们可以确切地说,哲学绝未达到运动的高度,它不懂得两极衔接的规律。依照这个规律,在情欲力学上,凡是一种验证性的体系都必须从最卓越的作用过渡到最平庸的作用。

在运动理论中所要求的,不是学院式的华丽外表,而是数学的准确性和完整性。然而,一个证明只有在它适用于两极、因而也适用于中间阶梯的时候,才是完备的和完整的。排除平庸的东西,就无异于一个外科医生不愿对身体的某些部分动手术,因为他认为那些部分是平庸的;又无异于一个化学家拒绝分析平庸的物质。必须防止巴黎批评家们的这一谬误。他们曾非难我把中间类和平庸类依照两极衔接的规律在必需时搬上了舞台,公之于众。如果我从我的研究中排除这两类,我就既不会确定贞洁少女集团,也不会确定儿童队了;这两种集团是符合本性的教育事业中两个最强大的动力,虽然它们的作业是接近中间类和平庸类的。

文明制度的作家们在有关运动问题的一切方面都表现得不够明智。他们在这个问题上没有任何坚定的原则,也没有任何合理论证的方向。《福音书》极精辟地谈到了这一点说,这是瞎子领瞎子(参看《马太福音》,第十五章)。如果有人对此还有怀疑,单就他们在学说上无定见这一点来说,便足以令人深信他们确实不行,他们那些学说以前一直都是宣传要鄙视财富,现在却鼓励我们去热爱商业。

有一家报纸(《法兰西日报》)曾颇有道理地揭穿了道德的堕落。它在谈起道德时说:"它十足地人道主义化了!变得温柔而讨人欢喜了!它再也不教我们去进行斗争,而要我们退让。"当然,这将是希望我们向引力让步的自然界的要求,只要这种幸福普及于每个人身上,而且发生在每个人都有从事引力活动的能力、一切都相互联系的社会制度之下;依照哲学家所教导的原则,在自然体系内一切都是有联系的,那么在社会体系内也同样应该是有联系的。

为了建立这种联系,必须使人民都能分享幸福,使幸福不为富有阶级所独占。然而,人民希望的是什么呢?他们首先重视营养和精美的饮食。我曾证明,如果人民没有良好的营养,连国王也不会得到精美饮食的供应。因此必须发明一种能够保证一切阶级按照它们的资产多少来享受这种幸福的新经济制度(情欲谢利叶);这种制度将建立哲学所推荐的联系,并将这种联系首先应用在人民的生活资料上,从而将它普及于全球总的供应制度上,在这里组织符合人的本性的联系体系和复合的生活方式(第三十一章)。

我们的道德家们不提出这些巨大任务,却一味宣扬鄙视人民,宣传对人民的穷困和对以人民为牺牲品的商业的欺诈抱着不闻不问的态度。他们一心只想钻进金融巨头们的客厅:金牛把整个学术界拴牢在自己的战车上了。我们的哲学家们厌恶斯巴达人所吃的合乎道德的清水汤、库里乌斯·登塔图斯①的清水煮萝卜和福基翁②家的白水炖肉;而现在却习惯于大吃官宦人家的蘑菇炖鸡、炖鸭,他们忘记了人民的疾苦,忘记了使人民有机会分享幸福,忘记了必须建立一种一切都有联系,并把幸福普及于人民中最低阶级的制度。

---

① 库里乌斯·登塔图斯(?—公元前270年),古罗马杰出统帅,以生活简朴著称。——译者
② 福基翁,公元前四世纪时雅典军事家、演说家,其家庭生活严谨。——译者

我遵守第三编和第四编所叙述过的种种关系中的这种普遍联系的规律,在这几编中我总是首先提出美和善——这两者的联系是不可分割的;在那里,我并不曾为了土豆而轻视鲜花,正像1793年那些好日子里,人们出于教育意义的考虑、因而在杜伊勒里宫花园中栽种土豆那样;在那里,我也不曾为了鲜花而轻视土豆,就像我们现在的一些"完人"们所做的那样,他们希望在升入哲学大雅之堂的借口下,排除某些他们认为是庸俗的作业。然而要没有这些作业,高尚的作业就注定归于失败。因此,我们看到,巴黎人不论在美的方面,还是在善的方面,都是同样无知的:他们那长满了像树丛一样的蒲公英的花坛,也像他们的菜园一样管理得不好。他们在栽培花卉上是野蛮人。在秋季,当花卉还可以继续开一个月的时候(特别是大金盏花),便把它拔掉了。在管理哲学界认为有失自己身份的土豆上,他们也同样是野蛮人。一切都是有联系的;如果你在美的方面遭到失败,在善的方面也就会遭到失败,这就是情欲谢利叶之外的一块不可避免的暗礁。

因此,必须既在美的方面、同时又在善的方面来改革教育。道德要求妇女们只管炖牛肉,而我们应该让她们习惯于鉴赏她们全不认识的花卉;她们只知道重视玫瑰花,而她们的丈夫则只爱卷心菜。由此可见,为了以和谐制度的精神来教育参加第一个法郎吉的父母们,必须把花圃与被提升到美食学制度的美食联合起来加以利用。现在让我们来论证这一方面的优点。

什么是试验性法郎吉所能据以发挥作用的农业部门呢?它们共计有九种:

大农业——五谷,葡萄

花卉和温室

牲畜

果树栽培

禽舍

菜园

鱼池和打猎

森林

炊事和腌制储存

这些部门的大部分,最初将很少产生劳动的智力竞赛,或者完全不产生;还不能从事造林。如果不是预算表中所指出的那种移植的话,果园将没有收益。对于业务不熟、但必须迅速创造有效的智力竞赛动力的试验性法郎吉来说,大牲畜要占用过多的时间;大农业工作——五谷和葡萄——同样有它不合适的一面;鱼池大概将会缩小;花卉和温室将会提供某一些诱饵,但是最强的引力将只是属于菜园和禽舍这两种与炊事和腌制生产有密切联系的业务。所有三个部门的结合将以美食为转移。因此,只有通过采取美食方面的竞赛,它们才能够活泼而迅速地贯彻竞赛精神。

我在写1822年的那篇论文时,不曾这样深入地论述这个题目。由于对世俗偏见的让步,我对美食这个初期最有效的动力的必要性坚持得非常不够。我担心这个理论部门会让人觉得不严肃。我给这一理论所提供的、都是以非常严格的计算为根据的论证,正如在有关论文中所提供的那些论据一样。

现在,经过六年观察之后,理论已更加趋于成熟,我坚持必须把期望主要寄托在应用于烹调和农业工作的美食上:这是在短时期内发掘劳动引力的最可靠的手段。

特别是必须使妇女们觉醒过来,因为妇女都具有反对这种情欲的偏见。必须借助相互轮流的集团聚餐和多种多样的癖好的聚餐,异性共同在一起,再加上殷勤的服务人员,这样来培养她们爱好美食的习惯。十个到十二个男子集会时,如果有两三个漂亮姑娘服侍午餐,他们便会产生愉快的心情;如果遇上两三个一本正经的女子来给他们端菜,聚餐的愉快将会大大减色。

在试验性法郎吉内,也必须同样善于培养漂亮的青年来服侍妇女们进餐;这将是以性别促进美食的精致性的另一手段。我将谈到餐桌上的言谈,这是一种极有力的手段(参看第九概述)。而且,由于通过每天在会场商谈,依照情欲选择进餐时的伙伴,这种聚餐必将为妇女们所喜爱。妇女们将不再因为男人们在餐桌上专谈那些关于宪章、预算、三厘利息、选举、商业及其他使她们乏味得要命的枯燥话题而感到苦恼了。至于男子和儿童,那就不难使他们很快地陶醉于佳肴美味。

还有许多有力地影响妇女和儿童的劳动引力的动力。在农业方面,有为了生产香料和种子而在活动天棚下进行栽培的花圃;在工厂里,出于好感、同情心和彬彬有礼的工作机会,这最适宜于激起妇女们的热情,就像谢兰特为巴斯坚所做的工作那样。保证每个妇女都有为某个青年工作的机会,促使大多数妇女热爱各种如果没有这种诱饵她们就会感到厌恶的作业,因为爱情使她们对这些作业产生了爱好,主动精神则推动她们迈出最难的第一步。

从第三编和第四编内所包含的叙述中应该得出的结论是,男性让其余两性——妇女和儿童——所享受的自由愈多,他便愈富有,愈幸福。我们看到,在和谐制度下,父亲摆脱了被称为家务的沉重负担,摆脱了对妻子儿女的赡养、对教育和安顿的费用,以及赠送陪嫁,等等。所有的人都在法郎吉中得到妥善的安排,从事农业、工业、科学和艺术活动。大家由此中得到许多好处:做父亲的除了祝贺自己的儿女外,再没有别的责任,他们也不必为儿女花一个钱了。其收入按现在的估计是:

$$\left.\begin{matrix}儿童 & 1 \\ 母亲 & 1 \\ 父亲 & 5\end{matrix}\right\}变成\left.\begin{matrix}儿童 & 7 \\ 母亲 & 9 \\ 父亲 & 12\end{matrix}\right\}差额为 7 到 28$$

这就是以发扬引力为基础的真正自由的果实。就财富和幸福的意义来说,经过五十年后能够建立起自由恋爱和自由的父子关系时,这些结果将会更加辉煌。

协作制度在这两种情欲方面将会受到限制,而在雄心方面丝毫不会受到限制。因为雄心在我们看来,是一切情欲中最难驯服的情欲。在第五编中将看到,它是一种最富有弹性的情欲,再没有比使得恺撒和庞培[①]、拿破仑和路易十八和解更容易的事了。这是一个对于我们准备转入的第五编也应该引起兴趣的问题,而且它将教给我们那种名利心愈旺,也就愈能建立公正与社会和谐的艺术。这个问题,在哲学家们的心目中可能是艰巨的,但对于了解情欲谢利叶结构理论的人来,只不过是一种儿戏而已。

我曾略去了一项极有用的前提,本该把它放在分配方式的前面:这就是情欲结合的计算学或十六种社会反感的协调一致。我

---

① 庞培(公元前 106—前 48 年),古罗马的统帅,政治活动家。——译者

在研究基于情欲的家庭服务时,已说明了这种结合中的一个。我曾对其他一些问题也作了一个开场白。因此,可以把这个论题完全放在第九篇概述中去谈。现在我马上要转到已经使读者等得不耐烦的分配结构方面去。

第 五 编

论情欲的普遍平衡

第九概述　论分配的协调

第三十三章　关于谢利叶的分类

再没有比按照资本进行分配更容易的事了,这是大家十分熟悉的纯算术的演算。然而,对于劳动和才能的报酬,以及在这两方面使人人都感到满意的本领,人们却一无所知,以致文明制度下所有的人都在抱怨不公正,抱怨在这种或那种义务方面遇到了难以忍受的徇情枉法的勾当。要是必须使每人得到他所参加的三十个谢利叶和一百个小组的劳动的直接产品,那就会无法满足这两项要求。要是不得不各自出售每一种产品,把每畦包心菜的总收入分配给几个分片侍弄这些包心菜的小组(例如,某组负责耕地,另一组负责栽培和播种;这一组负责浇灌,那一组负责照料种子),那便会出现错杂纷纭的紊乱局面。因此,必须采用一种简便快速的方法,这种方法正如代数和算术相比一样。

要阐明这个简化的分配结构,首先就要学会按照各个谢利叶的重要程度,及其对于大小不等的红利所享有的权利的程度,把它们加以分类。既然每个谢利叶都是它那个法郎吉的参加者,而不是法郎吉的佃户,它便不是从自己特有的劳动产品中获得红利,而是从所有谢利叶的劳动产品中获得自己的一份收益。同时,它的报酬符合它在业务表中所占的地位。这种业务分为三类,即必需类、有益类和愉快类。

例如,某个生产五谷的谢利叶既不是获得它所生产的粮食收入的半数,也不是其中的三分之一,也不是其中的四分之一,而是应该把这些粮食纳入必须出售或消费的收入总额中。要是生产粮食的谢利叶被承认在企业经营方面具有头等重要的意义,那它便获得其所属的分类中的第一级收入。生产粮食的谢利叶显然是属于称为必需类的第一类。但是在这一类中又可以将谢利叶区分为五级左右,生产小麦、裸麦、大麦、燕麦、玉米等粮食的谢利叶也许至多是属必需类序列中的第三级。因为耕地的劳动和储运粮食的劳动并不是令人厌恶的劳动,而应该排在必需类五级中的令人厌恶的第一级劳动之后。

儿童队的劳动是所有劳动中第一级的劳动;其次是屠宰场的劳动,儿童队常来这里参加有恶臭气味的工作,或是洗肠、洗肚的作业。保姆、辅导员和助理护士的业务,都是令人厌恶的业务,便应该排在耕地业务的前面。外科医生和医疗业务以及种种劳役也是一样:这些业务包括属于必需类第一级的好几个谢利叶。

我再说一遍,不是依照产品价值来定级,而是依照某种劳动在引力与和谐结构中的作用来定级的。文明制度下所有的人都会把这一点弄错。养花谢利叶和果树谢利叶这两种谢利叶究竟哪一种应该排在前面呢?每个人都将回答说,水果的价值远远超过花卉,这是不容置疑的。因而,负责种植果园和路旁的树木的大谢利叶,不仅应该排在养花谢利叶的前面,而且果树谢利叶还应该列入有益类劳动,而养花谢利叶则应列入报酬较少的愉快类劳动。文明制度下的人将会说,他们既不需要劳动引力,也不需要和谐,因此就不重视它们的动力。

这是一种糟糕透顶的看法,将会陷入双重矛盾的境地。果园谢利叶即果树谢利叶,虽然具有无限的生产能力,却是属于愉快类;而养花谢利叶虽然所生产的东西未必抵得上它的成本,却被列入有益类劳动:我们且来说明这种由于引力作用所导致的分类的理由吧!

在和谐制度下,果园乃是十分宜人的快乐场所;照料果园是一切劳动中最惬意的劳动。同邻近大队的会晤,以及我不曾谈及的风流韵事,都将列入成百上千种的魅力之中。任何一个果园内都布满花坛,并以灌木林带围绕起来。在这里劳动几乎用不着活动天棚,因为树木代替了这种天棚。再加上这种劳动的特有的魅力、争先恐后的竞赛、两性的聚会,以及下班时宫殿中兴高采烈的会餐,凡此种种,都会令人想到,在一千人中就一定会吸引九百九十个人去照料果园,至少是去参与其中某一部门的劳动。这将像养鸡谢利叶一样,是一种无限小的或具有普遍引力的谢利叶。

因此,果树分支体要是撇开它的产品不谈,就其享有收益的权利来说,是属于最末的一级。因为,它在引力方面来说,乃是最强有力的。别的分支体为要在引力方面有所增强,将非求助于种种的手段不可。而这个分支体却要设法减少诱惑力和延缓人们加入这个分支体的普遍急切的心情。

至于养花分支体,在文明制度下根本没人赏识。要是说它的产品具有魅力,那它的劳动却未必如此。为了得到一时的乐趣,它需要辛勤的劳动,需要知识和细心的照料。但是,它对于培养儿童和妇女使之符合农业，业务学习以及农艺的精巧技术的要求则是大有价值的。正是为了使之成为一所农业学校，自然界才赋予妇女和儿童这种对花卉的爱好。何况，果园中的劳动，就各方面来说，不是儿童力所能及的。而种植花卉，甚至种植高大花卉的劳动，对于儿童也是完全适合的。基于这些理由，养花谢利叶将被列入第二类，即有益类劳动。

依据果木和花卉的对比，便可以判断出，在评价劳动的问题上，和谐制度的人所凭恃的根据，与文明制度的人所凭恃的大不相同。产品的数量或实际价值，在我们现在乃是评定劳动的独一无二的标准，而在协作制度下，事情将迥然不同。

协作制度将把果木生产放在最末位，而这种果木生产也许是最有价值的。因为和谐制度下的两种人——妇女和儿童——都靠水果为生。他们吃的是生水果，或者是糖煮水果，或者是果酱，其数量远远超过所食的五谷。我们可举印度半岛的土人种植的廉价的糖源作物来作为这件事情的例证。与糖相结合的水果是和谐制度下的人的主要食品。面包作为普通的营养食品是文明制度的人和粗人的菜肴，而它在一般平民那里，则被当作主食，用的是普通面粉做成。

另一方面，像歌剧之类在我们看来完全是多余的业务，在和谐制度下，则属于必需类劳动的第二级，仅次于令人厌恶的业务。文明制度的人却说："然而，人们没有歌剧可以活得下去，而没有面包匠和磨粉工人却不行。"这种不同的见解，对文明制度来说是正确的，因为文明制度对于劳动引力感觉迟钝。但是，在论及教育的章节中，人们已经看到，歌剧乃是培养儿童的劳动灵巧性和团结精神的最强大的动力之一。就这方面来说,歌剧乃是第一需要的事业,而它的报酬也应当属于第一级。

归根结底,谢利叶的分类是依照大家方便而定,而不是依照产品而定。让我们确定一个更加精确的基本原理:它们的优先地位要依据下列诸根据的复合比例来予以评定:

1. 与它们促进团结关系、促进社会结构机能的作用成正比。

2. 与令人厌恶的种种障碍成混合比。

3. 与每一种劳动所能提供的引力和衔接组合的能量成反比。

Ⅰ. 正面的资格:促进团结。其目的在于支持那据以获得这么多财富和幸福的协作联系。因此,最有价值的谢利叶,就是最有效地促进协作联系趋于巩固的生产的或非生产的谢利叶。儿童队谢利叶就是如此,没有儿童队谢利叶,三个阶级的融合和着意谋求的和谐之整个结构便难于实现。因而,这种谢利叶就其直接优点而言,就其直接促进团结的联系而言,是第一等的谢利叶,而就混合优点而言,它同样也是第一等的谢利叶。

Ⅱ. 混合的资格:令人厌恶的种种障碍。矿工、助理护士和教养员的劳动就是如此。纯生产性的障碍往往是一种娱乐的题材,各种不同的壮士会拿这种障碍作为游戏。但是,要使那清理阴沟、下矿井之类的令人厌恶的、使人五官倦怠的劳动成为游戏,则是办不到的。可以借助荣誉的标志和宗教精神的力量来克服这种反感,如儿童队和助理护士们所做的那样。这种令人厌恶的劳动对感官的损害虽然并不见减少,而单纯的、没引起反感的劳累,像攀登胡桃树和樱桃树的工人所感受的疲劳那样,可以成为一种消遣或者一种真正的乐事。由此可知,协作制度只是对令人厌恶的、累人的劳动作出评价,并把它们置于分类的优先地位。

Ⅲ.反面的资格:引力的程度。某种工作对引力的激发越大,其所具有的货币价值便越少。因此,歌剧和照料果园应当列入第三类或愉快类的两种谢利叶中。因为在乡村中再没有比照料果木更加诱人的事,而在城市中则没有比粉墨登场和幕后竞逐更诱人的事。所有的富人都想混迹其间,即使身为股东要冒丧失巨额款子的风险。

果园谢利叶要退居第三类,即愉快类,因为它只是在反面的资格方面,即在引力方面具有优点。它并不如其他农业劳动那样促进团结。至于歌剧谢利叶,它是以特殊的服务形式,以其使儿童习于种种物质和谐的性能来促进团结的。因而,这种谢利叶具有双重的价值——正面的资格和反面的资格。它应该置于第一类,即必需类中。

把上述三种原则很好地结合起来,便可准确地确定每个谢利叶在付给劳动红利的货币份额方面的等级。此外,关于这方面的一些错误,对试验性法郎吉来说,并不会带来重大的损失。由于着意谋求的和谐(参看第八概述)所表现的力量,由于改变世界面貌并目睹社会贤达从世界各地赶来称赞这种世界大同的萌芽而感到的自豪,因而就补偿了这种方法上的缺陷。我们要指出,这种好奇人士的大集会,要是入场费包括每人每天自理的膳食费在内,以一百法郎计算,那便会使试验性法郎吉获得总数达四千万到五千万法郎的收入。

我应当再说一遍,谢利叶在分类方面的差错丝毫不会给集体的协调带来什么损害,因为这些次要的争执将被普遍的联合欲望

第九概述　论分配的协调

(参看第三十二章)所抵消。这种情欲是文明制度的人所没有的,而和谐制度的人从孩提时代起就会产生这种情欲。我们那些自以为深知一切情欲的哲学家们简直与十来岁的孩子不相上下。这些孩子被自己的大理石球迷住了,以为到二十岁也不会有更引人入胜的消遣了。依据文明制度时期的情欲来判断和谐制度时期的情欲,无异于要一个足不出户的农夫来判断天下大事。他自以为他那个村子里的钟楼就是世上最漂亮的钟楼,他的牧师就是世上最有学问的牧师。当这个农夫一旦见了世面,游历过一些大都市以后,他便会对钟楼和学者大打折扣了。

未来的情欲,尤其是自由主义,情形也将一样。现在人们把自由主义的名称庸俗化了,而对其实质则茫然无知。在这些应该产生的情欲中间,最主要的当推联合情欲或真正的博爱,而这种博爱则是以十足的幸福为基础的,同时也是以将令人销魂的魅力普及于自己周围事物的要求为基础的。我们在那些使万民欢腾的大事中看到过这种情欲的迹象。特洛伊被围十年,当它终于从围城者的魔爪下解放出来的时候,特洛伊人便成群结队地跑出来,大门打开了,人们纷纷出来(Pan-duntur portoe, juvat ire)。他们如醉似狂,以致各种社会地位不同的人都混杂在一起,互相祝贺,互相诉说围城时的详情细节。这里是阿希勒和帖萨里人,那里是多罗贝族人。这可真是道德学家们梦寐以求的博爱的时刻,这是联合情欲、阶级融合和十足幸福的迹象。这种幸福将不断地存在于和谐制度的人们中间,它将排除一切使有关分配问题难于取得一致意见的障碍。此外,我们还将深信,只要人人有贪财之心——正如我曾说过的那样,——就足以在分配问题上达到和谐。

第三十四章　关于分配问题上的直接协调，或由于贪财所获致的平衡

最后，我们要谈到一个主要问题，即达到在分配收入上的极度公正与充分和谐以及使每个人都能按照他的三种手段——劳动、资本和才能而获得满意的报酬。这种奇迹要将贪财心理从简单方式上升到复杂的方式。

这是受道德学家们百般毁谤的贪财心理的胜利。上帝要不是预见到贪财心理在普遍平衡中的好处，它便不会赋予我们这种情欲。我已经证明过，同样为哲学家所唾弃的贪食心理，却成为情欲谢利叶的智慧和劳动协调的途径。我们即将看到，贪财心理在这里也产生同样的效果，它成为分配公正的途径。上帝在创造我们的情欲时，把他所能做到的事都做得尽善尽美。

既然文明制度的人只有在抢劫和掠夺中才能得到自己的利益，那么只要他除了当哲学家或听从塞涅卡和第欧根尼的教导之外便得不到别的正当动力时，就必然会沉溺于这些恶习而不能自拔，而哲学家之流却抵消不了那种贪财心理。谁都知道，世间只尊重那由"per fas et nefas"①所获得的财富。要是你主持公道，便只会招致嘲笑和欺骗。于是，文明制度的人提防公道就像提防陷阱一样。因此，要使他主持公道，就需要有这样一种制度：在这种制度下，每人都在公正的分配中得到他个人的利益，也只有在这样的

---

① 拉丁语，意为正当或不正当。——译者

第九概述 论分配的协调

条件下他才会主持公道。和谐制度的人在分配问题上将是公正的,因为对他们来说,公正将意味着利益、荣誉和愉快;其次,它将让那些目前在各方面都深受个别人贪得无厌的奢望之害的群众获得同样的好处。因此,我们的贪财心理是简单的、利己主义的、与我们的左邻右舍的利益格格不入的。当这种心理为我们的利益同时也为他人的利益服务时,它便成为复杂的贪财心理。我们现在试就这一点作一探讨:

要是和谐制度的每个人,也和文明制度的人一样,只从事某一种职业,要是他只是一个泥水匠,只是一个木匠,只是一个园丁,那么他作为一个泥水匠,他就会在分配会议上提出使他那一行业得到优惠条件并规定泥水匠应获得收入的主要一份的方案。要是他是个木匠,他就会提出使他那一行业得到优惠条件并规定木匠从收入中获得主要一份的方案,等等。文明制度的任何一个人都会表示这样的意见。但是在和谐制度下,每个人——男人、妇女或儿童——都是四十种谢利叶的参加者,他从事生产劳动,又从事艺术和科学,谁都不会处心积虑地来使某一种职业得到过多的优惠条件。每个人为了自己个人的利益,其所作的考虑势必与文明制度的人相反,而会对一切问题都主持公道。我们首先来叙述这种结构的实践问题,然后再来阐明它的理论。

我把导致和谐制度的每个人都主持公道的动力分作普遍的和特殊的两种。

第一,普遍的动力,适用于三种手段——资本、劳动和才能。阿尔西浦是有钱的股东之一。他在文明制度下赖以取得百分之三—四收益(大地产收入)的那笔款项,在法郎吉内如能在分配上达成协议的话，按照财产清单一览表，将使他获得百分之十二—十五的收益。因此，对他来说，最重要的是主持分配上的公正，而反对侵犯三种手段中某一种手段的任何措施。要是他作为一个大资本家，他就要叫人们将产品的一半拨给资本，例如使资本获得十二分之六，劳动获得十二分之四，才能获得十二分之二。这样一来，两个只是按照其余两种手段——劳动和才能——获得收入的、人数众多的阶级将会感到不满。于是引力遭受阻滞，产品和协调开始缩减，而且从第三年度起协作的联系即行破裂。阿尔西浦看到，即使为了其自身的利益，也必须使分配确定如下：资本占十二分之四，劳动占十二分之五，才能占十二分之三。分配按照这样计算时，还将使阿尔西浦的收入相当于文明制度下的四倍，另外，还将保证使两个没有什么财产的阶级都感到满意，而协作的联系也得以维持。使阿尔西浦更加倾向于这种公正的是，他自己将在各种不同的谢利叶中由于资本和才能而获得一笔数目可观的收入。因为像狩猎、捕鱼、音乐、戏剧艺术、照料花卉和家禽之类令人愉快的工作，也像在田间和葡萄园中劳动一样获得报酬。此外，他与非资本家阶级建立了许多友谊关系，他维护这个阶级，并愿公正对待这个阶级。

在这种情况下，促使他主张资本应获得半数收入的贪财心理，将因两种正当的动力而获得平衡。这两种动力是，他对于他所经常参加的谢利叶中各种不同的协作社成员的依恋之情，以及他在这些谢利叶中将获得劳动和才能的份额；其次是，他深信在集体的利益中，在整个法郎吉皆大欢喜的情况下，在劳动引力、即未来财富的源泉的发展中，才会得到自己的利益。

第九概述 论分配的协调

于是,强烈的动力,那目前使人贪得无厌的贪财心理的动力,在这里便遇到了两种平衡的力量。这两种力量使它恰如其分,使它纳入使所有三种手段和各种不同的人都感到满意的平衡和公正的途径。情欲的这种美妙无比的协调可以按数学级数的基本属性表述如下:两极之和与中项的二倍相等(在2、4、6级数中4的两倍与2+6相等)。

我们再来分析分析贫苦阶级的动力中同样的平衡力量,以及同样的均衡。

让诺没有一点资本,也没有一点股份,他的主张是否只有利于劳动手段而有损于资本或才能呢?他是否会主张按劳动占十二分之七、资本占十二分之三、才能占十二分之二的比例来进行分配呢?

在这里占支配地位的动力是有利于劳动而有损于其他两种手段——资本和才能的。文明制度中任何一个穷人都会表示这样的意见。农民说,这全是我生产的。他认为有权占有从地主那里盗取来的一切,而在地主方面则自认为有权掠夺农民的一切。这就是在文明制度下情欲的平衡,亦即被称之为完善境界的掠夺行为和诈取行为的搏斗。

在和谐制度下,贫民让诺的想法将迥然不同。他的最强烈的动力是有利于劳动,因为他丝毫不敢奢望获得分给资本的那一份红利。但是有两种另外的动力抵消这种贪财心理的抬头:让诺有希望获得分给才能的那一份收入。他在自己胜任的各项工作的某些部分中干得很出色,为此他愿意保持自己的权利。另一方面,他了解资本家在法郎吉内的意义,了解贫民从他们的全部开支中所取得的利益，如观看免费的演出，乘坐车马，饱尝聚餐及筵席之后的点心。此外，他的儿女还可由富人加以劳动收养。甚至在他未能估价所有这些获益机会的结果的情况下，他也会在他经常参加的四十个小组组成的协作社中认识到这一点；这些集体在有关他们本身利益的问题上是不会出什么岔子的。

这两种动力促使让诺对才能和资本采取慎重的态度，而把自己劳动收入的份额从十二分之七缩减到十二分之五。由于权衡轻重，这种缩减便对他有利。因为他只有支持法郎吉和引力，才能够获得幸福，而一旦资本和才能所得的报酬过于微薄，法郎吉和引力便会陷于危险的境地。

在这里，简单的贪财心理，即在我们中间会吞没一切的支配情欲，便由于两种平衡力量，由于两种有利于资本和才能，即让诺无所指望的两种手段而获得了平衡。正如阿尔西浦的情形一样，这是两极力量的影响抵消了中间力量的双重影响。和谐制度三个阶级的人——富有的、中产的或贫穷的——出于排斥不顾利害的贪婪的两种集体利益的动机，会始终如一地倾向于这种公正的观点。而在文明制度下，这种不顾利害的贪婪却不会遇到任何的对抗，不会遇到以维持共同利益和分配上的公正为基础的获利机会。

在下面的两章中，我将坚持和谐制度下任何一个穷人都会支持富有阶级和资本应得份额的这种倾向。关于这种动力，我将提供一些颠扑不破的证据。我们暂且指出，在和谐制度下，穷人有很多发财致富的机会，他们绝不会像我们那些无法上升到主人地位的雇佣劳动者那样垂头丧气；他们有希望看到自己的儿女由于知识、才能、美丽，由于与国王结婚，从而使自己成为身居高位的人；

第九概述　论分配的协调

他们拥有不多的财产,但他们将攒下的钱一个个地存入储蓄金库而使财产不断增加;他们没有其他开支,因为吃得好,穿得好,一切都由法郎吉出钱。他们全部的工作服和三个季节的三套检阅时穿的礼服都由法郎吉供给。他们并不像我们现在的工人那样只想光顾小饭店和小酒馆,因为他们一天五餐吃的都是佳肴珍馐,喝的是上等的葡萄酒,并且有情投意合的伙伴同桌共餐。因此,他们进行积蓄,把他们开支后所剩余的全部收入都变成股票。他们是小财主,他们具有私有制精神,在各种不同会议中拥有表决权,对一切选举都拥有选举权。因此,他们不会对与自己经常往来的富人发生反感,反而会不断地有理由对富人感到满意,他们还希望成为与富人平起平坐的人。要是没有这种获得财富的希望,生活对人来说便成了一种沉重的负担。

第二,特殊的动力。现在我们来详细地分析贪财心理的平衡。菲兰特是三十六个谢利叶的成员,他把这三十六种谢利叶区分为A、B、C三类。在A类的十二个谢利叶内,他是个富有经验的、居首要地位(就重要性和收入而言)之一的老谢利叶成员;在C类的十二个谢利叶内,他是个缺乏经验、只能希望获得微薄收入的谢利叶成员;而在B类的十二个谢利叶内,就年资、才能和权利来说,他都处于中间地位。这是互相对抗的三类利害关系。这种互相对抗的利害关系促使菲兰特趋于三个方向,并且由于贪财心理和自尊心的缘故,使他不得不抉择严格的公正。

实际上,要是对每个谢利叶的实际功绩作了不正确的评价,菲兰特将首先在他所见长的而且有权享有最大份额的十二个谢利叶中所领得的红利上就要吃亏。另外,眼看他们的劳动和他自己的劳动得到坏评,他将为此感到痛心。固然,这种不公正可能有利于C类的十二个谢利叶。但是,因为他在那里仅居于获得微薄收入的次要地位,而他在自己获得高额收入的A类十二个谢利叶中所减少的收入不会得到补偿;另一方面,他也并不希望他人贬低C类谢利叶,他出于爱好,不久前才加入这些谢利叶;他尊重并维护这些谢利叶的生产,他出于计谋情欲的友谊和自尊心而支持这些谢利叶。至于B类的十二个谢利叶,他在其中处于中等地位,获得中等份额,就他的利害关系来说,最好使这些谢利叶得到它们所应得的东西,而又不致侵犯A类和C类的利益。

他在一切方面都势必要求严格的公正;严格的公正是使他的物质利益、自尊心和情感同时获得满足的唯一手段。我们再补充一个详细的例证。

要是他果真让他获得巨额红利的A类十二个谢利叶占了上风,那他就是个傻瓜,因为在组织完善的协作制度下,谁不公正,谁就会身受其害。我且来证明这一点。

A类十二个谢利叶包括三个等级;大致有四个是必需级,四个是有益级,四个是愉快级(第三十三章)。要是菲兰特能够使优惠起了主宰作用,他却不能把这种优惠普及于所有这三级,即必需类、有益类和愉快类,而只能施予这三级中的某一级,那么在这A类十二个谢利叶中如有四个占了便宜,他便会在相反一级的四个谢利叶中受到相应的损失,而在四个中级谢利叶中也不会占到任何的便宜。他在这十二个谢利叶的总和中,不会得到任何实际的益处,而只会因这种不公正而博得耻辱和普遍的不信任,并且在选举为数极多的各种有利可图的职务时将丧尽选票。舆论的反感对

第九概述 论分配的协调

于和谐制度下的人是极其不利的,而对于文明制度的人来说,却无关紧要。因为有利可图的职位不是依靠选举得来的,即使这种职位靠选举得来,但在文明制度下,正直的人士也不会得到这种职位的,因为在这种制度下,广大的选民始终是阴谋倾轧的傀儡。

因而,如同在分配整体上一样,在局部的分配上也需要公正。情欲谢利叶制度乃是这样一种结构:它产生公正,并把被称为黄金欲的恶习改变成公正欲。我们的欲望如果都按上帝为它们预定的谢利叶方式加以发展,便全都变成善良的欲望。但是,这种发展必须与衔接、组合的规则相符。如果恪守这些规则,那便会出现这种情况:每个个人都将被吸引到在各方面按必需类、有益类、愉快类分级的大批谢利叶中;他将在其中的级别序列中担任职务,在第一类中他是个老手,在第二类中是个新手,在第三类中是个中间人物。一旦处于如此这般的衔接组合中,不论在局部方面还是在整体方面,他将会始终感受到按三种手段(资本、劳动、才能)公正分配的动力。

正是为了达到这个目的,创办人应该大力关注情欲衔接组合的手段。要是严格遵照我的指示办事,要是同意对引力播种时期的开支、对使作业经常多样化和参加多数谢利叶的办法不予斤斤计较的话,我的指示将是完全够用的。应该让每个人都顺序地经过各种谢利叶,离开一个谢利叶再进入另一个谢利叶,而始终不失为离去的谢利叶中的一个有功社员和副手。

某一谢利叶的小组间和某一小组各成员间的分配方法,与各类各级谢利叶间的分配方法是相同的。因为按照谢林的想法,运动是自身在各方面的反映,是普遍的类似。

才能的应得份额虽限于十二分之三,或许只限于十二分之二,但还是很丰厚的,因为在每一劳动部门中都有一大批无权享有才能份额的谢利叶的新手。他们的数目至少占每一作业的三分之一,通常是占到半数,这就保证那只获得才能报酬的另一半数分到巨大的份额。劳动的应得份额则没有提供这种机会,因为某一小组的任何一个谢利叶成员都或多或少地做些工作,都享有某一份权利。因此,劳动的收入至少应占利润的十二分之五,而且还可考虑把它的份额提高一些,即按这样的比例:劳动占六分之三,资本占六分之二,才能占六分之一。

我们已经可以看出,我们的情欲乃是充满数学精确性的一套机械结构。我不曾求助于一套克服分配问题上的困难的办法,我仅仅限于把力学和算术的基本法则——平衡和级数——应用于情欲的作用上,而平衡和级数本来就是一回事。因为平衡和级数一样,是抵消双倍中间力量的两极力量的协调。要是称盘的每个盘可承受一百公斤,那么就必须使秤杆能够承受两百公斤。

诽谤者们硬说我的理论是建立在离奇古怪、晦涩难懂的思想基础上的。还有什么比基本的数学定理更普通的东西呢?情欲力学的计算,在一切方面都是以这类证明作为支柱的。情欲引力的新科学在所有细节上都是与数学相吻合的。当人们按照谢利叶来分配情欲时,情欲便是运用中的数学。例如被称为圆锥截面的四种基本曲线的属性,恰恰就是依照高级方式和低级方式划分的四种小组的属性的原型:

高级方式 { 友谊——圆形
雄心——双曲线

第九概述　论分配的协调

低级方式 { 爱情——椭圆形
父子关系——抛物线

因此,我的理论并没陷入分类学的刻板性,恰恰相反,乃是避免了这个缺点,而使情欲的研究和取自自然界的种种原则结合起来的第一和唯一的理论。它终于开辟了那些哲学曾徒劳地梦寐以求的通向平衡的途径,因为在上述的分配结构中已看出这个特性:

将各人的贪财心理并入每个谢利叶和整个法郎吉的集体利益中,将每个谢利叶由于每个谢利叶成员的个人利益而形成的集体奢望并入许多别的谢利叶中。

可以把公正的这种辉煌效果归结于两种动力,其中之一是同各人所参加的谢利叶的数目成正比例地起着积极作用;另一种力量则同每一个谢利叶工作时间的长度成反比例地起着积极作用。

1. 与所参加的谢利叶数目成正比。这种数目越多,则各个人越发注意决不为某一个谢利叶而牺牲全体,而是支持他所珍惜的四十个团体的权利,反对其中每一个团体的奢望。

2. 与工作时间长度成反比。工作时间越短越少,各个人参加数目众多的谢利叶的机会也就越多。如果其中某一个谢利叶因集合时间过长和过于频繁,而全部占用了其谢利叶成员的时间,吸引了他们的关注,并使他们只热衷于某个谢利叶,则各个谢利叶的影响便不再能获得平衡。

在谢利叶结构平衡中,我们注意到罗盘是单一的;这就是要始终严格尊重三种主导情欲的要求,而三种主导情欲则是为彼此获得满足而发展的:轻浮情欲是借助于引人入胜的作业最大可能的多样化;计谋情欲则是通过谢利叶的争妍斗智而形成的三位一体的分类,是通过它们那井然有序的对比和按照种种细微差别而构成的种和变种的阶梯;组合情欲是借助于双重的魅力和加倍的奇迹,从而产生复合的幸福。

我在这第三十四章中仅仅叙述了正面的平衡。这种平衡在第一年可能有些不足之处:经验的缺乏和引力的欠缺将产生若干谬误,但是着意谋求的协调力量将广泛地补充它们的不足之处。在两年之后,人们便会在有关分配协调的一切细节上得到确凿的实验数据。我们刚才所叙述的关系直接协调的种种手段,还需要两种依据。这两种依据在下面两章中就可以看到。在下两章中,我要探讨间接的平衡以及反感的结合。

第三十五章 关于分配问题的反协调,或由于慷慨大方而获致的平衡

我们要将两种协调——正协调和反协调加以区别。由于贪财心理而获致的协调是正协调,因为它是由于在分配收入时支配人的第一种情欲而产生的;它是由于思想家们称为"我"的利己主义的动力而产生的。这些思想家就是把自己的体系建筑在这个"我"上。这个"我"、这个利己主义,在文明制度下是非常可憎的,因为在文明制度下,它一味唆使人们去从事掠夺或干不公正的勾当。

我们的形而上学科学曾使这种利己主义的"我"享有盛誉,而不是力求以公正的"我"来取而代之。而这些思想家们的习惯就是如此:为了免于寻求补救的办法,便赞美每个占支配地位的恶习。当他们颂扬商业的和骗人的无政府状态时,完全有可能以整个体

系来赞颂利己主义。

现在来谈谈分配问题上的间接协调。自然界在平衡的现象中从来都不只限于一种单一的动力;那提供第二种动力的慷慨大方将造成一种与天然动力相反的协调。这种天然的动力促使我们希冀更高的一份收入,或者至少希冀得到该付给我们的劳动部门的那一份收入。

我且探讨一下慷慨大方的情操。这种情感基于这一事实:劳动的集会都是享乐的"会期",这使得富有的社员拒绝接受因他参与这些劳动会期所应得的报酬。我们将看到,由于这种动力,便产生高尚的、以几何方式安排的协调,如同我以前面叙述过的那种协调一样。这是关于同质量成正比和同距离平方成反比的牛顿这一著名的宇宙平衡公理的应用。

我来描述一下由A、B、C、D、E、F、G、H、J、L十个人所组成的一个小组中的这种协调。我假定他们是从事培植花卉的工作;他们的劳动报酬是二百一十六法郎,下述诸项应得的份额仅仅是来自劳动,而不是来自那构成两种额外收入的资本和才能:

A. 豪富者　　　28法郎　　F. 拮据者　　36法郎
B. 富有者　　　32法郎　　G. 贫穷者　　40法郎
C. 宽裕者　　　24法郎　　H. 穷孩子　　12法郎
D. 中产者　　　20法郎　　J. 儿童新手　 8法郎
E. 勉可度日者　16法郎　　L. 候补者　　 0法郎

A和B虽然都是富豪,却获得丰厚的份额;这绝非出于偏袒,最富的人往往是工作得最多和功劳最大的人。因为不论干什么都是出于情欲,作为衡量劳动的尺度的,并不是贫困。

A和B是拥有财产的人,他们声称,他们满足于他们一份资本的收入,而并不想得到为了享乐而做的那种工作的报酬。这项工作是他们和那些照料他们心爱的花草的朋友们在一起干的。他们只接受最低限度的报酬或他们应得份额的八分之一,因为依照通例,是不允许放弃全部报酬的。这个最低限度是四法郎,于是从这两个份额中余下供分配的是二十四加二十八等于五十二法郎。

C和D也表示同样的意见。不过,他们并不很富有,他们只要接受一半。这两笔款子中余下供分配的是十二加八等于二十,再加上五十二,总计为七十二法郎。这七十二法郎照投票表决,将用来照顾贫穷的社员,其比例如下:E——二十四法郎,F——十八法郎,H——十二法郎,J——九法郎,L——九法郎。

由于这种慷慨大方便产生这样的情况:当穷人们觉得自己没有理由获得高额收入时,他们都要提出把这些收入拨给富人,因为这些钱将以间接方式仍回到穷人们和他们的儿女手中。我们看到,我所假定为贫苦儿童的H和J将在这里得到两笔补充的收入,即富人所放弃的份额中的十二法郎和九法郎。候补者L同样地从中得到他可能需要的一小份。假定一个穷孩子在三十个小组中都获得这笔大约十二个法郎的补贴,那么在他本来的收入之外,他将获得三百六十个法郎的补贴。于是,对于一个父亲来说,就有三十种理由对富人抱有好感。

最主要的一份付给了G,付给这个在生产中仅占中等地位的谢利叶成员。这是一份优待的份额,是和谐制度的惯例。在这个制度下,人们不顾道德而要听任情欲的支配:小组或谢利叶总是有

第九概述　论分配的协调

自己的宠儿。假定G是个著名的贞洁少女和本地区的瑰宝,富人A和B很乐意吸收她参加他们自己所喜爱的劳动,穷人们也同样喜爱她;所有的小组都争取她。也许她本来只应收入二十四法郎,人家却要给她四十法郎的份额。而富人A和B则以这种礼遇为乐事,更愿放弃自己已被穷人从中拿去了七十二法郎的份额,以补偿给贞洁少女加拉黛的十六法郎。偏爱现在是不公正的源泉,而在和谐制度下则成为最丰饶的协调源泉之一。因此,要规定所有各级男女宠儿的权力,从只包括一个法郎吉或一个乡的最低级的权力起,直至全球至尊的最高级或第十三级的权力止。

在我的其他论文中可以看到对这种间接分配的更全面的阐述及其在三十人小组中的应用。这种小组将提供更加多种多样的、逐级安排得更好的协调。不过,为了分析分配上的间接结构,有十个人这一小小数目就够了。

现在我们且来考察这种平衡的几何学部分。要是最富有的社员只要获得尽可能少的份额,要是他们不要求按照他们的财产获得最大的份额,那他们就会放弃分给他们的超过最低限度的那一部分。其结果是,他们是按和资本之间的距离成反比例地谋求财富和利益的,因为他们拥有股份资本的最大部分。要是他们只要接受极少一部分利润作为才能的收入,那么他们从才能和劳动这两点上,便是按照和资本之间的距离成反比例地谋求财富:这是分配上间接平衡的两个条件之一。

另一个条件是按和资本量成正比例地谋求财富。在分配给资本的十二分之四的总数中,富有的股东的股份越多,他们的收入也就越多,而中产者和穷人在分配这一应得份额时,则只能争取微乎其微的一份。就这一点来说,富人是按和数量成正比例地来谋求财富:他们越富,收益便越多。这第二个条件构成和第一个条件的对抗,而它们两者结合起来便构成分配上的间接平衡,这种平衡是和星球的平衡相符合的。

在自然界的整个体系内,平衡状态是由物理学上称为向心力和离心力的这两种相反力量的竞争所造成的。分配上的平衡同样具有其向心的动力即贪财心理的动力,及其离心的动力即慷慨大方的动力。

在文明制度的整个结构中,我们看到了相反的结果,因为在这里没有形成对立的动力。富人按照和资本量以及和资本之间的距离成正比例地追求利润并获得利润。因为在富人同时以自己的资本和自己的劳动所参与的任何企业中,如商店和公共银行管理处中,最后,在任何股份公司中,凡是以积极主持业务和投资这两种方式来参与其事的人,不仅希望得到与他的股份数量相称的红利——这是极公正的,——并且还希望取得一份比别的职员更高的薪金或收益。这些职员虽没有资本,但富人却让他们担负着最繁重的工作。

由此可见,他是按照和资本量以及和资本之间的距离成正比例地来谋求利润。这样便缺乏一种对抗,使慷慨大方所造成的间接平衡的原则遭到破坏。这个缺点所造成的结果是,文明制度的结构在拥有若干巨大的财富的同时,只能生产种种骇人听闻的事件和无数的赤贫者。因此,我们看到的只是贫困、欺诈、利己主义和两面派行为,也就耻于空谈什么平衡、均衡、保障之类了。

刚才我所描述的协调,也即促使富人放弃自己劳动和才能收人的八分之七而中产者则放弃其应得份额的半数的慷慨大方行为，要是按照现时的习俗来判断的话，那么我敢说，这种协调将被看作是一种浪漫主义的幻想。我对这些疑问的答复是：我还没有让人们认识这种慷慨大方的种种动力。我事先驳斥了关于浪漫主义的不同意见，谈到在和谐制度的第一代甚至在第二代，直接的协调——由贪财心理所形成的协调——将是绰绰有余的（参看前一章）。但是，我仍然应该描述一下由慷慨大方所形成的协调或间接的协调，以便充分地阐明协作社结构。只有当人类过渡到自由恋爱和自由联宗的和谐制度，并从这个制度中产生逐级增长的和适当的谢利叶时，才能够建立起第二种的协调。我们现在来说明"逐级增长的和适当的"这几个词。

在数学中，大家都知道有两种级数：数学级数：2，4，6，8，10，12，14，16；几何级数：2，4，8，16，32，64，128，256。第二种级数是逐级增长的级数，因为它有由那作为与第一项相乘的项所构成的；在另一级数中，各项则只是与第一项相加。因而，第二种级数具有高级的性质。那些使低级的协调（由自由恋爱和自由联宗所形成的协调）与高级的协调（由未届青春期年龄的友谊和雄心所形成的协调）结合起来的谢利叶，也将是如此。

当人们能将高级协调与低级协调结合起来，并使它们相互间的竞赛配合起来的时候，当人们能使它们在分配中越来越多地进行干预的时候，它们将在各方面提供本章中所描述的间接和谐。就现时的习俗来说，它们是浪漫主义的，而在达到充分和谐的一代代人那里，便变成必需的、令人醉心的体面事情。

我在这个概述中未加探讨的适度的谢利叶，也与逐级增长的谢利叶一样，只有当它在低级协调与高级协调相结合的基础上得到发展时，才能够建立起来。

对于这种间接协调有人可能会提出若干反对意见，其中就会有显然是缺乏数学的类比学知识的反对意见。他们会说，在这里，平衡是与距离成反比，而不是与距离平方成反比。我在自己的论文中曾证明过，这种表面的反常现象符合创造物序列的正常现象。

还要谈一谈关于指定给予才能的那份特殊的份额；这是给予那些没有什么财产的老年人的莫大的好处。他们在各种不同的部门中是富有经验的，在领导种种工作中是有价值的，因为在这里年轻的谢利叶成员不能获得卓越的知识。应该在资本和劳动的收入之间起平衡作用的才能，在我们这些人中间只不过是块不公正的跳板。因为每个上司，都把他从自己的镀金者、从没有财产的下属那里窃取来的知识据为己有。

这第二种分配方式、即由慷慨大方所形成的协调或间接协调，乃是建立富人与穷人阶级内部亲密关系的最有效的动力。这种亲密关系达到如此程度，以致在和谐制度下，要是有人向国王建议要他设立卫队，国王便会因怜悯而微笑。他周围所有的人都是忠心耿耿的不取任何报酬的卫士，在他主持什么仪式时，他们都伴随着他。因此，他无须破费，而凭借纯粹的爱就能得到文明制度的国王们用任何代价所无法获得的东西——人身的安全。我们文明制度的国王们在自己的臣民中间是不会觉得保险的。他们由外籍雇佣兵簇拥着，但还是经常遭到谋杀。

正是由于财产的极端悬殊才达到由慷慨大方所形成的美妙的协调。财产平等或接近的任何迹象都足以阻挠这种协调。任何一

第九概述　论分配的协调

个具有中等财富的人,都不会有放弃超过最低限度的那一份收入的动机。为了做出这种善举,就需要有对借助股份得到的巨额收入深感满意的那种社员。尽管巨大财富受到道义上的谴责,但是财产不平等现象最为悬殊、逐级安排得最好的法郎吉,却是达到双重和谐——由贪财心理和慷慨大方所形成的和谐——的法郎吉。可怜的道德对于分配的和谐,犹如对于所有以它为基础的其他和谐一样,是无法理解自然界的这种奥妙的!

由于协作和谐的主要问题得到这样的解决,我有理由起而反对那些硬说我的理论离奇古怪、不可理解的诽谤者。恰恰相反,我们看到它丝毫没有武断之处,并且符合几何定理。这些定理在他们是完全可以理解的,要是信得过他们的话。不过,这也不足为奇,那些作家们在他们的全部社会概念中,光是用空想来代替规律,用美其名曰规律的强制手段来代替动力,因此,在他们心目中,我的理论就显得离奇古怪了。

究竟哪一个是自然界的假设的解释者呢?究竟哪一个值得信任和经得住试验呢?是他们的靠合法的暴力来起作用并且只会产生贫困和谬误的科学呢?还是我的借助于自由和引力发生作用、而且只限于以一平方法里大的一个乡做试验的科学理论呢?可是,这些诡辩家们却总想把这种试验推广到整个国家,致使它带来的不是那骗人的幸福,而往往是把整个国家淹没在血泊之中。在我这里,就不必怕受骗上当,因为借助下面这些崭新的方法的配合使用,如短暂的工作会期,分片的操作,计谋情欲的序列以及由这三种配合使用的动力所产生的劳动引力、力学的扩张、两性的恰如其分的使用,以及这种新制度数不胜数的种种节约及其对各种产品所保证的完善,等等,情欲谢利叶的试验的最坏结果也会使产品翻一番。

哲学家们,你们彼此之间尽力求得意见一致吧!牛顿仅仅在一个部门内创造了引力的计算学,你们就推崇牛顿是近代的第一个天才,你们为什么对继承这种计算学,而且把它从物质方面推广到情欲方面、推广到比牛顿所研究的别有妙用的部门的人却大肆诽谤呢?

你们的百科全书派赞美谢利叶,并以下面这句话作为座右铭:"tantum series juncturaque pollet"①。他们还宣布自己是谢利叶和把级数应用于社会关系的拥护者。他们引用我所提供的科学,引用建立社会结构各部门的谢利叶和联系的手段。

你们把类比作为正确的准则倍加赞扬;而我就是遵从这个准则的唯一的人,我的理论就是根据自然界的不变规律、根据数学的和谐来进行研究的唯一理论;没有一条数学定理是不能应用于情欲引力的,没有一个类比部门是我的理论不曾作出答案的。

然而,你们却担心这种新科学会损害哲学体系的交易;请你们放心吧:交易的目的无非是赚钱,那么只要你们大家都能暴富起来,你们又何必在乎兜售的是什么体系呢?另外,请你们等着看一看我在跋里再度加以阐述的说明,以便能头脑清醒地判断一下涉及你们自己的金钱利益的事。这个说明将使你们相信,你们现在经营的事业乃是一片荆棘丛生的田野。你们吹捧协作精神。既然

---

① 这句话引自贺拉斯的《致皮苏的信》。大意为:谢利叶和联系都具有这种意义。——译者

你们有写作的技巧而无发明的本领,那么对于那些有发明本领,供给你们题材,并向你们揭示比已知的科学为数多得多的未经开采的科学矿脉的人,你们就要善于赞同他们的意见。

第三十六章　关于高级的协调,或十六种天然反感的结合

在探讨分配的间接协调(由慷慨大方所导致的协调)时,我曾宣告过种种威力无穷而又无人知晓的手段。这些手段在分配的间接协调中是大有帮助的。现在我来作一个极不充分的、扼要的概述。

造物主是如此热衷于建立情欲的和谐,他巧妙地给我们准备好极其丰富多样的获致协调的手段,以便使社会和谐臻于热情沸腾的境界。

在文明制度下所有的无人知晓的协调中,最丰富的部门当推结合的部门。结合是一种使彼此极端反感的阶级达到融洽的艺术,例如:

富人和穷人在友谊方面

青年和老人在爱情方面

在协作制度下,仅仅借助于数目和适合于从十六人到一千八百人的情欲谢利叶的影响,就可达到这一切结合。

文明制度实行某种结合则是一种例外现象。例如,在爱情方面我们看到,达官贵人由于同小市民女儿结合而变成合乎人情的人。问题在于要在一切方面促使这两个极端悬殊的阶级接近起

来，达到亲密无间，尽管它们彼此有反感，尽管它们的财产状况和社会地位悬殊。

我曾指出过，达到这一点的办法非常简便，因为它只要依靠对为数极多的群众施加影响，只要把他们组织在情欲谢利叶内就行了。

友谊。这是我曾在那几篇论情欲的家庭服役的文章中探讨过的问题。在那些文章中我曾证明，在目前情况下成为憎恨根源的私人服役，甚至在悬殊的人物和最悬殊的年龄之间，都可以成为友谊的萌芽。

爱情。这一组，也和其他三组一样，有四种反感。如果我把它的种类分为：

简单的正的类

简单的反的类

复杂的正的类

复杂的反的类

那么，这种有系统的结构即足以使读者感到惊讶。我现在仅描述这四种结合中的一种，但并不确定它是属于哪一类。

瓦列里二十岁，乌尔海拉八十岁了。要是她爱上瓦列里，那便会发现他对爱情关系有天然的反感。我们来看一看种种情况的联系将怎样克服这种反感。同这种反感对抗的有四种真的联系：两种友谊联系（A）和两种联盟的联系（F）。

A. 第一。瓦列里是四十个小组的谢利叶成员，他在许多小组内与乌尔海拉有极密切的关系。他从五岁起就参加了天蓝色风信子小组工作。他在小组里出类拔萃，而他的才能应归功于小组女

第九概述　论分配的协调

组长乌尔海拉：乌尔海拉培养他的热烈的爱好，她曾教会他精于这种技术。

A. 第二。瓦列里在雕刻艺术方面具有野心，他在这一行业中博得人们的赞美，而他的这种成就仍然应归功于乌尔海拉。乌尔海拉作为这个小组的组长，在教导这从小就被公认为具有难能可贵的素质的儿童时，本身也得而满足。

F. 第三。瓦列里对人们在文明制度下一无所知的科学——爱情代数学或爱情问题上突然同情的计算学具有一种爱好：这是一种依照情欲来选择从未有过一面之缘的大批男子和大批妇女的艺术。这种艺术使得一百个男子中的每一个男子能在一百个妇女中立刻挑出那个在感情和性格上完全同他吻合因而对她产生复杂爱情的妇女。这种科学需要与理论相结合的长时期的实践。乌尔海拉在教导瓦列里方面，是当地最有经验的有心人。瓦列里正就是把自己企求在这种科学上取得成就，以及在协作制度下取得荣誉与财富的期望，都寄托在她的身上。

F. 第四。瓦列里希望获准参加第九级劳动军（约三十万人，其中有十个万妇女）。劳动军准备出征莱茵河。在一年中的温暖的季节里，他们将在那里建筑桥梁和堤坝，并且每天晚上都举行丰富多彩的庆祝会。为了达到被接受参加这支劳动军的目的，瓦列里必须完成八次出征，而他却总共只完成过两次。除非是在特殊的情况下，他是不会被允许参加第九级的劳动军的。

乌尔海拉任莱茵军的高尚主妇或最高仙女的职务，为给予三十万个男子和妇女意外的同情而服务。她声称，瓦列里在这个工作部门中对她是有用的。这是有利于瓦列里的一件意外的事。他将被允许参加这支美妙的军队。但他还不够资格,因而以高尚主妇办公处的属员的身份随军出发。

这就是瓦列里与乌尔海拉之间的四种力求淹没天然反感的结合的联系:两种关于过去服务的友谊的联系(A)和两种关于未来服务的联盟的联系(F)。结果,瓦列里的冲动不是出于对乌尔海拉直接的爱的情欲,而是出于感激、出于间接的精神上的亲和力,出于那代替爱情而趋于同一目的的中和性联系所产生的爱慕。乌尔海拉由于纯粹的依恋而力求得到瓦列里。乌尔海拉已经八十岁,对从小就惯于和她相处的瓦列里来说,绝不是一个障碍。当青年人具有足够的冲动力时,他在爱情上是会勇敢无畏的。而且,瓦列里首先向乌尔海拉声明,要是能够全部表白他对她的感激,他将自认为是一个幸福的人。他不是她的一个普通的情人,但是她将具有博得他的欢心的若干部分。这对乌尔海拉来说是一个收获,不过这种收获是与自私的利益和卑鄙龌龊的动机无关的,而且是与现在一个八十岁的妇女所能够得到的那种收获完全不同的。现在一位八十岁的妇女只有依靠金钱的力量才能得到一个青年人的爱,却不能保证自己得到任何复杂的爱情,以及使心灵和感情都获得满足的联系。

(注意:我要指出,在这种结合中,我是把希望寄托在和谐制度下人的长寿上的。在和谐制度下将看到,像尼侬这种妇女,在八十岁以后还会讨别人的欢心,而老汉则像瓦里斯人苏莫尔玛泰那样富有青春的活力。苏莫尔玛泰在百岁高龄结婚,还生了孩子。我们看到,某些哲学家已预察到这些未来的和谐现象:道德家、即所谓自然哲学的作者图里尔·萨德尔在七十七岁时曾娶了个十七岁的少女。年龄的差别总共只有六十岁——我们那些摆脱了情欲的真正的圣贤、理性预言家们、不断完善的能力的复兴者们也是这样!)

第九概述 论分配的协调

在乌尔海拉与瓦列里这种爱情的联系中可以看出四种结合手段,这四种结合方法淹没了天然的反感,而将其改造成为极有效的同情心。这种结合不是代替四种吸收剂,而只要其中两种吸收剂,就已经足够创造出复杂的魅力了。

现在的一代还未具有充分和谐的动力,足以拿这样的四种吸收剂来对抗每一种天然的反感,但是却能够运用两种吸收剂,或多或少地接近这个目的。这已经是极其辉煌的成就了;这将足以使人预见到未来和谐的奇迹,并从现在的一代起规划出达到均衡的、用种种协调来淹没集体竞争的表现和每一类反感的正确结合的体系。而这种种协调则是由散布在各种不同的小组中的属于这一类的个别人所形成的。因为在各种不同的小组中,作为基于情欲的共同工作者,他们都有自己对之抱有反感的人——直接的,如瓦列里和乌尔海拉,或者是间接的,如赫龙特。

还有两种联合——由于雄心的结合和由于联宗关系的结合——尚待叙述:我现在把它们列入比二十岁与八十岁之间的爱情反感更加强烈的反感中。

雄心。我们首先来谈谈雄心及其满怀憎恨的特点。在文明制度下,不算奴隶阶级在内,就存在着十六个阶级。我们看到,在所有这些阶级中间充斥着集团的憎恨。文明制度高谈阔论关于社会交往和道德的温情脉脉的兄弟情谊,却只会产生错综复杂的意见分歧。这种意见分歧可以——

按照憎恨的上升序列

按照鄙视的下降序列

现在来考察一下称为宫廷、贵族、资产阶级、人民和平民的这五个阶级中间的这种序列。这五个等级互相憎恨。它们当中的每一等级又都分为三级,如高等贵族、中等贵族、低等贵族;高等资产阶级、中等资产阶级和低等资产阶级,等等。高等等级鄙视中等等级,而中等等级则鄙视低等等级;反之,低等等级憎恨中等等级,中等等级则憎恨高等等级。

让我们来更加详细地研究一下上升序列的憎恨和下降序列的鄙视的反射作用。在朝的贵族鄙视在野的贵族;佩剑贵族鄙视长袍贵族;拥有钟楼的领主鄙视低等贵族。而后者则鄙视那些暴发的新贵,而这些暴发户则鄙视市民等级。在资产阶级中间你会看到类似的鄙视序列:受贵族鄙视的银行家和金融家,以鄙视大商人和大所有主而感到自慰。后者则以自己有被选权而自豪,鄙视只有选举别人的资格的小商人和小所有主。但是,他们作为这种选民则鄙视学者和其他不大富裕的等级。其次,低等资产阶级则鄙视三个人民等级,并以摒弃了他们的习俗而自吹自擂。最后,在人民和平民中间,也有多少像共济社社员和自由社社员①这一类令人可恨的划分!

这就是社会交往和道德的温情脉脉的兄弟情谊,这就是我们的博爱科学的本领:高等鄙视低等的反射作用,以及低等憎恨高等的反射作用。

在文明制度下虽然看到等级之间有着隐隐约约的结合,如在

---

① 这是法国两个由手工业工人组成的互相竞争的团体,成立于中世纪,一直存在到十九世纪初期。——译者

那不勒斯,贵族在庇护拉萨罗尼[①];在西班牙,富有的僧侣阶级在庇护乞丐,不过这两个处于极端的阶级的联系只是罪恶的根源罢了。因为文明制度无论在爱情方面或者是在雄心方面,只能造成破坏性的、有害的结合。在爱情方面,达官贵人与平民妇女之间的接近,由于非婚生子的诞生,或由于给家庭带来不和的门第悬殊的婚姻,只会是产生紊乱的萌芽而已;在雄心方面,富有阶级与人民相接近无非是为了策划危害社会安宁的阴谋,制造党派之争以及为进行压迫而勾结。

问题在于要为了幸福而使所有不同的等级都联合起来,特别是由于雄心而发生争执时,更要使它们联合起来。基于这种理由,我要确定一个崭新的原理,即文明制度的人,甚至是对于权力、侵略和财富最贪得无厌的人,也只拥有和谐制度下所必需的四分之一的雄心。

在波拿巴垮台以后,有人曾举拿破仑命人在莫斯科铸造一枚纪念章一事作为狂妄行为的例子。这枚纪念章上刻的题铭是:"天上有上帝,地上有拿破仑。"可见,他要把天国留给上帝,而他自己则掌握地上的统治权。这对于那些不敢垂涎离他们的首都仅七站路的法国一省(列日[②]就语言和区域来说是属于法国的)的法国人来说,当然是非常可怕的野心。

由这枚纪念章所显示出来的建立全球帝国的野心,在波拿巴心目中是最合乎情理的东西,和谐制度下的每个人,不论妇女或男

---

① 那不勒斯和意大利南部其他城市的背叛原来阶级的城市贫民的名称。统治的贵族曾在十八世纪末利用他们来反对资产阶级。——译者
② 比利时的一个省,省府也叫列日。——译者

子，从孩提时代起，都将被培养成雄心勃勃、企图称霸全球的人。人们将把那些一心只想以法兰西王位之类从属的统治权为满足的人看作可怜虫，看作政治太监。

这个论点乍看起来似乎荒诞不经。但加以仔细研究，就将有助于阐明雄心所导致的一种美妙的结合。我在谈到"没有什么比使恺撒和庞培和解更容易的事情"时，曾宣告过这种结合。这种结合将由于多样的和大量的权力而实现，因为这些权力将为每个人开辟与其才能相适应的职业生涯。凯撒和庞培两人也许会在同一地方进行统治，只不过职务不同，等级不同而已。关于帝王的职称，请参看注释。①

---

① 在和谐制度下，权力标志将有十六种，或者说十六种称号，它们形成由同样多的王位而区分的十六种职位：世袭的称号、沿袭的称号、宠幸的称号、供奉贞洁女神的少女的称号、预言家或教育家的称号、小国国王或幼君的称号，等等。

这些职位或称号中的每一项又分为十三级，这些级都由一个君主级领衔。君主级中的最高级君主统治全世界，最低级君主只统治一个法郎吉。而十一种中间等级都拥有对面积逐级扩大的辖区的统治权，从一个法郎吉起直至全球为止。因此，在仅限于管辖一个法郎吉的第一级，在和谐制度初期将拥有五十万对获得这种称号的夫妇，因为将有五十万个法郎吉。而且每一种权力标志都将给妇女指定独特的职责，而不像现在这样使她们只有一种有名无实的最高权力。

在这种职位序列和职位等级中，很容易使如同凯撒和庞培这样的竞争者趋于和解，因为一个可能被选为宠儿，另一个可能被选为艺术家等等，等等：他们才能迥异，因此不可能从事相同的职业生涯。最后，其中一个可能以选举的称号进行统治，另一个则可能以世袭的称号进行统治。他们两人（要是有四个竞争者，那么就是四个人）都能够在罗马进行统治。

或者是以同一称号而处于不同的等级上——第一级、第二级、第三级，等等。

或者是等级相同而称号不同。

要说明这个问题，至少需要有一打表格来表示那些等级、称号、称号变种、它们的增加情况以及其他能满足一切性格或一切野心的机会。但是要在这篇短文中做那么详细的阐述，是不妥当的。

第九概述　论分配的协调

这些权力就一切称号和一切等级来说,对于任何男人或妇女机会都是均等的,也不排斥像文明制度下国王称号那样的世袭称号和沿袭的称号,后一种称号我们现在的君主们是没法使用的。因而他们常常为此感到莫大的不幸,这也是他们暮年的痛苦。

有世袭称号的君主和女皇都必须在他们领地的每一地区选择男生产者或女生产者,所以和谐制度的每个人都能指望这种选择会轮到他的头上。要是他上了年纪了,便有可能落在他的某个儿子或某个孙子头上。另一方面,因为任何世袭的君主都能自行选择继承他的最高权力的某些部分的局部继承者。因此每个和谐制度的人还能够指望获得这种沿袭的高位。借助这个高位,无论国王也好,无论公民也好,都不会像在文明制度下那样遭受损害。因为在文明制度下,公民是不能奢望靠联姻而得到王位的,而君主也不能够把自己的权力或自己一部分的君主职能转让给他所喜欢的人。

但是,从哪里取得支付给这么多君王的财宝呢?关于这一点我曾经说过,除了驻节地的开支外,无需付钱给第一、第二、第三、第四和第五级称号。只有第六、第七、第八、第九、第十、第十一、第十二级和轴心级才有薪俸。而这些等级的薪俸,由于他们人数很少,支出的钱很有限,因为第六级约管辖五百个法郎吉,人数仅占第一级的五百分之一。从第七级起则越来越节省。第七级约管辖一千七百个法郎吉,第八级约管辖七千个法郎吉,第九级则管辖二万个法郎吉,第十级则管辖八万三千个法郎吉,第十一级约管辖二十五万个法郎吉。最初将完全没有第十二级的君主,因为这一级约管辖一百万个法郎吉,而法郎吉则将只有五十万个。因此将仅仅建立一对十一级,三对十级,十二对九级的君主,而十六种称号中的每一种都依此类推。日长月久,当全球人口达到五十亿满额时,这些级的序列便将上升到第十二级和╳级即轴心级。

君主的薪俸来自分配前的结算时期从所有法郎吉征收来的款项,而不要那十分重视这种捐税的人民有所破费。在这里,人民几乎无须下赌注,却经常有中彩发财的机会,因为这种捐税是按资本和才能的收入多少来征收的。在资本方面,人民仅拥有很少一部分,而在才能方面的收入则是老年人的"特权",他们比青年人有钱。

由于这些最高权力地位的前景,差不多一切有成为被选人资格的人,不管是青年男子或年青姑娘,都有希望成为全球的君主即第一级的当选者(全球的主宰者)。做父亲的可随意地设想,他的孩子们将获得具有某种称号和某一级的这种头衔,纵使不是获得全球至尊的头衔,至少是获得统治地球三分之一的第二级的头衔或统治地球十二分之一的第三级的头衔。何况,可以获得的权力的种类和等级是这样多,抱有这种希望乃是通情达理的。某个年轻的女孩子从十二岁起就能够作为小女皇而拥有权力,到十六、十七、十八岁时就能够拥有供奉贞洁女神的少女的权力。之后,到二十一——二十五岁时就能够拥有女奇术家的权力。然后拥有军队、高尚女侠及高等仙女的权力。此外,还能够拥有科学和艺术方面称号的权力。甚至还有自然界所赋予的某一种称号,即性格的称号。这种称号必然落在自然界赋予独特的性格等级的那些人的头上。因此,每个人可以深信,他或他的儿女将获得某一种最高的王冠,这并不是想入非非。那没有才能成为卓越的诗人或卓越的画家的

第九概述　论分配的协调

人,可以希望他的儿子将做到这一点,并获得与这种角色有关的王位,获得那只是一年一度或两年一度所授予的权力标志,这样就能把这些权力相继地授予一切应得的人。

在这种制度下,既然每人每时每刻都能指望这些愉快的机缘,如看到他的孩子,他的朋友登上至尊的宝座,那么希求许多东西,觊觎统治世界的权力,而不是追求像法兰西王位这类中等的王位,也就未尝不可了。我们会嘲笑那极力追求成为一名普通诗人或普通画家的人。当所有各级的不同王冠作为对科学和艺术的奖赏时,艺术家现在和将来都会力求成为第一名角,从而力求获得世界的王位。由此便得出结论,凡是觊觎过世界霸权的人,如亚历山大、恺撒、拿破仑之辈,便都是最接近于天然的人。应该加以批判的不是我们的情欲,而是那不给我们的情欲开辟任何活动的天地、尤其是不给雄心方面开辟活动天地的文明制度。现在,一个人就不能升到可以随时更换的部长以上的地位。并且我们还看到,有一百个人失败才会有一个人成功。留给雄心勃勃的人的机会可真是微乎其微啊!

人民的雄心中另一个受到不恰当的批判的部门,就是靠抽彩或一些传奇性事件获得幸运的部门。人民注定享有诸如此类的乐事。一贫如洗的贱民每天不是本人有可能,就是自己的儿女或朋友有可能获得某种显赫的高位、某种意料不到的好运。这是一种绝对的只赢不输的抽彩,在这里,每个人都会周期性地遭际意外的幸福。例如:一个十一二岁的小姑娘被任命为拥有三四个像法国这么大的国土的某个帝国的儿童队元帅,这种任命尤其令人尊敬的是,因为它是由大约二千万个儿童投票表决所产生的,而大多数的儿童不是任何阴谋诡计所能诱骗的。对她来说,这乃是达到全球崇高的女皇地位的途径,在下一年中她可能由于某种辉煌的壮举而登上这种地位。薪俸虽然微薄,但对这位小姑娘来说,已是一笔巨大的财富。要是她在十二岁上,从她担任一年女元帅的二万个法郎吉中获得三法郎的报酬,那就是六万法郎;要是她在十三岁上被任命为有半法郎薪俸的崇高的小女皇,那么就会得到全球五十万个法郎吉所提供的二十五万法郎的薪俸。这对于一个穷苦的小姑娘来说,乃是一笔巨大的财富。

人民醉心于这些想望,醉心于这些能为他本人或亲人获得高位的抽彩。这一切幸运在和谐制度下乃是给予真正丰功伟绩的奖赏,它们将促使父母激励自己的儿女爱好科学、爱好艺术、爱好光荣的劳动和各种高尚的事业。低等阶级将高兴地看到一笔占利润五十分之一的小小税款,充作许多最高权力机关、内阁、将军团(男将军团、女将军团和儿童将军团)的薪俸。各种年龄的儿童们像父辈一样,都能尝到这种显要职位的妙处。一个小姑娘从十二岁起,就晋升到了崇高的职位,她和她的父亲便从而断定,十二年之后,她就可能成为全球的宠儿①。因为宠儿的选举只是以盲目的偏爱为基础的,因此,必须善于博取地区、帝国、大帝国以及全世界(它是以五十个帝国伟大军队和代表会议为其代表)的欢心。一个能

---

① 有人会说,君主们是否可能同意设立这样多的新的权力标志呢?这是一个毫无意义的问题!和谐制度的任何措施都是与君主和人民的个人愿望及集体愿望相符合的。应该使每一种最高权力或崇高职位对于世袭的君主都是愉快的,就像今天的部长和元帅的职位对他们是愉快的一样。他们不会比大拇指嫉妒其余小手指那样更嫉妒部长和元帅。大拇指并不愿意强令削去其余小手指以保证自己的优越地位。

第九概述 论分配的协调

使五十支军队拜倒在脚下的青年妇女,才能被选为全球的女宠儿。所有一切天真无邪的手段——才能、美丽和殷勤,对她来说都是许可的。为了求得评判人的支持并使自己获胜,她甚至还可以依照桑切斯①的决定,发挥这位诡辩家所容许的透明披肩的作用。尤其当事关争取军队和登上世界王位的时候,他就更会许可这样做。

如同对于以智慧或才能见长的男人一样,对于那些在文明制度下权力极受限制的可爱的女人来说,这是多么广阔的活动天地啊!这是使人民同伟人与崇高地位实行结合的一种多么强有力的手段啊!而目前人民却是与这些伟人及种种崇高地位为敌的,因为他们不能分享这些崇高地位!这种种权力和崇高职位的前景将会消弭人民对最高等级的一切仇恨。这种前景将导致有关雄心的最美妙的结合之一。现在我来引证第四种结合,亦即一切结合中最困难的一种结合。

父子关系,即父子之爱。这是一个不可能简略地加以正确说明的论题。在叫人家参阅那篇就这个问题来说仍然是极其概括的论文时,我只能指出这一点。

我们在确定基本原理以前,先来叙述一些事实。必须把希望寄托在一百四十岁到一百五十岁的人身上:和谐制度下十二分之一的人将会成为这样的人。就是从现在起也可以看到这种人。不久前《不列颠评论》②上曾列举过五十个一百四十岁或一百八十岁的人,都生活在距我们相当近的时期中。

---

① 桑切斯(1550—1610年),西班牙的基督教神学者。——译者
② 《不列颠评论》是1825年在巴黎出版的杂志,旨在向法国读者介绍英国的生活及文学。——译者

伊都利叶尔是一百五十岁才死的,他曾看到了自己的第七代。他在遗嘱中所提到的后裔,总共有一百二十个。在第一代中,只有一个儿子和一个女儿发了财。伊都利叶尔把大部分财产给了第六和第七代后裔。要是他在遗嘱中吩咐把全部财产传给自己的第一代,那便会促使后面的六代都巴望第一代死掉。他把包括其财产半数的约一百二十份遗产的序列给予第七代后裔,其余的四分之二则分给一百名当其在世时已授予养子称号的劳动养子和一百名朋友及旁系的亲属,包括他的妻妾,但他的妻妾是富有的,并不需要大量的遗产。

这样分配的遗产将间接地分给整个法郎吉,因为这种遗产要落在三百多人身上,其中每个人或是作为亲属,或是作为被收养人,在法郎吉内又拥有五六个继承人,这些人都是在伊都利叶尔的三百继承人以外的。借助于这种反射作用,随着时间的推移,遗产将来要分给所有一千八百个协作社成员。而且,甚至当其中的八分之一被排除于这种分配之外时,直接的遗产仍然会被统一分配,因为分配会通过间接的途径普及于八分之七,而八分之七在运动的过程中是被看作一个整体的。另外,这个被排除在外的八分之一也将分享某些别的富人的遗产。由此可见,要是法郎吉在自己的成员中有四十个富人,任何一个穷人就把他们全体看作是自己的赠与者,因为他可以指望从其中三十五个人那里直接或间接地获得一部分遗产。并且,当他可以认为自己是四十个富人中的三十五个的遗产分享者时,便变成富人的拥护者。这就是为建立家庭情感的平衡,使其成为地位悬殊的人之间的结合途径所应达到的一点。情欲上的平衡,要看它的发展能否集体地和个别地满足广大居民群众而定。但是,为使家庭关系达到这一点,必须把这种只有经过七八代之久才会逐渐出现的长寿现象同谢利叶制度结合起来,在此以前只能接近这种结构而已。

道德责成我们要把我们自己看作是一个兄弟般的大家庭,这是一种毫无意义的空话。要是极其贫苦的青年拉萨尔从富有的族长伊都利叶尔的巨量财富中得不到遗产或别的赠与形式的任何一份财产,难道他会把这位族长看作是自己的兄弟吗?在和谐制度下,拉萨尔是可以指望得到这些好处的。也许他是伊都利叶尔的直接后裔或被收养的继承人之一,或者是旁系亲属或间接继承人之一。而在这之前拉萨尔却在各个不同的小组中都同伊都利叶尔见面,他们在这些小组里是同事。伊都利叶尔在这些小组里是出人头地的,并且他很乐于谈论这个部门。当他以老前辈、以劳动部门的老战士身份设宴款待他的小组成员时,他们也可会会面。

现在从这位富人的餐桌上得不到一点点残羹剩饭的拉萨尔,在和谐制度下,则成了他的财产的分享者了。拉萨尔将对这位富人怀有兄弟之情,而且对法郎吉中他对之抱有类似希望的大亨们也将怀有同样的兄弟之情。至于现在,拉萨尔对于那些无论现在或将来丝毫都不能从他们那里指望什么的利己主义者,难道会有什么兄弟之爱吗?哲学家们告诉我们说,在一个好制度下,一切都应当是密切关联的。唉!在他们那浸透仇恨和利己主义的文明制度下,他们能看到富人和穷人之间有什么联系呢?

以父子关系为基础的结合中所应该得到的结果之一是,继承人的真诚的爱和对于赠与者延年益寿的衷心愿望。在文明制度下,未必再有比受遗赠者对待其恩人的内心情感更可恶的了。目前的情况使情感和利益发生冲突,很显然,十分之九的继承人将只倾听利益的呼声,并且巴不得他期待从他那里得到遗产的那个人快点死才好。另一方面,文明制度使每个做父亲的都习惯于为了使自己的直接后裔发财致富而忘却了任何博爱和慈善的感情,只把自己的一群儿女看作社会世界,而且往往只把长子一人看作社会世界,而牺牲自己的小儿子们和女儿们。在父辈不受法律约束的任何国家里,他们遗弃和出卖自己的儿女,他们用自己的儿女作赌注,他们为了拿自己的儿女做买卖,靠阉割的方法使他们的儿女终生残疾。

家庭的结合应该成为补救父辈和儿女这种双重堕落的手段。问题在于:要在立遗嘱人与血亲的或收养的受遗赠者之间建立相当强烈的感情,来使继承人希望立遗嘱人延年益寿。而现在继承人却迫不及待地想把让与人送进坟墓。

关于这个问题,其解决办法也和上述结合问题的解决办法一样,即获得意外的好收益,获得定期的遗产。在文明制度下这种极少有的继承遗产的乐趣,在和谐制度下,则变得像一年四季的交替一样的频繁。的确,无论和谐制度下的人如何长寿,每年总会有些人死亡,尽管只有百分之一,即一千八百人中的十八个,其中将有:

有大量财产者三人

有中等财产者四人

有少许财产者五人

赤贫者六人

如果像我所说的那样,直接遗产的分配占八分之一,间接分配占八分之六的话,那么每个人在一年当中至少将得到一二种直接

第九概述　论分配的协调

遗产和四种间接遗产。这种定期获得遗产乃是使一切愉快达到永无止境的事物秩序所必不可少的。

借助于我刚才所描述的那种播撒，便会完全消除对于遗产的渴望。这种播撒使青年人习惯于定期获得作为后裔应得份额或收养应得份额的意外之财。这种频繁的收获将使他变得不大贪婪，因为他在和谐制度下简直不需要什么东西。在这里，他不用花钱就能得到适合自己年龄的且大部分有利可图的种种乐趣。他习惯于把遗产看作是人们耐心等待的、并且会相继而来的果实。当你在享受樱桃和草莓时，你未必会想吃葡萄。但是，要是在一年中只有一种水果，而且只能延续一个星期，那么便会有五十个如饥似渴的星期。文明制度下继承人的情况就是如此，而许许多多毫无遗产可指望的人的情况就更糟。

在文明制度下，受遗赠者竟至于巴望财产持有者早死，而和谐制度的青年决没有这种卑鄙的、贪得无厌的性格。一个和谐制度的人每年都获得依照遗嘱所遗赠的某种财物或一部分遗产，他对于迟迟来到的遗产继承泰然自若地耐心等待，并把这种迟迟来到的机会看作是可靠的储备，看作是为求善价而延迟采伐的树林。这样的和谐制度的继承人为了自身的利益，他总是希望那不断增加财富的立遗嘱人长命百岁。而且，当遗产落在他头上的时候，他会说出一番由衷之言：我可真希望这笔遗产迟点来才好，这样我就会同这个朋友结交得久一些，而财富也会多得到一些，因为这个朋友会保存并增加我应得的那一份额，况且我目前根本不需要这一份财产。

（注：在和谐制度下，由于存在着许多崇高的职务和公共的职务，将使现在这样切

望正式任职者早死的所有觊觎者产生同样的慷慨大方。当你拥有二十来个崇高职称时,你便不会如此贪婪,想以朋友或值得尊敬的上司的死亡为代价来取得第二十一个崇高的职称了。)

现在来把关于家庭结合,即所有父辈的心愿作一个总结吧。其主题如下:协作社制度使每一种情欲都得到最广泛的发展——在各种程度上的发展,这就使协作社制度在互相憎恶的各个阶级——富有阶级和贫苦阶级,立遗嘱者与继承人,等等——之间的全面协调和结合得到保证。

但是,要把这个基本原理应用在家庭关系上,那得创造多少条件啊!而大多数条件的创造则需要一个多世纪:例如只有在和谐制度时期的第八代才能获得长寿和拥有众多的后裔,——这是个有待说明的事实——就是如此。

在法郎吉的一千八百人中,家长伊都利叶尔是大多数人的亲戚:他的活着的后裔人数多达一百二十人,他收养的后裔亦达到同样的数目,总共是二百四十人,构成全乡人数的八分之一强。再加上应该四倍于这个数字的直接后裔的旁系亲属,便有一千二百人,也即法郎吉人数的三分之二都是伊都利叶尔的亲属:他的后裔居大多数。出于家庭观念,他势必希望社会幸福,希望整个法郎吉幸福,而法郎吉中与他没有亲属关系的三分之一的人,不论男女,都是他家的老朋友和老朋友的儿女。在这里,家族的利益是与社会的利益一致的,而在文明制度下,它始终是与社会的利益格格不入的。

可见这第四种结合,这种家族和国家的融合,在力求打消家庭观念,并使之湮灭在其分支的巨大的总体之中。这一点证实了一个基本原理:让基本情欲获得它所能达到的最广泛的发展时,各种反感的任何结合都可以建立起来。

我承认这一理论应用在家庭集团内是极其枯燥无味的。如果把它应用在爱情方面,它就会非常动人。当爱情发展的表现扩及于大多数人,至少扩及于上千个当事人时,这种表现将提供存在于情欲作用中的最优美、最有趣的结合。可惜的是,这一理论的最动人的部分无法展示给文明制度的读者:我们的社会政治过于渺小,而偏见又太重,以致无法从这部新魔法书中得到启蒙。

虽然关于父子关系的结合是一种艰涩的理论,但却应该让它和读者见面,并向读者保证,计算学的任何一部分都未被忽视。我之所以比强调其他协调更准确地强调这种协调,因为家庭集团是文明制度结构的中枢。在这里,它在十二种情欲中间起着犹大在十二个圣徒中间所起的同样的作用:根本的罪恶——分散性和虚伪性——正是从这个集团中产生的。因此,应该依靠能把家庭影响完全消灭在大众利益之中的协作社制度,给予这个集团以沉重的打击。

我只是肤浅地介绍了结合的理论。在结束这个结合理论的梗概时,我们可以看到,在情欲唤起的一切现象中,这种协调最适宜于消除那些难以捉摸的、蒙着青铜面罩的偏见。因为它证明了,只要敢于越出哲学的常轨,不寄希望于最小的家庭结合上,而是寄托在尽可能大的结合上,便足以揭去这个面罩。而且,还要采用哲学家们本身所推荐的安排方式——"tantum series jincturaque pollet"谢利叶和联系,谢利叶是上帝在分配各界造物时所采用的方式,当它应用于一千八百个协作社成员群众中时,便产生最高尚的联系、反感的结合、劳动热情和竞赛完善化的动力。

补充 人口的平衡

在近代政治上的不彻底性和轻率的种种表现中,再没有比忽略作出关于人口平衡、关于消费者人数与生产力的比例的决定更可恶的了。要是人类不得不像现在这样迅速地、大量地繁殖,要是人口总是越来越密集,超过了为在不同阶级中间保持按级调整的富裕生活所必须稳定下来的数目二三倍的话,纵然发现了使产量达到四倍甚至达到一百倍的办法,也是枉然。

人口的平衡,从来是文明制度政治的暗礁或暗礁之一。古代的人尽管在自己周围拥有那么多可供移民的未开垦地区,但他们除了容忍弃婴或杀害婴儿,像勇悍的斯巴达人那样杀害过剩的奴隶,或者是为了取悦以自由人美名自豪但距正直人的角色十万八千里的罗马公民而驱使奴隶们在水战中死亡外,就已经找不到别的防止人口过多的办法。

在离我们较近的时代,我们曾看到,近代的政治家们已承认自己在人口平衡问题上的失败。我曾引证过斯图亚特、华莱士和马尔萨斯的话,他们是仅有的几位在这个问题上值得重视的作家,因为他们都承认科学的无能。他们关于人口问题无法解决的明智见解却被那些撇开这个问题以及别的许多问题的杂技演员似的经济学家们所抹煞。斯图亚特更正直一些,他曾在关于一个孤岛的假想中精辟地谈到这个问题。这个孤岛如果很好地加以耕种,就能绰绰有余地养活一千个财产悬殊的居民。但是,他说道,要是这里

第九概述 论分配的协调

的居民增加到三四千人,增加到一两万人的话,那又怎么来养活他们呢?

人们回答说,应该从事殖民,成批地遣送居民,这等于在这个问题上玩花招。因为要是地球上都住满了人,达到了满额的话,那又能把一批批的移民往哪里遣送呢?

诡辩家们回答说,地球并未住满人,而且也不会这么快就住满人。这是欧文派的一种诡辩。欧文派在大谈人类的幸福时,回避人口平衡的问题,并且说,至少需要三百年,全球才会有人满之患。他们搞错了,其实只需要一百五十年。不管怎样,要把问题的解决推迟三百年,而且并没有保证到那时会提供什么解决办法,这就是逃避问题。况且,纵然整个地球住满人需要三百年的时间,而关于幸福或所谓的幸福的理论总还是一种残缺不全的理论。因为三百年之后,由于社会政治的缺点和人口过剩,这种幸福或所谓的幸福也就化为乌有了。

既然,在协作制度将要提供的普遍和平和普遍富裕的情况下,这种灾祸无疑不会迟达三百年而是经过一百五十年就会出现,那就必须使这种新制度的理论提供种种极有效的手段,以防止人口过剩,使地球上居民数目减缩到大约五十亿,使其适应生活资料和需求之间的正确比例,而不致让人口增长到六十亿、七十亿、八十亿、一百亿、一百二十亿,以致达到过剩的危险。但是在整个地球上都组织起文明制度的情况下,这种人口的过剩则会是不可避免的。

我之所以相信五十亿富裕而幸福的居民乃是以假设气温的恢复为前提的。因为气温的恢复将使北极从冰天雪地中解放出来。

少了北极,地球便不能够供养三十亿以上的居民过富裕生活。用什么办法来解放北极并使其土壤肥沃起来呢?这些方法,我要保留到人们要认真地了解这件事的时候才加以说明(我曾提供过这一问题的绪论)。我们且不研讨这一问题的细节,而要抓住问题的实质,即在保持高度富裕、保持财富逐渐增长和保证居民大众最低限度生活的状况下,预防那个成为文明制度暗礁之一的人口过剩问题。

因为这种手段是部分地建筑在自由恋爱的风习上的,而自由恋爱的风习只有在六十年后,在文明人的种族全部死绝后,当人们认识这件事并没有什么不便之处,才会开始确立起来。何况,只有经过百年之后,当地球上接近人满之患时,人们才会开始感到有此必要。暂时必须证明的是,协作的理论无论在这个问题上或任何别的问题上都无懈可击,而且不应该把它与一开始就回避人口平衡以及适当的最低限度生活等最重要问题的那些理论混为一谈。

在协作制度下,自然界是用四种障碍来抵制人口过剩的,即:

1. 妇女身体强健

2. 美食制度

3. 爱色的习俗

4. 全面的锻炼

第一,身体强健。我们在城市妇女中间已经看到它的作用:在四个不怀孕的妇女中就有三个是身体强健的,而身体娇弱的妇女则有过高的和令人讨厌的生殖力。那些被认为最能生育的妇女通常都是不怀孕的。有人会反驳说,在乡村中,身体强健的妇女绝不

第九概述　论分配的协调

是不怀孕的。我知道这一类,这是对自然方法的进一步的证明。自然的方法应该借助于把联合应用的四种手段组合起来起作用的,而不是借助于个别地应用四种手段中的某一种手段起作用的。

第二,*美食的制度*。在生殖力的差别上,强健农妇总处于有利地位,其原因何在呢?这是俭朴的生活和只吃植物性的粗劣食品的结果。城市妇女有精美的食品:这便是导致不怀孕的手段。在和谐制度下,这种手段变得更加强有力,因为在和谐制度下,每个人都是精而又精的美食家。因此,和谐制度的妇女极其强健的身体与她们将享受的精美膳食相结合时,便已经具备两种导致不怀孕的手段。我只是简略地提一提这些反对的意见,因为要研究这些反对意见需要写一篇比本文还要长的文章,必须记住,这里只不过是一篇短文。

第三,*爱色的习俗*。自由恋爱和情人众多,不言而喻,这是对生殖力的一种障碍。我们在现在的高等妓女那里看到对这件事的证明,她们是极少怀孕的,她们中生育小孩的未必有十分之一,而忠贞的少女或妇女则很容易怀孕。和谐制度的人(只是在一百年之后)将有许多妇女由于对社会有益的协作美德而委身于许多的男子。祭酒女郎、舞女、女魔术家和其他负有为军队和商旅服务使命的妇女团体,将由于需要而爱色——从她们方面来看,这是一件自我牺牲的事情,而国家却将由此获得巨大的益处。这种习俗,由于普及于三分之二的妇女,将成为第三种强有力的不怀孕的手段。

第四,*全面的锻炼*。它借助于短暂的工作时间和作业的交替而遍及于全部躯体机能。人们从来不曾注意到身体锻炼的差异对性成熟和生殖力所产生的效果。这方面的鲜明对照是令人惊讶的：我们看到，乡村居民的性成熟要比城市居民或富有的乡下人的子女晚得多。生殖力同样要以这种体育锻炼的影响为转移。如果身体的锻炼是全面的，并且交替地和均匀地扩及于身体所有部分，那么，生殖部分的发育就会晚一些。我们看到王孙公子们十四岁就结婚，而年轻的农村姑娘往往到了十六岁在生理上也还没有达到适宜于结婚的年龄，这就是对这件事的一个证明。这种性成熟的延迟是由于这两个阶级截然相反地进行的身体锻炼和精神锻炼的差异所造成的（不能把王孙公子们这种早熟的婚龄归诸营养，因为给他们的吃食是非常有节制的）。

因为出身高贵的儿童耽于精神的锻炼，而缺乏身体的锻炼。结果是，他们受到遏制的物质的和生命的机能很早就在性器官部分勃发起来，并过早地引起性成熟。在和谐制度下，人们将看到相反的效果：和谐制度的人的性成熟要比文明制度的农民晚些，因为他们四肢连续不断的和交替的锻炼，将长期地吸收生命之精液，延缓了由于生命精液过多和没有吸收而促使青春期早于自然界所要求的时期到来的那个时刻。和谐制度下培养出来的儿童，男孩的性成熟不会早于十六岁，女孩的性成熟不会早于十五岁，而在三百年之后，将使青春期推迟到十七岁和十八岁，甚至在热带也是如此。

全面体育锻炼对于生殖力将发生同样的影响，体育锻炼将大大地阻碍生殖力，以致和谐制度的妇女们为了生儿育女，就必须遵守三个月的宁静而讲究营养的生活制度以作准备，以便少使生命的精液被全面锻炼和身体各部分的生产性活动所消耗，而投入性的部分。目前在有钱的城市居民阶级中间，性的部分强烈地吸收着这种精液。在这些人身上,因为身体的其他各部分没有在劳动中得到交替作用,性的部分也就不会受到这种干预的牵制。

当人们善于把上面所阐述的四种手段结合起来应用时,生殖的可能性和不怀孕的可能性将向着与现有方式相反的方向转化,就是说,不是担心人口过剩,而只是担心人口不足。那时,人们将想方设法来鼓励这种现在为任何谨慎的人所畏惧的生殖力。明智的人只要少数儿女,以便保证他们有财富,因为没有财富就没有幸福,而不明智的和沉溺于肉欲的人则生育上打的儿女。对于这一点,他们像波斯王菲特—阿里那样辩解说:"孩子是上帝派遣来的,正直的人永远都不会过多的。"其实,恰恰相反,上帝希望把人的数目限制到与衣食生计相称。当社会的人生出像蚁群一样多的孩子,而孩子们由于数目过多竟至于互相吞食(他们将不是像昆虫、鱼类、野兽那样在肉体上互相吞食,而是通过盗窃、战争和臻于完善境界的文明制度的种种背信弃义行为在政治上互相吞食),这时社会的人便把自己降低到昆虫的水平上了。

当证实文明制度无论人口怎样稠密,都永远不能做到使自己的领土得到耕种时,那又何必要这种人口过剩呢?在法国,三分之一以上的土地是荒地;在中国,距离北京四法里的地方就是一片辽阔的荒原。并且,我敢打赌,在欧洲最平民化的国度爱尔兰(我不是说的人口稠密。弗兰德尔是人口稠密的,而爱尔兰是平民化的国家),你也会找到许多荒原。

当一些好心人——如瑞典人赫兰什万德,起来反对双重的灾难,即人丁兴旺和贫困的时候,当他们断言在政治上错过了一切改善的途径的时候,他们的呼声被压下去了,他们曾被人指责为狂妄。他们猛烈的抨击演说有一个弱点,就是他们在未发现补救办法之前就揭发了恶。挂着哲学家招牌的那些蒙昧主义者回答说,对于那些与臻于完善境界的文明制度分不开的丑恶现象,应该取浑浑噩噩的态度。因此,甚至在英国,虽然工业非常发达,而且每年有两亿捐税用来赈济贫民,而贫困的现象还是有增无减。对这些结果感到困惑的哲学,便提出一个令人憎恨的论点给自己打掩护:为了有几个富人,就需要有许多穷人。在说明协作制度的结构时,我们曾看到这种意见也和所有我们的政治箴言一样,究竟具有什么价值。人们不久就会为这些政治箴言、特别是为它们在未能保证平民以适当的最低限度生活以前就鼓励繁殖蚁群般的平民一事感到脸红的。

在这第九概述中,我已驱散了把情欲平衡看作幻想的种种偏见。我曾证明过,这种平衡应该是以广泛的发展为基础,而不是以阻滞为基础的。目前广泛被人视为罪恶的种种欲念,如追求称霸世界、中彩或暴富的欲念,贪图直接遗产以及其他许多在现在只会把人们推入一切罪恶深渊的欲念,在协作制度下都将变成美德的源泉。这一点就足以使那些睿智之士困惑不解了,因为他们断言,运动和情欲是偶然的结果,上帝为了学会创造世界以及把情欲导向和谐,还曾需要向柏拉图和塞涅卡学习呢!

第十概述 关于情欲力学的考察

第三十七章 性格和气质的序列

为了扼要地答复人们必将提出的各种不同意见,应该在这最后的一篇概述中指出我的理论大大地受到概述范围的限制并弄得支离破碎。情欲的计算学是一门非常广泛的科学。凡是希望用概述来阐明科学的人,一定会预料到在各个方面的发挥是不会充分的,但他们并不因此就有理由责备这门科学晦涩难解。我担保在其他各卷中将提供人们可能期望得到的一切说明,但不是关于种种没有意义的事情的说明,例如弄清理论的某一点是否与伊壁鸠鲁或芝诺、米拉波①或柏拉图的观点吻合之类。既然哲学曾在几千个论题上犹豫彷徨,它很可能曾模模糊糊地幻想过引力制度的某些效用,而却绝不会想到它的整体,也就是不会想到依靠哲学家们茫然无知的一种动力——劳动谢利叶,真正的美德终于会成功地与那十二种情欲的自由运用相结合。

在这里,一个明显的空白点就是性格的分类。为使情欲谢利

---

① 米拉波(1749—1791年),伯爵,法国十八世纪末资产阶级革命活动家。——译者

叶便于发挥作用,这种认识是非常必要的。我现在就性格的序列或整个键盘作一概述。这个概述就家庭生活秩序来说,是由八百一十个完全性格和四百零五个混合性格所组成的。我要指出他们的占支配地位的情欲的数目和类别。每个人都拥有十二种情欲,但正是由于某几种情欲占支配地位,性格便有所区别。

家庭生活和谐的八百一十种性格

UT 单主音	576	任何一种属音
d,b 混合主音	80	一种心灵属音,一种感官属音
RE 双主音	96	二种心灵属音
d,b 两种混合主音	16	一种心灵属音,二种感官属音
MI 三主音	24	三种心灵属音
FA 四主音	8	二种心灵属音,三种感官属音
d,b 三种混合主音	8	四种心灵属音
SOL 五种主音	2	五种心灵属音

注:字母 d、b 系表示升高半音符号和降低半音符号,也即音乐音阶和情欲音阶的中间音键。

本应在这张表上再加上一张关于四百零五个中间性格的表;我们在这里只说明完全的性格。在第一行中,我们看到有五百七十六个单主音,即仅具有某一种占支配地位的情欲的人。就十二种情欲而言,他们的数目不等。如每一种情欲都是四十八个人,他们是以递增的方式进行分配的。我们将发现具有雄心、爱情或美食嗜好这种属音的单主音,比具有听觉能力、爱听音乐的情欲的属音的单主音多得多。然而,我们发现有些只为音乐而生的具有听觉能力的人或爱好音乐的人,他们只是以音乐来教养自己的儿女,并且决不会选择那不是音乐家的人来做女婿的。

简言之,单主音的人具有一种占支配地位的、一切都以此为依属的情欲。他们的趣味很少变化,他们拥有从事长时间工作的能力。在性格的序列中,他们好比是一个团里的普通士兵。相反地,有两个五主音的男人和女人,就相当于两位团长;他们两个人应该积极主动地参与法郎吉的所有谢利叶。要是有四百个谢利叶,那就必须使每一个有五主音的人经常参加其中大约二百个谢利叶。因此,对有五主音的人来说,就需要有像伏尔泰、莱布尼茨、福克斯①等那样活跃、敏锐和极其广博的智慧。恺撒是属于更高一级的人,是具有七种属音的七种主音的人;波拿巴和腓特烈则是两位具有六种属音的六种主音的人。

法郎吉并不特别需要六种主音的人即第六级的人、七种主音的人即第七级的人、八种主音的人即第八级的人,它达到五种主音就够了。在性格上更高的各级(就自然权利和普遍的适合性而言)可管理三四个法郎吉、十二个法郎吉、四十个法郎吉,依此类推。他们虽然居住在某一个法郎吉内,却都是外部和谐制度的活动分子。

在继 SOL 之后,就外部能力来说,计有:

d,b 四种混合音,二种心灵属音,四种感官属音

LA 六种主音,六种心灵属音

d,b 五种混合音,二种心灵属音,五种感官属音

Si 七种主音,六种心灵属音,一种感官属音

---

① 这里可能是指乔治·福克斯(1624—1691年),教友派的创始人。——译者

UT 八种主音，七种心灵属音

这种序列还可以源源不断地推演下去。这性格的整个第二序列都是为了供外部使用的，但它出现在某一个法郎吉中也是大有裨益的。

我不曾谈到应该列入第一序列的四百零五种中间性格，也不曾谈到一套情欲在不同序列中所经受的各种变化。那将是不胜繁琐的细节。我只想在这方面就它们的排列作一些肤浅的研究，而这种排列是与我们的偏见完全背道而驰的。

我们首先注意到，道德把人们的一切最卓越的性格、高尚的称号和主要的军官宣布为罪恶。在国王或有权势的人们中间，道德容忍这种种性格，但在公民大众中间，却只要具有单一情欲的单主音的人。但是，自然界并未在大人物中间安排伟大的性格，它是偶然地散布这些性格的。作为这两种序列中最高序列的全主音的性格，可能在一个牧童身上发现。赋有伟大性格的那些人在政治上为教育所压制，他们对现有的风俗习惯感到气愤，因而往往被称作坏人，被称作道德的敌人。

在协作制度下，他们当中的每个人，不论男人或妇女，都有自己的地位，并经大家的同意而各就各位。因为凡是自然界使其成为单主音的人，丝毫不觊觎法郎吉内性格的主席职位，即羡慕那会迫使他从事多种多样工作的职位，他在其中不会找到自己的幸福。况且，人们始终不愿越出自己性格的界限。因而，当看到两个就其出身来说是全乡最贫穷的人处于法郎吉内性格方面的主席职位时，看到他们居于情欲国王和情欲女王的职位时，任何人都不会嫉妒他们。尽管他们出身低微，他们却一帆风顺地高升到自然界所指定给他们的职位,高升到十三级之一的性格的主席职位,从一个法郎吉内的主席职位,也即最低级的主席职位起,直到至尊的君主或全球主席的职位止。这对于穷苦的阶级来说,又是一种非常美妙的中彩。一个怀孕的妇女会暗自思量:"我将来也许就是全球性格方面最高女统治者的母亲。"她日后只要听从自己性格的支配,就可以毫不费劲地获得世界的王座或主要的权力之一。

教育的任务是要发展这些性格,除此之外,也发展气质。气质和性格属于同一序列,但又不是互相配套的。居于性格的第五级的五种主音的人,不一定是拥有第五级气质的人。他有时具有与其在情欲方面的角色完全相反的气质。

我们的科学把气质归结为四种,但是给二十个易怒的人所用的补救办法将以不同的形式发生作用。要将气质分门别类,就必须从幼年起主要是通过食物的途径来发展气质。我们看到有些儿童满身都是恶劣的嗜好,如爱吃墙壁灰泥之类。这是因为他们缺乏某些食品所致,他们天生感到需要这些食品,而又不会明确地说明这些食品。缺乏这些食品便引起一种本能的反应,促使儿童用有害之物代替自然界指定给他们的东西。

为了按照儿童对食品的本能来区别他们属于哪一等级起见,便要给予儿童多种多样的食品。按照他们爱吃的食品易于消化的程度便可判断出这一点。继类和种的第一序列之后,将力求按多样性和精微性序列来分类,而我们所将采用的手段之一就是美食学的前奏。我将用这个名称来说明那种为了在半小时之后激起强烈食欲而选定的小吃或进餐的先声。我们看到文明制度的人借助一杯苦艾酒预先来做这种试验,但这还不是正规的美食学前奏。

这种前奏应当用硬的和软的食物组成,并按照种种口味而有多种多样的做法。每个人,无论男人或妇女,为了进餐时吃得津津有味,并使食物易于消化起见,将练习善于鉴赏自己的美食学前奏。和谐制度将生产出许许多多的食品,以致必须让人类习惯于去消费比在文明制度下多三倍的东西。

人们在按性格和气质进行分类的艺术上越进步,便越易使谢利叶井然有序地进行互相竞争(正如在下一章中所叙述的小组那样)。另外,必须指出,如果性格遭到压制,它们便会出现畸形,并向相反的方向发展。目前的教育,给它们上了一层道德的釉彩,会使它们变得异常恶劣,而不是使它们保持美好的本色。塞涅卡和布尔并不曾改变而是歪曲了尼禄的性格。这是一个具有四种完全不同的属音——计谋情欲、组合情欲、雄心和爱情的四种主音的人。亨利四世和尼禄一样,也是一个有四种主音的人,但他却不曾被道德教育所败坏。

在文明制度下,一旦作为属音的起杠杆作用的情欲的数目大于依恋情欲的数目,性格就会变坏。具有爱情、计谋情欲和轻浮欲望的三种属音的三主音的妇女,一般都变得异常恶劣。

再没有比性格的理论更能够使某些睿智之士狼狈不堪的了。因为他们认为,情欲都是偶然造成的,上帝为了使情欲达到和谐,需要借重道德家。在家庭生活结构内,情欲是一支有一千六百二十种乐器的管弦乐队。我们的哲学家们要指挥乐器演奏时,就好像一群加入歌剧乐队中的儿童一样,他们会争夺乐器,并弹奏出乱七八糟的音乐。难道应当由此得出结论,说音乐是人类的敌人,而必须让提琴、低音乐器以及笛子都哑然无声吗? 不,应该把这些小笨蛋撵走,把乐器交还给内行的音乐家。这样看来,情欲和乐器一样,也不是人类的敌人。只有那些对自然界为人类创造的情欲结构一窍不通而偏要支配情欲的哲学家,才是人类的敌人。当人类将来有了经验时,人们将会承认,像阿巴贡的性格那样最受奚落的性格,在这里却是大有益处的。

第三十八章　关于高度和谐或报偿平衡的小组

乐观主义者总在提出种种不可能实现的报偿问题。要是相信他们那一套的话,那么上无片瓦、下无立锥之地的穷人便会在极端贫困中获得像富人在自己的高楼大厦中所得到的那种幸福。

直至目前为止,穷人恐怕很难同意这种意见,而富人更难同意这种意见。因为人们从未见过,有哪一位大富翁会与穷人易境而处。由此可见,报偿只存在于道德的幻想之中。道德硬说[德利尔①正是这样说的],自然界就是援助和恩惠的延续不断的交替。人们看不到它曾把什么善行普及于爱尔兰饥寒交迫的平民和听任刽子手宰割的民族,如易卜拉欣·帕夏②统治下的希腊人或法国殖民者刀剑下的马提尼克③人身上。

某些富人为了掩盖自己的利己主义,乐于相信人民是幸福的,

---

① 德利尔(1738—1813年),法国诗人。——译者
② 易卜拉欣·帕夏(1789—1848年),埃及总督,曾镇压过希腊的民族解放运动。——译者
③ 马提尼克是小安的列斯群岛中的一个岛屿。——译者

相信他们的贫困会得到报偿。人们怀着这种幻想支持国王。这种幻想比一个富人需要有十个穷人的论点要体面一些。任何一个诡辩家只要设想这种在文明制度下连影子都没有的报偿时,便会受到欢迎。真正的报偿应当是非强制的、真诚的和得到公认的,就像我那篇论文中所叙述的小组中的那种报偿一样。这种小组的关系能成为报偿方面的通用的程式。我很遗憾,不能在这里插入一篇相当长的论文,来就报偿问题,即被诡辩主义弄得最模糊不清的论题之一提出肯定的理论。我将仅仅从中抄录几行,来对这个论题提供一个肤浅的概念。

阿比西如斯、梅谢纳和维尔希勒参加十人一桌的宴席。阿比西如斯热衷于佳肴,很少参与谈话;维尔希勒恰恰相反,对饭菜漫不经心,却表现出许多机智之处。他容光焕发,使同桌的宾客为之倾倒,他的自尊心得到大大的满足;梅谢纳则分享两种快乐,即谈话的快乐和佳肴的快乐。其快乐的分量成如下的比例:

阿比西如斯——谈话1, 佳肴3=4;

梅谢纳——谈话2, 佳肴2=4;

维尔希勒——谈话3, 佳肴1=4。

在这里,三个人全都得到充分的报偿,虽然每人都在极不相等的程度上体味到两种快乐。但是,每个人都有对两者进行选择的自由,并从中取得了他所要得到的一份。可以假定有九个同桌吃饭的人,对他们来说,这些分量是按照规则的序列循序渐进的,并且他们都将因得到报偿而心满意足,一个在佳肴方面得到的满足多一些,而在谈话方面得到少一些,另一个则是在谈话方面得到多一些,而在佳肴方面得到少一些。

第十概述 关于情欲力学的考察

正规的小组都应该如此。它们至少应该使两种快乐结合起来,每个人都能够从这两种快乐中取得适合于他的分量。这个基本原理应该应用于一切生活状况。人们所以通过报偿的均衡以获得幸福,只是因为在取得联合起来的各种不同的快乐方面具有选择的自由。情欲的平衡既不许嗜好的平均化和一律化,也不许动力的简单化。

如果假定,上述的结合仅限于一种快乐,即仅仅限于谈话或仅仅限于机智,那么,阿比西如斯在这里便会觉得厌烦,梅谢纳将会得到平平常常的满足,只有维尔希勒在这里得到莫大的快乐。道德正是把我们置于这种境地中。它从来不给人关于报偿的自由选择的机会,它只给我们一种单一的满足即喜爱节制。真正的节制就需要有平衡,像在前面那位曾适度地、等量地体味到两种快乐的梅谢纳身上所见到的那样。要是他只体味到一种快乐,那节制便会使他厌烦。正是两种快乐彼此相抵,他才享受到像他的同桌人阿比西如斯和维尔希勒一样的快乐,而阿比西如斯和维尔希勒只尽情地领略了两种快乐之一,而另一种快乐则领略得很少。

但是,是否梅谢纳真的克制了自己呢?不是的,因为他达到分量总数为4的快乐,他享受到和另外两个人同样多的快乐,虽然比例不同,但分量是均衡的。因此,所有被称为有节制并因而成就辉煌的人,不是幻想家,就是招摇撞骗者。这是一些喜欢以同等分量去体味两种快乐的性格。有人告诉您说:"我是道德的楷模,我克制自己的情欲,我躲避娱乐而只爱做生意。"他所以爱做生意,是因为他在欺骗那些购买他的细布的顾客时,从中赚到了上百万或者希望赚到上百万的钱。他以节制为幌子,满脑子都是哄骗顾客的种种欺诈狡猾的勾当。这就是一些被称为有德行的人,被称为酷爱商业和宪章的高风亮节的人,这就是一些谎话连篇的人,这就是一些在严格考察的情况下毫不克制其情欲的人。因为他以一种情欲来压倒另一种情欲,如同上面维尔希勒和阿比西如斯所做的那样,或者是使两种情欲得到均衡,使它们在同等的均衡的程度上得到满足,如同梅谢纳所做的那样。梅谢纳并不比他的两个同餐人更有节制,因为他和他们一样,在享乐方面也达到总数为四;这个总数无论是由 3+1 构成或由 2+2 构成,它总是 4。

为了消除在情欲活动中有关节制和报偿、平衡和均衡、对立和保障方面盛行的偏见,就必须就这个题目写上好几章,以代替一篇短文。我不得不略去所有的细节,而只强调说明以下基本论点:节制是一种幻想,我们的情欲容许均衡的享乐,而不容许剥夺。看来像是有节制的人,往往就是最讲究自己享乐的人,我们的道德平衡和道德报偿的理论,只不过是无稽之谈而已。当人们知道了使情欲平衡的精确方法时,将会因听信过这种无稽之谈而感到脸红。

人们甚至不了解,父亲一辈创造法律并希望创造出符合自身利益的法律,却没有找到任何一种方法去建立他们梦寐以求的平衡,即父与子这两种感情的平衡。而这两种感情则是处于令人发指的不相称状态。儿子的依恋感情通常仅达到父亲的依恋感情的三分之一或四分之一。由于这种不相称,两者的平衡就必须通过间接的途径产生,这是显而易见的。我们已看到了究竟要通过什么样的途径——父辈须从四种来源来取得依恋的感情:从至少是四五代直接后裔方面取得;从具有相同性格或相反性格的养子方面取得;从劳动的收养者或情欲继承者方面取得;从直接后裔或旁

第十概述　关于情欲力学的考察

系亲属的继承者方面取得。当父亲从这四方面各按四分之一取得感情时,情欲便达到平衡。在此以前,再没有比偶尔只从直接后裔方面取得四分之一报偿的父爱更失去平衡的东西。哲学家们要是看不到这种混乱局面,或不能对此有所补救的话,那么他们的科学如何能够获致它连见都不曾见过的其他那么多种的平衡呢?在几个地带的物产结合的基础上建立起来的食品方面的平衡,就是这种平衡之一例。

报偿构成平衡的一部分。在这方面如何来理解没有自由选择的报偿呢?道德向我们说道:你的全部动产只有一只木碗,你也得感到幸福呀!第欧根尼肯定地说,这就够了。好吧,让第奥根仅仅提供自由选择银碗的机会吧,我们将会相信那些在充分自由的情况下不愿选择银碗而宁愿选择木碗的人是幸福的。在我上面所举的例子中,阿比西如斯、梅谢纳和维尔希勒这三个人每人对两种快乐都具有自由选择的机会。由此看得很清楚,他们中间每一个人不管享受两种快乐的分量如何,都是得到了报偿的。这种自由选择,应该扩大到一切生活境况中,扩大到所有三种性别的情欲方面。但道德给了他们什么样的自由选择呢?对于被禁闭的和处于鞭子威胁下的儿童来说,对于衣食无着、尤其是丧失了生活乐趣的老太婆来说,对于关在济贫院里受尽虐待的贫民大众来说,哪里有什么报偿呢?哲学在报偿理论上,也和在任何运动问题上一样,显得多么外行啊!什么是没有提供自由选择机会的报偿呢?您赐予人民在宪章的庇护下生活,热爱宪章或欣赏宪章的美妙的幸福,作为对他们受苦受难的报酬。但要是他们不会读书写字,或者没有两个铜板来购买宪章,尤其是当他们正在挨饿的时候,那他们又怎么能来欣赏宪章的美妙呢？报偿为了酬谢我们的苦难，给予我们一种想象的快乐，而不去自由选择实际快乐，既然如此，那么关于报偿的这种无稽之谈又有什么意义呢？那无非就是要人们学会不求自己所没有的东西！这是格斯高涅的狐狸的本领[①]。人们用这些废话编成了一种名为道德的科学！人们为了兜售书籍而竟想出多少花招啊！可是，当人们传授真理的时候，书籍将比现在多销一百倍。

第三十九章 论真正的幸福

我只看见过文明制度的一位作家稍微接近关于真正幸福的定义。此人就是要求真实而不要幻想的边沁。其他所有的人距离目标十万八千里，以致都不值得批判。在罗马，在发禄时代曾有过二百七十八种关于真正幸福的互相矛盾的见解；在巴黎还会发现更多的这一类互相矛盾的见解，特别是从我们的论战家们遵循两条截然相反的途径的时候起，情况就更是如此。一些人鼓吹轻视财富，而喜爱住在茅屋所体验到的那种快乐；另一些人则鼓励毫无节制的贪财欲望。道德家们主张维护庄严的真理；经济学家们则主张维护商业和谎言。

我们要用寥寥数语来澄清关于幸福的由来已久的争论，这也就是黑暗哲学的巴贝摩天塔之一。上帝赋予了我们十二种情欲，我们只有使这十二种情欲都获得满足，才能够成为幸福的人。如

[①] 这是指法国作家拉·封丹的著名寓言《狐狸和葡萄》中的那只狐狸。——译者

果其中有一种情欲受到阻碍，肉体或灵魂便会感到痛苦。但是，我们的人民每天是无法使所有十二种情欲都获得满足的，相反的，倒不如说他们将遭受十二种灾难，因为有二十四种威胁着他们和不断地追逐着他们的灾难。毫无疑问，得天独厚的富人们距离幸福就更为遥远，他们几乎连一天的幸福也得不到。为了证明这一点，我提供过真正幸福的一天的详细情况，从中可以看到，甚至连叫富人们带着愉快的心情起床都办不到。他们是在快乐和烦恼的搏斗中间开始自己的一天的。在夏天的美好的清晨，每个人都愿意黎明即起，但是穿衣和离床的苦恼却把每个人留在床上，因为在床上是一种简单的快乐。这就是一天的不愉快的开端，这就是简单的快乐和一时的苦恼的前景。所有文明制度的人都缺乏那种用复杂的快乐来诱使他们起床的热烈情欲，而复杂的快乐才足以使人们鄙视睡懒觉的快乐。

既然三种起杠杆作用的情欲的发挥需要短暂的会期，那么就必须把一天至少分为十四个会期，即八个会期的复杂快乐和五个会期的简单快乐。这些简单快乐可作为复杂快乐后的休息。再加上一个或两个历程、即文明制度的人所全然不知的一种享乐。我应该在此加以说明。

历程乃是在一个短暂时间内相继体验到的多种快乐的混合体。这些快乐巧妙地贯串起来，彼此互相衬托，一个紧跟一个，时间是如此紧凑，以致人们享受的每一种快乐都是转瞬即逝。在一小时之间可以体验到许许多多各不相同的却又互相联系的快乐，有时还是汇集在同一个地方的种种快乐，例如：

列昂德刚才在他所追求的女人身上得到了成功。这是一种感官和心灵上的复杂的快乐。过了一会儿,这个女人就把自己为列昂德弄到的一张收入丰厚的职务的证书交给他,这是第二种快乐。过了一刻钟,这个女人把列昂德领到客厅里。在这里他发现了一种意想不到的乐事,他遇到了一个他以为已经亡故的朋友,这是第三种快乐。不久进来了一位知名人士,他是列昂德早就想结识的毕丰[①]或高乃依[②],他是来吃午饭的,这是第四种快乐。随后是一顿精美的菜肴,这是第五种快乐。列昂德在这里与一位权威人士并肩而坐,而这位权威人士能够以自己的声望来帮他的忙,并且保证会这样做,这是第六种快乐。在进餐时,送来了一份打赢官司的通知书,这是第七种快乐。

所有这些出现在一小时之内的种种快乐构成了历程。它应当是围绕着贯穿在整个会期内的基本快乐而旋转的。列昂德借助于与新情人的结伴和在进餐时显著的成功而达到了目的。这是一种冠于一切之上的中心快乐,它连续不断地介入其他七种快乐的全过程。这种称为历程的快乐在文明制度下是人们不知道的,甚至连国王也不能获得这种快乐的历程,也就是在和谐制度下司空见惯的魅力。在和谐制度下,富人们可以得到保证,每天至少会遇上两次快乐的历程,还不算由两种享乐所构成的复杂快乐、由三种享乐所构成的超复杂快乐以及由在同一时间兼而有之的四种享乐所构成的双重复杂快乐的会期。由这一点让人们去判断文明制度的人在幸福方面的匮乏吧!(请参看关于真正幸福的有条不紊的定

---

① 毕丰(1707—1788年),法国著名自然科学家。——译者
② 高乃依(1606—1684年),法国悲剧创始人。——译者

义）

具有七个变种的多种历程是为和谐制度最高阶段所保留的享乐。最初至多仅有四个变种的历程——这对于摆脱文明制度但还没有得到一天真正幸福的人来说，已经是一种奇迹了。为了替文明制度的人安排一个这样的日子，我必须假设这样一种集享乐之大成的情况。这种种乐事的数量要超过文明制度所能容纳的数量，而且彼此更加紧凑。我在借重这个假设时，未免犯了两种错误：一是在这里面加入了被文明制度的法律视为犯罪行为的爱情；另一是在这一天的安排中容许有和谐制度的人所体验不到的情欲平衡的九种缺陷和九种危害。我之所以容纳它们，是因为文明制度在快乐方面是如此有限，以致我在文明制度所提供的各种无力的手段中竟找不出任何一种手段，来填满十足幸福的一天的框框，犹如和谐制度下最穷的人每天所过的日子那样。文明制度的人的享乐是如此贫乏，以致当他们遇上一件稍稍动人的事儿和一个平淡无奇的节日时，便要唠叨整整一个星期，而这些节日尚且只不过是对真正快乐、对情欲平衡的讽刺而已。而和谐制度却在自己所有的工作、宴席和节日中处处都有这种情欲平衡和真正快乐。根据我对九种缺陷的说明，便可以相信这一点。这些缺陷是我在谈到被卑劣的文明制度种种条件所限制的那幸福一天的运用时不得不列举出来的。

文明制度除了缺少快乐这一弊端外，还完全不懂得安排快乐的艺术。某一种享乐过了两个星期也就索然无味了。要是把这种享乐谨慎地、花样翻新地加以安排的话，它就会延续几个月之久。但是，文明制度在享乐问题上是迫不及待的。由于缺乏变化，无所更替,在短短的时间内,就把一种乐趣耗尽了。因此,文明制度的富人们都被这种放纵无度而引起的病症所拖垮。在和谐制度下,安排享乐是良好社会政治的计划,是当局的主要职责。在这里,任何一种享乐都不会索然无味,因为花样翻新,层出不穷。只要某一种娱乐月月都是诱人的,那么,在这个期间便会出现上千种别的娱乐,以便通过巧妙的安排使幸福的色彩多样化。从某一会期到另一会期,从某一顿饭到另一顿饭,日复一日,周复一周,月复一月,季复一季,年复一年,从某一年代到另一年代等,直到一个人的一百四十四岁的整个生涯终结时为止。而和谐制度的富人们借助使享乐变化无穷的方法,比穷人更容易活到一百四十四岁的高龄。因为享乐的多样化是防止纵欲的最可靠的保证。

哲学界要把幸福纳入文明制度内,并像天生的瞎子判断颜色那样,言之有理地来论证情欲的平衡,对于这样一个哲学界来说,这是一个多么令人深思的课题啊!

为了把这个课题加以补充,必须谈一谈文明制度下很多人的悲惨命运。这些人虽然有健康的体魄、有财产和获得幸福的种种手段,但却遭到极度的不幸。各种各样的意外事故和灾难,像扑向穷人一样,有时也扑到富人身上:圈套、陷阱、儿女的死亡、妻子的不贞行为、疾病、雄心受挫和党派的变节,都来戕害那些标榜为处在极乐境界的人的生命。只要有一个创始人来进行这种摆脱文明制度和达到幸福命运的试验,那些贫苦不堪的人的处境就会发生怎么样的变化!重重的灾难和人人尽情享受的无限欢乐,将形成何等鲜明的对照啊!

第四十章　研究情欲的指南；皈依上帝的意旨

大众随时都会陷入的圈套之一，就是使之相信上帝的意旨是难以捉摸的，人甚至不该力求理解上帝。理智所要求的，则完全与此相反，它要我们首先研究上帝，这是所有的研究中最轻而易举的事。

在古代，当神话歪曲了创世主，把他同那三千五百名一个比一个更可笑的假神混为一谈时，当然是难于研究上帝的意图，难于在这种天国的化装舞会中辨明上帝的意图的。所以，苏格拉底和西塞罗仅仅摈弃了当时的愚蠢的做法和崇拜一个不可知的上帝，而并未把他们的探索进行下去，因为这会与时代精神相抵触，苏格拉底就已成了这件事的牺牲品。

现在，这些迷信已一扫而空，基督教已使我们具有健全的思想，使我们信仰唯一的上帝，我们已有了一个固定的指南针供我们着手来研究自然界了。如果从这个基本论点出发，即任何的光明都应该来自上帝，理性只有符合创世主的精神才能够走上光明大道，那么有待去做的事情便只是断定上帝的主要特点、他的职权，他在世界和谐方面的意图和方法。世界和谐的某些已知规则能够引导我们去理解未知的东西。

在这种研究中应该循序渐进，首先要分析上帝的极少数的特点，并致力于下述这一类最显而易见的特点上：

1. 对运动的全面指导，

2.动力的节约,

3.分配的公正性,

4.天意的普遍性,

5.体系的统一。

第一,对运动的全面指导。要是上帝是领导运动的一种最高力量,要是他是宇宙的唯一主宰、唯一的创世主和分配者,那么就该由他来主宰宇宙的一切部分。其中最高尚的部分就是社会关系的部分。因此,人类社会的立法应该是上帝的事情,而不是人的事情。为了把我们的社会引向幸福,就必须去寻求上帝想必已为我们的社会制定的社会法典。

这是一个与哲学界发生争辩的大题目!由此得出的结论是,哲学不应该创造规律,而应该寻求上帝所制定的社会法典。在这种场合,上帝居第一位,而人类的理性则居第二位。哲学却不是这样安排它的位置的。他要让上帝居第二位,让人类的理性居第一位。因而就排除了上帝的立法大权,而把这种权利转交给它的哲学家们——第欧根尼和米拉波。

第二,动力的节约。要是社会结构是由上帝来调整的,那么从中就可看到动力的节约大放异彩,我们应把这种节约归功于上帝,并称它为最高的总务长。节约要求上帝在最大的协作社的联合组织中发挥作用,而不是在我们称之为家庭、称之为夫妻的一家一户的最小单位中发挥作用。节约特别要求上帝把情欲引力选作原动力,因为情欲引力的应用保证它具有在强迫制度下所没有的十二种节约,即:

一、永久性的启示的指南针。因为引力随时随地都在用种种固定不变的动力刺激我们,而理性的动力却经常发生变化。

二、解释和冲动的综合能力、能够同时显示和刺激的动力。

三、造物主和创造物的真诚一致,或由于快乐而顺从的人的意志自由与支配快乐的上帝两者之间的协调。

四、由于引力在生产劳动中起中介作用而使利益与诱惑力达到的结合。

五、免除强制的方法——绞刑架、密探、法院和道德家。因为当引力导引人们从事作为良好秩序的根源的劳动时,这一切都毫无用处了。

六、人达到自由动物的幸福境界,这些动物无忧无虑地生活,只是出于快乐而从事"劳动",有时并享受我们的人民历尽千辛万苦却未得到的那种大大的丰足。

七、自由动物所缺少的那种最低限度的生活保证。而由于协作制度依靠使人口平衡的方法所提供的丰富产品,就获得这种保证。

八、在上帝的智慧不如我们的智慧的情况下,也保证给予人类的那种幸福。因为上帝的规律由于引力而实现,因而保证了我们幸福的生活,以代替哲学家的宪法所强加在我们身上的那种束缚。

九、由于揭示了社会幸福的途径而达到的天佑的完整性,而这种揭示是附加于救世主和《新约全书》所提出的关于解救灵魂之道的启示的。

十、保障上帝的自由决断,使它能够借助于引力、即无愧于它的智慧和宽宏大量的唯一动力来支配包括人类在内的宇宙。

十一、用诱人的制度的魅力来报偿驯顺的世界,用始终不懈的引力的锋芒来惩罚叛乱的世界。

十二、由于实行公正和诚实——理性的意愿,使理性和自然结合起来,保证财富降临——自然界的意愿。

Y、内部的统一,内战的结束,促使每个人的情欲或引力去和智慧和规律进行斗争,而且无法和解。

人、外部的统一,或是在引力的动力支配下所达到的幸福。这种引力的动力是上帝唯一使用在明显可见的宇宙和谐之中的。

这就是应当据以断定人类理性在立法上的无能的纲目。

引力的这些美妙特性已足以证明,上帝即动力的主宰不可能抉择强制手段,抉择文明制度和野蛮制度立法者们所采取的途径;同时还证明在引力的研究中,应该探索上帝的社会法典和经济法典。

第三,分配的公正性。在文明制度的立法中看不到这种公正的影子,随着产业的发展,文明制度的立法只会增加人民的贫困。公正的第一标志应该是保障人民随着社会进步而得到最低限度的生活。我们看到在唯利是图精神的影响下的相反结果,这种精神力图使热带布满从其本国夺取来的黑奴,并借助工业的牢房而使温带布满白奴。这种工业的牢房在英国已蔚然成风,唯利是图的贪财心理则逐渐把这种风习移植于世界各国。此外,在工业的进步甚至不能保障贫民找到工作的情况下,难道看得到什么公正吗?

第四,天意的普遍性。它应该普及于一切民族,像普及于文明制度的一样,也普及于野蛮人。任何一种为野蛮人和真正的自由人所摒弃的产业制度都是与上帝的意旨对立的。我们现在向他们推荐的产业制度——分割成小块的农业和家庭——不是上天的意愿,因为这种制度丝毫不能满足上天赐予最接近天然的人的种种冲动。建筑在暴力之上的任何制度也是如此,直接遭受暴力压迫的阶级如奴隶,或间接遭受暴力压迫的阶级如雇佣劳动者,都得不到天意的支持。因为天意除了引力之外,在这个地球上不曾保留其他代理人。于是,仅仅是建立在暴力之上的文明制度和野蛮制度乃是与上帝的意旨相对立的。要是天意是普遍的这句话果真不错,那便应该有另一种适用于一切等级和一切民族的制度。

第五,**体系的统一**。它包含引力的应用。引力是人所共知的上帝的代理人,是宇宙中社会和谐——从天体的和谐起,直到昆虫界的和谐为止——的动力。因此,在引力的研究中应该探求上帝的社会法典。某些优秀的才智之士曾以进行这种探求而自吹自擂,如伏尔泰曾在一次祈祷中以下述诗句向上帝祷告:

> 要是我错了,那是因为
> 我正在探求你的规律。

再没有比这句话更虚假的了。伏尔泰从来不曾探求过上帝的社会规律,因为他从来不曾对情欲引力作过任何研究,虽然他也是最有能力从事这种工作的人中的一员。

其他一些学者,如卢梭,则叫喊什么神秘莫测啊!什么理性的不足啊!又是一番弄虚作假。当理性要站在它本来的地位即站在第二位而不是第一位时,当它要探求上帝的社会法典而不是自行创立法典时,它将是绰绰有余的。但是,它不去履行这个任务,反而像吹嘘自己所不愿进行的探索的伏尔泰一样,用**吹牛**来酬谢我们,或者是像谴责理性无能的卢梭那样,用蒙昧主义来报答我们。在那个时候,理性是又懒惰又傲慢的,它忽视了情欲引力的研究和计算,同时,卢梭还诬蔑情欲引力是一种罪恶,以此来开脱自己既不对它进行分析,又不进行综合的过错。

在这里最好再简略地说一说,要是上帝忽视了为人的生产关系创造一部社会法典的话,他就会干出的那无数蠢事。关于这一点,我所谈过的已足以证明,良好的研究途径就是皈依上帝,即注意以舆论所公认的上帝的意旨和特点作为自己的指导。不过,因为这种方法从一切方面都将导致引力的研究,这就无怪乎要保持自己的规律的哲学嘲笑这个将导致发现上帝的社会规律的研究部门,并否定这一基本论点:任何精神的光辉都应该来源于上帝,正如物质的光辉来源于太阳一样。太阳是上帝的象征,是宇宙之父的可以感触得到的形象。

在我们的研究中,皈依上帝还会导致一种哲学家们连听都不愿听的公正行为,也即导致把自由决断让予上帝。这种自由决断也是我们为自己所要求的。要是我们承认上帝享有这种自由,那么他就有权自由选择强制手段或是作为社会运动的动力之引力。要是他选择了强制手段,他便可能创造出比我们的斗士强大得多的斗士,它们是一种有鳞甲的、坚不可摧的并熟谙军事艺术的一百英尺高的庞大两栖动物。它们会突然间从汪洋大海的中央出来,会毁坏和焚烧我们的港口、我们的分舰队、我们的军队,并且会在转瞬之间迫使我们那些不顺从的帝国抛弃哲学,归附于协作引力的神圣规律。要是上帝忽视创造这些像鲸鱼那样易于创造的庞然大物,那么我们就应该由此得出结论,他只是寄希望于引力。引力应该成为在探索自然和命运问题上愿意归附于上帝的世纪的第一种科学。

无论如何,关于人类理性向上帝争夺自由裁决的这个问题却不失为一个非常新颖的、值得长期研究的问题。遗憾的是必须以寥寥数语来探讨这个有关研究上帝的最光辉的论题之一。

人们往往把上帝及其活动描绘成难以捉摸的神秘的事物,而实际上却恰恰相反,从本章中已可以看到,对上帝及其活动的认识是最容易、最初步的科学,也可以说是儿童的科学,因为它只需要具备在十岁儿童身上很容易看到的那种常识就够了。可是在那些统统被哲学弄得晕头转向的父辈身上却看不到这种常识。为了使他们返回常识的正道,就像孔狄亚克的绝妙说法:必须使他们改造自己的悟性,并把他们从哲学的科学那里学来的一切东西统统忘掉。

摘自《福音书》的确证

是瞎子在给瞎子领路。

(《圣·马太福音》,第十五章)

我用比喻同他们谈,因为按照伊扎依①的说法:他们将洗耳恭听,却什么都不懂;他们将张目而望,却什么都看不见。

(同上,第八章)

---

① 伊扎依,公元前八世纪以色列王的顾问,当时的四大先知者之一。——译者

第一点,对《圣经》理解的错误

"精神贫乏的人是幸福的,因为天国属于他们。"这是最有名的比喻,也是最不为人所理解的比喻。耶稣颂扬的"精神贫乏的人"是什么样的人呢?是对假知识有防备的人,而被称为具有不确定性的哲学,就是这样的假知识;这样的哲学是天才脚下的障碍,是引人走向毁灭的道路,因为它使我们偏离一切有用的研究;只有通过有用的研究,耶稣命令我们寻找的群体和谐才能出现,上天的、正义的王国才能出现。耶稣想让我们防止精神的滥用,防止走进哲学的迷宫;即使哲学的作者也在谴责它,说它是耻辱:"黑暗的夜色仍然笼罩着自然!"(伏尔泰)"图书馆自称是崇高知识的宝库,其实不过是让人感到屈辱的一堆矛盾和错误。"(Anach.)

耶稣告诉我们说,真正的光明留给精神正直的人,群体机制也要由精神正直的人发现,他们不屑于研究诡辩术,他们研究引力;《圣经》中的这句话说的就是这样的意思:"我祝福你,父啊!天地的主,因为你向学者隐藏了这些事物,却把它们揭示给纯朴的人。"(《马太福音》,第十一章)①

因此,有些知识专门留给纯朴的人,其中包括对社会和谐的发现;而哲学精神无法上升到社会和谐的高度。因此,当耶稣说:"精神贫乏的人是幸福的!"他并不是像喜欢嘲讽的人影射的那样,在颂扬无知;他本人深邃的博学也让圣师们感到惊奇。因此,他不是为无知辩解的人;但是对那些蒙昧的科学家,他表示了蔑视;这些

---

① 和合本《圣经》:"那时,耶稣说,父啊!天地的主,我感谢你,因为你将这些事,向聪明通达人,就藏起来;向婴孩,就显出来。"——译者

科学家固执地停滞于文明的常规，不愿意寻找新的知识；上帝只把新的知识揭示给精神正直的人；因为这些人的精神正直，他们藐视人的理性，但是又足够谦虚，能够与神圣的理性或者集体的引力联合在一起。这样的联合使他们更有力量，并将他们引向目的："心中谦卑的人必得荣耀。"

人们永远无法想象《圣经》语言的寓意，因为人们不知道《圣经》是有待发现的新的知识和新的社会机制。人们对命运的无知算计，使《圣经》中很多章节的意义变得模糊了；在这些章节里，命运以间接的、喻意的方式被预言；注释圣书的人中，就连最为精明的，也无法以令人满意的方式解释这些预言，因为他们不了解这些章节所包含的对未来的巨大变化，对正义、和谐的王国的预言，比如：

如何解释《福音书》中耶稣对我们讲的下面这些话："你们以为我是来为地上带来和平的吗？不，我向你们保证不是这样；而是相反，我带来的是分裂；因为从今往后，如果一座房子里有五个人，这五个人会分裂相争，父子相争，母女相争，婆媳相争，如此等等。我是来为地上放火的；而且，除了让它燃烧，我还有什么别的欲求呢？"（《路加福音》，第十二章）①

如果最后要找到的命运是文明，而文明又只是痛苦的深渊，只是以各种方式让相同的灾难不断地再现，那苦苦的追寻还有什

---

① 和合本《圣经》："你们以为我来，是叫地上太平么。我告诉你们，不是，乃是叫人分争。从今以后，一家五个人将要分争，三个人和两个人相争，两个人和三个人相争。父亲和儿子相争，儿子和父亲相争，母亲和女儿相争，女儿和母亲相争，婆婆和媳妇相争，媳妇和婆婆相争。"——译者

么意义呢？也许可以发现某种更加幸福的社会，既然救世主那么起劲地鼓励我们追寻；但是，他本人为什么不给我们指明这一点呢？根据圣书的这句话："我的父将一切事物交在我手上。"（《马太福音》，第十一章）他知道过去和未来，知道命运的整个框架，那他为何不能指明我们的群体命运，却让我们自己去发明，而我们像疯了一样相信哲学家，又将这发明延宕了多少个世纪？

对这种反对的意见，我的回答是：受圣父的委托，耶稣基督要揭示的是宗教的秘密，而不是社会的秘密，揭示社会的秘密恰恰不在他正式的职权范围内，正如他自己说的那样："将恺撒的归恺撒，将上帝的归上帝。"有些职能属于当局，有些职能属于社会政治，他本人与这些职能积极地隔离开来。他若将人的群体命运告诉人们，就会违反圣父的命令，圣父想让理性去发现人的群体命运，并作为对引力进行切实研究的代价（第四十章）。耶稣知道这一幸福的命运，却不能揭示给我们，常常在他不得不接受的极限上悲叹；因为根据《约翰福音》第三章，"上帝派他的儿子到世上来，不是为了审判世人，而是为了让世人在他手上得救"①。因此，他的使命仅限于拯救灵魂；这是我们的命运中最庄严的部分，正因为如此，上帝才把这一崇高的职能赋予他亲爱的儿子，将次要的分枝（也就是从政治上拯救社会）留给人的理性，因此也就是让人的理性到社会力学中去寻找上帝之路，这条路是通过计算引力才能发现的。

在这个问题上，耶稣基督不应当开导我们；按照圣父的意旨，

---

① 和合本《圣经》："因为，神差他的儿子降世，不是要定世人的罪〔或作审判世人，下同〕，乃是要叫世人因他得救。"——译者

第十概述　关于情欲力学的考察

该我们做的研究，他并不能免除我们的义务，他只是以喻意的方式，用天国的名称，宣布群体命运。群体的命运的确是天国的一部分，以正义主宰的名义，并作为天国和谐的形象。正是为了影射这一幸福的命运，耶稣才从大体上对我们说：我为你们开辟了灵魂得救之路，对于你们来说，这是最为重要的；至于肉体，至于人间社会，那都仍然处在被称为文明的、非正义的深渊中；把你们丢弃在深渊里，无异于为你们带来无尽的纷争，"父子相争，婆媳相争"如此等等，不得不向你们隐瞒社会这个地狱的出路，"我是来为地上放火的；而且，除了让它燃烧，我还有什么别的欲求呢？"（《路加福音》，第十二章）

这一愿望远非恶意，对耶稣基督来说，是急于让哲学的措施充满错误，使哲学声称可以治愈的所有罪恶变得更加严重，让我们对哲学的信任感到耻辱，同时，最终引导我们寻找政治迷宫的出路（正是哲学使我们深陷这一迷宫的）。

因此，诡辩家让我们偏离研究的正途，而神圣的主人则怀着满腔热忱，奋起反对诡辩家；他诅咒他们，说："你们律法师和虚伪的法利赛人要有祸了，你们把知识的钥匙夺了去，你们自己不进知识之门，也不让想进去的人进。"（《路加福音》，第十一章）

可以肯定的是，哲学家夺走了知识的钥匙，因为他们已经开始在无用的分枝上计算引力，而且，他们不愿意让人们完成在有用的分枝上的计算，比如能开辟此生此世进入天国的道路的分枝。为了不让我们进入知识之门，他们把对人的研究提升到形而上学的繁琐高度，而实际上，对人的研究是最为简单的，只要求摒除偏见的理性，像儿童一样相信引力就行。正是为了将我们引回天然的理性，耶稣基督才对我们说："尽管让小孩子向我走来，因为天国是向与他们一样的人开放的。我实在告诉你们：谁不像孩子一样接受上帝的王国，谁就不能进去。"（《马克福音》，第十章）①

接受上帝的王国的孩子有什么样的资质呢？他们的整个身心都向着引力，而不是向着道德：因此，他们的精神类型适合知晓对引力的计算，而对引力的计算引导人发现上帝的王国或者群体制度。圣师则相反，他们脑子里充满了哲学偏见，没有资格进行引力计算；他们当中有识别力的作家也责备他们，比如孔迪雅克就说："没有从事过任何研究的人比从事过高深研究的人理解得更好，尤其是比写过很多书的人理解得更好。"的确，脑子里充满了诡辩学说的人，一遇到超出他们的狭隘常规的新生事物，便会迷失方向；而简朴的人和儿童在直觉上对引力的防备少，也就能够更容易地对引力进行研究。

哲学家走上正确的研究之路的重大障碍，是他们心中充满了在仁慈掩盖之下的利己主义。耶稣用下面的话激烈地责备他们："像你们这么恶毒的人，能说出什么好话来呢？"（《马克福音》，第十二章）"经过粉饰的坟墓充满了骸骨和腐朽的东西，你们的外表让人看起来是公正的，内里却充满虚伪和罪恶。"（同上，第十三章）②的确，使他们感到自命不凡的文明，其基础是最招人恨的，比如：

---

① 和合本《圣经》："让小孩子到我这里来，不要禁止他们。因为在神国的，正是这样的人。我实在告诉你们，凡要承受神国的，若不像小孩子，断不能进去。"——译者

② 和合本《圣经》："因为你们好像粉饰的坟墓，外面好看，里面却装满了死人的骨头和一切的污秽。你们也是如此，在人前，外面显出公义来，里面却装满了假善和不法的事。"——译者

"要有很多穷人,才能养得起几个富人,要用与文明无法分开的罪恶来麻醉自己,等等,等等。"他们心中充满了这种利己主义学说,便不能上升到原初的正义的观念上,比如要保证向人民让度最起码的利益;这种让度是耶稣基督不言自明的要求;因为,当法利赛人因他的弟子在安息日做了不允许的事而责备他时,他回答说:"你们难道从来没有在书上看到,大卫和伙伴因受饥饿的煎熬,需要吃东西时所做的事吗?他如何走进神殿,如何吃了供品面包,也让跟他在一起的人吃了,虽然只有教士才能吃供品。"(《马可福音》,第二章)[1]通过这些话,耶稣认为人有这样的权利,可以随处取用必须的东西,而且这一权利也牵涉到确保人民最低需求的责任;只要这一责任没有得到承认,就不可能存在社会契约。这是仁慈的第一规则;哲学固执地拒绝承认这一点,因为它不知道用什么办法为人民获得最低需求的东西,只要不能上升到高于文明的某种社会的高度,让度就是不可能的事;至少要上升到有共同保证的社会的高度,共同保证是幸福的晨曦(见前言)。

耶稣知道社会幸福和群体制度之道,也明确地接受其结果,比如让人民分享福利,以及将实践美德与享受尘世资产融为一体;以赛亚的话就表现了这些思想:"主的精神与我同在,他派我来治愈心碎的人,向被俘的人宣告自由,向盲人宣告他们将恢复视力,并解放受压迫的人。"劳动引力的制度以思辨的方式决定了所有的主人都要解放奴隶(合伙的除外);除了采用这样的制度,还能怎样给

---

[1] 和合本《圣经》:"你们也是如此,在人前,外面显出公义来,里面却装满了假善和不法的事。他当亚比亚他作大祭司的时候,怎么进了神的殿,吃了陈设饼,又给跟从他的人吃。这饼除了祭司以外,人都不可吃。"——译者

予被俘者,奴隶和黑人自由呢?而且,这种制度也会将我们从所有的社会和家庭压迫中解放出来。

无论如何,救世主鼓励我们生活在无忧无虑当中,只要我们寻求正义的王国,那里有大量各种资产。耶稣让有信仰的人预感到那里的好处。在迦纳的婚宴上,他将水变成美酒。五千人信任他,追随他到了沙漠中;如何养活这些人呢?他显示神迹,让这些人有了面包和各种各样的饮料;这是对他们的信仰和无忧无虑的报答。他自己也抱怨无法拥有尘世的财产;他说:"狐狸有巢,天上的鸟有窝,但是人子却无安歇之处。"(《马太福音》,第三章)他喜欢美食,犹太人因此而责备他;他斥责犹太人,对他们说:"施洗的约翰来了,他不吃面包,也不喝酒,你们说他被魔鬼附身了。人子来了,他又吃又喝,而你们说这是个贪吃美食的人,还喜欢喝酒。"(《路加福音》,第七章)[1]耶稣回答他们说:"所有的孩子都被证实是有智慧的。"他认为智慧与享受福利两相兼容,而且为了与训诫联系在一起,他到邀请他的法利赛人家里,在摆满美食的桌前坐下;妓女将香水洒在他身上,耶稣斥责批评他的法利赛人,并对女人说:你的罪孽被赦免了,你的信仰拯救了你。他同情受压迫的女性,他原谅通奸的女人,原谅有罪孽的抹大拉;因此,他对我们说:"我的枷锁是柔的,我的担子是轻的。"(《马太福音》,第十一章)[2]

从《圣经》的这些话可以看出,圣主从来不反对财富,也不反对娱乐;他只是要求人们,在享受财富的时候,要怀有强烈的信仰,因

---

[1] 和合本《圣经》:"施洗的约翰来,不吃饼、不喝酒。你们说他是被鬼附着的。人子来,也吃也喝。你们说他是贪食好酒的人、是税吏和罪人的朋友。"——译者

[2] 和合本《圣经》:"我的轭是容易的,我的担子是轻省的。"——译者

为只有信仰（第四十章）才能引导我们发现群体制度，发现正义的王国；在这样的王国里，所有财产都会给予我们。他只谴责与恶习相关的贪财，因为恶习将人引向文明。他说："让骆驼穿过针眼，比让富人进入天国更容易。"这个比喻的意思指的是文明人为了获得财产而犯下的非正义和暴力行为。他谴责这些罪恶，他说："从施洗的约翰那时一直到现在，天国都是经过暴力夺取的，只有实施暴力者才能占领。"（《马太福音》，第十一章）[①]这里说的天国，象征被不公平的行为所侵犯的福利；但是为了鼓励天才的人寻找正义的王国，为了让我们免受难以理解的哲学暗示之苦，耶稣指出说，灾难的预兆是谎言，他说："凡是隐藏的，都会被发现，凡是秘密的，都会被人知道。"（《路加福音》，第十一章）[②]

的确，一切都易于发现，只要在调查的时候，使用耶稣基督推荐的两种品质：在研究引力时要有儿童的质朴，要相信弥赛亚许下的诺言；弥赛亚的诺言向我们保证，正义的天国一定会出现，只要我们怀着充分的信念去寻找，只要我们心怀能够移山填海的强烈信仰，这里指的是信仰提供的智慧的力量，它可以解决被认为无法理解的、普天下和谐的重大问题。这些问题终究会解决，但是一代一代盲目的人连问题的门路也摸不着；据《马可福音》第七章说，一代一代的人"放弃了上帝的律法（放弃了引力的神圣灯塔），只关注人的传统（只关注哲学的虚假的光明）。"

[①] 和合本《圣经》："从施洗约翰的时候到如今，天国是努力进入的，努力的人就得着了。"——译者

[②] 和合本《圣经》："掩盖的事，没有不露出来的。隐藏的事，没有不被人知道的。"——译者

我证明了下面一点:《圣经》包含了对幸福命运的隐晦预言,只要无视幸福的命运,人们就不可能正确地理解《圣经》的意义。弥赛亚用泛泛的、简略的词语表达的一些句子被人们拿来反对这样的解释,也是枉然。比如这个句子:"我的王国不在这个世界上。"如果它现在不属于这个世界,那是因为对欲望机制的神圣律法既不为人所知,也还没有建立;但是,可以把尘世提升到美德主宰的和谐的高度;到那时,那将是耶稣基督的王国;同样,未开化的、野蛮的文明世界是撒旦和摩洛克的王国①。

当然,耶稣不愿意统治以地狱为形象的世界;但是当我们听他的话,去寻找并找到正义的王国时,他承认我们配得上他的权杖;在用施洗的约翰做比喻的一个句子里,他已经以喻意的方式,向我们宣告了这一王国的至福极乐:"我实实在在地对你们说,凡妇人生的人,没有一个比施洗的约翰更大,但是天国里最小的人也比他大。"(《路加福音》,第七章)②同样,在即将建立的正义与和谐的王国里,最贫穷的人,也比文明人当中最有钱的人还幸福(见第三十九章的表述)。

在结束这段评注之前,让我们与耶稣基督一起,对文明的民族说:"难道你们不明白你们错了吗?因为你们既不懂《圣经》,也不懂上帝的力量。"(《马可福音》,第七章)(上帝的意志通过引力向你们做出解释)因此,耶稣对我们说:"如果某人说话冒犯人子,他的

---

① 摩洛克在《圣经》中是指迦南的亚扪人崇拜的神的名字;亚扪人往往将自己的第一个新生儿扔到火堆里,供奉给摩洛克。——译者

② 和合本《圣经》:"我告诉你们,凡妇人所生的,没有一个大过约翰的。然而,神国里最小的比他还大。"——译者

罪孽会得到赦免；但是如果某人说话亵渎圣灵，那他的罪孽绝不会得到赦免。"(《路加福音》，第十二章)①"今世不会，来世也不会。"(《马太福音》，第十二章)。②

为什么亵渎父与子的人得宽容，而冒犯圣灵的人就得不到饶恕呢？因为圣灵既来自圣父，也来自圣子，既是表达圣父的手段，也是表达圣子的手段(据三位一体之说)，如果不承认他们得以表达的手段，那就是侮辱了三者，圣灵经受的是对集体的推动；引力将推动传达给我们，所以必须确定引力的集体发展，必须确定情欲系列和普遍统一机制的集体倾向(这一分析可以作为对诽谤者的回复，他们声称说，我认为在文明中表现出的个人引力是有好处的，而凡在情欲系列之外，则总是有害)。

正是为了激励我们研究引力，耶稣基督才原谅他受到的侮辱，但是他不原谅对圣灵的侮辱，因为圣灵通过引力，永远在揭示三位一体对群体和谐的意旨。有人通过亵渎冒犯圣父与圣子，这样的人损害的只是他自己，他只配受人蔑视，也许这样的人可以被宽容；但是当哲学家侮辱圣灵，同时反对引力计算时，他损害的则是全人类；因为他向全人类隐藏了人的命运，他让全人类远离幸福，那么他在今世和来世都不应得到饶恕。

这就足以证明，《圣经》中某些神秘的段落需要由新的知识引导的解释者。此外还要说的是，我们没有能力使用《圣经》中的一

---

① 和合本《圣经》："凡说话干犯人子的，还可得赦免，唯独亵渎圣灵的，总不得赦免。"——译者

② 和合本《圣经》："凡说话干犯人子的，还可得赦免。唯独说话干犯圣灵的，今世来世总不得赦免。"——译者

些好的训诫,这将是第二篇文章的主题。

第二点,在实行《圣经》训诫时的无能

我在此只分析两点:一是反对盲目信任诡辩家;二是反对宗教冷漠,反对宗教虔诚的懈怠。

1. 对诡辩家的盲目信任

"你们要提防伪先知,他们走向你们,身上披着羊皮,内里却是吃人的狼。你们从他们的果实就能辨认他们:荆棘上怎么能摘来葡萄,刺藤上怎么能采来无花果?"(《马太福音》,第七章)①

短短几句话,就是正确研究的指南针;如果人们循着指南针的方向去研究,早就摆脱文明了。哲学为了欺骗我们,抓住这条训诫,在错误的方向上实行它。现代诡辩家的巨擘笛卡尔便披上了这张羊皮,假装宣扬附属于经验的怀疑,似乎在挑战人类理性的光明;他狡猾地装扮起来,登台表演,因为他并不想用经验的怀疑对待人们称之为文明的谎言之树,文明只能为人民产生荆棘和刺藤,只能为世人带来非正义和欺骗。尽管有这些可恶的特点,他还想把我们推入文明的深渊,而不是寻找走出深渊的路。

如果人们遵循《福音书》的说法,根据果实对树做出评判,难道人们会有片刻的迟疑,会不去谴责文明,不去寻找《圣经》应许的正义的王国吗?但是,人们不是像我刚刚解释的那样理解《圣经》;由此导致虔诚的人在横行的罪恶面前,只能垂手而立。这是远远不够的。他们必须采取主动,必须在社会机制中寻找正义的王国;耶

---

① 和合本《圣经》:"你们要防备假先知。他们到你们这里来,外面披着羊皮,里面却是残暴的狼。凭着他们的果子,就可以认出他们来。荆棘上岂能摘葡萄呢?蒺藜里岂能摘无花果呢?"——译者

稣基督已经向我们明确应许,说我们可以发现它。无用的虔诚只是叫喊说,人类的理性不应迷失;虔诚的人不能这只是说;他们必须彻底地、主动地采用神的理性,研究自然的推动,或者研究引力和排斥力。虔诚的人之所以研究这些,恰恰是因为它们是受到哲学谴责的。

教会有大量博学的人,他们可以完成现代哲学不愿意或者不敢承担的任务;像伏尔泰和卢梭之类的人便巧妙地规避了这样的任务。

教会有才智超群的人,比如博絮埃、费内隆,以及其他很多这类人;他们没有鼓励人们从事引力的研究;他们没有提出过在这一领域组织考试,也没有提出任何奖项;耶稣早就用下面的话为这些人下了定义:"他们只说应该做什么,但是他们自己并不做。"(《马太福音》,第二十三章)[①]不管是虔诚的,还是蔑视宗教的,所有人都犯了同样的亵渎,篡夺了立法缔造者的权利。他们之间唯一的区别就在于诡辩学者采取了主动的角色;伏尔泰对信仰冷嘲热讽,卢梭让人们预防愚昧主义,但他们把我们引向了同一块暗礁;两个人从各种意义上告诉我们说,认识上帝、理解上帝的诫命是最容易的事,但是只是理性还不足以做到(我们在第四十章可以清楚地看到这一点)。耶稣基督本人也向我们保证说:"凡是隐藏的都会被发现;只要寻找,你们就一定会找到。"但是,披着羊皮的假先知扼杀了所有的探索精神。一个让我们相信他曾寻找过,实际上并非如此,另一个破坏了人们的希望,让我们偏离寻找的方

[①] 和合本《圣经》:"他们能说不能行。"——译者

向。一方面是失望，另一方面是无能；这就是引导人类理性的学者的特点。

一条变色龙，人们称之为哲学，当它以某种形式被战胜后，又以另一种形式出现；当自由和平等的幻想太陈旧了，我们会看到一种新的，用"协会""协会精神"的名义装扮的诡辩主义。我们从中可以看到两个不同的派别，两个派别都是披着羊皮的吃人的狼。一方面，是劳动主义的精神，在协会的掩盖之下，企图以唯利是图的劳动营重建奴隶制，这是由包税人结成的某种形式的联盟，旨在贩卖帝国的收入，吞噬人们的未来，等等。这一派别没有任何创新精神，没能发现霸占地产、侵略领土的新办法；只能让各民族的群众变成几个唯利是图的领导人的附庸，建立封建垄断，而封建垄断将成为进入第四阶段文明的大门。到那时，罪恶和欺骗的历程将比我们目前所处的第三阶段被运用得更加充分。这种社会的无耻行径变本加厉，可为什么人们迟迟没有发现呢？因为引导我们的哲学家之所以区别于常人，其特点就是心胸狭窄，即使在他们犯罪的时候。

另一个派别声称创立协会，其代理人是一些新的哲学家，被称为欧文主义者，因为他们的领袖名叫欧文；这些人以协会的名义，组成反群体的会议，他们排斥产生情欲和劳动引力和谐的方法，而这些方法是群体所要达到的目的。

这些组织不具备群体创立者必须的条件；第一个条件就是通过引力而运作，引导野蛮人进行模仿，尤其是奴隶主；可是，没有奴隶主参与欧文主义的体制。因此，这种体制又是诱饵，和所有的哲学观念一样；况且，一个一开始便与上帝隔绝的派别，你指望它能干什么呢？不让公众崇拜它吗？派别的领袖大肆炫耀慈善和博爱，却固执地排斥真正的慈善应有的谨慎；那就是通过竞赛，在群体制度中发明自然的进程，并采取一切措施，导致或者接近这一发现。

罗伯特·欧文小心地避开了这种作法，因为这会伤及他的自尊；他想集三种角色于一身，成为协会的发明者、创立者和演讲者；而这三种角色本来要求的是三个不同的人物；他要独占所有的虚荣。他只是抓住"协会"这个词，并不关心它指的是什么；他想窃取新发现的荣誉，让人们偏离研究的正途，同时让人们相信，这项任务是他自己单独完成的。

那本是深渊啊！那是诡辩家的精神。

这种发明一出现，罗伯特·欧文就把功劳归于自己，但他只是一个平庸的诡辩家，是公谊会的创始人佩恩的抄写员；若不是这样，他过分的自尊说不定会在很长时间让现代人远远地偏离对协会的研究；最后，欧文根本就不是有发明创造能力的人，他也不可能有真正的博爱。通过对他的方法进行简单的分析，我们就可以明白这一点；我在《后记》中再对他的方法进行详细考察。

他有疯狂的野心，从而像艾罗斯特拉特一样变得臭名昭著；艾罗斯特拉特为了留名青史，烧毁以弗所的神庙。罗伯特·欧文也像佩恩一样，自称是教派领袖，却一向只致力于诱骗劳动社会，让劳动社会的追求偏离方向，而只有找对了方向，劳动社会才会得到群体的幸福。幸亏欧文被及时挫败。

像这样耍手腕的人一时得逞,应能让谨慎的人围绕《福音书》指出的方向,围绕实验的怀疑团结在一起,这是对协会,对一切其他问题进行研究的最为可靠的指南。要根据果实判断树,要提防披着羊皮的狼:然而,新的教派结出了什么样的果实呢?它是否带来了野蛮人和奴隶主呢?没有;罗伯特·欧文虽然建立了大规模的机构,但他并不了解群体机制的概念;否则,哪怕只是为了从中得到好处和乐趣,他也早在二十年前就把这些概念散布到全世界了;也早就不会再有野人,未开化的人和文明人之分了;实际上,他只亵渎了这个词,对实际的事物毫无裨益;他只让人们对"协会"的观念产生了深深的不信任,让今天的人们不得不从讲授这门知识,讲授自然协会方法的理论中摒弃这个词。

这就是我们的十九世纪,人们鼓吹理性的进步,却只会让知识更加混乱;只有归顺《福音书》的训诫,知识才能从混乱中走出来:怀疑假学者,并根据果实判断树。他没有这种谨慎的态度,而是从幻想走向幻想,他鼓励的都是有害的发明,在税收上耍手段,在投机中设陷阱。我们的哲学被商业的洪流所裹挟,无法察觉我们的社会正在奔向文明的第四阶段;我们目前正处在第三阶段,而第四阶段比第三阶段更加邪恶。《福音书》说得好,现代哲学家是给瞎子领路的瞎子。

这个所谓不信神的派别,里面的人自称是才子,却没有发明的天才;这些人组成秘密的同盟,要扑灭超出学会小圈子的新发现。耶稣基督说:"他们夺走了知识之门的钥匙,想把大门关起来。"他们责备竞争对手"强迫人进来"的原则;可是他们的原则更加糟糕,他们"禁止人进来";因此,他们一边向人们应许如洪水一般的光明,一边又不让人们通过竞争从事大量有待于实现的发明,尤其是继续并完成牛顿开始的引力计算。这就是十九世纪理性的状态;理性固执地不按照果实判断树,于是掉进了这样的深渊;这种弊病为所有的骗术打开了大门,也不让一切真正的光明进来。

对《福音书》一个训诫的分析(根据果实判断树)就足以表明,文明人不愿意正常实行任何确定无疑的学说;我可以对二十条其他的训诫进行同样的分析;但我们只要再分析一条,就足以像第一条的分析一样得出结论说,我们的世纪假装在寻找真理,其实是在扼杀真理;因为所有写文章宣扬怀疑的人,没有一个人怀疑文明和野蛮这两种社会是不是具有必然性,没有一个人置疑这两种社会究竟是不是未来的命运,是会逐级走向更远,抑或只是一时的丑恶,随着发展,将来会出现不那么丑恶的社会时期。

对《福音书》的训诫需要说明一点,那就是:训诫是源泉,即使反对《福音书》的人,也会到那里去汲取。说到底,复兴现代哲学的笛卡尔的学说是什么呢? 只不过是以招摇的言辞,阐述了《福音书》中表达得十分简洁的一个训诫:"提防诡辩家,根据果实判断树。"笛卡尔以这个原则为基础,建立了庞大的系统,但是,他并没有服从训诫的原则;他让人觉得他是创新者,实际上他只是阐释了从耶稣基督那里借来的观念;而且在阐释的过程中,他歪曲了耶稣的观念,让耶稣的观念适应他的学说;他并没有按照耶稣的要求,正常使用这一观念。同样,我们所有的哲学知识都是以抄袭为基础,从《圣经》中抄袭,从《创世记》中抄袭,从《福音书》中抄袭,如此等等;哲学观念学者为了创造一门知识,把"ame"意译成一句哥特式的话："对感觉的感知，对人类自我的认知。"哲学只不过是用文字的思辨，所以必须复杂，每个主题都必须让人糊涂，主题从源头上取来时，本来十分简洁，哲学必须让它变得十分啰唆。

我们再说一遍，和谐之所以迟迟不能到来，不能只怪哲学家；我们要把每一方的错误分辨清楚。由此，我们要分析的第二个训诫是，"你们只要寻找，就一定会找到"；救世主从三种意义上反复对我们说："你们要找寻、打听、敲门。"而虔诚的人却对此听而不闻，所以才迷失了方向。

如果自称虔诚的阶级有一点信仰和希望，他们会努力从字面上理解耶稣基督的预言；耶稣基督不断向我们预言如何发现神的密码，"只要我们愿意找寻"；而且让我们感觉到，如果我们怀疑父亲在某一点上缺乏预见性，怀疑他对我们的关心还不如对乌鸦一类可怜的动物，那对我们该是多么不公平啊！相反，耶稣对我们说，上帝会考察我们的需求，甚至会数我们头上有多少根头发（指上帝具有极大的预见性）；上帝怎么能不满足人类社会最为急迫的需求呢？这一需求就是保障公平地调控劳动关系的规则。我在别的地方说过：上帝创造了社会和谐的律法，可用于像天体宇宙一样巨大的造物，也可用于最小的造物，比如蜜蜂，蚂蚁；正如上帝自己说过的那样，他能不为人创造律法吗？

有信仰、有希望的阶级应该关注这样的问题。本来应当对此产生很多重要的讨论，本来应当由此散发出很多的光明，启发很多的热情，让人们按照"只要寻找，就一定会找到"的训诫去研究！我在下面援引有关这一主题的几句话。

如果人类为自己提供律法，不需要上帝参与，那上帝会认为我

第十概述 关于情欲力学的考察

们在立法观念上的理性高于他的理性。以下二者则必居其一:他或者不会,或者不愿意把有利于公平的社会规则交给我们;如果他不会把规则交给我们,那他怎么能相信我们的理性能够实现他本人尚且担心会失败的任务呢?如果他不愿意将规则交给我们,我们的立法者怎么能希望建立上帝本想剥夺我们的建筑呢?

人们声称说,上帝想给理性留下部分主宰,让理性经历社会运动;人们说他把立法的功能留给我们,尽管他自己可以做得更好。他想把机会留给我们的政治天才吗?但是三千年的试验足以证明,文明的天才还不够,还低于完成任务的要求;上帝一定能够预见到,我们所有的立法者,从米诺斯①一直到罗伯斯庇尔②都只能让已知的灾难之根扎得更加稳固,比如贫穷、欺骗、压迫、屠杀。

在创造我们之前,上帝就知道人类没有这样的能力,就知道人类立法的可悲结果,因此,上帝把超出我们的能力范围的任务交给了我们,这是他心知肚明的;而他能轻而易举地完成这项任务!他为什么不愿意把引力支撑的规则交给我们呢?对这一空白,可以有六种抉择:

第一,他不会将规则交给我们,为的是保障正义、真理、劳动引力;在这种情况下,他创造了我们的需要,他是不公平的,因为他无法满足我们的需求,不像他对动物一样;他为动物制定了劳动系统有吸引力的、具有调控作用的社会规则。第二,他不愿意把规则交

---

① 据传说,米诺斯是宙斯和欧罗巴的儿子、克诺所斯国王,是个正义的国王、明智的立法者。他死后成了地狱的判官。——译者
② 罗伯斯庇尔(1758—1794),法国大革命时期的政治家、立法学家。——译者

给我们，在这种情况下，他是有预谋的迫害者，他故意创造了有需求的我们，却又无法满足我们的需求，因为我们的任何规则都不能根除已知的灾难。第三，他会，但是他不愿意把规则交给我们：在这种情况下，他是魔鬼的追随者，他知道如何行善，但是他更喜欢作恶。第四，他愿意，但是不会把规则交给我们；在这种情况下，他没有能力管理我们，他了解什么对我们好，也愿意我们好，但是他无法做到，我们就更无法做到。第五，他既不会，也不愿意把规则交给我们；在这种情况下，他连魔鬼都不如，因为我们可以指责魔鬼坏，但是我们不能说魔鬼愚蠢。第六，他会，也愿意把规则交给我们；在这种情况下，规则是存在的，他也应该揭示给我们了，因为这规则本来就是给人准备的，如果藏着它，不让人知道，那它还有什么用呢？

从这六种抉择得出的结论是，规则是存在的；因此，应当找寻它，既然耶稣基督告诉我们说，"只有找寻，才会找到"。

如果我们注意到，上帝轻而易举就能给予我们这种恩惠，那么我们便一刻也不会怀疑这一规则。的确，为了把我们从假光明的灾难中解放出来，为了给我们一个规则，以使我们协调家庭、劳动和社会关系，上帝会付出什么代价呢？什么代价都没有。是的，什么代价都不要上帝付出。他甚至并不需要天才，而他肯定是有这种天才的；只要他愿意；因为根据只有他才拥有的能力，根据他产生引力的力量，他制定的哪怕是最糟糕的规则，也有引力支撑，也是可以站得住脚的，会通过欢娱的诱惑，扩散到整个人类；而人制定的最优秀的规则，都需要对人的强制和折磨来支撑；只因为执行

第十概述 关于情欲力学的考察

律法时缺乏引力,规则会成为争执和不幸的源泉。因此,如果没有暴力和绞刑架的支撑,所有由人建立的东西都会在瞬间垮塌。

由此,我们可以得出奇怪的,却是十分正确的结论:那就是我们的幸福只能产生于神圣的律法,即使上帝在立法时的手段不像哲学家那么巧妙;因此,如果上帝的才能和他们一样,那会怎么样呢?我们可以假定是这样,又不至于侮辱他们。哪怕上帝的规则和哲学家的规则一样智慧,上帝的规则也会在名义上不可估量地更高,因为上帝的规则受到情欲引力的支撑,而对于服从上帝的人来说,这是幸福的唯一保证。人服从主人,总比指挥奴隶时更加幸福。从自由中产生的,不只是满足感,还有所行使的职权与行使该职权者的志趣是否适配。

因此通过吸引力的规则,上帝因成就了我们的幸福而心安,哪怕他的智慧比人的智慧低;而且另外,看到我们因为所有来自人的理性的规则而坠入不幸,上帝也感到心安,只是因为人的理性的规则没有吸引力,因为作为立法者的人不能用引力影响我们,不能让收税官、暴徒、房东、行政官,以及所有所谓自由的文明宪章中有待完善的东西对我们具有吸引力。

这些思考没能摆脱神的智慧,却让神的智慧决心给予我们某种社会规则,再用情欲引力的推动来支撑这一规则。上述考虑应激励人们去研究,以弄明白通过引力管理一切的神的规则是否存在,是否因为知识的邪恶方法而被忽视,所以人们才没能发现,甚至根本就没有去寻找神的规则。因此我们需要提出的问题是,如何寻找、确定神的规则。对这一问题的所有思考,都会导致对情欲引力的分析和综合研究,这样的研究很容易,却成了哲学家用来吓唬人的稻草人；然而，要想达到发明群体和谐计算的高度，这是唯一一条直接而系统的道路。

只依靠我们自己的智慧，只依靠半个世纪以来大量出现的哲学思想，就希望建立社会福利，如果我们只是初试，如果我们是在文明的早期，那我们的妄想也许是可以原谅的。但是，漫长的探索已经让我们大失所望，对四种知识（道德知识、形而上学知识、政治知识和经济知识），我们显然不能有任何指望。二十五个世纪的考验证明，这些知识只是恶性循环，它们曾经许下的诺言，没有任何一个得以实现，它们只提供虚假的保证，只能导致新的灾害，它们许诺要根除的灾难，反而变得更加严重。

应当再次指出：在工业化的中心英国，只在首都就有二十三万穷人；在外省也有相当比例的穷人；对穷人的援助每年达两亿英镑，却只能使穷困现象永无止境，奴隶的境况使人感到恐怖。这就是工业化的新的幻想结出的果实，也是这个世纪遭受永罚的标记，因为人们不遵守《福音书》的指示，不愿意根据果实判断树，不愿意提防假学者，不愿意完全把希望寄托在上帝身上，不愿意努力寻找上帝的规则。（"如果上帝没有建立和揭示有吸引力的社会规则，他会陷入无数的荒谬之中。"）

以上约略阐述了人类精神在命运计算中的迷失；从中我们可以清楚地看到，在文明人中，有一部分健康的人自称、自以为是虔诚的阶级，这样的人也陷入了和不信教的人一样的错误；他们不相信天命，尤其是不相信天命的普遍性。对天命的最大的侮辱，就是根据文明的观念，认为天命是有限的、部分的、不足的。即使写文章驳斥宗教冷漠的人，也犯了他们谴责的冷漠之罪；他们犯了缺

第十概述　关于情欲力学的考察

乏信仰和希望的罪,因为他们不愿意寻找神圣的社会规则,并因此而支持所有哲学家联合起来,不让人们研究被忽视的新知识,而新知识可以引导人们发现神圣的社会规则。

关于哲学教派,耶稣基督对我们说:那"是给瞎子领路的瞎子";但是,这岂不是更加丧失理性! 瞎子承认,哲学给他们指引了错误的路;这个世纪叫嚷说反对不信教,支持哲学家亵渎的野心,支持他们剥夺上帝立法的权力,他们仍然怀疑上帝的参与,显而易见的是,上帝通过引力向整个宇宙发布社会律法。我们的时代引以为傲的牛顿的理论揭示了这一真理。可是,这个时代的人们就是不承认,人们排斥上帝带来的神圣的规则;所以,《福音书》的作者为我们这个时代说了下面这句话:"光照在黑暗里,黑暗却不接受光。"(《约翰福音》,第一章)

我在本次讲道开始时说:"由于缺乏对上帝的信仰和希望,现代民族迷失了方向。"他们可能觉得我很奇怪;这一代人习惯了嘲笑他们一开始并不理解的东西;对我说的话,他们一定觉得可笑。当伏尔泰开玩笑说,新的耶路撒冷将高达500哩时,他并不知道这是在暗示群体和谐或者新的耶路撒冷在开始时形成的五十万法郎吉。

很多人提到喻意的故事,故事中的东方风格让不信教的人觉得可笑,可是,只要人类精神离开假知识的小道,便会觉得故事中描绘的,是一幅多么优美、多么令人感到踏实的图景啊! 比如,我们看到耶稣基督只用数字"十二"和"七";他选择了十二名使徒,并向他们允诺在复活的那天,将有十二个王位给他们;这象征着和谐以十二种情欲的支配作用为基础。同样,耶稣基督也选择了他的学说中的十二个支柱,并认为在十二个人当中,有一个叛徒,那就是犹大,象征家庭联系的情欲,而情欲是恶之源头,由此萌生了支离破碎的劳动和社会关系的虚伪。

我们不要关注这个细节吧!这不是我们所要阐述的主题;我们只限于指出根据现在的知识可以理解的错误。显然,在宗教感情的掩盖之下,虔诚的人只不过是感情含糊的哲学家,是否认上帝的先决特性的怀疑论者。他们是鼓动人们不信教的骗子,他们怀疑上帝的自足性,说人应当有制定社会法律的野心,好像上帝忘记了这件事。

发现神圣的社会规则使他们感到狼狈不堪。哲学想从上帝手中抢走立法的特权;如果他们继续支持哲学这样做,那我们只要回答他们说:根据果实判断树吧!你们只要看看人类的立法产生了什么样的果实,贫穷、欺骗、压迫、屠杀,以及很多其他的灾难都是与文明的和野蛮的制度分不开的;你们从中可以得出结论,理性已经迷失在迷宫中,人们早就应该寻找迷宫的出路了,"只有找寻,才会找到"。

当一个人找寻并最终找到了你们已经绝望的规则,对这一发现,你们会采取何种行为呢?在规则受到正常的审查之前就诽谤它,这种行为难道是理性的吗?对欧文的无神论抱有的幻想,你们在欧洲和美洲的机构中进行过二十次检验。可是对真正的群体理论,你们连听都不要听!这无异于破坏圣物。对你们的行为感到脸红吧;正是为了你们,《福音书》的作者才说了下面的话:"光来到人世间,人却更爱黑暗,因为他们的行动是恶的。"(《约翰福音》,第三章)[①]因为他们所谓的道德和政治知识是骗人的,与真理的知识根本不能比,与神圣的预言根本不能比,与情欲引力的数学计算根本不能比。

人自以为虔诚,却不信天命的普遍性,不信天命传达的规则,人啊!你错了,难道你们要坚持错误吗?

"犯错的是人,但坚持错误就是恶魔。"你们实行的是自私自利,而不是虔诚。除了没有信仰和希望之外,你们还没有仁心;对缺乏仁心这种恶习,圣保罗对我们说:"当我有了所有可能的信仰,我可以搬山,如果我没有仁心,那我就什么也不是。"(《哥林多书》)

为了爱身边的人,你们应当为研究做出贡献,你们应当对上帝的社会律法进行探索;至少你们应当共同去找寻上帝的社会律法;可是由于懒惰,你们回避任务,任由哲学家胡作非为,只是喊叫几声,反对他们干的坏事,你们只是假装宗教的精神;你们是耶稣说的邪恶的人:"这百姓嘴上说敬我,心里却远离我;他们用格言和人的吩咐教导人,所以他们崇拜我也是枉然。"(《马太福音》,第十五章)

对人的律法,以及相信这些律法的智者,这就是鞭辟入里的谴责。

说到底,既然上帝的社会规则已经给你们了,那就赶快放弃你

---

① 和合本《圣经》:"光来到世间,世人因自己的行为是恶的,不爱光倒爱黑暗。"——译者

们的错误吧！你们想让迫害哥伦布、伽利略的愚昧世纪的丑闻再现吗？

你们的诡辩论的中心继承了撒旦的精神，继承了十五世纪破坏圣物的行为。现代的巴比伦巴黎市啊，正是为了你们，耶稣基督才说："耶路撒冷，耶路撒冷，你杀死先知，你用石头投掷派到你那里去的人。"你们的圣师是一群因嫉妒而诽谤的人，耶稣揭露了他们的嘴脸，并说："你们这些律法家和法利赛人，你们要有祸了，你们为先知修建坟墓，你们还说，要是在我们的父辈的年代，我们就不会与那些人为伍，让先知的血四溅。"(《马可福音》，第十一章；《马太福音》，第二十三章)[①]。

这就是你们今天的语言，像你们这样的诡辩家败坏了舆论，你们喊叫说，你们反对一代代的人迫害真正的学者，而你们比他们更加阴险，你们反对的是天命为你们派来的发明者。为了阻挠他们，你们披上理性的外衣，而实际上那只不过是破坏圣物的外衣，你们的时代比哥伦布和伽利略的时代更坏。

虔诚的人啊，你们支持哲学家的派别，以为是为上帝效力，可是哲学家反对一切新发现，贩卖诡辩论，你们声称是在建设上帝的教会，而实际上，你们只不过是为鬼王别西卜阿（Béelzébuth）效力[②]，因为你们为哲学提供方便，却扼杀解释神圣规则的情欲引力

[①] 和合本《圣经》："你们这假冒为善的文士和法利赛人有祸了。因为你们建造先知的坟，修饰义人的墓，说，若是我们在我们祖宗的时候，必不和他们同流先知的血。"——译者

[②] 见于《福音书·马太福音》第十二章："法利赛人听见，就说，这个人赶鬼，无非是靠着鬼王别西卜阿。"——译者

理论。

二十个世纪以来,你们始终用虚枉的话语,用无用的祭品为上帝效劳;为信仰和仁慈做点事吧!创立教会,那是试验群体和谐的法郎吉,这一试验将在一时之间将全世界都联合在神圣的旗帜之下,让所有的创始者拥有财富和光荣,哪怕是次要的合作者也会获得财富和荣誉。

你们此刻在干什么?你们让野蛮行径变得更加精致,你们降低人们的工资,给人民戴上锁链,你们将贫穷的阶级关进劳动营,还美其名曰大工厂,工厂却不为他们提供福利,也不给他们退休的待遇。用商品侮辱人的行为,是遭到耶稣基督和教会圣师弃绝的。圣克里索斯托姆①告诉我们说,上帝不喜欢商人,耶稣用棍子敲打商人,把商人从神庙赶出去,对他们说:你们让我的家成了小偷的营地。

商业是条变色龙;到目前为止,你们觉得很难与这条变色龙进行斗争,因为商业控制了政府,政府甚至变成了商业的附庸。天命终于给你们送来了向导,他知道这种难以根除的祸患的弱点,而且通过开启真理的制度,将你们从这头金牛的控制下解放出来,而金牛就是给瞎子领路的瞎子的偶像,是现代哲学家的偶像。

"你呢,葛法翁,(你呢,哲学家,)你能升到天上去吗?不,你会被推到地狱里去。"(《路加福音》,第十章)敌视引力、财富、和谐的诡辩家们,这就是对你们的判决。耶稣对你们说:"你们是粉饰的

---

① 圣克里索斯托姆(349—407年),是基督教教会圣师,以修炼刻苦、说教雄辩著称。

坟墓,内里满是腐朽的东西。蛇,阴险狠毒的东西,你们怎么能避免不受永恒之火的刑罚呢?"(《马太福音》,第二十三章)"还有什么派别更配得上被投入地狱呢?那里充满哭泣和咬牙的声音。"

我们让上帝去审判他们吧!让上帝去分辨,看你们当中有没有几个值得被他宽恕的人;在那之前,你们好好用灰烬将自己遮盖起来;像异端创始人根蒂利斯一样,你们赶紧公开弃绝你们的学说,撕毁你们的书吧!你们会眼看着有的民族上升到幸福和富足的高度,并将你们的恶毒学说踩在脚下;这将是你们在尘世受到的惩罚。你们自己也会把那些图书,那些充斥了矛盾和错误的东西投入火中;摆脱了枷锁的民族会在新的耶路撒冷确立自己的地位,与西蒙一起说:"主啊,我们生活得够长久了,因为我们见证了你的智慧造就的事业,我们见证了你为所有人民的幸福而打造的群体规则。"

到那时,全世界都会诅咒人的律法,反对文明的和野蛮的可耻社会;到那时,人民将拥有财富和欢乐,将在真理的实践中找到发财之路,将在神圣的陶醉中喊道:"救世主允诺的仁慈的日子来了,救世主说:如饥似渴地追求正义的人是幸福的,因为,他们必将得到满足。"(《马太福音》,第五章)①通过群体和谐,上帝真正向我们表明天命之巨大,根据上帝的预言,救世主带着父的所有光荣来到我们身边。那是基督的统治;他胜利了,他是胜利者:*CHRISTUS REGNAT, VINCIT, IMPERAT*。

---

① 和合本《圣经》:"饥渴慕义的人有福了。因为他们必得饱足。"——译者

近似的基层机构

我曾答应写一篇论近似协作社结构的详尽的论文:资财微薄的协作团体可望创办小型的协作社结构。草拟规划、摸索,这是法国人特别喜爱的做法。大多数人都主张把试验缩小到一半,即缩小到九百人,或缩小到三分之一,即缩小到六百人。

我要向他们指出的是,在缩小结构时,要是不把所有的部分都加以保留,便会歪曲这个体系。我们会把巨大的塔钟缩小成一个小匣子或直径一英寸的怀表,但这块表要包含巨大机构的全部零件,甚至包括报时的响铃在内。于是,虽然缩小了,而其体系却丝毫未变。

情欲力学则不然:要把它像大教堂的塔钟缩小成怀表那样大小,就得有半英尺高的矮人,以及同样大小的动物和植物,这样就会不难组成一个小型的法郎吉。它拥有一千八百个侏儒,居住在小城堡中,并且只耕种一百法尺平方的土地。这种法郎吉在结构方面将会完备无缺,并具有一整套小型的性格,它的一举一动也会和我们这种身材的人一样。

但是,要是必须削减人数,即从一千八百人缩减到九百人或六百人,那便会丧失被称为性格的动力,并歪曲了劳动引力和情欲平衡的结构。于是,这部机器的运转便会复杂化,并且会依照动力减少的复合比例而缓慢下来。

如果三个法郎吉各由一千八百人、九百人、六百人组成,那么滋养情欲谢利叶的原动力或劳动引力的分量在比例上将不是18、

9、6，而大致是18、6、3。因此，补充引力空白点的雇佣队伍势必由100、150、200人组成，并且最好由100、200、300人组成。因为这批人将担负起不能激发劳动引力的全部工作。而他们在小法郎吉内的人数将远比大法郎吉内的人数为多。只有六百个人的小法郎吉，其谢利叶的衔接组合很差，动力又很微弱，几乎创造不出三分之二的工作上的引力。这个空白点将需要有三百人左右的雇佣队伍来填补，由他们来担负其余三分之一的工作。

法郎吉小，就越应致力于找大批儿童干活，即使要供给他们全部膳宿。因为儿童在三种性别中最真诚地献身于引力，并且最迅速地热衷于劳动谢利叶制度。

一个无法筹集创办大型机构所必需的大量资金的协作社，仍可照样经营，就像从第二年起一定会找到这笔资金似的。因为要是它所作的种种安排是为了草创大型法郎吉，而不是为了创办缩小了的法郎吉，它将是确实能获得这笔资金的。

按照这个计划，它应该建筑的不是一套正规的建筑物，而是我曾在前面勾画过那种大型建筑物的三分之一，即仅仅是一个侧翼而已，并以此作为其余两个部分——中央建筑和第二侧翼——的初探。我不妨假定，它先建造从o延伸到a的一部分，之后再建造X和Z这两个建筑物。

既然小型法郎吉只建筑大型共同生活体的三分之一，而不是建筑小的共同生活体，所以它的地段似乎应该朝同一方向来作安排：在一平方法里的三分之一的小面积上开始建筑时，它应该设法使毗连的土地有整整一法里，以备下年度使用。如果它不预做准备，则那些同它竞争的协作社很快便会后来居上。这些协作社将

第十概述 关于情欲力学的考察

证明它毫无先见之明,不敢正视事业,而只是一个由胆小怕事的头目和羸弱的知识分子们所组成的协作社。这些指责将发生效力,并会使一个缩小了的法郎吉丧失创业奖金。另外,它还会失去从好奇的参观者那里所获得的大量收入,因为这些好奇的付钱参观者都会奔赴那具有完整结构的法郎吉那儿去。当小型的试验法郎吉注意到这一点,并证明情欲谢利叶和劳动引力结构是最轻而易举的事情时,人们都会赶快去创办这种法郎吉的。

小型法郎吉在编制这种扩充计划时,将有更多的机会找到新的股东,因为可以由此判断出大型法郎吉将要实现的节约。例如,就雇用各类工匠师傅和小学教师来说,显而易见,为六百人所雇用的师傅,将同样地为一千八百人服务,只有在逐步转为互教的方式这一点上才有所不同而已。

小型法郎吉越是由于人数不足,它便越应该把希望寄托在大量的引力上,越应该考虑到要善于播种以求得收获。因此,它应该致力于美食学,即引力的主要播种上。这将是一个能很快地形成情欲谢利叶并从最初几个月起就可评定其作用的部门。在缩小为大型法郎吉的三分之一的农业、畜牧业及养禽业中,是没有这种优越性的。法郎吉的发挥在这里将受到妨碍,分段作业在这里将大受限制。在由三十个谢利叶成员组成的小组中,很容易组成五六个分组,每个分组有五六个谢利叶成员。但是,如果小组仅由十个人组成,那便很难在这里组成对增加劳动引力强度有重大价值的分组和分段作业。

为使大批的谢利叶有可能适应这种组织情况,是否可考虑限制作业的数目呢?这无异于道德家式的议论。道德家认为可以随意地处理引力。自然界在家庭劳动中是按一千六百二十人来分配引力的。要是把这个数目缩减到三分之一,那就不可能使引力增加两倍。像照料鸽子这项劳动,在一千六百二十个法郎吉中会找到六十个热爱这种劳动的谢利叶成员。要是你把谢利叶成员——其中一定可以有一个养鸽分支体——缩减到三分之一,将只会有二十个喜欢养鸽的人了。要是使它达到四十人,以便有利于工作分段作业,那么其中便会有一半人不热衷此道,谢利叶将具有许多缺点,就不会争妍斗智,而会缺乏热情,缺乏熟练的技能,并且缺乏一致的行动。

另一方面,要是谢利叶数目过少,要是为了在谢利叶成员人数上来加强谢利叶,只限定很少的作业,那么许多人便会无法使自己的引力发生作用,而且将脱离正轨。何况谢利叶数量很少的法郎吉,在实行分配时将会在协调方面遭到失败,因为这些谢利叶本身不会把组合充分地衔接起来。贪财心理的动力不会循序渐进以达到均衡,并在推理上趋于公正。

不需要补充的是,法郎吉人数越少,它便越应该避免从事不能在短期内获得产品的大规模种植和期限长的作业。禾本科植物就属于这种作业,而葡萄更是如此。动力单薄的协作社需要很快收获产品,以维持和培养争妍斗智的兴趣。饲养繁殖极快的鸽子,生产短时间内就能制成的糖果点心,都是属于最合适的工作。一切小型蔬菜业也具有这种优点。

对于在小型法郎吉内令人担心的种种障碍的考察研究,我本可以大事扩充,但为了指导这部机器,必须严防采用道德和经济的方法,只要指出这一点也就够了。需要有一位彻底研究理论但不妄图指挥和支配引力的机械师,而妄图指挥和支配引力则是任何一个哲学家都可能犯的毛病。

必须学会按照谢利叶成员的一套性格和趣味来识别可以让什么样的空白点存在。这是决定小型法郎吉成败的一项最细致的工作。只要我不知道法郎吉应该设在什么地方,它在每一类中的方法的准确分寸是什么,那么,我便会在考察和权衡可能遇到的大量错误上浪费过多的时间。

我只指出两种对小型法郎吉来说最重要、最可靠的手段:儿童的增援和美食学。让未届青春期的儿童人数多得足以表演需要七十二个角色的舞蹈;让人民从最初几天起就对谢利叶中的佳肴喜爱若狂(这是诱惑他们的最快捷的手段);让人民自信搬入了天堂(这是人民给自己过着丰衣足食而无忧无虑的生活的住所所起的名称);最后,让领导者都熟知所要达到的目的。这一点我已说过多次了。问题不在于多生产一些或少生产一些包心菜,产品收成的数量意义很少,尤其是只要谢利叶组织完善,它们便会一直提供比文明制度产品多得多的产品。

然而,第一仗应该创造的奇迹就是情欲的平衡和劳动引力。这一目的只有通过很好地衔接组合的谢利叶,并在生产、消费、准备等种种工作之间建立主动的联系才能达到。要是使大批衔接组合得很好的谢利叶所提供的高度协作能展示出来,那么甚至在达到结局或在分配协调以前,事业就会获得成功。在和谐制度的这种萌芽中,一旦有可能赞赏逐级排列的情欲对立的协调,彼此怀有恶意的人们的间接协调,意见分歧的有益利用,被认为是罪大恶极的情欲的有效应用,吸收儿童从幼年起即参加生产活动,使诚实和公正成为发财致富的途径,最后,赞赏社会的真正幸福,和每个谢利叶成员由其欢欣鼓舞的表现所证实了的满足心情,那么富有好奇心的人将会成群结队地前来观看那奇迹中的奇迹即情欲力学,并将低声下气地承认,自己过去信任那些科学是一件蠢事,因为那些科学曾教导说,上帝是偶然地创造了种种情欲的,他并不曾给这些情欲指定一种足堪与他的智慧相称的结构。

构成反证的第六编和第七编的计划

前　　言

对于这个与情欲引力和协作结构的理论一样新颖的论题，读者有权要求非常充分的证明。我想按照数学方法，对这个理论补充一种反证。现代人天真地期望文明制度达到完善境界，而对文明制度的特点、特性进程和终极目的却一无所知，同时，他们对于沿着社会阶梯逐级上升到第六时期即保障时期所应遵循的途径也一无所知，而我的反证就正是从这种种无知中提取出来的。

现代人对完善境界的奢望，乃是一种谋求摆脱文明制度而进入保障时期的倾向。他们曾幻想过保障时期的某些片断，却又不会将其付诸实现。因为在他们的保障中只有那些偶然出现的东西，如货币制度和种种保险，而这些东西都应归功于本能，却不应归功于科学。另一方面，我们世纪所采用的种种虚伪方法，尤其是无政府状态的经营和个人竞争和欺骗性竞争的制度，及其把股份经营看成为协作社的错误，几乎把我们推入文明制度的第四阶段，即与社会保障制度完全背道而驰的状态。

为了弄清楚这种政治的混乱局面，就需要（这一点我已经谈到过）对文明制度作一详细剖析，把这第五时期的特点拿来与两个相连时期即称为和谐的保障制度的第六时期和称为野蛮制度的第四时期的特点作一对照。这将是一项极其浩繁的工作，像现在这种开本的一卷书都未必能容纳得下。我曾打算就这个题目写成两编，但两编还可能不够。这是一个应该予以单独探讨的题目，而我只是提出一个梗概而已。依据这个梗概，就可以判断出这个研究部门的重要性和我们的世纪的轻率，因为它竟忘记对文明制度进行剖析，并且还以为在这个制度急转直下时可予以改善。我们将这个社会的特点分为八类，每一类都将在八篇短文中加以阐述。我本打算写成洋洋万言的几大章，现在却必须以几篇扼要的概述来取代它们了。

第六编

文明制度的剖析

第十一概述 基本的和有联系的特点

第四十一章 四个阶段连续的特点

社会和人体一样,有四个各具特点的不同时期。这些特点是一个接着一个交替出现的。只要我们未曾清晰地确定标志某种社会的一些特点时,便无法判断其发展或衰落。我们的自然科学家在涉及按类区分无用的植物时,对于这种区别是如此的精细。那么政治家们为什么不遵循这种方法,来为自己心爱的文明制度确定四个阶段中的每一阶段相应的特点呢?这是辨认这个阶段是前进还是倒退的唯一手段。

文明制度循序渐进的特点

上升的波动
{
童年时期或第一阶段
简单的萌芽:排他性的婚姻或一夫一妻制
复杂的萌芽:宗法的或贵族的封建制度
轴心:　　 妻子的公民权
对抗:　　 联盟的诸侯
色调:　　 骑士的幻想
青少年时期或第二阶段
简单的萌芽:公社的特权
复杂的萌芽:科学和艺术的教育
轴心:　　 产业劳动者的解放
}

　　　　　　{对抗：代议制
　　　　　　{色调：对自由的幻想
　　　　　　　　顶点或全盛时期
　　　　萌芽：航海术、实验化学
　　　　特点：砍光树木、国债

下降的波动 {
　　　　　　壮年时期或第三阶段
　　简单的萌芽：唯利是图精神和税务精神
　　复杂的萌芽：股份公司
　　轴心：　　海上垄断
　　对抗：　　无政府状态的商业
　　色调：　　经济的幻想
　　　　　　衰老时期或第四阶段
　　简单的萌芽：城市的典当业
　　复杂的萌芽：定员的行会
　　轴心：　　产业封建制
　　对抗：　　封建垄断的佃户
　　色调：　　对协作社的幻想。

向第六时期的过渡 {正规的，十二种保障
　　　　　　　　非正规的，三十二种出路

（注：这里没提到在整个四个阶段期间始终占统治地位的持久性的特点，而只是提到那构成某个阶段的特点及其与其他阶段相混合的特点。例如，雅典的文明制度曾是不完备的第二阶段的制度，它之所以衰败是由于它缺少轴心的特点——劳动者的自由。这是一种以野蛮制度的特点作为轴心的折中的、被歪曲的第二阶段。当人们懂得这部我即将要叙述其中八类的社会结构的特点的魔法书时，便很容易消除关于社会进步方面的幻想。）

　　法国和英国目前的文明制度正处在第三阶段或衰落阶段。它早已显示出第三阶段的一些特点。它大大地倾向于第四阶段，它具有第四阶段的两种萌芽，却不晓得对待这两种萌芽应该采取什

第十一概述　基本的和有联系的特点

么样的行动，以便进入第四阶段。因为第四阶段是进展异常缓慢、其进步的可能性小得不能再小的阶段，而现有状态的本身就是一种叫人难堪的停滞过程。在这个过程中，人的才华仿佛被禁锢起来，因一事无成而弄得萎靡不振，想努力创造某种新思想，却往往劳而无功。这是一种因过于长久停顿在第三阶段而耗尽社会体的元气的状态。

在缺乏发明才能的情况下，谋求增加国库收入的本能会迅速地发现组织第四阶段的手段。第四阶段固然是个进展，但并不是朝好的方面走。只有建立介乎文明制度和保障制度的中间制度时，人们才会走上幸福的道路。这是一种应该与自由主义、与停滞精神相对立的行动。因为自由主义即停滞精神，是丝毫不能前进的。它醉心于第二阶段的特点，醉心于代议制。它是适合于像斯巴达或雅典这样的小共和国的一种环形小糕点，而对于像法国这种幅员广大和富庶的国家来说则是道道地地的空中楼阁。

我曾指出过，反自由主义派的谬误并不亚于自由主义派。而前者力图以退回到第一阶段的方法来反对自由主义的幻想，这简直笨拙不堪，这是一种特别糟糕的手段，因为国债的增长不可避免地把我们拖进第四阶段或衰落时期。

仔细考察一下本章内所指出的持久性特点的一览表，就足以消除我们对突飞猛进的幻想，并且证明我们在社会发展阶梯方面的飞跃是虾式的飞跃。因为倾向于文明制度的第四阶段，即倾向于邪恶不堪时期的衰落阶段，我们也可以说这是一种进步，但却是走向衰落的进步，是一种与六十岁时头发发白的妇女的进步相媲美的进步。要是她说，她的头发正日益完美，她的头发即将与晶莹的白石相媲美；要是她大喊大叫："我的头发向着日益完美的境界突飞猛进啊！"那么，每个人都会出于怜悯而莞尔一笑：肉体在不断衰老时，它可不是日趋完美哟。

这就是我们迅速走向衰落时期的老朽的文明制度引以为自豪的关于进步的幻想。各种社会也和个人一样，当他债台高筑并且屈服于高利贷者的时候，他很快就会走向灭亡。我们这个世纪的情况就是如此：它只是从借债走向借债而已。

"壶已经灌满，布已经折皱。"发行国债就像皱折一样，已经习以为常了。每个新内阁都发行新国债。谚语说得好："既在槽边站，哪能不吃食。"不管是哪个政党当权，当权的金融界决不会倒退到节约的路上。这种国库的痈疽，这种在一切国家中有增无已的债务和借款的脓疮，将会落到什么下场呢？这种下场我将在论述文明制度的第四阶段的那一章中加以说明。事物的力量正把我们拖入这个阶段，而我们的领导、经济学家们却看不到社会世界所奔向的那个无底深渊。

我们可以拿它比作是好开玩笑的人嘲弄那种拙劣骑手所说的话：有时不是骑手驾驭马，而是马在驾驭他。我们的政治天才就是如此。不是他们在驾驭文明制度的政府，而是文明制度的政府在驾驭他们。要是他们愿意越出常轨，摆脱农业的分散性和商业的无政府状态，或个人的尔虞我诈的竞争的种种偏见，他们本来是很容易把我们带到真正进步的道路上去的。

第四十二章　这个时期的持久性的特点

这是一个非常广泛的题目，至少需要用十二大章加以阐述。因为我已把十二打即一百四十四种在所有四个阶段中间占统治地位的持久性特点编成一张表；要是我把它们分成十二类，每一类分成十种、十二种和十五种，那么用十二大章来叙述它们并不是太多的——请你们根据这一点来判断为了全面剖析文明制度所需要的篇幅吧。有些特点的定义会占用一大章，书中所阐述的特点，即两种利益(集体利益和个人利益)的对立性和财富分配问题上的简单序列就是如此。

在任何时候，只要有常识，就足以看到这些持久性特点中的某些特点，例如大强盗勾结起来抓小强盗之类。应该把这上百种的特点汇编成类和部类的一览表——这是文明制度的起点(持久性的特点部门)。人们不去对它进行剖析，反而去嘲笑它们的真正可笑的后果，难道这种嘲笑阻止得了从事分类汇编吗？

有时候人们一味高谈阔论，来反对最恶劣的特点，如受嘲弄、被侮辱和受迫害的美德这个特点。毫无疑义，这种结果是应该引起愤慨的。但是，既然文明制度就是集这些悲惨或可笑的后果之大成，那么就要有条不紊地把它们加以分类，以便能一目了然地看出这个可憎的社会的本质及其所产生的种种后果。

各种各样的作家都曾认为这些特点不值得注意，因为它们是与文明制度分不开的，这就是把它们编制成一个题名叫作持久性特点部类一览表的另一个缘由，以便形成和第四十一章中所阐述过的连续的特点不同的部类。例如,舆论的连贯性甚至在哲学家的王国中也是非常持久的特点,因为哲学家们不愿意人民知道自己的首要权利并要求这种权利。最低限度生活的权利就是其中的一项。因为除了劳动引力制度外,这种生活的保障是行不通的。

虽然人们喋喋不休地反对我们的恶习,可是,这些恶习中间尚有不少未被觉察到的并且在自由的口实下作为特权而被肯定了的恶习。反对大众的个人所有制的暴政就是如此。所有主敢于提出一百种使大众难于忍受的措施:他甚至建筑那些会造成儿童死亡的不合乎卫生的、拥挤不堪的建筑物。这一切都作为自由而被确认了,因为文明制度不懂得这些社会保障,而承认个人的种种肆意妄为是公正的事情。这就是人们所没有觉察到的种种特点。

另外有些特点被人们忽略,也没有被指出,因为它们之间互相联系,而且形成一条链条。贫民间接放弃司法权的特点就是如此。人们并不直接地把他排斥于司法之外,他完全有诉诸法庭的自由,但是他没钱作为诉讼的费用。如果他开始提出最公正的上诉,那么他很快就会被有钱的狡猾的掠夺者弄得倾家荡产,他们将拖他去上诉,再上诉,他负担不起这样的开支,他就要被迫让步。有人为弑父者找了个免费的辩护人,对于想上诉的穷人,本来也应当作这样的辩护。但是,据说这样一来诉讼案件就太多了。文明制度下有的是被不公正地剥夺得一无所有的穷人,其次,是那些借口贫穷而要靠国家出钱打官司的讼棍,这无异是越搞越糟,从间接放弃司法权而陷入恶性循环之中。诚然,文明制度的全部机构只是恶性循环而已。因此,恶性循环也是这个社会的最主要特点之一,正如间接放弃司法权是其主要特点一样。人们并不曾把它们作为这样的特点而引起注意,因为它们是互相联系、互为因果的;这就是把它们列入持久性特点中的另一个理由。

的确,人们根据比较肤浅的理由,就这样完全忽视了对持久性特点的研究,这样的忽略尤其有害的是,这项工作本是所有剖析工作中最轻而易举的,最能迅速地达到目的,而且会引导人们开始对下面将要指出的其余各类特点进行研究。人们将会在有关文明制度的问题上逐渐醒悟过来,因为对文明制度的剖析会激起普遍的憎恶。

我要略去一百四十四种持久性特点的一览表,因为它们全部或差不多全部需要写一篇文章来加以解释,例如:

1. 少数武装的奴隶约束大多数手无寸铁的奴隶
2. 迫于群众缺乏团结精神而采取的利己主义
3. 行动和社会成分的两重性
4. 人的内心的自我斗争
5. 作为基本原则提出的不合理性
6. 以政治上的例外作为规则
7. 干瘪、虚假、怯懦的才智
8. 迫不得已而为非作歹
9. 在感化措施下的堕落
10. 绝大多数人的复杂的苦难
11. 缺乏科学上的反对派
12. 气候的不断恶化

这些特点中的每一项都需要冗长而详尽的说明。在缺乏详细说明的情况下,概念可能显得不对头,第十二条气候的不断恶化就是如此。毫无疑义，文明制度初期曾使气候得到改善。但是，经过几个世纪之后，没有计划的经营管理破坏了森林，使水源干涸，引起了风暴和各种反常的气候。因此，法国的气候显著地变坏了：橄榄树正在退化。半世纪以前，在蒙太利马尔有过橄榄树，现在只有杜朗斯河下游才找得到这种树了。橙子树在伊也尔差不多已经绝迹。一切作物都濒于绝灭，因为阿尔卑斯山脉、赛文山脉及其他山脉的树木都被砍光了。我没有篇幅来说明这十二种特点，因此，列出有关一百四十四种的一览表也是徒劳无益。根据以上的点滴说明，就足以使人们看出，对文明制度进行确切的剖析是一门崭新的科学，不可能在它刚刚出现的时候就给以简单扼要的说明。就商业部门来说，人们将会相信这一点，因为人们曾对商业部门发表过许许多多的议论，却从来不曾对它作过任何的分析。

第四十三章　商业分类的特点

商业阶层引起社会其余所有阶级暗地里的痛恨，它所以受到现代人尊敬的原因何在呢？对被耶稣基督鞭挞过的商人的这种愚蠢的迷恋是从哪里来的呢？原因就在于商人们赚了很多钱，在于一个岛国①对整个经济世界实现了奸商垄断的暴政。

这些掠夺，这种暴政，不就是由于现代政治所铸成的错误而产生的吗？这种卑躬屈膝的科学不敢对商业及其应该按种类加以区分的种种特点进行研究。因此，社会上并不知道商业是什么东西。

---

① 傅立叶这里是指当时的英国而言的。——译者

一些吹捧证券投机的人把商人们描绘成一群半人半神的人。相反的,每个人都承认,商人乃是一群骗子。但是不管对与不对,他们已经占有了权势。所有的哲学家都拥护他们,甚至连内阁和宫廷都拜倒在掠夺成性的商人之前。一切都追随被称为经济主义的科学所提供的动力。因此,整个社会都屈服于商人的掠夺行为,正如被蛇所蛊惑的小鸟一样,一直向那吸住它的毒蛇的嘴里奔去。

廉洁的政治本应悬赏征求抵制的办法,并应该查究授予非生产的、骗人的和有害的阶级以经济界的权力的种种错误。

人们在研究商业的问题上是如此外行,以致每个人都把商业与工业生产混为一谈,而商业却是阻挠工业生产和掠夺工业生产的。被称作原料商的富商巨贾,一味从事掠夺工业主和消费者,搜集关于每种商品缺货的情报,以便囤积居奇抬高其价格,从而对工厂主和公民进行敲骨吸髓的榨取。

被称作经济主义的科学认定这些囤积居奇者和证券投机者是有深谋远虑的人,其实这些人不过是些拆烂污之徒、赌棍和被纵容的坏蛋而已。在1826年,我们曾看到关于这方面的一个最最确凿的证据。在十年平静无事之后,正当天下太平的时候,萧条和货物滞销的现象突然降临,这是万万预料不到的事,因为那时候所有的报纸都正在因两个美洲的解放为商业提供了新机会而欣喜若狂。这种为人们认识得很不足的危机的原因何在呢?它是由于商业的两种特点——物资过剩的压力和破产的反作用——的复杂作用而产生的。

压力实际上是商人盲目的贪婪心理的周期性结果。当他们有了销路时,首先便往那里发送比消费量多三倍的商品。两个美洲几乎不到四千万居民，如果除去野蛮人、黑人和几乎赤身裸体的热带的西班牙平民，剩下的需要穿衣服的人就不到两千万人。要是往那里供应一亿人用的布匹，那结果就会产生货物滞销和充斥的现象。这就是1825年我们的和英国的短裤商人所干的事。他们曾用自己的劣货充斥美洲市场，其数量之多足够美洲消费三四年，结果就是亏本出售、市场萧条、布匹跌价和商人破产。这些都是由于经营不慎而经常引起的物资过剩的必然后果。因为商人们总是对可能的消费限度抱有幻想。互相嫉妒、利令智昏的商人对出口方面所应该确定的限度怎么能判断得出来呢？

一旦同时再加上另一个使情况进一步恶化的特点，这种愚蠢举动就足以引起市场和工厂的破产和混乱。纽约、费城、巴尔的摩、查尔斯顿等地囤积居奇的投机商人同他们在利物浦、伦敦、阿姆斯特丹、勒阿弗尔和巴黎的同谋者狼狈为奸，曾妄想操纵全部棉花的储备。但是，由于埃及和其他市场供应了大批的棉花，这次囤积居奇的阴谋破产了，他们哄抬物价不过是昙花一现而已。美洲的掠夺者们也和他们欧洲的同伙们一样破产了。由物资过剩的压力所造成的危机导致亏本出售，亏本出售又必然使工厂停工，使棉花囤积居奇者破产。他们本来指望高价出售，而现在却连削价推销都卖不出去。在美洲遭到挫败的阴谋诡计，在欧洲也由于破产的反作用而遇到了同样的命运。

总之，人们曾经费尽心机要加以防止的这种危机乃是：

物资过剩的压力

破产的反作用

这两种同时发生的特点所造成的。

第十一概述　基本的和有联系的特点

谈论这件事的报纸和著作都曾犯了同一的错误。他们都曾把那合并发生作用的两种原因所产生的混乱现象归结于唯一的一个原因（这一原因往往被说得含糊不清）。而作家们从来没有坦白承认过其中任何一种原因。他们只求力图开脱那玩弄两种互相矛盾的阴谋而招致恶果的两个阶级的罪责。一种阴谋是以大量过剩商品充斥市场，另一种是使这些市场失去必需的储备。一方面是疯狂的大量的供应，另一方面则是讨厌的削减。各种各样的无节制和结构的紊乱，这就是商业，这就是笨蛋们所膜拜的偶像！

人们常常发现三四种在商业阴谋中紧密配合起来发生作用的特点。我们的经济学家们可决不想分析这些动力的复杂性，而一味以自己的才智来替它们涂脂抹粉和加以掩饰，在这种时候，他们又怎么能达到治好痼疾的目的呢？

我刚才根据不久前发生的事件，说明了称为自由竞争的无政府状态商业的两种特点，因为在进行这一类研究时，必须力图以众所周知的事实加以证明。

在严格剖析目前的商业制度时，可以列举出多少其他有害的特点啊！我有一张七十二种有害特点的一览表，其中有三十六种已在一篇论文中阐述过了。

其中每一种特点，即使作非常简短扼要的阐述，也要占用一大章，总共要占用七十二章的篇幅，才能举出从众所周知的事实中所提取的各种各样的例子，像我刚才所援引的例子那样。

此外，某些特点如证券投机、宣告破产之类，要是把它们的种和变种都加以说明的话，每一种就得占用十来章。

况且，商业毕竟只是文明制度结构的一个部门。即使把培根曾经要人编制详细统计表的每种行业的欺诈行为的详细情节一概略去，现在这样的两卷书也不够分析商业的种种特点。目前可以编制这种统计表的事情是不会少的：它会构成一部比百科全书篇幅还要巨大的著作，因为商业的完善化已使欺诈行为变得如此巧妙，如此繁多。我在这里只提供一张关于特点的一览表，只提供一个对主要动力的分析。我试图只从中列举出一打最突出的特点，以便使人们都看到科学的背信弃义行为，因为科学对产生诸如此类的丑恶现象的制度保持缄默和赞许。这些丑恶的现象是：

　　证券投机　　　　工资跌落

　　囤积居奇　　　　人为饥荒

　　宣告破产　　　　危害健康

　　高利贷　　　　　任意评价

　　寄生　　　　　　合法化的弄虚作假

　　缺乏团结精神　　个人的货币

这十二种特点中有些特点在加以说明以前似乎有点费解，但其中至少有六种将是明白易懂的。关于这六个特点每个人可能都会说：所谓经济主义的科学是探讨商业的，居然不提供一章的篇幅来分析这些特点以及其他许许多多特点，这是怎么搞的？

在这里，如同在第四十二章中一样，我们要指出互为因果的衔接组合的特点。这就是：

资本的转移

引起萧条的富足

我们看到，资本流向非生产阶级：银行家和商人们常常诉苦，不知道用自己的资金去做什么；他们用三厘利息就可以借到资金，而庄稼人用六厘利息也借不到资金,因此不得不去同生意人打交道。这些人所放的款,名义上是五厘利息,而实际上,由于加上附带的和间接的负担,却要收取一分六厘至一分七厘的利息。全部金钱都集中在商业阶层即吸血鬼的手里。这些吸血鬼从产业界吸取血液,使生产阶级屈服于高利贷者。因此,对农业来说,丰年变成了灾难。饥荒开始使农民负债累累,像在1816年所看到的那样。1817年的丰收造成农民的破产,迫使农民在意想不到的、低于实际价值的情况下出卖谷物,以便满足自己的债权人。这样一来,这个使一切资本都集中于商业阶层手中的结构,也就因此而使得农业在既不能出售、也不能消费的食品储备过多的绝境中呻吟。既然消费是倒行逆施的消费,生产阶级也就没有消费的份了。因此,土地所有者和农民竟至希望发生灾害——冰雹和冰冻。在1828年6月,当农民们担心丰收和引起萧条的富足的时候,我们曾看到所有种植葡萄的地区却陷入一片恐慌之中。

这些畸形的政治现象还不足以证明现在的商业制度正如整个文明制度的结构一样,是一个倒行逆施的世界吗?但是,只要人们不想去剖析这些特点,他们又怎么能在这座迷宫中为自己找到一条出路呢?我们有的是商业制度的缔造者,他们的才干在于膜拜商业七头蛇的一切罪恶。当人们看到对欺骗性的商业制度进行实事求是的分析时,发现自己被这种混乱现象骗了这么久,将会因此大吃一惊。这种混乱现象是被本能悄悄地揭露出来的,因为商业阶层引起了所有其他阶层的憎恨。

登峰造极的欺骗行为就足以打开人们的眼睛。欺诈、全部商品变质之类的恶劣行为,竟达到了使人们都希望建立一种普遍的垄断制度,来作为一种对抗商业的防范性手段。公共的管理会大大减少欺骗性,它至少会向那些愿意出应有价格的人供应真正的食品。而现在却绝不可能从商人那里得到道地的食品。在巴黎就找不到一杯纯牛奶,也找不到一杯纯白酒。混乱和捣蛋已达到极点。由于盗空国库和受到社会的追诉,商业不久就要遭到万劫不复的惩罚。防范性的垄断制度将很快取代欺诈的无政府状态,这是一种不得已的手段,它是波拿巴暗中曾想采取,而人们因找不到能真正纠正现状的办法也会不得不采取的手段。此外,不堪商人掠夺之苦的全体人民,都会对于惩罚那些叫作商人的吸血鬼们而额手称庆。商人一垮台,就会使社会进入文明制度的第四阶段,进入产业封建制。

第四十四章 商业在种的方面的特点

类的特点中的每一特点,例如证券投机、宣告破产等,都可以构成一个应该加以剖析和划分的种和变种的巨大序列。可是,人们不这样做,而是拿十分可笑的变种中的某些变种来开玩笑,例如拿把别人交给他修理的一双皮鞋只退还一只的皮鞋匠的破产来开玩笑。这种百分之五十的破产,是舞台上的引人发噱的破产。但是,难道没有使人痛哭流涕的破产吗?一个银行家卷走了二十个穷仆人的存款,而他们中的每个人为了攒下一点积蓄曾忍受了二十年的穷困。在这样的情况下,这种宣告破产究竟是可笑的玩意儿呢,还是应受惩罚的犯罪行为呢?

哲学界有多少堕落现象啊!文学也无非是一个力图使我们习

惯于罪恶的荡妇,它用有趣的色彩把罪恶描绘一番,为的是让戏院大大地卖座。道德则像个不得人心的唠叨女人,它就不敢遣责宣告破产这类逍遥法外的罪恶,反在各种各类的盗匪和骗子面前卑躬屈膝,为的是叫这些盗匪和骗子来赞美自己,以便于推销自己的书籍。至于什么也发现不了的经济主义,它只力图原谅自己的宠儿——商业的罪恶。由此可见,没有任何一门科学打算履行自己的义务,剖析文明制度的罪恶和寻求补救的办法。

只有一种防止宣告破产、证券投机和商业阴谋的手段(除协作制度外),这就是互相负责制。不过,这是一种长期的措施,它要用六年的时间,况且还必须发明一种绝非是直接担保的方法。谁都不愿签署这种担保,来作为别的商人的保证人,因为任何一个富商巨贾都可能溜之大吉;恰恰相反,倒是不得不开除所有提不出保证的穷人,遣送他们去搞生产劳动,务农做工。以后,还可以利用另一些新方式,把富有的商人吸引到互相负责制中来。

但是商业中这种新方式、即诚实和支付能力的保障,要求有所发明创造。而刚刚需要发明创造的时候,我们的哲学科学却一致不战而退。为了使自己免却寻求消除罪恶的政治解毒剂的责任,对宣告破产之类占统治地位的罪恶阿谀奉承是最方便和再有利不过的了。他们反驳说:"我们并没对这种罪恶阿谀奉承,我们在自己所有的著作中都予以痛斥。"这些软弱无力的空谈又有什么用呢?仅只痛斥这种罪恶,无异是对它加以支持。当商人手里拥有财富,并看到道德家们本身都急于钻进他的沙龙中时,他是会讥笑文艺批评的。不是批评罪恶,而是需要发明解毒剂。

为了寻求对抗罪恶的手段,首先必须说明它们,并把它们加以分门别类。我曾就宣告破产的等级提出一个包括三级、九类和三十六种宣告破产的一览表。把这一览表扩大两倍或三倍是很容易的,因为每天都有它的新的种类出现。这个行业已经大大地臻于完善,尤其是在国库宣告破产方面。在这里,法国刚刚用加倍欺骗、双重欺骗的手段进行革新,以便于以各种不同方式将本国掠夺一空。

既然我们的世纪要求在抨击罪恶上采用戏谑的语调即"castigat ridendo"①,要求避免上世纪道德家们令人厌恶的格调,那么在谴责罪恶时,满足这一点是很容易的。因为在上面引证的宣告破产的一览表中,我曾从令人发笑的角度提供了九类、三十六种罪恶中的每一种罪恶,例如:

第五类——战术家类,包括五种宣告破产:

第十七种——循序渐进式

第十八种——连续发射式

第十九种——密集队形式

第二十种——纵深队形式

第二十一种——散兵游勇式

这五种宣告破产构成谢利叶的中心类中的一类,它们与军事行动极其相似。所以我给了这一类和上述一类以战术家和策略家的名称。

由此可见,在紧密结合真理并对罪恶进行大胆的研究时,遵守用戏谑的形式——"castigat ridendo"进行富有趣味的谴责性的宣

---

① 拉丁语,意为通过嘲笑来改正习俗。——译者

第十一概述　基本的和有联系的特点　　547

讲,是极其容易的。我可以按照新闻记者的做法,在这里提供一张种种宣告破产的目录表,以便引起人们津津有味地去阅读关于宣告破产的各章。每个人都会好奇地阅读下列破产的名目:

多情善感的宣告破产,幼稚的宣告破产,富有的宣告破产,国际性的宣告破产,殷勤的宣告破产,恬静的宣告破产,无原则的宣告破产,和睦的宣告破产,得体的宣告破产,优惠的宣告破产,大赌注的宣告破产,小规模的宣告破产,鲁莽的宣告破产,悄悄的宣告破产,合乎阿提拉精神的宣告破产,残废者的宣告破产,骗子的宣告破产,恶棍的宣告破产,傻瓜的宣告破产,幻想家的宣告破产,死后的宣告破产,家庭范围内的宣告破产,增加数倍的宣告破产,游戏式的宣告破产。

详细叙述这种种的宣告破产可以写上几章有趣的文章,更何况我是个在商人的工场里生长和教养出来的球儿①。我曾目睹商业的种种丑恶,我不是像我们的道德家那样根据道听途说来叙述它们的。我们的道德家只是在证券投机者的沙龙里看到商业,并且只在宣告破产中看到上流社会所允许的一面。在他们的笔下,所有宣告破产,特别是证券经纪人和银行家的宣告破产,都是带有感情色彩的事件。在这些事件中,债权人本身还要对破产者有所报答,因为破产者在他的高尚的投机活动中依法确立还债顺序。这些给债权人增添了光荣。公证人通知债权人,把宣告破产的事件说成是一种厄运,说成是由于我们时代的不幸、危急的情况和悲

---

① "球儿"在法语中是指教人踢球者的儿子,转义为继承父业的人。傅立叶在这里想告诉读者,他自己原是一个商人的儿子。——译者

惨的波折等等所引起的预见不到的灾难（这是关于宣布破产通知书的开场白的千篇一律的格式）。

按照这些预先在暗中领取全部报酬的公证人和共谋犯们的说法，这些破产者竟是如此可敬，如此值得推崇！！！他们是牺牲自己来照顾孩子的好妈妈！是教育孩子们一心爱护宪章的有德行的父亲！以泪洗面的整个家庭是应该获得较好的幸运，是应该受到自己每一个债权人的最真挚的爱的鼓舞！的确，不帮助这样的家庭恢复元气，那可真是罪大恶极；这是任何一个正人君子的天职。

于是，某些受了贿赂的道德界骗子便出面干预，并且还标榜什么优美的情操。他们对不幸者给予应有的尊重。他们还得到了那些漂亮的女申请者的支持，因为这些女人对于抚慰和平息最固执的债权人是大有用处的。中了这些阴谋诡计而产生动摇的四分之三的债权人，便去参加吵吵嚷嚷的、把人弄得晕头转向的会议。公证人建议他们要损失百分之七十的金钱，并把这种折扣说成是一种对于为履行神圣的光荣义务而牺牲自己的、贡献出自己血汗的有德行的家庭的报偿。他们竭力授意债权人，要他们凭良心行事，不应该只同意损失百分之七十，而是同意损失百分之八十，以此来向如此可敬的、如此热烈维护自己债权人利益的家庭的高尚品质表示敬意。

要是某些蛮不讲理的人竟敢反抗，那么遍布大厅的受宣告破产者委托的人都来详细地（a parte）证明，这些反对者都是没有德行的人，证明这个是不大到教堂做礼拜的人，那个又是养了个情妇的人，这个是有名的吝啬鬼、高利贷者，那个又是已经宣告破过产的人；这些人都是铁石心肠，对陷于不幸的伙伴十分苛刻。最后，大多数的债权人都表示同意,并签订了契约。之后,公证人便宣布,这件事对于债权人极其有利,因为它防止了会侵吞全部金钱的法庭从中干涉,同时又由于帮助有德行的家庭而做了一件好事。每个人(至少是构成大多数的这些笨蛋中的每个人)走出会场时,都对德行和优美的情操赞叹不已,而这些值得尊敬的家庭正好就是德行和优美情操的楷模。

多情善感的宣告破产就是这样进行和完成的。在这种破产中至少要抢走别人的存款的三分之二,因为如果宣告破产者仅仅吞下百分之五十的现款,仅仅满足于这种司空见惯的对折的比率,宣告破产者仅以这个适度的比率为满足,而不需要使用艺术的力量的话,那么这种宣告破产便是正直的破产,而不是多情善感的破产了。当他们只希望侵吞百分之五十的金钱时,除非宣告破产者实在太低能,否则这乃是十拿九稳的事。

要是出版一部叙述一百种宣告破产的著作,它所提供的细节比我对多情善感的宣告破产所提供的还要多的话,那么这本书便会让读者知道商业的许多可爱之处当中的一种,也即它的许多特点中的一种。若干有关商业的其他特点,如证券投机、囤积居奇等的著作,将会打开人们的眼界,使他们对于被称为自由竞争的商业机构,也即自古以来最乌七八糟的和最不正常的制度发生怀疑。

学术界特别是道德家们不曾对寻求防止宣告破产的自然手段展开竞赛,是我们这个时代最可耻的事情。正是根据他们对于这种最可恶的堕落现象所持的有意识的缄默态度,可以判断出这门科学的秘密的意图。它只希望推销书籍,并且只想为这种恶行而编写书籍,因为这是一种比抨击恶行更有销路的做法。

只有一个人曾精辟地评判过这个商业的罪恶渊薮,这个人就是波拿巴。他在谈到这一点时曾说过:商业中的一切都不可知。他曾渴望控制商业,却不知道如何加以控制。他已经间接地控制了一个重要的部门,也就是控制了殖民地的商品部门。他曾借助于进口许可证把殖民地商品加以垄断;他曾图谋侵占别的部门,如控制运输业等。增加国库收入的精神就是这样强烈地促使他去控制商业,他还要做的事只是了解应该采用什么方法,以便不打草惊蛇地攫取猎获物,并且使人民大为高兴。在法国,政府在变革商业制度上会赚得两亿法郎,而在农业上则会赚得十亿法郎。

使波拿巴大为震惊的商业特点之一,就是反射作用,这也就是商业所固有的把政府方面使它遭受的任何损失转嫁于劳动大众的能力。一旦商业受到威胁,它就要收缩资本,散布不信任心理,阻碍商品流通。它活像一只刺猬,狗从哪一方面都抓不住它。这就是使一切政府暗暗感到苦恼而又迫使它们屈服于这只金牛犊面前的原因。有一次瓦里斯①部长想在维也纳反击交易所的阴谋,在那里使用警察去反对证券投机,但他遭到了彻底的失败,而不得不可耻地让步了。为了反对商业这个九头怪,就得富有创见,因为它是一个把猜不透它的谜的人统统吃掉的狮身人首怪物。虽然如此,却再没有比进攻这个欺骗的巨人更容易的事了。一旦人们知道应该使用什么样的炮队时,这个欺骗的巨人甚至不敢进行抵抗的尝试。

切勿把工业企业和商业混为一谈,但是工业企业目前正在各

---

① 瓦里斯(1768—1818年),伯爵,奥地利国务活动家。——译者

个方面，特别是在欺骗、囤积居奇、宣告破产等的能力方面与商业有所接近。这些企业应该加以改造，以便服从旨在取缔欺骗行为和宣告破产行为，以及克服不顾工人死活的态度的双重互相负责制。有一个工厂主开头一文不名，后来竟赚到了两千万法郎的大财。如果有互相负责制的措施，他便只会赚到五百万法郎，其余五百万法郎被指定作为保障互相负责制之用；另一千万法郎则缴纳国库。这就是会产生良好秩序的分配制度。但是，只要科学还在阿谀奉承这种让两千万法郎落在单独一个工厂主腰包里的骇人听闻的制度，只要政府还不曾对这种无政府状态发生怀疑，还不曾发现任何纠正的措施，人民和政府将是这个日益壮大的商业巨人的玩物。这个巨人的日益增长的势力，便是引起那些最高等级内心惊恐不安的缘由。

在法国，曾创立了三百所农学院。它们的首要任务应该是什么呢？那就是研究使资金回到乡村的手段，展开探讨这个问题的竞赛。可是任何一所农学院都不曾想到这一点。只要农业无法取得与商业一样利率的资本，它的产量又怎么能够不断提高呢？对这个问题漠不关心的农业团体，照《福音书》的说法，难道不就是带领三千万瞎子的三百个瞎子吗？

在关于改革商业的这些问题上，迷信和偏见是如此严重，竟至使人无法揭露商业的罪恶。有一天，著名的批评家日弗鲁瓦①想在自己的杂文中冒一下风险，对商业提出一些非常公正的嘲讽，但是其他报纸立刻群起而攻之。于是他软化了，并且认为自己被打

---

① 日弗鲁瓦(1743—1814年)，法国文艺批评家。——译者

垮了。对的正是他，而他却投降了。一位已故的大名鼎鼎的人物所说的"商业中一切都不可知"这句话是多么对呀！

哲学是不愿意让人们获得关于这一方面的确切的知识的。它很懂得应该遵循的途径，它不断地告诉我们，要获得知识必须通过分析和综合的方法。因此，在研究商业方面，它应该依照我刚才所制定的，以及在我以前人人都能制定的计划，从分析特点的部类、类和种开始。这一步工作一完成，人们便会获得过渡到诚实方式或保障制度的综合的手段。

但是，在商业方面，正如在文明制度体系的其他部门一样，哲学确定了一些研究的良好的原则，却从来不想把其中任何一条原则付诸实践。现代人类的智慧已经变得紊乱而贫乏，运动停滞不前，而且尽管有那些高度飞跃的自我吹嘘，实际情况却往往是在倒退，没有本领使人民的命运得到任何的改善，而实际上只需要作一些很容易的发现就能达到目的，对于这一切该不该感到惊讶呢？

社会被自己卓越的思想家们出卖了，当我写完这篇揭穿他们拒绝进行研究却与黑暗势力勾结的论文时，我所得出的结论就是如此。如果说，他们欺骗了世人，那么，他们在利用卑鄙的投机行为和赞美这种文明制度的方法来追求财富的时候，是加倍地自己欺骗自己，因为这种文明制度乃是他们内心鄙视的对象，这种文明制度不让他们发财致富，而使他们备受奴役之苦。他们自愿地对这个封住他们嘴巴的老泼妇焚香顶礼，这是多么可耻啊！其实只要揭穿文明制度，对它加以尖刻的嘲弄，他们就会成为人类的解放者，立刻就会登上财富和荣誉的顶峰，他们的思想将得到他们在文明制度下从来不曾得到过的那种自由的发扬。

第十一概述 基本的和有联系的特点

我已经说明了文明制度特点中的两个基本的部类,即连续性的和持久性的部类,以及两个联系或中介的部类。现在我们转而来阐述一下补充这篇专论的其他四个部类。

第十二概述　指路灯和误差的特点

第四十五章　和谐反射的特点

用暴力抑制情欲并不难,哲学一笔就把情欲全数勾销了。监狱和大刀都来支持温柔敦厚的道德,但自然界却对这样的判决提出上诉,它不声不响地恢复了自己的权利。情欲在一处受到压抑,恰如被堤坝阻挡的洪水一般,又在另一处突破缺口。好比那过早收口的痈疽中的脓液一样在内部回旋冲击。

"Naturam expellas furcâ tamen usque recurret."①由于情欲自己的目的、奢华、组合、结构和统一等的再现或复归,因而产生可以同物理学上称作绕射或色彩在黑色和不透明物体表层上的反射相类似的作用。从形象上看,文明制度便是个不透明的物体,是欺诈和罪行交织的漆黑一团,可是仍然具有一些和谐的反光。下面的描绘就是要解释这种作用,告诉人们如何辨别一系列十分可贵但完全陌生的性格特点。

我从赌博和文雅两个方面举两个例子。这是反射情欲的两种

---

① 此句出自贺拉斯的诗:"用叉子把本性赶走,它又会回来的。"即"本性难移"。——译者

第十二概述 指路灯和误差的特点

作用,是计谋情欲和统一情欲的两种再现。

由于受到称作计谋情欲的第十种情欲的刺激,人们就听从心计癖的指使,而赌博恰好为心计癖提供人为的养料。缺乏智慧的人,比如农民,很喜欢赌博。在这些人身上,赌博发展了计谋情欲,因为在茅屋中计谋情欲是很难找到养料的。头脑安静不下来的人,在缺乏充分的心计活动时,也同样喜欢赌博。赌博适合于讲究礼节的上流社会,因为在这种社会中,真诚受到礼仪的排斥,情欲无法流露出来,一切都是冷冰冰的。于是在这种集会中,必须利用纸牌来创造人为的心计活动。但是对那些正在真正使用心计的人就不能叫他们玩纸牌,例如为了第二天在交易所能一网打尽、大捞一把而暗中聚会、布置圈套的证券投机者;又如父母一不在场,就私奔幽会纵情欢乐的情侣;还有彼此协议何时下毒手的阴谋家们,这些人都会带着蔑视的态度来对待玩纸牌的建议。只要心计在实际上有用武之地,就不需要像赌博、小说、戏剧等人为的心计活动。因此,在和谐制度下,只是那些不能积极参加产业上心计活动的体弱多病的人才玩纸牌,因为产业心计活动已经够使人烦神的了,以致没有一个健康的人会想到玩纸牌。对健康的人来说,他们已经没有足够的时间来从事每天为数达三十种之多的真正心计活动(姑且以每个劳动会期或其他会期有两种心计活动计算)了。

文雅——这是统一欲得不到发扬因而反射出来的一种效果。在文明制度下,文雅只能导致好逸恶劳,诱使人们沉溺于游手好闲,沉溺于那些压迫劳动人民的"正派人"的生活方式之中。可是文雅毕竟还有它极其美好的一面,那就是情欲在风俗习惯上的统一。正是由于文雅所起的卓越作用,才使欧洲整个上流社会采用统一的语言,如在谈话中使用法语,在音乐中使用意大利语。就这一点来说,文雅乃是协作和谐制度的倒影,因为在协作和谐制度下,风俗将靠人民的一致同意才能盛行无阻,不需要道德和法律的干预,更不需要利用惩罚。但是,在和谐制度下的人当中,文雅将把人带进生产劳动,引导一切阶级和一切情欲走向这个目标。而现在,在我们这里,恰恰相反,文雅只会使人懒散,使人沉溺于危险的风俗之中。因此,它是那导致产业活动的统一欲的倒影,而不是正影。

第十种情欲,即前述计谋情欲,也是如此。在和谐制度下,计谋情欲的活动只能有利于产业经济。而在目前,它通过赌博和其他放荡行为只能在一切方面都产生罪恶。赌博和其他放荡行为是和谐制度下产业心计活动的反映,不过,它们是些产生罪恶的倒影。

刚才所指出的两种反射之间,存在着属性上的很大差别。文雅会产生卓越的,而且往往是非常有益的结果。其唯一的缺点在于不会导致产业活动。赌博则产生丑恶的结果,如家庭破产、犯罪行为、自杀。因此,必须在反射的或再现的情欲之中分辨出两个截然相反的类别:和谐类和颠覆类。凡是导致协调的反射欲,例如文雅,均属于有价值的一类,我称之为和谐类或向原目的的间接回归类。凡是导致纠纷和犯罪行为的反射欲,均属于有害的一类,我称之为颠覆类或向原目的的反面回归类。这两类都具有极光辉的共同属性,即以颠倒形式反映和谐制度的形象,并且在多种反射欲的活动上来描绘和谐制度形象的细节(反射情欲的正确名称是绕射情欲,不过人们不爱用学术用语)。

第十二概述　指路灯和误差的特点

让我们好好明确这个词——倒置式的形象——的含义。反射情欲并不是引导社会第一走向奢华,第二走向组合谢利叶,第三走向机构化,第四走向统一,而是把社会导向贫穷、解体、混乱和行动上的两面性。反射情欲像镜子那样颠倒物像,但正确地再现着物体。的确,赌徒在赌博场中的激情往往达到在和谐制度下使用产业心计时所达到的那种狂热的程度,要知道这种产业心计将比我们文明制度的节日更具有刺激性。就所谓文雅的风格来说,宫廷集会上的彬彬有礼、融融洽洽也正是如此。尽管有些连带的约束,但这种相互谦让的风度,也正是和谐制度下的人在产业关系的合理分配上团结一致的形象。这种产业关系十分有益,而虚伪的礼节倒是多余的。

在分析或称作反射的或再现的(贺拉斯给它们的名称)这些特点方面,最有趣的细节在于辨别它们的衔接性,辨别它们是从哪个社会时期借用来的。

如果说,照哲学家们的说法,在宇宙体系内一切都是有联系的,那么在前言中所讲到的九个社会时期中的每一个时期都要通过从几个高级时期或低级时期借用来的某些特点和其他社会相联系,因此就把本身的制度和其他时期挂上了钩。雅典虽然是文明制度的社会,却是通过劳动者的奴隶地位,以及对劳动者所实行的暴政而与野蛮社会挂上钩的。我们则是通过军事法典,也就是通过这种虽然有必要但十分野蛮的习惯而同野蛮制度挂上钩的。每一个时期,由于需要或出自本能,都不得不向邻近的时期借用一些东西:例如同自由竞争完全对立的货币制度便是向第六时期——保障制度——借来的。在保障制度下,人们能够建立真正的社会保障，而文明制度空谈自由，对于这种真正的社会保障却一无所知。

野蛮制度下的人本身也实行这种特点上的衔接，并越过文明制度时期向第六时期——保障制度——借用我们称之为货币制度的性格特点，而货币制度只不过是真正的竞争或均衡的国家专营的一个分支而已。文明制度即第五时期，同样越过保障制度（第六时期），而向第七时期（协作制度）简单产业谢利叶借用极其巧妙的习惯，即驿站邮运的习惯。驿站邮运的习惯是一种真正简单的产业谢利叶，在活动时，第一，会期短；第二，分段进行；第三，有紧密连接的序列。这是产业谢利叶所必需的三个条件（参阅第五章和第六章）。

人们会不会抗辩，说驿站邮运是精益求精的文明制度的一种惯例，因而也就是文明制度的性格特点和不可分离的部分呢？事实并不如此：驿站邮运是借用的特点，是同高级时期衔接的特点。政府由于需要而想到这种办法，本能也很容易导致这项发明。虽然如此，这种发明仍然是文明制度以外的特点，并且像货币制度一样，证明在文明制度下我们所有的一切好东西都不是这个社会结构本身的东西，都是来自衔接，或是从较高级社会借用来的性格特点。在文明制度下，乘坐由同一些马匹牵引的马车，从巴黎到里昂，至少需要二百小时，而乘坐邮车只需四十三个小时。这就是说，在时间上得到四倍的好处。如果说乘邮车的费用较贵，那么这是由于文明制度的产业缺陷所造成的。在和谐制度下，邮车的费用将比由同一些马匹牵引的车辆的费用便宜得多。可是，从现在起，驿站邮运已给我们在时间上节约了四分之三。这就是说产业

第十二概述　指路灯和误差的特点

谢利叶的总的属性,不管在哪一方面同文明制度下的产业活动比较起来,都赢得四倍的利益。

古人所不知道的驿站邮运这一发明,是同情欲的哪一部门有联系呢?这项发明同雄心和触觉是分不开的。它之导源于雄心,是由于人们在企业或交际中迫切需要行动迅速的缘故;它同样也导源于触觉,这是因为在马车上的长途颠簸所引起的不愉快的急躁。于是,正如我在上面谈过,在某一点上受到阻碍的情欲势头,又在另一点上显露出来。这是和谐类的反射或再现,因为它产生"善"。但在某几点上,这种反射又是颠覆性的。例如,在法国,习惯上总是使邮车的马匹驮载过重,赶车人任性挥鞭直至牲口倒毙为止。而在和谐制度下,人们将爱惜邮车的马匹,胜过现在爱惜年轻的情妇。

单就驿站邮运这一反射特点,如果我愿意加以全面分析的话,就足够写成一大章。如果去分析我已经搜集到的一百种反射特点的话,情形又将怎样呢?请据此来判断研究文明制度所需要付出的巨大劳动吧!这里仅仅是一个部类的特点,就要占用一百章的篇幅。

如果不是像这样拣选特点,如果不把属于每个时期的东西进行分类的话,便不能评判社会的进步和衰落的种种现象。正是由于缺乏这种选择,哲学家们才纷纷陷入他们有关社会结构的种种意见里面而不能自拔:现在的社会在序列上是第五级,当它还保存着它本应力求摆脱的第二级——蒙昧制度、第三级——宗法制度、第四级——野蛮制度的种种特点时,难道它会前进吗?

它决不会前进。我们的文明制度,说是精益求精,但它否认最低限度的生活保障,抛弃老年人和穷人,这就顽固地与蒙昧制度衔接起来。对蒙昧人来说,以上这些罪恶是可以原谅的,因为在饥馑的部落中,确实没有什么东西来供养不从事渔猎的人。但是在文明制度下,是否可以说食品不够呢?文明制度,除保有蒙昧制度的特点以外,还加上从宗法制度时期和野蛮制度时期借用来的其他种种特点。在未辨清这种鱼龙混杂的局面以前,是不可能看清名为文明制度的迷宫的。

在将近五十种和谐反射的特点的目录中,几乎没有一种不会由于其所激起的意外困惑而令人发生浓厚的兴趣的。这些特点证明,文明制度的东西只有从较高时期剽窃来的才是好的。例如,下面的特点同样都是剽窃物,或者可以说是借用物,即与第六时期的保障结构相衔接的东西:

1. 科学的统一或学术界的一致,尽管有战争和民族对抗的存在
2. 混合战或在战斗时间以外的交战双方部队之间的友谊关系
3. 在戏院中充当配角或合唱队员的艺术工人(意大利和图卢兹①的习惯)
4. 卫生检疫隔离所
5. 背签人连带负责的票据
6. 个人或互助保险
7. 指定辩护人
8. 储蓄银行,小合作金库
9. 预扣的养老费
10. 分期清偿银行
11. 调解人和仲裁者

---

① 图卢兹是在巴黎以南的古城,距巴黎七百一十三公里。——译者

12. 作为产业保障的保证金
13. 尺度统一体系的雏形

哲学家竟把这些在文明制度以外的特点说成是哲学本身完美化的表现,并且把它们列入精益求精的文明制度的领域之内。其实不然。这些特点是向高级时期的跨越或衔接。它们的发明同驿站邮运的发明一样,应归之于本能或需要,而不应归之于科学。因为科学甚至还没有能实现度量衡统一这个特点,虽然它也想过办法引进尺度统一,可是它完全不懂得这方面的自然体系。

哲学家会回答说:"按照上述一览表,如果说,或者出自本能,或者由于科学才智,我们已经采用了高级时期的十二种有价值的特点,即采用了属于保障制度的种种特点,那么我们就同这个时期一样了,想把它与文明制度区别开来是不对的!"错了,你们决没有达到这个时期,甚至根本不想向这个时期移步。你们已陷入文明制度的车辙之中。只有放弃某一个时期的中枢特点,才能跳越出这个时期,而你们无论如何不想丢开文明制度的枢纽,如农业和家庭经济的分散性,以及我在第四十二章中没有列表说明的其他一般中枢特点。你们甚至不想放弃第四十一章中所列举的局部枢纽或阶段枢纽,因为你们抓住第三阶段的特点不放,例如岛国垄断,就是由于你们笨拙的斗争方式,反而得到加强了。你们还把第二阶段的某些特点死死抓住,例如对代议制的幻想,而代议制在各种情况下都是引向倒退的。因此,你们是在倒退,而不是在前进。可以作为证据的,是人们不知道从两种已经过时的种子,即当铺和行会师傅制中吸取教益,而当铺和行会师傅制的合理改变就会使文明制度从第三阶段上升到第四阶段。

总之,我们远远没有向保障制,向第六时期前进,甚至在文明制度的历程中,我们也停滞不前,不知道如何组织文明制度的第四阶段。此外,在这个问题上,有一件事证明我们的普遍无知,就是欧洲歌颂过埃及飞快地向文明制度挺进,而当时埃及所做的只不过是今天土耳其所做的事,即从野蛮制度的第三阶段过渡到第四阶段而已。这种进展并没有走向文明制度,恰如在目前状态下的文明制度没有走向保障制度一样。由于商业精神作祟,文明制度笨拙地离开保障制度越来越远。

让我们中断对这个问题的谈论吧!因为只有同那些对各个时期的阶段和特点了如指掌的读者们才能谈论这个问题。现在让我们停止向读者介绍文明制度的各种特点,以便向他们说明文明制度这种社会结构,作为政治上的真正破坏利器,它是怎样经常地阻挠社会天才的发展,却又时时刻刻以能激励社会才智的突飞猛进、臻于至善而沾沾自喜。

第四十六章 颠覆性反射的特点

在第四十五章中我已对这些特点做过解释。现在要提供几个例子。已经提到过的赌博,是对个别人发生作用的一个特点。应该从那些对大众发生作用的特点之中举个例子,我于是选择了政治近卫军。

我认为这个名词是指染指权力、主宰政府、攫夺主要职务并在全国范围内使自己的代理人分居要职、一如奥托曼帝国近卫军的

第十二概述　指路灯和误差的特点

所作所为而言；这些近卫军把大臣们的头颅当作皮球来踢，并迫使苏丹把他们所消灭的显要人物的头颅放在银盆子里献给他们。

雅各宾党人曾起过重大的近卫军作用。他们拥有不少后继者，他们的策略被传给了自己的敌人。雅各宾党人像爱里①一样传下了自己的法衣。而我现在看到的也只不过是打着各种不同旗号的雅各宾党人或政治近卫军，即像雅各宾党人一样蓄意主宰一切、侵占一切的多种附属性联盟。"Uno arulso, non deficitalter."②

这是文明制度所固有的特点。这个特点在1788年还不很显著，因为挂着贵族头衔的近卫军为数较多，不过恰如奥斯曼帝国的近卫军一样，也想要霸占一切。因为在路易十六时代，他们曾做到把第三等级从军职和大部分职务中排挤出去。

这种近卫军灾难乃是反射情欲的后果。雄心力图按照等级高低来组成谢利叶。在协作状态下，为了适应生产性产业的需要，等级谢利叶是会形成的。可是，由于产业活动在我们的社会里丝毫不具有吸引力，于是雄心便反射到权力上来。雄心染指权力，而在和谐制度下，人们是不会想到串通起来染指权力的，因为这是不可能的事。

我们在商业中也看到次要的近卫军。富有阶级组织联合的染指活动，他们打着协作精神的幌子追求这个目标。一俟他们懂得

---

① 爱里是犹太人的先知。圣经记载，爱里曾把一件法衣传给自己的门徒，以便行使法术。——译者
② 摘自拉丁诗人维吉尔长诗《伊尼特》中的一句："撕去一页，并不损害其他页数。"——译者

了扩大产业染指活动的方法（他们现在还没有发现这种方法），便会继侵占商业职能以后侵入行政职能。这些政治近卫军的派系总是想办法取得政权的。他们日益狡猾，这就是现代文明制度的不幸的未来，因为这种文明制度只会产生新的罪恶特点或者加深旧的罪恶特点。

个人情欲方面的赌博

集体情欲方面的近卫军活动

它们给了只能产生恶的反射情欲以非常确切的定义。这是颠覆类的两种再现。哲学家们认为这是一些偶然性的邪恶。不，它们都是根本性的，是任何缺乏有益的心计活动的社会时期所固有的。因此，蒙昧人热烈地爱好赌博，还更爱好建立侵占性的联盟。

在再现性情欲或反射性情欲的任何作用中，永远要注意到和谐制度习惯的倒影：要在颠覆性反射的第三个特点中注意这个倒影，这是一种浮光掠影式的或摸索性的垄断，人们在每一个文明制度的国家里看到这种垄断在冒出嫩芽。在法国是对烟草的垄断，在俄国是对烧酒的垄断，在西班牙是对鳕鱼的垄断；在波斯是对饮水的垄断。到处都看到垄断的倾向，毫无疑义，这是一种令人难堪的习惯，这是和谐制度的倒影。因为在和谐制度下，政府将管理全部商业，所有法郎吉将不能容忍任何人为自己的私利而从事商业。但是，和谐制度的政府所实行的普遍垄断给受管辖的人的多种保障比现时货币制度的保障还更完善，而货币制度，虽然也是垄断，但它是人民的心愿，因为除了弄虚作假的人以外，没有一个人愿意货币投入自由竞争的范围，也没有一个人愿意看到一国之内，为了商业自由的荣誉，有几千种成色不纯的货币流通市面，而这种商业自由，对生产者和消费者来说，都是加在身上的锁链。

因此，垄断如果能像货币垄断那样组成均衡的国库管理形式，那都会是有益的。在这种情况下，倾向普遍垄断是件好事，条件是要发现一种含有多种平衡的制度。自然界应该给所有政府以这种意向，因为这是所有政府的使命，是在和谐制度下留给它们的主要职能。这种意向，通过像烟草垄断那样的垄断的浮光掠影中显示出来。这些部分的、失去平衡的垄断当然是令人不快的，因而也是和谐制度的倒影，因为和谐制度将会为了共同福利而使用现在用来欺凌个人的那种手法。

正像我就性格特点的各个类别所做的一样，现在，关于颠覆性再现的特点，我补充一张含有十二种未确定的特点的一览表。提出内容更广泛的目录表是无益的，因为每一种特点都需要一节或一章的篇幅才能给它下个定义：

1. 纵情欢乐
2. 人民定期的放荡行为
3. 休息、节日和假期
4. 见机行事的行乞活动
5. 秘密的多妻制
6. 公开的或秘密的卖淫
7. 容忍后宫的地方所存在的后宫
8. 受到容忍的卖儿卖女
9. 邪恶的摸彩和垄断
10. 无缘无故的搏斗、"大食客"和"贪吃鬼"①

---

① "大食客"和"贪吃鬼"是共济社社员和自由社社员的绰号。——译者

11. 被上等阶级所动摇了的成见桎梏
12. 因替皇室服役而受封为贵族
   ⊠贵族的懈怠。

如果不加说明,便不会了解其中每个特点在哪一种意义上属于称作颠覆性再现的一类。我现在对其中三种特点予以简单的说明。

一、纵情欢乐。人民在娱乐中那种引起破坏,沉溺于狂乱行为的癖性究竟从哪里来的呢?特别是儿童在高兴的时候很容易受到这种破坏狂的支配。富有阶级中的少年人也同样沉溺于这种狂乱行为:普罗旺斯省人或朗格多克省人的会餐很少有一次不是以打破碗碟而告终的(如果这种会餐是在比较随便的场所或酒馆内举行的话)。这种情欲的作用是发扬友谊,却导致与目的背道而驰的效果,因为情欲的第一个目的是奢华。可是这种无益的破坏只能导致贫困。这是一种受到压制的情欲,经过努力而猛烈地爆发出来,以实现其目的,达到狂热的程度;但这是通过恶的途径,因为它不可能找到诱人的产业活动来满足计谋激情,而在情欲谢利叶的机构中,诱人的产业活动则比比皆是。

二、人民的定期放浪行为,例如星期日和狂欢节的狂饮。在这种场合,他们耗尽自己的劳动果实,在其他的日子里仍是十分的不幸!难道我们看到过富有阶级也沉溺于这种放荡行为之中吗?没有,这是因为他们天天养尊处优,而人民在星期日和星期一的倾家荡产的胡闹中所追求的东西只不过是富人生活的余晖残照。

三、休息、节日和假期。如果有人认为无所事事才是幸福的话,那么,他们在工作时一定会感到十分苦恼!和谐制度的人不会知道什么是休息,可是,他们却比我们工作得勤奋得多,而这是由于引力的缘故。劳动的会期,对他们来说,就是巴黎的享乐者的节日。巴黎的享乐者所感到麻烦的,是演剧、宴会、舞会、情人太多了,不知如何选择才好。

这是三种恶果,在那里,友谊的激情,即对自由自在和集体欢乐的癖好,通过非生产的或有害的途径来达到自己的目的。必须把所有属于这一范畴的情欲作用进行分类。一览表上的项目愈多,便愈感到有必要发明一种事物秩序,这种事物秩序能够把情欲引回到有益的途径上来,使其在生产性产业活动的操作中得到充分的发展和有力的高涨。这种效果只有在情欲谢利叶中才能产生。

依据这类被称为再现的或反射的特点的研究,便可以断定那些想压制情欲的道德家们是十分笨拙的。由此会发生些什么结果呢?这些情欲在某一点上受到阻碍,就会在另一点上爆发出来。它们通过颠覆性的途径,而不是通过良好的途径来达到自己的目的。对社会来说,这是双重损失:由于情欲未能适用在产业活动方面而引起的产品上的损失,以及由于要对迷失在罪恶的道路上的情欲加以压制和惩罚而引起的费用上的损失。如果美丽的法兰西每年不审讯十二万起的犯罪行为,就会得到双重的好处:由于对追捕犯人的司法人员和宪兵加以有益的使用所获得的好处,以及由于对被逼走上犯罪道路的人同样加以利用而获得的好处。

道德家们回答,应该爱护美德和工业。可以告诉他们,要善于使美德和工业为人所喜欢。只有以情欲谢利叶作为媒介,它们才会为人所喜爱。因此,要懂得如何组织谢利叶,好在现在已经不需要你们费神去发现这种制度了。但是在分散的和惹人厌烦的产业制度尚未夭亡以前,用第奥根和米拉波的"神谕"来对抗情欲是枉费心机的。情欲总是用正当的和不正当的手段(per fas et nefas)来达到目的。上帝在我们的灵魂中安排了十二种强有力的原动力,这些原动力将促使我们不顾第欧根尼和米拉波的训示向自己的目标挺进。哲学从事研究运动的动力、特点和趋向的时候很快就要到来,而不是把好几个世纪愚蠢地浪费在压制情欲的落空的企图上面。

但是,为了发现在和谐制度下发展情欲这门艺术,就必须决心从事哲学所推崇的、但却不愿见诸实行的分析和综合的工作。哲学在嘲弄说教者,把下列格言适用在说教者身上:"做我叫你做的事,可不要做我所做的事。"而这句格言倒更适用于哲学家们本身,因为简直没有办法做到使他们遵守自己确立的原则;在理论上是这样,他们顽固地拒绝对情欲及其特点进行任何分析和综合研究;在实践上也是这样,他们总是对我们宣扬淡泊宁静之道。唉!假使他们多少有点爱好淡泊宁静,那么他们就不会搞出这样多的层出不穷的体系和这种多的汪洋大海般的学术争论了。他们的学术争论和庞杂体系确是卷帙浩瀚,远远超过淡泊宁静之道,而在学术和体系上则矛盾百出,更谈不上什么淡泊宁静。

第四十七章 倒退的接种运动的特点

有一个政党,由于害怕滥用虚伪的自由,便认为恢复第十世纪的风俗习惯,恢复贵族封建制度和蒙昧制的迷信等等乃是明智的。但是,难道它能再找到像第十世纪的那种人民和市民吗?当然不能,而且无论在一代之内或者在两代之内,它都不能改变现时的风俗习惯。于是它就想把第十世纪的习惯接种在第十九世纪的习惯上来,把文明制度时期的第一阶段接种到第三阶段。可是第三阶段将保持自己的风俗和属性,因为某些十分强大的动力,如商业和金融,是不会让步的,而且还会带动这个自以为在控制它们的政党。

另一方面,高度飞跃的旗手,即自由主义者,还是属于倒退者那一类人。他们在雅典和罗马的旧衣中搜寻宝物,以便把过时的江湖骗术和虚伪的人权重新搬上舞台(参看前言),并把那些使文明制度从第三阶段退回到第二阶段、退到两个阶段的混合状态的种种幻想拿来同十九世纪进行接枝。

因此,上述的两个政党各按自己的方式后退,一个是为了黑暗的利益,另一个是为了光明的利益。在两者之中,哪一个更聪明些呢?当然是那个起了对方所不能起的作用,即前进而不是后退的政党。可是,要前进,至少需要上升到文明制度时期的第四阶段(参看第四十九章)。如果贵族阶级采取这种对自身非常有益的决定,即上升到文明制度时期的第四阶段,那么当自由主义者一旦反倒信服为他们现在所指控的倒退行动时,他们的威信会遭到何等的损失啊!

只要组织文明制度的这个第四阶段,就可以同时使两个政党改变信仰,使它们彼此和解起来。因为文明制度的第四阶段,虽然并不幸福,但已具有一些有利的方面,如根绝和预防行乞现象,经常保证人民的工作,提供迅速偿还国债的充分基金,恢复森林和道路等等。

对于那些不赞同摆脱文明制度这一想法的人来说,这些前景应该是称心如意的。可是,同稍微升高一步、上升到保障制度的中间阶段时所获得的幸福比较起来,这些前景也还不过是社会的不幸深渊。这个文明制度的第四个阶段会使两个政党都陷于窘境:其中的一,当人们看到幸福发源于真正的进步的时候,它便不再能把倒退的愚蠢政治称为明智的了;另一个,在看清楚自己的方法把文明制度带回到第三阶段和第二阶段的混合状态,而不是把它推进到很容易由此上升到保障制度的那个第四阶段,在这个时候,它再也不能赞扬自己的高度飞跃了。

至于谈到我们现在所处的第三阶段,它是一条死胡同或社会绝境,人类智慧从这里再也找不到出路,于是在体系上互相倾轧,结果只能使一切灾难变本加厉。这正是攀登高山而又滚落下来、永远达不到目的的西齐夫的标志。反之,我们在某些方面则处于由对代议制政府的幻想所引起的明显的倒退中。对代议制的幻想引进许多邪恶的特点,例如:

1. 使一个民族为其代表们的贪污付出代价。这在一个其政府拥有在小小的雅典共和国中所没有的庞大预算的大帝国中是无法避免的流弊。这种制度产生的流弊如此之多,以致连自由主义的领袖们本人也说,代议制不适用于法国(邦雅曼·康斯坦)。

我在驳斥代议制时,绝不是说我自己是专制主义的拥护者;专制主义只能适合于行使专制主义的人。我只是要说,人们狂热地期望从代议制方面得到的好处,只能来自真正的进步,来自从文明制度第四阶段向保障制度的中间状态、向保障制度各个阶段的过渡。这种真正的进步具有满足一切阶级的美妙属性。而现在，这些阶级为虚假的进步所惊动，害怕那孕育马拉与巴贝夫之流的体系，因而采取极端狂妄的措施，而不同自由主义和解，从此便产生种种灾难性的特点，并和原先的特点连接起来。

2. 宫廷的恐惧。由于虚伪的自由主义所引起的惊恐，宫廷已失去理性了。

3. 这些宫廷竟向本国独立的敌人寻求支援，并采取最恶劣的措施。

4. 被送上断头台的受骗者——西班牙人、葡萄牙人、那不勒斯人和皮埃蒙特人的苦难。

5. 由于选举的阴谋而产生的各个公民阶层之间的纠纷。

6. 由于政府反人民的斗争所引起的国库开支的增长。

可以举出很多像这样的有害的特点。这些特点出现不久，但几年来却深受虚伪的自由主义者的支持，并且是由他们一手制造出来的。我称之为虚伪，因为自由主义是政治上的一种倒退，在大众性的假面具的掩盖下走向寡头政治，并且总是产生与诺言相反的效果。例如，在1828年，法国依靠国会的才智节约了三十万法郎，也就是每个纳税人多摊一个生丁；而同一年中，它却额外花费了三亿法郎，即：

八千万国库债款，

八千四百万等于白送的付给西班牙的贷款，

一亿三千六百万（约数）凭空头债券放出的款项。

此外，还要加上如每月为了供养西班牙宫廷所拨出的一百万法郎的小花费。这笔大约三亿法郎的损失的唯一补偿,是靠连篇累牍的冗言赘语以及通过从公职人员身上榨取几块银币的恶劣手段而得来的约三十三万法郎之数,而单就经纪人的保证金这一项来说,就会收到五千万。被称作公积金经纪人或票据经纪人的那个阶级,由于出卖官职的实际价格同他们保证金的官定价格之间的差距,单是这一阶级就欠国家二千四百万之数。自由主义在关于国家财政问题上喋喋不休的辩论中,根本没有觉察到这一点。还可以指出许多其他有损国家财政的计达一两亿的数目,每年无须征收新税,国库本来就可以收进这笔巨款的。如果说,这个政党在财政方面,也就是说在它经常关注的一项上面如此盲目,那么它在从来不注意的其他政治邪恶方面就更盲目了。加上这个政党在这些错误以外,还犯了把社会车轮引向倒退的错误,即把第三阶段同第二阶段的特点结合起来的错误,要想从这种空中楼阁中得到任何好处便是一种幻想①。

---

① 自由主义者在说下面这些话的时候,自以为言之有理:"难道你们看不出,没有代议制和反对派的努力,人们就会处于最沉重的专制主义的压迫之下吗?"这一点我是知道的,但是他们所采用的迎头痛击倒退主义者的策略,只能发生激怒倒退主义者的作用,因而愈来愈把他们推向蒙昧主义,这一点也是事实。因此,这个爱好自由的政党本身所做的,却是在间接地反对自由。这正像一只熊,用石头砸破朋友的脑袋,为的是赶走朋友头上的苍蝇。当然,这种被称为自由主义的制度不会作出任何善行,而且在改进社会的所有大的问题方面,如解放黑奴和共同协商废除奴隶买卖方面都一事无成。它只会产生空话,而决不会产生新的思想。

不要老是空谈社会进步,而要善于实现社会进步,发现简易的手段。富有才华的人满街都是,人数可谓不少。人们需要的是具有发明能力的天才,而不是口若悬河的演说家。要是你具有一些真诚爱好自由的观点,你就会设法鼓励真正的自由的发明创造,并保证这些发明创造能够问世。但是,正如你们当中的一个人(德·普拉特先生)所说的一样,宪章使迷恋它的人神魂颠倒。他们认为只要高谈阔论宪章就(接下页)

假使人们对文明制度的特点进行过分析,并且对这种倒退接种的性格写出专文的话,那么他们早就会从幻想中醒悟过来了。在这里我只提出六种性格特点,而不深入探讨这个微妙的问题,因为对这个问题一晃而过是适宜的。只须注意到,在这一点上,两个政党就政治上的明智来说是半斤八两,因为两者都处于黄道带的第四宫中,也就是处在巨虾宫中。两者之一都应该受荣誉的鞭策而勇往直前,务必同时使另一个陷入困境。

第四十八章 第三阶段的退化的特点

止步不前分子和倒退主义者一样,都是滑稽可笑的派别。社会运动反对停滞,力求进步。如同水和空气一样,需要流通,停滞了就会腐臭。……

我们的使命是前进。每个社会时期都必须向更高的时期前

(接上页)万事俱备,而宪章其实是个真正的不和的种子,不能自保的摇摇欲坠的建筑物。要发明一种为一切等级都喜爱的,并且在实际前进的道路上把一切等级团结在一起的事物秩序。谈到宪章派,它早已被命运所抛弃。所有想制定宪章的政党都走上了断头台(请看西班牙、葡萄牙、皮埃蒙特和那不勒斯的发生的事件)。人们到处都看到自由党甚至在零星细节的政策上都遭遇到失败。如果经过长久的呐喊,自由党达到更迭政府的目的,那只不过是在另外一种形式上受人愚弄。看来,命运之神厌恶自由主义者的无能,厌恶他们在智慧上的干枯,似乎乐意凌辱他们而促使其认真悔改。赞同自由主义的人民,其结果只能是自取灭亡。大臣们,如康宁之流,由于接受了自由主义就受到致命打击。甚至拿起这面旗帜的君主们也遭到不幸。在经过六年的犹豫之后才终于下决心支持东方的基督教徒的俄国,也遭到可悲的失败,而且反而使希腊人的命运每况愈下,连法国也想对希腊人的事业置之不顾了。命运之神到处宣称反对自由主义,告诉它需要离开那站不住脚的立场并求助于已经送到它面前的那些真正进步的发明创造。

进。大自然的意旨是要野蛮制度走向并逐步达到文明制度;文明制度走向保障制度;保障制度走向简单协作制度。其他时期也是一样。阶段也不例外:第一阶段走向第二阶段,第二阶段走向第三阶段,第三阶段走向第四阶段,第四阶段则走向中间阶段,依此类推。如果某个社会的某一时期或某一阶段拖延过久,那么就会像一潭死水一样,会发生腐臭(对低于文明制度的各个时期来说,这个规则有某些例外情况)。

我们处在文明制度时期第三阶段才一百年,但就是在这样短促的期间,由于工业的突飞猛进,这一阶段非常迅速地向前挺进。因此,这个第三阶段,现在已越出其天然界限。对于这样一个并不前进的阶段来说,我们掌握的物资太多了,而这些物资找不到天然的用法,因而在社会结构中产生了负担过重和不安的现象。从此,一种腐蚀社会结构的骚动就应运而生了。这种骚动在社会结构内发展了很多有害的特点和疲沓的征兆,也就是笼罩在我们的产业手段和这些产业手段所适用的场所(即低级阶段)之间的失调所引起的后果。对于停滞在第三阶段而极少前进的文明制度来说,我们所具有的工业太多了。文明制度迫切需要至少上升到第四阶段。由于以上种种就产生了物资异常丰富和物资变质这两方面的种种特点,我从中列举几个最显著的特点作为对"不断完善"的自我吹嘘的答复,我举出几种明显的而且是最近的退化的结果。

1. 政治的集中。变成了无底深渊的首都在吞没一切资源,吸引一切富人去从事证券投机,使人们愈来愈厌恶农业。

2. 税收和勒索方法的增进、间接破产、预付款项以及吞噬未来的手段等等。在1788年,奈克尔还不知道该从哪里去弄到弥补年度赤字的五千万法郎。现在人们有办法弄到的不是五千万法郎,而是五亿法郎去应付1788年的预算。

3. 海上垄断的巩固。海上垄断在1788年曾遇到竞争对手,并且受到抑制。现在它是独一无二的统治者了。因为欧洲人还没有指望能够恢复具有对抗能力的舰队。

4. 所有权的侵犯。这种侵犯,以革命为借口,已成惯例,对下面这些政党来说,以革命为借口是办事的准绳:法国施行没收充公制,西班牙与葡萄牙起而仿效,这种方式将占上风,因为现在只有混乱才能保证成功。而混乱乃是和野蛮制度衔接的一个特点。

5. 中间体的衰落——阻碍政权行使的省各级代表会议、议会和行会的垮台。正是由于它们的垮台,才能够在奈克尔连五千万法郎都弄不到手的地方每年获得五亿法郎的增援。

6. 对区郡的掠夺。这种掠夺可耻地以征收入市税捐作为补偿,而入市税捐则引起工业凋敝、市民反感,并且产生种种商业欺骗以及合法的贩毒行为。

7. 司法的堕落。对于贫民申诉变相的拒不受理,以及由于产权上的细分和日益无能的法律的复杂化所引起的诉讼案件的增多。法律对于已供认盗窃了七千六百万法郎的供应商装聋作哑,可是对偷了一棵白菜的穷人爱里桑多却非常严厉,竟然判处他死刑。

8. 制度的不稳定性。即使不乏真知灼见,这些制度也因此无能为力,而且由于完全缺少正确办法,在一切行政部门都遇到障碍,甚至不能在彼此适合的基础上正确地划分地段。在这方面是没有任何规则的。

9. 分裂就在眼前。加立刚教派①依靠圣路易和鲍修艾的见解很快地就会走向分裂,用以反对过火的野心和奢望,从此便产生内战。

10. 内战,即由于对社会政治的无知而引起的纠纷。由于这种无知,便不会懂得按序列前进,以发现任何协调的道路。

11. 邪恶的继承。习惯上采用由失败的政党所引进来的邪恶,如摸彩、公开赌博以及其他可耻的税收手段。

12. 政治上的无耻行为。基督教强国对伊斯兰教徒和海盗不惜采取卑劣态度,他们消极地互相串通,向海盗纳贡,并支持贩卖黑奴。

13. 商业精神的发展。位居要津的证券投机者,玩弄法律,侵占工业的全部果实,与政府分庭抗礼,并到处煽起赌博狂。

14. 商业由于具有贬义反而得到实惠。马赛之所以造船,为的是拘捕基督教徒,并借以充实非洲的牢狱。南特则设立刑具工厂,以折磨他们无视法律而从事贩卖的黑奴。其他城市则引进英国的牢狱习惯,在那里,人们一分钟也不停地劳动达十六小时之久:商业危害越大,商业的实惠也就越多。

15. 工业丑闻。弄虚作假由于受到包庇而日益泛滥,由于物资过剩而产生的萧条性危机频繁重复。为了出售大桶酒而获得巨利,就宁愿放弃田里的庄稼。还有,由于联合税的收税人对赠与者的盘剥勒索,因而阻塞了慈善事业的道路。

---

① 加立刚教派,信奉天主教,但对罗马教廷方面,则主张维护法国教会的自由和相对独立。——译者

16.受到优待的白种人买卖。甚至原来没有这种习惯的大国,例如埃及的帕夏,人们也听任它染上这种习惯,而且只用外交上无意识的辞令来对付它。

17.铁贝尔①时代的风俗。自上而下直到士兵中都建立起来的间谍网、告密,以及虚伪、卑贱和派性所固有的种种邪恶的显著的进展。

18.雅各宾风气的传播。连反雅各宾党人的政党都袭用它的全部策略。制造阴谋和善于诽谤的手法普遍盛行。这样,就从近代人的性格当中夺去了所残存的一小点高尚品质。

19.破坏成性的贵族。在1788年,他们曾经倾向于正确地改善工作的思想,而现在他们又陷入野蛮状态,一心要破坏工业,因为工业在选举时期对他们不利。

20.文艺界的水战表演。学者和文人都树起"破坏文物狂"的旗帜,为了取悦公众而彼此攻讦。他们已向公众注射爱好诽谤中伤的毒素。他们只是为了窒息智慧,湮没有益的发现才联合一致。我们的举选自由酿成了新的德行的三重奏:破坏成性的贵族,造谣中伤的市民和浸透了尖酸刻薄思想的学者。

21.破坏性策略。或称加速性策略,使战争的损害增加了一倍,并使野蛮的习惯,例如旺代式的内战②、游击队、国民兵、妇女和儿童的武装等死灰复燃。

22.鞑靼主义的倾向。它是通过征兵制和动员的形式出现

---

① 铁贝尔,古罗马暴君,以残暴、多疑著称。——译者
② 旺代,法国西部一省,1793年法国资产阶级大革命时期,法国西部各省的保皇派为反对革命而掀起内战。此处旺代,即指内战。——译者

的，这在普鲁士已见诸实施，在俄罗斯的阿拉克契约夫的统治下，更是大规模地尝试过这种办法。可是这种办法一旦引进到几个帝国，便迫使所有其余国家，本着安全措施，都采用鞑靼人的组织形式。

23. 野蛮人也熟悉策略。这是加强伯尔伯利人①的海盗行为并很快形成土耳其人的海盗行为的可靠手段。土耳其人后来强迫所有弱国都要向达达尼尔海峡纳贡。

24. 四种瘟疫。我们只知道东方的老瘟疫，还必须加上更危险的黄热病、造成大量死亡的伤寒病和已从孟加拉传到阿勒颇的霍乱病。这是日益完善的完善境界的四组舞。

……

让我们总结一下所有这些关于退化的征兆和特点。其所以退化，是由于在按序列前进的速度缓慢，也是由于广阔的工业同迟迟不前的社会制度之间的失调。我们可以把这种混乱现象归之于四种根本原因：

科学的道德沦丧。顽固地拒不探讨被忽视的研究部门，并且耍尽花招，企图说服人相信下面的话：一切都已发现了，一切都变得尽善尽美了，而对发现者却应该加以嘲笑。

科学的物质堕落。这是由于对化学的邪恶的利用而引起的。这样的利用只能欺负穷人，供给商业以改变和膺造人民必不可少的各种食品的方法，仅仅把找到天然食品和饮料的机会保留给富

---

① 伯尔伯利人是指埃及以西的北非的几个国家的人，包括摩洛哥、阿尔及利亚、突尼斯、的黎波里等地的人。——译者

第十二概述　指路灯和误差的特点

人。

智力倒退。这是由于滥用智慧所引起的。政治上的白内障，虚伪原则的统治，这些都在博爱的假面具下拒绝给穷人以任何保障，并否定人的天赋权利，否定正义法典所应该补偿的权利，即：

1. 狩猎权
2. 捕鱼权
3. 采摘果实权
4. 放牧权
5. 对外偷窃权
6. 无忧无虑权
7. 内部结盟权
⊠. 称心如意的自由权
K. 按比例的最低限度生活权

这些虚伪原则使我们离开对于上帝意旨和命运理论的任何研究。

政治上的倒退。停滞不前的精神状态支配着宫廷和大人物。这些人不去怀疑那个倒退的方法，即哲学精神，而他们怀疑的反倒是社会进步的思想。由此便产生双重谬误：政府的谬误是不信任有益的新生事物，并把这种新生事物与哲学混为一谈；普通人的谬误是顽固地希望从哲学家那里获得好处，而哲学家是反对研究能够导致真正进步的任何新科学的。

请注意上面所列举的有关退化的二十四种特点，还可以增加一倍的数目。它们对文明制度时期来说是偶然的，而不是主要的。文明制度只要加速自己的行程，及时地从第三阶段升到第四阶段，循着社会的阶梯上升到它在工业方面所上升到的同样高度,它就不会受到这些邪恶的侵袭。它所拥有的工业对第三阶段来说确是过多,但对第四阶段来说又嫌太少。因此,这种过剩不是主要的弊端,而是偶然的弊端,是兼有离心性过剩和同心性过剩两种变体的弊端。例如,缪卢兹①采用离心的方法把工厂聚集在远离大海的地方,而这些工厂的原料或产品来自海外又回到各个海岸;勒阿弗尔则采用同心即集中的办法,把手工工厂集中在北部,建立了一个巨大的货栈,因而把罗亚尔省、加隆省和罗尼省都搞空了。

如果忽略建立社会阶段与工业阶段之间的平衡,如果社会结构仍然停滞不前,即滞留在文明制度时期的第三阶段,而工业结构却迈着巨人的步伐前进,那么这便扰乱了整个运动的作用,从而就会产生我们现在所见到的奇怪的现象:拥有巨大的工业,但这种巨大工业应用在低级阶段上,因而不能挑起重担。在看到我们的经济学家本应感到害羞的不协调状态,在看到作为工业肿瘤的后果的贫民大军时,我们的哲学家竟然大喊大叫起来:向不断完善的进展何等迅速啊!可以把他们自己所主张的关于匀称和联系的必要性这一原理(tantum series juncturaque pollet)向他们提醒一下。如果你们希望在工业上勇猛前进,你们就该懂得沿着社会序列按比例地前进,至少要上升到能够容纳和调节这个庞大工业的文明时期的第四阶段。只要我们沉沦在文明制度时期的第三阶段中,这个庞大的工业就成为政治上的肿瘤(参看第四十九章关于第四阶段一文)。

---

① 法国城市,阿尔萨斯省纺织中心。——译者

关于第六编的摘要

建立科学反对派的必要性

关于文明制度的已知细节的分析,就到这里为止。有待论述的是关于尚未来临的第四阶段。不过,既然这第四阶段有待创造,那么这是属于综合文明制度结构的论题,而不是属于分析它已经发生的各个阶段的论题,而且我已经描绘过这些阶段的特点。我想应该总结一下八类特点,并指出我在表中为了避繁就简而有意留下来的两个空白点。

文明制度特点的分配

基本的特点	顺序连续的,支配一个阶段	XLI
	经常性的,支配四个阶段	XLII
有联系的特点	商业性的(以类别分)	XLIII
	商业性的(以品种分)	XLIV
照明的特点	和谐的再现	XLV
	颠覆性的再现	XLVI
误差的特点	接种的倒退	XLVII
	偶然的蜕化变质	XLVIII

除这八种外,还应该加上两种,作为补充,即:

⋈. 枢纽性的,这是从经常性特点中抽出来的部分。下面的三种特点就是如此:

不论幸福还是不幸福,后果始终是复合的,而永远不会是简单的;

奸诈的和暴力的政策的融合物;

集体利益和个人利益的对立性。

K. 中间性的,这是毫不掩饰地或偶然地从低级时期借用来的特点,如:

从野蛮制度即第四时期借用来的军事法典;

从宗法制度即第三时期借用来的长子继承权;

从蒙昧制度即第二时期借用来的遗弃弱者的习惯;

以及从原始时代,即已不复存在的第一时期因袭来的借用物。

(注:我们在这些性格当中看到一些向文明制度和野蛮制度接枝的特点;尼泊尔、爪哇、朗撒罗特、哈姆、拉普兰和其他地方的显花习惯①就是如此。这些地方显示着在大溪地岛早已确立的显花制的光影。)

凡是人们所指出的文明制度的特点都离不开这十个类别当中的一个。对于那个内容异常丰富的类别,也就是经常性的特点这一类别,我们只稍微接触了一下,而且我把它们同枢纽性的类别混在一起了,本来却是应该分开来谈的。在这一编中,我只想约略指出全面分析文明制度所需要做的巨大工作,并且指出那么许多哲学家竟然如此轻率,他们为了发现新的主题,作了一番枉费心机的努力,却并不曾在所揭示的多种主题当中发现那个最容易、而且最和他们的知识相类似的主题。原因是这个主题只要求承认真理,承认目前占支配地位并被误认为完善途径的那些东西只不过是种

---

① 显花,在这里指的是赤身裸体,不穿裤子。——译者

种邪恶而已。

现代的才智之士竟然一事无成，其原因何在呢？这是因为学术界缺少一种必要的动力，缺少反对派，也就是缺少一个在科学事业上起对抗作用的团体，这个团体能出面指出科学的错误，指出科学故意在各种研究中留下空白点的错误。哲学家们说，反对派是各种自由的保护神，可是，为什么又把反对派排除于学术界之外呢？学术界缺少这种动力，而且也很少想到这种动力，以致没有一位学者能够说出应该怎样组织一个经常可以发生牵制作用的学术反对派。

担心出版界会肆无忌惮的那些政府，本应该考虑到建立科学反对派的问题，本应该利用哲学界用以反对政府的武器，即反对派和智慧之光，来反对它的天然敌人——哲学。

如果学术团体都倾向公平，倾向自由的保障，它们便会承认，在我们这个时代，诽谤比哥伦布时代还要恶劣得多。它们也会承认，现在的人不愿意倾听任何有益的新生事物的呼声。不是政府，而是这些虚伪的学者们在推行蒙昧主义。为了抵消他们的影响，就必须有一个反对派来提醒这个时代所必须进行的种种研究，借以保证凡是作出有益的发现的任何人都能得到保护和受到欢迎。

但是学术界只愿意看到在研究方面的杂乱无章现象，它甚至不想要人们辨明方向，不希望人能认识自己所走的道路和分析文明制度。反对派正是要在这一点上开始激起人们对文明制度进行分析，对文明状态以前所经历的各个时期进行研究的兴趣，以便通过比较的方法使人认清，人们究竟是在恶的历程中前进，还是在善的历程中前进。通过这样做法，人们便会证实，文明制度仅仅是在改进工业,但它却随着工业的发展而败坏风俗。因此,为了实现幸福生活,就必须发现另外一种社会结构,这种社会结构不仅能对风俗习惯施加影响,而且能从工业发展中产生出正义和真理来。

科学不是真诚地追求这一目的,而是固执地进行欺骗,它声称:"'文明'一词的天然含义是进步、发展的概念,它是以人民在前进为前提的。这就是公民生活和社会关系的不断完善,这就是在所有社会成员间进行最公正的力量与幸福的分配。"

上面这些话,是在诡辩论必然受到欢迎的巴黎讲座上一位教授所说的。作为对他的回答,不妨请他到玻璃厂和其他工场去参观一下,看看替教授的游手好闲的听众们的癖好服务的工人们究竟在享受着什么样的公平分配和什么样的幸福!按照他的说法,文明制度拥有一切完美的东西,一切进步和发展,如果真是如此,那么野蛮人也都成为文明化的人了。因为野蛮人在中国、日本、印度半岛和波斯都大大地改进了工业。但是,如果对野蛮制度和文明制度的特点进行分析,那就会承认两个社会时期的距离真是十万八千里。

完美化不仅应该适用于工业,其适用范围同样还应该包括习俗和社会结构在内,而这正是文明制度经常加以败坏的两种关系。完美化适用的范围其实极其有限,它仅仅在三种行业中,即科学、艺术和工业中,继续进行野蛮人已经开始并且已初具规模的研究。这个任务一经完成,文明制度便再没有别的事情可做了,只有销声匿迹,让位给别的社会。因为这些社会将使一切至善至美,包括习俗和社会构造,同时还能使在文明制度下已经中途停滞的科学和工业精密化。关于这一点,通过情欲谢利叶的劳动图表可以判断出来。

此外，如果说"文明"一词是以人民在前进为前提的，那么为什么我们的世纪竟如此笨拙地停留在文明制度这一历程内，而不能够进入第四阶段呢？同时，这个世纪却在无谓地忙乱着：它制造一大堆的宪法和体系，宛如一只在自己的圆圈子里跳跃，却又不离开自己的位置的松鼠。可怜的世纪啊！它赞美协作的精神，但它为什么不设法把自己的才华和无益的辞令同有发明天才的人的健全思想结合起来呢？更何况这种天才会向它指出摆脱文明制度迷宫的出路，指出会给它带来财富和荣誉的那些新科学的途径！

第 七 编

运动的全面综合

第十三概述　社会世界的初期

第四十九章　文明制度第四阶段及其在跨进保障制度以前的中间阶段的结构

本编的内容是帮助松弛精神的科学趣谈。在这里所谈到的各种趣闻中,有即将崩溃的那个被称作商业的庞然大物。凡是既非银行家又非商人的人,都会对下面的想法感到兴趣:怎样才能做到压死这条使国王们胆战心惊、唯命是从的七头怪蛇呢？想起来倒真有趣,只需发布一道敕令,这个小小的动作就能够使政府掌握商业、银行以及这两个吸血鬼所无法获得的更大的利益。之所以如此,是因为商业和银行,作为新的寄生虫,已经油尽灯枯了。这种改造,即使人们迟迟不建立和谐制度,也总是要发生的。

占领这个领域,可以用两种方式来实现,一是用粗暴和强制的手段,由此产生文明制度的第四阶段；另一种是用竞争和诱惑的方式,由此将出现中间阶段和保障制度的第一阶段。

人们会说,在两者之间的选择用不着犹豫,当然是第二个方式好。这点是无关紧要的。人人总喜欢自己所期望的东西。但是,我必须把选择的一切可能性,不论是好的还是坏的,描绘一番,而且要从进步性最差的开始,也就是从激烈的方式开始,它只能导致文明制度的第四阶段。其次,我将谈到竞争的方式,这种方式巧妙、简便并且有利可图,它导致远比文明制度更高的境界。可是,我还得介绍一下各种可能的进展,即介于文明制度同和谐制度之间的各个时期、各个阶段的序列。这正是第十三概述的主题。

来吧!巴黎、伦敦、阿姆斯特丹的交易所中的精明的健将们。你们即将博得的不是一片赞扬,而是不断的嘲笑!来吧!掠夺成性的侏儒、金融家、生意人、贪图小利的搜刮专家们,你们在能捞取几十亿法郎的地方,捞到了几百万就住手了!你们的才能只限于吞噬现在和未来的收益。如果你们在盗窃方面高明一些,你们就会抓住基金,而不是捞取收益。这正是你们这些小人物办不到的事啊!你们的分量是和你们的世纪相称的。在犯罪行为上,你们是庸碌之辈,正同你们的世纪在政治才能上平庸无能一样。在盗窃国库方面,你们只懂得小规模接触,而不敢设想大决战的计划,即攫夺基金的计划。

近代的帝国在不断增长的国债的重压之下喘不过气来。它们都走向破产,在西班牙就发出了破产的信号,这是众所周知的事。因此,即使对上升到协作和谐制度的途径一无所知,也应该发现新的资源来弥补文明制度日益增长的开支。有些诡辩者说,要把土地变成钱用;可是政府必须先拥有土地,至少拥有部分土地,才能把它变成金钱。我们即将看到,只要政府拥有三分之一的土地,便无须把其余的三分之二变成金钱了。

在这个问题上,假定有一个国王,他为哲学家们的思想贫乏而感到烦恼,心里在想:看看能否借助常识来实现由于哲学争论而远离我们的种种幸福,防止贫穷,消灭公债,制止破产和证券投机,并在商业上用真话来代替谎言!

假定这位国王,并不具有发明的天才,而只是拥有像老虎苏丹穆罕默德那样的坚强意志;假定这位国王决心进行尝试,首先是由于缺乏真实科学而采用强制方法的尝试,那么我们就可以看到这个带有孤注一掷的主张已经会把我们引向目的地了。

按照这个计划,这位国王会主张强制执行经济联合体的办法,把整个贫穷阶级和所有不能自给的家庭都集合在官办农场里,在那里,花很少的钱便可以向他们提供愉快的、生产效率很高的多种工作,可以在花园,也可以在牲畜棚和随意挑选的各种工厂中工作。可以就农村人口十分之一的比例建立像这样的农场,因为在农村里,一千户中有一百多一点农户缺衣少食。每四百户建立一个农场,以便在每一个农场中至少聚有为数二百人之多的四十个户。这是为达到下列三个目的所必要的数目。这三个目的是:日常所过的生活又好又经济;工作又多样化又有利可图;管理费用又节省又低廉。

要迫使贫苦阶级加入官办农场。正像把宽轮圈套上轮子一样,应该迫使文明制度下的人做好事,事后,他们会感谢强迫他们的人的。此外,有四十户的农场将是十分愉快的居留地,这并不妨碍工种多样化和在各个工种之间进行选择(如园艺、牲畜饲养、大田劳动和工厂劳动)。

掌握了商业这个最有利可图的行业,而让每个农场把商业的各个细小部门,诸如银行、抵押贷款、代办商、仓库、销售、采购等汇集起来,这样,农场就有生财之道了。政府在典当业上干了极不光彩的勾当,那么它对经营其他更加高尚的行业还有什么可以踌躇的呢？

我在前面提到过,把文明制度提高到第四阶段必须加以发展的两种萌芽,是典当业和行会师傅团。我已经讲过其中之一的用途,剩下来要讲的是行会师傅团。

决定只能有多少人从事某种职业,有多少鞋匠,多少掮客,多少屠夫等,这是既可笑又可恼的事。这种数目应该随着时间和就业机会而有所差异。行会师傅团决不应该限定数目,也不应具有排他性。只须凭借日益增长的营业执照税就可以取消多余的那部分人,排除一切在经济能力上不能促进连带责任制的人,而连带责任制则正是政府的目的。连带责任制应适用于可能宣告破产的各个阶级,适用于工商业者。如果1829年的某种营业执照税是一百法郎,那就应该逐渐提高它,到1830年是二百法郎,1831年是三百法郎,1832年是四百法郎,以此类推;保证金方面也是一样。

这样,岂不是把被营业执照税压垮了的所有最穷的人都赶走了？这正是我们的目的所在:让这些穷人们回去种庄稼,在官办农场里有他们的位置,可以成为股东,也许是职工。如果他们没有资金,他们就应该离开商业,因为干这一行,稍受震动或者稍有停滞就会陷入破产境地。如果他们有资金,他们就继续经商,因为不断增加的营业执照税,削减了大量人员,就会扩大少数人的商品销售量,对这些人来说,这种诱饵可以使他们接受连带责任制,因此很有必要。只要整个社会把每年自己的收益,甚至把资金托付给商人,那就应该向他们要求作出连带的保证。在桑德利哀宣告破产时,巴黎人遭到浩劫,因此他们要把上项规则适用于汇兑商。可是,商业太强大了,它不受镇压性法律的管辖,宛如一个仆役在牵

第十三概述 社会世界的初期

着主人的脖子走路一样。

有人要求现在就进入连带责任制的行会师傅团与官办农场这些机构在组织上的细节问题,以及与国库有共同利害关系的股东的入股和参加活动的方式问题,还有关于管理方面的所有细节问题加以说明,可是,我不能在作为内容简介的一编中,对上述特征一一加以说明。现在,我仅限于指出我们的行动的一些基础。人们看得清楚,这种行动涉及两个并非假想的萌芽。这不是由体系制造者的动力而造成的,因为我们早就看到这两种萌芽在发生作用,但没有预见到它们今后可能的发展。在这方面,请注意政府处在商业魔爪的控制之下,应该谋求抵抗的手段,而最自然的办法是通过竞争攫取商业。

阿基米得说过:给我一个支撑点,我可以撬动整个地球。就这件事来说也是一样。有一个支撑点,你就能对抗商业,它一时一刻也站不住,因为它既没有行动上的一致,也没有舆论的支持,原因是舆论憎恨欺诈行为。对政府来说,这种支撑点在农村是由官办农场或收容农场构成的,而在城市里是由小的行会师傅团构成。在城市里,由于连带责任制和越来越增长的保证金,就可以使行会师傅团处于从属地位。

后面,我会指出商业的侵占方式。请注意,这是有关政府荣誉的事。政府处于证券投机商的戒尺和屠刀之下。一次证券投机活动,一场人为的饥荒便推翻了拿破仑,办法是用拖延来引起土耳其人的怀疑,并促使他们缔结和约,这就使俄罗斯战役彻底失败了。证券投机者会用同样的方式抗拒一切君主。

另一方面,受到债务和逼近眉睫的破产的熬煎的国王们,应该考虑扩大自己的收益。只能从商业方面获取收益,因为商业聚金千万,而还在那里哭穷叫苦呢。商业最赚钱的那一部分是高利贷:1800年人们注意到,犹太人十年内在"内莱茵河"四个省份(迈因斯,特莱夫,哥伦,戈布伦斯)通过高利贷侵占了四分之一的地产。政府应该以官办农场作为媒介夺取这个部门和其他部门。这样,它很快就会获得三分之一的地产,同时又会照顾到所有债务人。它将在法国获得一座年收入二十亿的产业,其中一半归股东和代理人,另一半归政府所有,日常税收在外。此外,政府通过由自己任命的八万名公职人员在所有官办农场中施加影响。诚然,在营业执照及其他方面,政府会丧失某些收益,但这些损失将从扩大农业和五十万生意人转入生产性工作而获得更多的补偿(这里我讲的仅仅是法国)。这就是用以代替被称作财政计划的那些小玩意的宏伟行动。关于这种财政计划,可以说是"蠢者多福",因为没有头脑的人,没有发明智慧的人,凭着被称作财政计划的那样可怜的构思,竟然赢得盛名及肥缺。这样做,便把国家拱手送给高利贷者,而不是把高利贷者交给国家处置。

第五十章 第六时期(即保障制度)的局部结构

我不得不略去细节,把读者带进这样一个时期:官办农场和收容农场已经巩固了,并且在经纪大员的领导下已经大规模地展开活动。在这个时期,官办农场或收容农场正在接近自己的目的,就是使人民幸福,使人民为加入农场而感到自豪。他们对新的地位而感到自豪,正如同他们现在为自己的哲学遭遇,为没有粮食的茅屋,为嗷嗷待哺而不得不饱之以老拳的成群儿女而感到惶惑不解一样。

实行这种彻底的变革要付出多少代价呢?几乎不花分文:只须做一些简易的工作上的改进就行了,例如建立幼儿的教育大厅(第三编),供给园艺小组帐篷或天棚,先垫支一笔工作服费(以后用产品来偿还)。这点小意思,加上丰富卫生的食品和无忧无虑的生活的种种好处,便足够使整个贫苦阶级厌恶自己的讲究道学的小家庭,出卖自己的小块田地,而纷纷要求加入农场。

从一开始,这些农场就会拔掉农村中贫穷的根子。没有一个乞丐会得到施舍,人人都会对他说:"去收容农场吧!在那里,任何穷人都吃到好饭,都找到任意挑选的工作。"至于残疾人,由农场负责收容,只需多缴纳几个生丁就行,这笔补缴的费用,由大约有两千到三千居民的乡村负担。

不会再遭遇到饥荒。农场的地窖和仓库里贮藏着粮食。任何政府都不会担心饥馑。水土气候和森林的恢复有了保障,这是由于柴火的消耗大量减少,而盗窃森林的现象也接近绝迹。几个炉灶将代替五十个,甚至一百个浪费木柴的穷苦家庭。这些家庭经常偷公家的木柴,因为偷窃是贫苦农民和道德学所重视的小户人家的一种职业。

在每个乡,由于建立园林和收容农场,都是家禽满院,牛羊成群,并且有成堆的新鲜蔬菜和珍贵嘉果。为了工人们的娱乐起见,收容农场对园林和畜圈精心管理的程度,远远胜过大田劳动。总之,人们在这里已经会具体而微地看到我在协作社概述中所描写的大部分幸福了。

最显著的好处是商业的垮台。所有收容农场,在大臣和省长的撮合下,相互协调,借以摆脱中介商而直接从事买卖活动。它们有大量可供出售的食品,因为它们向那些小庄稼人或小地主提供仓库,这些小庄稼人和小地主既无良好的谷仓和地窖,又无众多的仆役,因此很愿意把粮食寄存在农场。当然他们为了搬运和出售的费用须要缴纳少量的钱,此外,小地主把粮食存放在农场仓库时,预先收到一笔低利的垫款,从而避免了使粮食贬值而过早脱手。

从此,所有的商业之友和成群的商人,都将一无所有,如同一大串的蜘蛛,在蜘蛛网进口被封住的时候,由于缺乏小虫而终于饿死在网上一样。商人的垮台是自由竞争的结果,因为人们并没有阻碍他们从事贸易。不过,没有一个人再相信他们了,原因是收容农场和收容农场省办事处(我在这里暂不能叙述其组织)都会提供真正的充分的保障。有德行的商业爱好者没有别的办法,只有痛惜骗人的黄金时代,痛惜哲学的无政府状态和无竞争的商业自由的良辰美景一去不复返,而吹起退却号了。因为商业上的放纵根本谈不上竞争,只是在欺骗行为上才有斗争,并且总是最大的骗子们取得最大的成功。

商人的退却便会导致三位一体的仓库的建立,或在大臣领导下而进行活动的三重办事处的成立。由于有三个竞争者,这样,便会展开充分的竞争。三个仓库中的每一个在各个城市和各大市场都建立起自己的办事处,就地和官办农场通讯,而每个官办农场可以自由决定把粮食存放在三个仓库当中的某一个仓库或所有的仓

第十三概述 社会世界的初期

库中。

可以支配的资金都在官办农场手里,因为囤积居奇者、银行家或商人都不存在了,当然也就不会在他们那里存放资金。资本家只有在土地、工厂和合理企业上才有用武之地。上述的三个仓库,除了小量必需的维持费外,是不需要其他资金的。

一切工厂,至少是大部分工厂,都将会离开城市而分散到各个官办农场。在那里,工人可以变换工种,轮流在园林、畜圈和工厂等地方工作,过着愉快舒适的生活,而在城市的阁楼里的生活则是艰苦的,一年三百六十五天从早到晚都干着同样的活,大大地损害健康。

我现在不谈在收容农场中工人的营养和人民的幸福生活。在这篇概述中可以看到,大机构是如何有利于培养人民的善良风尚,只要这些机构不是按照哲学方式在所谓经济学家的指导之下组织起来就行,而这些经济学家,既没有人查他们的账目,也没有人盘问他们的非法收入。可是在官办农场,账目对持有一定股份的股东和他们的任何代理人都是公开的。

让我们再说一遍,贫苦阶级会急于出售自己的小块土地,购买农场股票,加入农场,在那里过幸福生活,而抛弃他们没有面包的讲究道学的家庭。剩下来的分散经济,只有富裕地主的经济和富裕佃农的经济,他们以高价雇用仆役,因为这些仆役倾向于农场,而不是倾向于富裕的地主和佃农。农场会把从还不起债的债务人那里获得的大量土地同这些零星地段合并起来。这样,它很快就会占有三分之一的土地和产业机构,其产值在法国估计为六十亿,将产生二十亿的收益,可能提高到三十亿,其中十亿归国库,二十亿归股东和合作者。

要注意到农场，由于它给下层阶级带来的乐趣，而变得有利可图。按照和谐法郎吉的方式，农场在节日将会给人民以真正的盛会、美酒佳肴、舞蹈、游艺等，而在我们的乞丐收容所中，人民所受到的却是体刑和惩罚，国家每天还得在那里为每个穷人支付二十五个苏（请参阅波拿巴统治时期在奥威尼所建立的克莱蒙乞丐收容所的详细开支）。相反，每个穷人在收容农场中会生产二十五个苏的价值。人们有晋级的机会，用对股票固有的占有欲，用由农场负责对子女的教育而产生的无忧无虑感来刺激他工作。一俟儿童人数足够组成团和队，至少是三个团而不是五个团的时候，教育就会接近谢利叶制和劳动的引力了。

我不在这里谈有关真实保障的细节问题，这种真实保障在收容农场占支配地位，而正是这种真实保障导致对批发和零售商业的垄断。这位凌驾国王和人民之上的暴君只不过是个泥足巨人，只要知道用迂回方式去袭击他，他便会不攻自破。如果正面打蛇，就会被蛇咬一口；因此应该抓住蛇的尾巴，使蛇失去它的支撑点，而这正是奥地利的大臣以及一切像他那样想方设法镇压商业非法活动的人们所忽视的一点。这些人都犯了双重错误：让商业保住支撑点，而却不给政府以任何支撑点。当一个时代在行动上如此笨拙的时候，听到人们同意波拿巴的话，说"你对商业一无所知"，那还有什么可奇怪呢！我看不如说，你对社会政治一无所知，倒更恰切一些。

在这个商业被称作无孔不入的巨人身上，人们至少应该看到那些欺骗伎俩和极其恶劣的蒙昧主义的属性。如果我们的道德学家确是诚恳地追求真理,他们早就会看到真理绝不在商业那一边,绝不在蒙昧主义的庙堂那一边。因为任何对科学艺术微露兴趣的年轻人都受到商行的排斥,而没有得到晋升的机会。难道我们的良知不促使我们去怀疑这个愚昧与欺骗成性的吸血鬼(何况它日积月累地终于把持了全部财富)吗?即使不知道有抵御商业的手段,只要有个一般性和预防性的垄断机构就会少受些损失,这难道不是一清二楚吗?行政和哲学,既然认清了在像医学和制药的各行各业中存在欺骗的危险性,难道它们就认为在商业这一行中给欺骗伎俩大开方便之门,并且鼓励把商业人员的人数增加到超过必需量的二十倍是件好事吗?现代人竟然如此无能,如果不是由于一味固执地信赖政治科学和道德学,难道还有别的原因吗?因为这两门学术的策略恰好是推崇一切占统治地位的邪恶,而不去寻找补救的办法。

在这两章中可以看到,在情欲谢利叶发现以前的真正进步的情况下商业所遵循的进程。在这一进程中,我本来可以分辨很多级别,其中最低的形成文明制度时期第四阶段,最高的是保障制度时期的第二阶段。保障制度即第六社会时期,也是我们即将谈到的幸福开始时期。

从这一章中可以对政治作家们的本领得出一个结论来。他们说是要使权力均衡,要使社会机构实现平衡,而他们做的却是把工业运动的领导权交给商人等级。这个商人等级,通过滥用欺骗的手段,侵占所有财富,控制流通的命脉,使政府本身处于瘫痪状态。我们的经济学家对这些工业上的哥萨克人不采取任何对抗措施,也不建立任何本着真理而行事的行会来进行抵制。从此,谎言势必通行无阻地取得胜利;虚伪之树眼看到茁壮成长;银行、证券投机和商业日益积聚财富,而可怜的农业则在苟延残喘,没有发财致富的门径。这就是现代哲学家的成就,他们的作品总是玩弄着平衡、牵制、保障、均等和热爱庄严真理这些字眼。这岂不是博马舍所说的:"才子倒是愚蠢的",或者说"信赖文人雅士的游手好闲的人是愚蠢的",而政府竟"看不到自己缺少一个支撑点来抵制商业",这岂不是瞎了眼睛?

第五十一章 第六时期的完整结构

我在这里所考虑的是整个保障制度。常识首先告诉我们有两种保障,即作为贫苦阶级生存与福利的劳动保障,和对中层阶级与富有阶级在社会关系上的真理保障。

哲学不愿意听到这两种保障的任何一种,它肯定商人的放肆行为,这些商人在买卖关系上把普遍的欺诈放在统治地位。哲学然后就制定一种法律,使一切无防御能力的诚实的所有主都受到生意人和法官等的掠夺。

以上是对富裕阶级来说的。至于贫穷阶级,哲学给他们的,只不过是苦难居留地的乞丐收容所和称为大工厂的工业监牢而已。这是两种牢狱,穷人在那里过着人间地狱的生活。

我已证明必须想出两种办法来:一种办法为富人在经济利害关系上建立安全和诚实的保障,另一种办法为穷人建立福利的保障,这并不是件难事。在文明制度下,穷人如果成群地要求工作和面包(因为单独要求必然遭到拒绝),或者如果他们敢于要求减轻劳役和体罚(为了赚取微薄的生活资料,他们就受到劳役和体罚的折磨),那么他们除了被枪毙和处死以外,便没有别的保障了。接着是披枷戴锁地为了恩赐的宪章而去送死,却挂着自由人这个漂亮的招牌。这些就是哲学为它称之为朋友的人民所想象出来的保障。这是在友谊上的多大的天才啊!

总的来说,保障要适用到十二种情欲方面,或多或少地保证每种情欲自由发挥作用。只要保障能引申到九种称为感性的和热情的情欲,那么问题就解决了。因为接着它就会引申到另外三种称之为起杠杆作用的情欲。

在产业关系上,就货币制度来说,我们有一盏起保障作用的明灯,我们本应该使这盏灯的光亮普照全部商业。富有竞争性的三位一体仓库就会有这样的效果。这将是具有双重平衡的一种管理机关,一方面有个别出售的自由,另一方面有监督股东所起的中介作用。官办农场和收容农场就属于这一类机构。

各种保障应该像推广适用到其他情欲那样,也推广到所有感官的快乐。可是哲学,以个人自由作为借口,剥夺了社会全体的感性幸福。让我们审查一下感觉这方面所遭受的损害吧!

第一,触觉。触觉中最珍贵的一项是同空气的接触。污秽的空气可以致人死命,可是,哲学家们肯定了有害健康的建筑自由,这些建筑使八分之七的幼儿在生下来的第一年就死去了。触觉上的保障制度禁止这些危害人的建筑,它将施行一种建筑法典,既为健康和美观提供条件,又使房屋内外的设施都恪守这两个条件。

第二,视觉。视觉在各个方面都受到在建筑上放任自流的损害。我们看到那么多的艺术破坏者在兴高采烈地干着丑化环境的事，建立一座除了挡住半打邻居的视线以外便没有其他好处的墙壁。这正是小人物们的最大幸福，他们喜欢丑化住宅区及其周围，侵犯邻居，为的是博得自由人的美名。哲学为这种艺术破坏行为叫好，它称之为自由，其实，同缺少牵制作用并且不受十二种保障制约的所有个人自由一样，只不过是一片混乱而已。人们以为轻视"愉快"的保障，如同轻视和谐建筑的保障一样，是明智的证明。在这个问题上，人类精神犯了一个使人遗憾的错误，因为忽视了作为视觉保障一个部门的和谐建筑，这就错过了发现近似协作体制的机会，而和谐建筑本来是会把人们引到这方面来的。

第三，听觉。法兰西民族自命不凡，可是它的听觉，正同它的头脑一样，是有问题的。只有一个城市是例外，那就是图卢兹。这个城市的居民，或者至少一部分居民，他们的耳朵是灵敏的，可以在戏院合唱团里歌唱。在图卢兹可能做到的事难道在整个法国就做不到吗？那么，为什么听任几个世纪白白过去而竟然没有考虑到恢复听觉器官呢？道德学回答说，这毫无用处，真正的共和人士只该忙着种萝卜。道德学正是用这种愚蠢的原则来搞乱文明制度民族的判断能力。在保障制度的秩序之下，有益和愉快必须齐头并进。如果不顾愉快的保障，那么其影响所及必然也就失去有益的保障，从此，文明制度下的人也就失去这两种保障了。在这一点上，文明制度下的人竟那样缺少正确思想，以致他们以自由作为借口，在巴黎允许三千到四千个称为酒商的公共贩毒者存在，这是一些危害人民健康的伪装的真正销售毒品的商人。这也是在味觉器官上缺少保障的事实。

完全沉溺于宪章和代议制的幻想中的现代人，对所有接触到真正自由和协作保障的事物,都患着白内障病。在这里,我只谈物质方面的保障,因为人们认为这方面的东西不值得注意。如果我谈到精神方面,谈到雄心、爱情、友谊和亲属关系的保障,那我就可以从我们的政治上分析出比它在物质保障上所陷入的更大的盲目性。在一切保障部门,我们的政治之所以乖僻,便在于想从有益着手,而不把有益和愉快联系起来①;还认为可以把自然体系分裂开来,接受某些部门而排斥另外一些部门;为凶狠的共和人士的权利建立保障,而对不大凶狠的阶级则不建立保障制度。

如果我创立一种关于社会保障结构的详细理论,人们就会在这里面看到所有情欲齐头并进,而愉快总是同有益结合在一起的。不愿意承认运动上的这些首要规则的人们,他们怎么敢于声称他们是在研究自然而且是自然之友呢?请看他们在这个星球上所建立的美丽的社会本质吧:四种社会制度,即文明制度、野蛮制度、宗法制度和蒙昧制度,真像是地狱鬼卒的产品。如果我们把地球交给魔鬼们去治理,难道他们会组织出一个比这四种社会制度,比这四个藏污纳垢之所还更加丑恶的制度吗?

第五十二章 文明制度前的四个时期的结构

对称为野蛮制度、宗法制度、蒙昧制度和原始时代这几个时期

---

① 这里本该有关于第七时期(即协作制度和简单协作社)的结构的一章。我想还是把它分开来好,放在称作近似的机构这一项目以内,因为事关理论本身,而同第六编以及第七编所提供的反证的关系则比较少。

的分析是科学所不屑理睬的很多课题中的一个。科学对探寻来自洪水时代的古老石块和碑铭却非常积极,对各种无益的工作充满热情,却不愿触及考古学中的有益部门,不愿触及原始社会制度的机构。在地球上到处都留下被称为人间天堂或伊甸乐园的模糊的传说。这是多种初具端倪、不成形的情欲谢利叶的结构。这些谢利叶的存在不能超过三百年。有趣的是,要知道本能如何借助于一定的环境因素,教会了原始人懂得这样完美的结构,而我们的科学,尽管精细湛深,却对这样的结构连一点痕迹也发现不出来。这种社会制度(即小洪水时期以前的原始社会制度)的情景(参看第五十四章),可以提供一些十分有趣的篇章。

当时,有丰富的水果、野禽和鱼类,还有成群健美的牲畜,加上恋爱自由、人口稀少等特点。为了使本能能上升到情欲谢利叶结构的高度,就必须在气候温和和没有凶残野兽的骚扰的地方,把上列有利条件结合起来运用。这种谢利叶结构,由于人口增加,由于上帝在远离温带白种部族的赤道附近所创造的猛兽日益逼近,不到一百年就没落了。那时候白种部族居住的温带要比现在肥沃得多。

人们错误地认为,原始自然状态是一片蛮荒。其实不然:原始人周围的植物和动物比我们现在最富有的租佃庄园的动植物还要完美得多。欧洲野牛和野氂羊是些退化的变种,并不是原始时期的品种。现代野人的情况也是如此。他比一般身高七十三点五巴黎寸的原始人要矮得多。人的身长虽然现在下降到六十三巴黎寸,但今后还要回升到超过原始人的高度,在和谐制度下将超过原始人身高的七分之一,也就是从七十三点五巴黎寸上升到八十四

第十三概述　社会世界的初期

巴黎寸或七巴黎寸。这将是十二代之后和谐制度下的人的平均身高。至于现在的种族，其身高还较极度蜕化的人的身高为低。人们可以通过和几个保存得较好的种族，如阿尔巴尼亚人和门的内哥罗人进行比较，就可以判断出来。阿尔巴尼亚人和门的内哥罗人在看到法国部队时，不能理解这样矮小的人竟然会取得那样大的战果。

如果要简略介绍一下在我们以前的四个社会时期，需要写成的不是一个章节，而是包含四个章节的一篇概述。可以通过对野蛮制度的简介加以判断，由于野蛮制度在阶梯序列上接连我们的制度，因此值得加以分析研究。

在野蛮制度下，其总轴心的特质，即与文明制度形成对照的特质，是行动的单纯，而在文明制度的运动中，行动总是复杂的。

可以就野蛮制度的少数特点进行比较，下面仅仅举出八项特点：

1. 停滞不前　　　5. 人的真正尊严
2. 宿命论　　　　6. 情欲的自由发扬
3. 审判迅速　　　7. 混合的神权政治
4. 单纯的垄断　　8. 信仰永生
⋈. 行动简单　　　K. 受本能的驱使

这张短短的序列表是远远不够的，因为它连多种阶段特点，多种连续特点（第四十一章）都没有加以区别，而且仅仅举出了一小部分的经常特点（第四十二章）。如果要正常地探讨上列野蛮制度的十个特点，那就需要比本书其余部分还要更多的篇幅。这种空白使人感到有发行更加详尽的第二版的必要。

文明制度同野蛮制度两个时期的比较十分有趣。例如就轴心特点,也就是就简单行动来说,一位帕夏之所以征税,是因为他喜欢掠夺和苛捐;他不需要在希腊和罗马的宪章中寻求权利与义务的理论,而仅仅告诉你,如果你不纳税,那就砍了你的头,教你懂得什么是生活。因此,这位帕夏只使用一种手段,即暴力的简单行动。

文明制度的君主则使用两种手段,首先是密探和军警,这两者是宪法的真正支柱。此外,还加上为了使商业和宪章获得平衡而具备的一套含有微妙道德论证的洋洋大观的哲学道理。这些论证说明纳税是幸福的;又说什么德高望重的金融家会监督税收的用途,便于我们更好地享有不可剥夺的权利;要求纳税的君主是仁慈的父亲,他一心只想使臣民富裕,他之所以征税,那只是服从同意征税的不朽的代表们的决定而已。因此,是人民自己投票赞成纳税并愿意付款。可是,在这方面,农民说,他不是为了增加捐税而选派议员的。人们对他的回答是,应该研究宪章的妙处,从这里面可以学到自由人的尊严在于好好付款,不然的话,就得去坐牢。

在这种方法上,行动是双重的,它建立在两种不同的动力上,即暴力和道德。野蛮制度下的人的行动是简单的,它只建立在暴力之上。人们在文明制度和野蛮制度的任何比较上都能找到这一点根本性的差异:两者的目的相同,但文明制度在野蛮制度下的人所满足的暴力之上,还加上狡诈,尽管涂着公正的脂粉,文明制度并不比野蛮制度下的人更公正一些。

如果我仅仅把这种论点适用到我上面所列举的十个特点上,

这将会是一个十分有趣的论点。但必须省略、取消对野蛮制度、宗法制度和蒙昧制度三个时期的研究,对这三个时期的分析,势必会揭露文明制度时期的卑鄙行径和假仁假义。文明制度的邪恶,虽然比这三个时期掩盖得巧妙一些,但仍然是事实所在。

此外,我们的人类考察者对这三种社会从未作过丝毫的分析,而这三种社会包含人类中的大多数,至少是四分之三,这究竟是怎么一回事呢?显然,我们的哲学家有心回避对人类进行分析,因为像这样分析所显示的图景将会是对他们的政治的和道德的科学的一种恼人的侮辱,证明日新月异的文明制度只知道在美丽的面罩掩盖之下,集结了另外三个社会所汇合的全部肮脏龌龊的东西。

插曲　摆脱社会混乱的出路

如果不知道解剖、分析我们已经进入的这四个时期,这对我们是不利的,那么,不知道发现或寻找这四个时期的出路(为数达三十二个)那就更不幸了。

四种过渡的途径

1. 协作社的空想或种种试探
2. 倒行逆施的世界的原理
3. 协和制建筑法典
4. 按照第六编对文明制度的分析

六种直接的天才途径

5. 对完整保障的探索
6. 对农业协作社的研究

7. 诚实的商业竞争

8. 妇女逐步解放的理论

9. 上帝属性的计算

10. 再现性情欲的研究

六种间接的天才途径

11. 完全恢复气候的计算

12. 全球文明制度的问题

13. 类比的研究

14. 系统性怀疑

15. 普遍保险的计算

16. 货币制度的应用

六种特殊途径

17. 矛盾精神,或蛮干的创新精神

18. 洪水以前的考古学

19. 商业的批判分析

20. 工业活动短会期的计算

21. 上帝和人的自由主宰问题

22. 绝对排斥

六种强制性途径

23. 强制性搜查

24. 预防性垄断或最后一着的垄断

25. 不折不扣的高利贷

26. 完整的简单征服

27. 复合性征服

28. 统一的复合垄断

四种中枢途径

29. 情欲引力的综合

30. 科学领域的全面探索

31. 无保留的信仰上帝

32. 协作代数学或假定真理的计算

要阐明这三十二种出路,就是写三十二页也不会够的。学术界是何等无能啊!在这三十二条求生之道中连一条也找不到!而这个游手好闲的世界又是多么轻率,他们竟然不知从学者们那里要求任何有效服务的保障!人们只知道空谈保障,而不能建立任何保障;口头上讲的保障太多了,事实上一点保障也没有。在主要目标上,也就是周期性饥荒(1808年,1812年,1817年)使人感到在生活资料上没有保障;在无法向人民保证的工作问题上(1826年危机)没有保障;在社会进步上没有保障,因为我们还不知道把文明制度提高到第四阶段;在政治自由上没有保障;它总是成为阴谋诡计的牺牲品;在使用公帑上没有保障;吸血鬼越来越大胆地在吸吮膏脂;在教化的进展方面没有保障;我们的科学借助于神秘的天幕的荒诞离奇的故事来逃避自己的职责;在真理方面没有保障,由于纵容商业上的狡诈行为和形形色色的弄虚作假的风气,人们离开真理越来越远了;对学者也没有保障:他们是所有的有教育的阶级中报酬最少、最受奴役、言论最不自由的一个阶级;最后,对发明家也没有保障,诡辩论者正是为自己的无能寻求而向他们进行报复的手段。

文明制度所缺乏的东西,也就是人们离开得越来越远的多种保障的图景,可以写满好多页书,例如在军队的服务方面,过去的军需供应商掠夺十万埃古,而今天就掠夺一亿埃古了。俄罗斯的军需供应者普式金之流,阿巴库木夫之流不久以前同法国的军需供应商在这一行上互比高低:他们使可怜的俄罗斯军队死于饥饿和贫乏之中,他们手下杀害的俄国士兵超过土耳其人所杀伤的人数。因此,只有坏事获得进展。这从人民的生活必需品上可以得到证明,由于商业之友彼此间的自由竞争,生活必需品变得越来越糟,质量越来越坏了。现在只有满身铜臭的人才有幸福可言。至于穷人,他们只剩下一种保障,这就是为了一点小小的过失而被判处绞刑,正像不幸的爱里桑多·德·波一样,为了偷窃一棵白菜而被判处死刑,而在同一个时间,同一个地点,一位供应商盗窃了国家七亿六千万巨款却逍遥法外。这就是哲学为了人民的幸福,为了明智地使用从人民那里夺来的捐税而想象出来的保障所能做到的一切。这也就是我们的政治经济学有关责任的漂亮理论和均衡、平衡锤、保障、平衡等其他幻想的果实。这些雄辩的理论只向人民保证破衣烂衫、工业牢狱、苦役和绞刑架这一类的世袭遗产。政治经济学和自由主义只对破衣烂衫才是慷慨好施的;这就是人民从它们的干预中所获得的一切。如果你们不信的话,请询问伦敦的二十三万穷人和爱尔兰六百五十万居民中的五百万穷人,便可以知道底细。

在我们面前有三十二条以上的可以摆脱迷途的出路,可是现代的聪明才智之士竟然讲那么多的无稽之谈,显得那样无能!因此,斯塔尔夫人在谈到我们的启蒙的潮流时说:"非精确科学打破了很多幻想,而没有建立任何真理。人们由于进行推理反而彷徨无主,由于过分老练反而幼稚。"这番话确是至理名言。事实如此,可怜的文明制度已十分衰老,仍然废话连篇地奢谈日新月异。而社会的才智之士,为了自寻出路,就十分需要有个比哲学这个老古董更开阔一些的活动舞台了。

第十四概述 运动的先验部分

第五十三章 形而上学总论：确立上帝关于命运总体的计划

由于篇幅不够,我不得不把这一节先放一放;在这一节里,我本想证明,面纱只不过是纱罗布的。对拥护铜面纱的人来说,这是好消息。他们是如何看待自然的呢？关于运动,他们只研究了运动的效果,却没有考虑原因。与原因有关的所有问题,他们一概闭口不谈(参见第一概述,第三十二章)。有人问上帝,为什么土星有七颗卫星,而木星大得多,却只有四颗卫星;这时,他们就会躲在所谓的铜面纱后面;然而如果不了解原因,运动的理论能是什么呢？

要深入了解这些东西,就要确定运动的计划、推动力、机制和目的。上帝的计划坐落在什么样的基础之上,他遵守的是何种规则,他要达到何种目的？他们在偶然之间依稀看到目的是运动的统一;那让他们给我们解释一下,人为什么在统一之外,而且十分明显地与宇宙系统不和谐,这是所有的学者都看得出来的。因此,拜伦(Byron)勋爵说得好:"我们的生命是假自然,它不在普遍的和谐之中。"

上帝的计划是让运动与其作者协调一致。为了统一，运动必须代表上帝，必须和上帝相似，所以运动也有组成神的本质的十二种原始情欲。当《圣经》告诉我们说，上帝按照自己的形象创造了人，让人和他相像。《圣经》这样说，是告诉我们上帝的计划，但并没有详细地解释。

宇宙是按照上帝的形象打造的，人是宇宙的镜子，因此人、宇宙和上帝是一致的，这种三位一体的典型就是上帝；上帝在宇宙系统中描绘的若不是他自己，还会是什么呢？

哲学家依稀看到了这种类比，但是他们不想解释其中的任何一个部分。如果有人问他们萝卜和白菜在何种意义上代表人，代表宇宙和上帝，他们就回答说，这些琐事低于哲学。如果有人向他们提出关于超验的类比问题，关于星辰分布的问题，他们又回答说，这些东西超出了人类精神的范围；他们是精明的伪君子，只会闪烁其辞，他们戴着铜面纱，以回避所有让他们感到窘迫的问题。

运动的动力已经在第一概述的要义中解释了，在物质和社会当中，动力是一样的；物质和情欲一样，倾向于有三个中心，倾向于转向奢华和太阳，倾向于群体，倾向于机制。

宇宙及其所有部分的机制是二元的，受制于和谐和颠覆的时代；我们在行星和彗星中看到了这种双重的作用。今天，彗星处在颠覆和不一致的机制中，将来有一天会过渡到像行星一样的和谐状态。人类社会也是一样。今天，人类社会处在颠覆、错误和不一致的时代，是极端年轻的时代；人类社会不久也将过渡到和谐和统一的时代。

和谐和颠覆是有程度的，有简单级、混合级、复合级，以及一些其他的次要的程度。在人们称之为卫星的简单级行星上,居民可以满足于简单而有节制的幸福;但是,在类月型的行星上,比如土星、赫歇尔星、木星和地球,人类是为了复合的幸福或者不幸而生,为双重的享受或者双重的失宠而生。

运动的目的是让善,让和谐时代的持续时间至是恶的时间的七倍,恶在普遍秩序中是有其地位的。对一个人、一个民族、一个星球、一个宇宙来说,善恶在其过程的两个极端,统治的时间或长或短,是无法避免的。请参见下一章。

运动是有联系的,其联系由哲学家不愿意分辨的模糊方式形成。虽然运动是整个系统在和谐和颠覆之间,在简单模式和复合模式之间的主宰,但是,人们遇到的总是模糊的方式。正由于哲学固执地不承认这种方式,所以才总是出现系统性的偏差,把模糊、过渡或者例外当作系统的基础。哲学对运动从整体上和所有的细节上都采取了无视的态度,对模糊状态怎么会不采取无视的态度呢?我就不再做更深入的论述,因为这是读者不容易懂的东西,即便是学者阶层也未必能懂。

第五十四章　运动的多种一般性的类比

文明精神的研究成果之一,是不考虑统一,只在无限大和无限小的程度上研究它。如果我们对这样的研究者说,像木星、土星和地球这样的行星,是有灵魂和情欲的,要发现它们的生命过程,它们有青年阶段和老年阶段,有出生时期和死亡时期,他们就会叫喊说,那是异象;对他们狭隘的思想来说,这些东西太广大了,然而在他们提出的原则中,也有宇宙系统的统一和类比。

如果有人对他们说,由大约两百颗彗星和行星构成的旋涡,就像在蜂巢里占据一个蜂房的蜜蜂一样;其他固定的星球,每一个都有旋涡环绕,意味着一只只其他的蜜蜂;而且这个广大的宇宙,其本身也就相当于一只蜜蜂的蜂房,而整个蜂巢则是由十万颗恒星组成的双宇宙。然后,数千个双宇宙又形成三宇宙,如此等等;最后,每个宇宙,每个双宇宙,每个三宇宙,都和我们一样,都是造物,都有灵魂,都有其年轻和衰老、死亡和出生的阶段,在我们的星球死亡之后,我们的灵魂将跨越这个无限的世界。他们不会放过这个问题的,他们喊叫说,这是发疯,是巨大无比的梦想。然而在他们提出的原则中,也有普遍的类比。

他们说,探索这些漫无边际的东西有什么用呢?你们想局限于某个主题吗?行啊,但是我想准确地论述主题,而不是像作者们那样,只会吹牛;他们杜撰一些自然体系,保证说会拿出证据,却又拿不出来;因此,我应当告诉你们说,我有证据,尤其是主要的证据,尤其是杜撰体系的人们说了多少回的普遍类比的证据;比如谢林说的那样,他在很多其他地方也提出说,类比是原理,而且建议把类比当作研究的指南针,但是,关于人,宇宙和上帝之间,关于情欲和不同的领域所创造的物质之间的类比,却一句话也不提,不知道建立类比的比例。对于这个问题,我请读者去看我的一篇关于应用天体演化学说的文章,以及关于动物和植物界嵌合的一些文章。

我在这里只限于简单说一下人类的普遍历程。我们在前言中已经看到,一张表里列出了九个社会时期,这九个时期形成了世界的第一个阶段,或者童年时期;到目前为止,这一时期有三种创造,第一种已经被普遍的灾难,或者大洪水所摧毁,"大洪水"有别于"小洪水"。这是试验性的创造,只是在样品级别上实现的创造,而且比后来的创造要广阔得多;因为,人们发现的这一时期的化石体积巨大;有六十尺[①]长的鳄鱼,以及其他体形巨大的动物,按照这样的比例,人应当高九尺。这些样品被认为太大,于是便采用了较小的尺度。

在样品创造时,还没有人,人只是另外的两种创造,也就是在第二种和第三种创造的时代才形成,第二种创造是在古大陆上实现的,第三种在美洲。创造物被分散在各地,作为从第一到第六各个时期的流动生物。只有到了第七和第八时期,地球才能接受第四种和第五种创造物。

如果社会逐级上升到名为"协作制度"的第七时期,会立刻接受第四种创造,这一创造虽然很好,但并不是特别出色;当人们来到第八时期,也就是伊拉莫主义时期,人们会接受第五种创造,这种创造已经十分出色,但是比将来出现的创造还是要逊色,将来的创造将成为第九时期及以后的流动生物。

因为我们即将跨越第六和第七时期,而且马上就要上升到第八时期,我们将一起接受第四种和第五种创造。等到和谐充分建立,创造就会开始;在建立试验法郎吉后的第三年到第四年时,将

[①] 这里的"尺"(pied)指的是法国古尺,1"尺"相当于现在的三百二十五毫米。"英尺"在法语中也是同一个词,1"英尺"相当于三百零五毫米。——译者

会达到充分的和谐。由此，如果我们在1823年为试验做好准备，在1824年建立试验法郎吉，那么到1828年，总体上的组织就可以完成，到1929年便可以充分开展创造，为我们提供第二和第三种创造的所有反向模式；类似于老鼠的反面、臭虫的反面，等等。漂亮的巴黎有那么多臭虫、老鼠和其他丑恶的东西，在创造中会被好好地清理一番，我们将从污染我们星球的魔鬼败类中解放出来；一百三十种蛇，四十二种臭虫，以及同样多的癞蛤蟆。看到这些垃圾生物，正如看到现有的四种社会一样，人们会想，如果让魔鬼精神为地球创造生物，统治地球，那它还会创造出什么更加糟糕的东西来呢？

然而，这些可怕的生物却是无限明智和有预见性的上帝创造的；他为什么要创造对人如此有害的物种呢？你们自己说过，其动机就是你们的哲学家声称的系统的统一（此前援引谢林的话）。为了统一，为了类比的镜子，必须让每个时期的生物都能够象征时代产生的一系列情欲。因此，上帝不得不创造了两种可怕的生物，这些生物代表了文明的、野蛮的，族长制的和未开化的情欲系列；一百三十种蛇代表了一百三十种污蔑和恶意中伤的后果，这是按照家庭配置的谎言社会的本质。现在，你们的灵魂是魔鬼的形象，上帝通过类比，不得不把摩洛克，贝利亚尔（Bélial）和撒旦的情欲描绘成老虎、大猴子和响尾蛇的形象，你们的文明的灵魂就是忠实地反映他们的情欲的一面镜子。但是当你们来到第七和第八社会时，你们的灵魂将在美德中逐级重生，你们将接受的创造会反映与那时的群体时期相适应的品德。

正如整个运动系统是联系在一起的一样，第二和第三种魔鬼的创造也必须包含变革的分枝,由几种善良的动物组成,比如马、牛、羊、蜜蜂,这些动物向我们描绘未来的创造系统,那时的一切都会与人联系在一起,会向我们的社会提供创造大工业的手段,让我们的社会上升到第六、第七和第八时期。到那时候,其他的反向创造将会从地球上、从地球的土地和水中清除所有可怕的生物,那是上帝在第一、第二、第三、第四、第五、第六时期按照类比和统一的原则创造的。

在文明人当中,有一种可笑的偏见,认为星球上既然已经创造了生物,将来就不能再创造其他的生物。这等于认为,一个人种了一片果园,就再也不能种别的果园,或者一个妇女生了一个孩子,就再也不能生第二个孩子。与生殖不同的是,流动的创造对于每个星球来说,是周期性的行动;卫星或者更低级的星球有十五个这样的行动;类月型行星、土星、地球有二十八个;因为,在我们的三十六个社会时期中,有八个是没有生物的;四个是行星的童年阶段,四个是衰老阶段。

(注:在论述中,我只计了三十二个时期,故意没有计算处在顶峰的两个时期,也就是在第十六和第十七时期之间的两个时期;两个过渡时期也没有计算,一个是在第一时期之后,第二个是在第三十二时期之后。计数上的差别不是错误,而是简略。)

让我们解释一下两次大洪水的事。第一次洪水非常大,摧毁了试验创造的生物;第二次比较小,并没有摧毁第二次和第三次创造的生物。

我们再说一遍,本章的内容会让侏儒感到愤慨,但是在对运动进行总体的综合时,这一内容是必须有的。我将从普通的类比过渡到特殊的类比,知识界会认为特殊的类比具有很可爱的一面,道德说教家也会这样认为,这些人实际上并不像他们故做的那样仇视财富。

第五十五章 运动的多种特殊性的类比

自命不凡的人对我们说,宇宙是按照人的灵魂的样式构成的,同一思想经常从整体反映于每个部分(谢林);一棵雪松和一个萝卜也是宇宙的一部分,他们能不能告诉我们,雪松和萝卜如何向我们反映整体的观念呢?一棵白菜、一只葱头、一棵橡树、一棵橘子树所描绘的,是宇宙的哪一部分呢?

让我们首先看萝卜,因为萝卜可以说明很多问题,表明它配得上道德赋予它的高级地位。萝卜、甜菜萝卜、胡萝卜和芹菜萝卜、波罗门参、芹菜以及所有可供人食用的根茎,形成了一个大家族,可以很好地说明什么是类比。这一系列的产品代表了农业劳动的合作者。其中每一种蔬菜都与整个种属联系在一起;大萝卜是为粗狂的农民的餐桌保留的,它代表了农民的形象;芜菁显得不那么乡野,象征着与大人物谈买卖的富裕农庄主;因为芜菁经过巧妙的烹饪,会出现在讲究人家的餐桌上;小圆萝卜代表有钱人,这种人在乡下对农业只是有所接触,对农业的观念也很轻浮;直根或者长根小萝卜代表的也是有钱人,但是这样的有钱人更内行,把农艺学当消遣;这两种萝卜是相似的,可以不经烹饪就摆上有钱阶级的餐桌,它们也代表了这个阶级对农业表面化的参与。

因此,每一种萝卜都与同种属的萝卜是相近的;其他根茎类的蔬菜也是一样,胡萝卜代表的是讲究的、有经验的、到处都有用的

第十四概述　运动的先验部分

农艺师；因为胡萝卜也是在甜食和医药中使用的珍贵的蔬菜，从各种意义上说，都是有用的蔬菜，它的叶子是有益的饲料，通过焙烤之后，能够成为蔬菜汤的香料，等等；芹菜有一种辛辣味，它代表的是乡村风格的爱情，多情的男女农民用拳头互相调情。

对类比的研究具有双重目的，可以引导人们走向令人愉悦的和有用的事物。正如我刚才用几种蔬菜十分简略地表达的那样，每种物质都以象形的方式描绘了情欲；只要我们无视这一点，对我们来说，自然历史就是一个谜。花朵有可能让我们感到愉悦，但是如果我们了解情景所表达的意义，如果我们通过二十种解释性的细节，我们对每种花都有所了解，花朵会更有魅力。比如，玫瑰描绘的是腼腆的处女，石竹花描绘的是对爱情有急迫需求的姑娘，绣球花描绘的是卖弄风情的姑娘，山萝卜花描绘的是假正经的女人，如此等等。

这还只是涉及令人愉悦的一面；但是类比的知识还有一种目的，也非常重要，那就是发现各个领域所有物质隐藏的特性；偶然的事物会帮助我们，让我们了解它们隐藏的作用；三千年以来，咖啡在摩卡的田地里无人理睬，直到山羊吃了咖啡豆之后醉了，人们才发现它的特性。金鸡纳树、水银和其他解毒的药物也是一样，我们只是通过偶然的事件，才了解到它们的治疗用途。

因此问题是要通过所有领域的普遍计算，确定所有物质的特性；到那时，我们就会了解用什么药治疗最难治的病，比如中风、风湿、癫痫、狂犬病，等等。只有类比的理论能够引导我们走向这一目的。人们会问，我为什么只限于研究的这个小小的方面呢？因为要想论述总的理论，我必须先学三年的自然历史。我无法拿出这么长的时间。让学者们去探索这种新的知识和很多其他的知识吧,我今天只能提供知识的钥匙,我只能局限于劳动引力和群体机制的分枝。

作为与有用的事物相关的类比的概述,让我们仔细来看甜菜萝卜,在商品业界,它已经享有盛誉,因为它向商业界提供了假糖,六个月之后,用它做成的果酱便大量流入市场,让人们大饱口福。这种植物将向我们解释在类比研究中需要遵循的方法之一,也就是将极端事物联系在一起的规则。

在自然的系统中,一切都是有联系的;各种类比之间也是联系在一起的,了解其中的一种类比,会引导我们了解其他的类比;如果人们知道甘蔗,以及用甘蔗榨的汁在工业上是群体统一的象征(复合的统一,将物质的一致和情欲的一致联系在一起),那人们就会到简单的工业统一的象征中去寻找反糖,或称简单的假糖,这是没有情欲的复合行动,正好比我们在黑人和制造工人组成的劳动营中所看到的那样,人们在酷刑或者贫困的逼迫之下,不得不服从复合的劳动纪律。这是把过分的不幸作为手段,以达到行动的统一;而在行动中,人们把过分的幸福作为手段,以达到和谐。这一对照所表明的,就是如何将极端的事物联系在一起。

在种植中将简单的统一聚合在一起,这应当在农业类的象形植物中得到描绘;甜菜就是这种聚合的象征;甜菜是血的水果,因为我们可以看到血从甜菜中流出;这形象地表达了忍受着酷刑,被迫服从简单的行动统一的奴隶。上述根茎中包含有简单的、假的统一的汁液,也就是反糖,味道乏淡,没有刺激感,而且即使剂量加一倍,也不如甘蔗糖甜。假糖是真糖的讽刺画,正好比殖民地奴隶劳动营物质行动的统一,是和谐劳动的情欲统一的讽刺漫画一样,情欲统一的和谐劳动的生产力,是文明劳动的两倍或者四倍。

我们要用大量细节支持这种类比,首先是援引植物的叶子。甜菜的叶子蜷缩在一起,描绘的是奴隶和工人被强迫的劳动;萝卜的叶子奇形怪状,铺展开厚重的上叶片,盖在下面几个菁葵之上,这象征着农村的家长,家长站在道德高地上,把所有的好处都占为己有;他把一切都拿走,不给孩子和仆人留下任何东西;土豆象征的是容易的群体劳动和情欲系列,土豆的叶子是有层次的,中间有细小的菁葵,表示的是不平等的人组合在一起,也表示孩子与父亲在劳动中的联合。

关于反糖,我们刚刚看到,对类比的研究和代数一样,采用的是推理和比较的方法;将这种方法应用于每种物质,能确定隐藏的特性,找到治疗疾病的天然药物,而这些疾病本来是医学的难题;采用这种方法也能确定物质的各种用途。

从类比的计算可以得到的果实中,有灵魂不灭的理论证据,第五十六章,人们不怀疑这一证据的存在,但是,人们没想去寻找这样的证据。

这一新的知识能为我们阐释很多东西,也有很大的魅力,发表新发现的类比文稿时,每印张文稿给予一个苏的报酬,条件是要通过省评审委员会的审查,文字表达简洁。

根据每印张八寸十六页一苏的价格,作者大约每行字至少可以获得一万两千法郎。如果可提供四十行一页的文稿,作者将可以得到五十万法郎;如果能够提供一整个印张的文稿,作者将可以获得八百万法郎的收益。

整个作品可以包括四千卷,每卷和本书一样;以及四百卷有限简写本。因为人们急于了解类比,新书将按每个印张出版简写本。这是一种促进研究的手段;因为这一知识中的一切都是有联系的,一个印张十六页的文稿揭示三十个新的类比研究,每位男女读者可以从探索中受益,也可以发现某种类比,如果读者能写十行或者二十行,便可以获得十二万五千法郎或者二十五万法郎。道德学家们,我要问你们,这种新的知识是真正的,有用而美好的知识,难道不比你们关于蔑视财富、喜欢买卖的可悲的学说更好吗?在你们的学说中,一切都是假的、无法实践的。

有一百多万种类比需要确定。只要我们发现并发表五百种,那就能带动人们去发现新的类比;自然学家也会批判他们的体系,宣称现有的分类是不够的,贫乏的、带有简单化的缺陷,在给物质特点分类时并没有提到情欲的因素。每种特点都会与类比联系起来,而类比又会将两种分类结合在一起;我发起收集了两百篇各种文章,组成系列;如果我能拿出三年时间专门学习自然历史,尤其是一些被忽视的分枝,一些模糊的问题等等,我就可以提供两千篇文章。

内容大约为四百卷的一门新的知识,可以为作者提供每行字一万两千法郎的报酬,这足以让所有喜欢写文章的人心动;哪怕每行字只挣十二苏,他们也会满意的。请注意,我这里说的是阐述新发现的文稿,是经过审查委员会检查和简化过的文稿每行字的报酬。如此巨大的收益,必须有准确的,论述清楚的证据;我在后面的收场白中将再次提到类比,届时,我将提供这样的证据。

如有读者希望看到更加详细的概要,可参阅:《动植物界的嵌合》;《应用天体演化说》。

第五十六章　论灵魂不灭

在对自然进行完整的研究中,这是最后一个问题。也是现代人遭受失败最多的一个主题。

灵魂不灭应当用复合的证据来证明,而不是用简单的证据证明。我们有从宗教学说得来的简单的证据,而宗教学说向我们保证了灵魂的不灭;这无疑是一种很好的证据,但是那是一种简单的证据;为了把它提升到复合的高度,就必须再加上科学的证据;只要还没有引入类比,人类的精神就无法取得这样的证据,而只有通过类比,我们才能在灵魂不灭的理论中取得必须的七种分枝的证据。我在这里仅限于指出,这是一种十分广泛的研究;它包括:

1、2、3、4.关于四种类比的论述,应用于四种领域,动物界、植物界、矿物界和香氛界,应用于情欲或者枢轴领域、人的领域。

5.关于模糊、过渡的论述;

6.关于将极端的事物联系在一起,或者衍射的论述;

7.关于高级极端联系的论述。

最后是关于数学的类比。关于这个问题,参见我在其他地方应用空间与时间成比例的定理,以及周期时间的平方与距离的立方成比例的定理,为论述灵魂不灭做了一些准备。这是与必须的证据共同需要的东西;哲学家没能提供任何这类的证据,对此,我们还应当感到奇怪吗?这些证据都是从类比中采取的,而哲学家从来不愿意对类比进行任何研究。

最近,在学者的圈子里出现的关于磁力的争论,可以在这里成为我们的证据的概要,这一证据与前述列表中的第六分枝有关,与极端事物的联系有关。

在这一点上,上帝应当给我们提供复合的证据,也就是具体的和理性的证据,证明的性质必须能够影响我们的意识,让我们的意识暂时具有灵魂在另一个世界的生活中所享有的能力。通过理性了解这样的能力还不算什么,我们还必须有看得见、摸得着的证据。

为了找寻这样的证据,让我们使用正义的指南针,使用渐进式的系列;让我们按照灵魂的三种境况来思考,这三种境况,一种是中间状态,两种是极端状态,而这两种极端的境况应当联系在一起。

中间的境况是清醒的状态,是充分生存的状态;在这种状态下,肉体和灵魂复合在一起运行,这是复合的模式。

下面的极端境况是睡眠状态,是虚假的生命状态,是简单模式;在这种状态下,肉体并没有与灵魂的意志组合在一起。

上面的极端境况是超世俗的、超复合的生命状态,我们要确定这种状态的能力。

让我们明确这三种灵魂境况的不同:

简单的和下世俗的状态,睡眠。

复合的或者世俗的状态,清醒。

超复合或者超世俗的状态,未来的生活。

在未来的生活中,我们的灵魂将采取更加完美的肉体。我们

第十四概述 运动的先验部分

现在的肉体是"土-水"质的,由两种粗元素组成,我们称这两种元素为土和水;在另一个世界的生活中,我们的灵魂的肉体将是"以太-香氛"的,由两种精细的元素组成,我们称这两种元素为空气和香气。

根据极端事物联系在一起的规则,被称为"下世俗"和"超世俗"的两种极端的生存状态应发生关系。最低的要反映最高的;的确,在某些人身上,在某些情况下,睡眠可以使人进入超世俗的感觉能力状态。通过人为或者磁化的催眠,以及通过天然的夜游现象,我们可以看到这种反映的证据;两种状态都可以使人具有超人的意识。比如,透过遮挡的厚物,仍可以看到书上的文字,能够看到很远的距离之外发生的事,能够看到封闭的、眼睛看不见的地方发生的事。因此,被磁化催眠的人或者夜游的人具有超世俗的视觉能力;这样的人与生存系列的上端有联系,而他们是生存系列的下端。正如衍射的规律所要求的那样,这种现象会扩大到整个自然。

为了让这种解释更有分量,读者必须了解极端事物的联系,这样的现象有成百上千,但是从来没有人列过这类现象的统计表。我在五十五章论述假糖和奴役的时候,描述了两个这样的现象。一本印刷文集收集了上千个极端事物联系的例证,可以让人们相信,这种被称为衍射的联系在自然秩序中是基本规律,应能应用于灵魂不灭的理论,形成其中的一个分枝。

在灵魂不灭的理论中,必须谈到死亡,死亡是过渡点;还要谈到死亡的象征;在所有的类比中,死亡的象征是最令人讨厌的。在这一点上,法国的读者不理智。他们只想要愉快的东西;我不得不取消从人的肉体及其机制中得出的最为实际的证据。

至于我们援引的证据,也就是关于磁化催眠的证据,我们可以对争论做出决断。德国医生相信这一点,他们是完全正确的,尽管巴黎医学院表示怀疑;巴黎医学院之所以抵制,是出于利益的考虑;不过它可以放心,磁化催眠虽然是一种十分可靠的办法,在和谐中一般是被采用的,但是在文明中却无法取得进步;社会内在的实际弊病极大地阻挠了它的进步;我可以举出四点:

1. 人们没有任何办法辨识可被磁化催眠的人;不会从童年开始培养人的这种能力,而是任凭这种能力慢慢地消磨,通过强制性的自然教育歪曲这种能力;人们不会选择合适的人进行磁化催眠,一般只会用并不是完全合适的、受到利益诱惑的人。

2. 人们无视且不能培育被磁化催眠者的同感机制;被磁化催眠者应由两种性情上的同感组成,一种是同一,一种是对照,以及性格上的两种同感,一种是同一,一种是对照。如果不了解性情和性格的尺度,如何将这一机制组合在一起呢?

3. 人们损害了被磁化催眠者,消磨了他身上的磁性,用利益败坏了这样的人,哪怕是在做功时的睡眠中,利益的诱惑也影响他们超人的能力,同时歪曲了他们的美德、他们的洞察力。

4. 人们还乱用他们的能力,不会识别他们的能力,没完没了地用各种各样的问题烦扰他们,从而也就损害了他们的能力。

还有其他一些错误,导致对这些人的咨询活动屡屡受挫;这些人本来有强大的能力,却无法发挥任何作用;这样的人不适合生活在文明社会。这个问题和很多其他问题一样,超出了文明的极限。对于天才,文明总是不合时宜,文明能够巧妙地撞入自然不让它进入的地方,但是自然希望它走上真正的进步之路,它却无法如自然之愿。

我提到的一些不合时宜的情况,会阻挠磁化催眠术在文明中产生飞跃;由于我前边提到的弊病,以及其他一些问题,磁化催眠术会受到恶意攻击,但是它会变得十分时髦,会在和谐中成为十分有用的东西。到时候,医生将是很有钱的人,不会因为发现治病的药物而感到不安。由于大众健康受到关注,他们会从中得到好处;他们不用再害怕,而是希望发现有效的药物,反而是文明的贪婪因此感到害怕。

关于灵魂不灭,我在这里只给出了第六位的证据;七个位列中每一个都有证据,那些不信神的人想剥夺我们对来世生活的希望,可是来世生活是再可信不过的事。在否认灵魂和上帝的同时,他们只不过否认了自己的知识;在他们原来的体系中,他们曾假设了一个愚蠢的、可恶的上帝;之所以说他愚蠢,是因为他创造了无序的世界,上帝没有办法为所有人建立幸福生活;之所以说他可恶,是因为如果上帝为所有人的命运都制定了计划,那么他想向我们隐藏这一计划;而且他想让我们永远遭受文明和野蛮状态的折磨。

在这样的观念中,一切都是虚枉的;实际上,上帝愿意给我们的光明和福利,比我们希望得到的要多得多,但条件是我们要对人或者对引力进行研究,并从研究中找寻财富,"只有找寻,才会找到"。我们的哲学家拒绝了这种研究,因此也就拒绝了所有的光明之路,在内心深处对他们的学说感到羞愧;他们的学说认为,文明和野蛮的状态就是我们的命运,把上帝说成是愚蠢和可恶的造物主,把我们的灵魂说成是魔鬼的造物。为了避免这种知识的迷宫,他们否认愚蠢的、有害的上帝,这本来就是他们想象出来的上帝;他们也否认了肮脏的灵魂,否认了他们创造的文明的灵魂;这就意味着他们否认了自己的知识,否认了他们自己的可怜的天才;给瞎子领路的瞎子的下场只能是这样,这是哲学让人类的精神患上知识白内障的明显迹象。

关于类比的收场白

(每行字一万二千法郎巨额酬金的证明)

我在前边说过,初看来我们对报酬的预估会让人觉得十分巨大,但是我所说的还远远低于实际情况;人们会相信我说的话。

我必须讲一些类比法的细节,作为证明的开场白。我们的才子们以夸张的口吻谈到"大自然的圣典"时,言辞雄辩,口吐莲花,却不会为我们解释这本书中的一行字;对于我们来说,这部书就是一个谜,只有通过类比法的计算,才能解开令人无法理解的秘密,而且是以十分可笑的方式破解谜团,因为它揭示了所有的虚伪,它撕掉了所有的假面具,而且证明,我们所谓的美德在自然的秩序中其实是弊病,所以,贝尔纳·德·圣皮埃尔才说这种美德是浅薄的、骗人的道德。

让我们再来看"大自然的圣典";有些作者想论述花朵和植物的象征语言;对他们根本看不懂的情景,他们怎么能解释得清楚呢?人们称之为蝴蝶花的一种小花,表达了儿童的五种群体之间的关系:小天使,上品天神,高中生,体操运动员,青年。年龄最大的三个群体具有父亲的作用,他们训斥年龄小的两个群体的孩子;

第十四概述 运动的先验部分

通过类比,蝴蝶花两片紫色的花瓣长在三片花瓣的下边,上面的三片花瓣将表示父亲身份的黄色与表示友情的紫色结合在一起,形成下面的系列:

X 黑色, 1 紫色, 2 天蓝色, 3 黄色, 4 红色。
自私, 友谊 爱情 父亲身份 野心
5 靛蓝, 6 绿色, 7 橙色 ╳ 白色
阴谋, 轻浮, 复合, 单一

这是人们在音乐中不得不接受的系列;如果我们的才子们不愿意接受这种系列,那他们使用什么样的指南来了解颜色的语言,如何理解每种颜色的象征意义呢?只要人们不愿意承认在颜色和情欲研究中存在的基本系列,那就无法懂得类比;太阳为我们提供了最初的颜色系列,在这一系列的帮助下,我们首先拥有了可靠的数据,以辨识动物、植物、矿物的形象与何种情欲相关;金丝雀的羽毛完全是黄色的;看到它,我们就可以肯定地说,这种鸟代表了父亲身份的关系;的确,金丝雀是被娇惯的小孩子,他们总想吃甜食、糖果;被娇惯的孩子总是絮絮叨叨,让人听了心里高兴,金丝雀叽叽喳喳的鸣叫声便象征着孩子的絮语;孩子说一不二,动不动就生气,这也像金丝雀一样;孩子能让大人喂他吃喝,想怎么样就能怎么样;所以大自然给金丝雀戴上了一顶皇冠,这象征着被娇惯的孩子是父母的心头肉,父母、姐妹和保姆都得听他的,他的要求没人敢不服从。

可笑的人们总是嘲讽黄色,我们就来看看如何用黄色解释更

加难以理解的神秘之谜。我们注意到白鹦鹉的头上有个像旗帜一样的黄色羽毛饰。莫里哀说,这是婚姻的旗帜;的确如此,让我们来解释一下从何种意义上可以这样说。鹦鹉是哲学界诡辩家的象征;通过类比,这种鸟可以很好地操纵语言,但是它只不过是学人口舌,却没有理性。哲学的杰出系统也是这样,鹦鹉身上五颜六色的羽毛在分布中形成鲜明的对照,表示的就是哲学系统的这种状态。一只鹦鹉翅膀顶端是黄颜色,翅膀尖是红颜色,另一只翅膀顶端是红颜色,翅膀尖是黄颜色;正如诡辩家伊壁鸠鲁和泽农一样,每个人的学说都反衬着另一个人的学说;他们拼凑的系统是以什么为基础的呢?是家庭的制度,是支离破碎的夫妻小家庭;整个哲学都是基于与群体制度相反的两极组成的恶性枢轴;通过类比,作为枢轴的鹦鹉是白色的,它头上的黄色旗帜是父亲群体的象征;这个群体是哲学设想的所有社会体系的基础;比如方旗爵士鹦鹉,也就是白鹦,身上最亮眼的就是黄色,它身体下部的羽毛都是黄色的。

鹦鹉在类比研究中是个丰富的主题;我们先把它放在一边,因为这个主题向我们揭示的,都是哲学家的弱点,他们宣称宽容,宣称真理具有魅力;但是他们并不愿意对人宽容,也不愿意听到别人对他们的能力说真话。

诡辩家在原理上提出自然系统的统一和类比(谢林,第16页),又不想把大自然为他们指明方向的信号灯——如光中的七原色——与任何东西进行类比!如果统一和类比是真实存在的,那么这个原始的灯塔一定象征着什么;它还能象征什么呢?还不就是情欲?人们主张说,七原色系列代表的只能是物质的和谐,比如七根复合肋骨和锁骨、七块头骨和前额骨、七个发出的音符以及第八个回声吗?这就意味着把哲学的四种无知一起拿来,作为反对哲学的理由;因为自然累积了很多物质的类比,根据统一的原理,这些类比也必须用于对情欲进行解释,而且人们必须知道如何在情欲中确定七种原动力系列,不包括次级系列中的十二个半声调、二十四个大音程和小音程、三十二个过渡音,等等。

对这些繁琐的原理,我们简单些,回到实践中来吧!我们再来看颜色的类比;而且我们从黄色过渡到红色,来看一种可爱的象征——金翅鸟;金翅鸟头上的羽毛是红色的,根据前述的系列,红色表达的是野心。这种鸟与金丝雀相反,它的羽毛是土灰色,但是很干净,亮闪闪的,表明劳动人的贫穷;它表示的是父母贫穷的孩子,在严峻的环境中长大,一向受到野心勃勃、不断进取的观念的教育。他心中充满了这种观念,通过类比,他的头脑沉浸在象征着野心的红色当中。鸟的鸣啭象征着有教养的精神,与金丝雀象征的一样,而金丝雀所代表的,是有钱、有好的老师教育的孩子。因此,贫穷的、有上进心的孩子可以上升到与富裕家庭的孩子一样的教育和教养的高度;他能够窃取人们赋予有钱人的知识;而且因为他只能在家庭的帮助之下才得以接受这样的教育,自然将它翅膀上的箭羽染成了黄色,以说明他的地位的上升来自家庭的支持,来自黄色象征的父亲的群体。这个穷人家的孩子不会因知识的荆棘而感到害怕;他会克服学习的困难,他将成为有手段的法学家、著名的医生。通过类比,金翅鸟喜欢呆在大蓟丛中,大蓟是一种带刺的植物,与习惯了荆棘的乡野粗人有同感。正是为了表示这些关系,自然才使大蓟体现了两种形成对照的人物产生的同感,金翅鸟象征农民家庭出身的、勤奋的孩子,也象征着农民的驴,驴的叫声代表的是农民可笑的方言,是农民清淡的饮食,以及对恶劣待遇的忍让,是农民对不正确的方法愚蠢的固执。

在这里,大蓟代表了双重的类比;一种是感性上的类比,一种是精神上的类比。农民喜欢烈性饮料,喜欢刺激性的菜肴以及强烈的感受,正如刑罚给人的感受那样;由此产生了作为农民象征的驴,因为驴喜欢吃有刺激性的大蓟,而且喜欢盯着可怕的悬崖看。

正是这样,通过类比,最被人轻视的一些事物,比如驴和大蓟,让人想到利益;布瓦洛(Boileau)在讲神话时说的话,可以更好地用来讲类比:

> 在那里,为了使我们感到欣悦,一切都被运用
> 一切都有了实体、灵魂、精神、面孔。

没有类比,自然不过是一大片荆棘,七十三种分类植物只不过是七十三株大蓟。卢梭的确把知识形容为令人气馁的东西,你让妇人拿起书来,她们看到的不是希腊文就是拉丁文。为了让妇人感兴趣,要告诉她们说,某种植物表达了情欲的某种效果;让她们看到鸢尾、晚香玉、石竹花、风信子、桃花、杏花、鸽子、公鸡表示的是各种不同类型的爱情,这样就可以让她们更好地喜欢研究,让她们开始关注你们的野蛮人的传说,你们在学术上的荆棘、婆罗门参、彩虹菊、四雄蕊花、杜鹃花,如此等等。把这一堆奇奇怪怪的东西放在一起,可以很好地吸引女性进行研究!

不必采用光彩照人的植物,不必用到基西拉岛上的植物丛类,

只要用最家常的植物,白菜和葱头之类,就可以解释十分优美的类比,让我们试一试吧!

白菜象征神秘的爱情,象征情人为了摆脱监视者和障碍,用尽千种百种诡计隐藏的私情。同样,白菜将花隐蔽在层层叠叠的无数叶子下面。这些张开来、包裹住的叶子表示的是情人不得不为隐藏他们的联系而做出的努力;白菜的叶子颜色发青,而不是发绿,因为青蓝色是爱情的颜色;青蓝色是石竹花的颜色,而石竹花表示的是姑娘心中充满爱情,爱人又不在身边时的慵懒。

菜花与白菜相反,表示相反的境况,是没有秘密、没有障碍的爱情,是自由的青年尽情的嬉戏,陶醉于欢乐之中;因此菜花是一片花的海洋,象征豆蔻年华的魅力,菜花的叶子既不是青蓝色,也不是充分张开的,因为自由的青年人尽情陶醉于欢乐时,心中并没有爱情,也用不着动用计谋,不像白菜象征的受到阻碍的爱情那样。

菜花像某些蔬菜一样,也有不忠的弊病;煮菜花时水会散发不好的气味,也会把气味散发到空气中;洋蓟让摘菜的人手上沾染难闻的味道,芦笋会让人的尿液散发不好的气味。这三种蔬菜共同的毛病自然表达了自由之爱中不同的混乱。让我们来看有关菜花,菜花象征的是有钱的年轻男子,是时髦的引诱者,他认为爱就像一片花的海洋一样。这样的人给家庭散布混乱,人们都在传说被他引诱的妇女和姑娘,由此导致有人说闲话,有的家人之间吵架,出现一些不好的事件;根据下表,菜花作为象征,破坏了家庭的象征性因素:

土，	气，	香料，	水，	╳火，
友谊，	野心，	爱情，	家庭，	统一。

通过与混乱的类比,我们同样可以解释芦笋和洋蓟产生的难闻的气味;但是,这样的主题太低级趣味。温柔的、简单的自然有时候太过于朴实,太喜欢严峻的真理,其中有很多东西是人们不喜欢接受的;而且我也无法用书面的形式解释芦笋和洋蓟的象征,因为这两种蔬菜都以象形的方式表示爱情的丑闻,蔬菜的叶子、果实和所有相关的习惯形象地表达了这样的丑闻。这种事只能在男人之间解释,因为那情景太能说明问题,尤其是将其反衬也放在一起看的时候,比如洋蓟的反衬是刺菜蓟;一个代表重视名誉的女孩,另一个代表性情放荡的姑娘。

然而,对于下层阶级和下层的人来说,类比的残酷真相还是可以接受的。用母羊和公羊解释老百姓贪图钱财的爱情习俗,只能让不识字的人感到被冒犯;至于极其吝啬的人,公猪和橡树可以作为这种人的一面镜子,因为公猪和橡树代表吝啬,其形象应该是合适的,也能够组合在一起,因为,它们表达的是相同的情景,只是有不同的差别,比如橡树的果实和猪就很有亲和力。

类比可以清除我们在政治和道德上的偏见。对蜂巢和马蜂的两种分析,可以减少我们对行政自由以及担保的偏见;行动的统一反映在蜂巢上,马蜂可以表示口是心非,这是两个很好的类比。

文明才子的弊病让他们在研究自然时迷失了方向;这种弊病就是他们不让事情与人契合。根据这一原理,不管蜜蜂和马蜂表达什么样的情景,总之一种表示善,因为蜜蜂为我们提供丰富的多种物品,比如蜂蜜和蜂蜡;另一种表示恶,因为马蜂的蜂房没有用处,而且马蜂会对人造成伤害,所以它只能为我们带来贫穷。蜘蛛也是这样,蜘蛛代表骗人的交易,以及自由竞争的陷阱。

单独来看,类比十分诱人,因为自然之笔本身就把事物描绘得十分形象;人们夸奖莫里哀的伪君子人物塑造得逼真。被称为苋属植物的花,以及名为变色龙的爬行动物,被用来表达伪善,则更加形象。要想说明为什么形象,就要对这两种东西的各个部分进行细细的描述。

如果用反衬的方法,用渐进的方式来介绍类比,那它的魅力就更大。鹰和秃鹫向我们表示的是两种权力机构,事实上,这两种权力机构上升到了最高的程度,而且很会统治;但是有的君主拖拖拉拉,而且不会统治;这些君主的象征是鸵鸟,或者说是没有思想的动物,身子大,脑袋小;还有愚鸠,象征的是愚蠢而自大的人;愚鸠的头非常难看,头上的肉冠十分可笑,而且对人毫无用处,它的整个身体也是这样。

为给类比研究提供方便,必须把同一个主题的动物形象收集在一起;如果涉及庄严的真理,那就应当把象征真理的一些动物、植物放在一起进行研究;比如天鹅、长颈鹿、鹿、雪松、冷杉、百合,所有这些东西都形象地表示了对真理的各种应用;但是对于实践真理的人,真理并不会带来什么好处。通过动物或者植物看到真理的可悲命运,不管哲学家怎么说,任何文明的人都不愿意再去实践真理,哲学家只是想欺骗我们,并不愿意让我们知道喜欢真理的人会得到什么样的命运。

如果通过细节比较研究我们的情欲,我们将看到一幅非常优美的图景，正如鸟头上的羽毛饰代表才子和好心人的不同程度的愚蠢一样，鸟的冠毛、冠峰、附冠、羽冠、颈饰、赘疣和头上的装饰也可以表示各种意义；鸟能够比其他生物上升到更高的高度，它的头表示了人头脑中的精神；鹰、秃鹫、孔雀、愚鸠、鹦鹉、山鸡、公鸡、鸽子、天鹅、鸭子、鹅、火鸡、珍珠鸡、金丝雀、金翅鸟，等等，这些动物头部的外形表达了我们头脑中的东西。对这些鸟的头饰进行研究，可以让我们看到一系列很可笑的情景，每种鸟象征着一种人物，我们从中可以看到各种不同类型的精神和愚蠢的思想。

鹰是国王的象征，其羽冠细弱，后掠，表示的是君主心中的恐惧，他们不得不让警卫围绕着自己，派出大量密探监视臣民，以摆脱阴谋对他们的伤害。山鸡表示的是嫉妒心盛的丈夫，他们总是怕老婆对他们不忠，为了防备妻子出轨，他们挖空心思。比如我们看到，山鸡头上的羽毛朝着各个方向生长，而且都向后倾斜（倾斜象征着害怕）。我们在鸽子的头上看到的羽冠方向则完全相反，是大胆向上的，表示的是深信自己被爱着的情夫，他的心中丝毫没有担惊受怕的想法，而且对自己的成功感到自豪。

在禽鸟的头饰中，最值得研究的，是公鸡；公鸡象征上流社会的人，他们有大笔的财富；但是，只有通过鲜明的对照，类比才值得关注，所以，我们在提到公鸡时，必须同时描写与其形成对照的鸭子，而鸭子象征被迷惑的丈夫，这样的人唯妻子马首是瞻。大自然使公鸭发不出声音，这表示的是乖乖听话的丈夫，当妻子说话时，他们根本不能插话；因此，当公鸭想讨好母鸭时，只能做出卑微的样子，低头曲膝，就像听老婆的话，心中充满幻想，而且十分幸福的丈夫一样；为了表示这一点，鸭头上的羽毛是闪着波光的绿色，这种颜色表示的就是幻想。

公鸡表达相反的性格,有这种性格的人礼貌,但是无法主宰女人,与女人在一起时,却不失身份;这样的人很精明;大自然让公鸡头上长出最美丽、最珍贵的鸡冠,显得漂亮而端庄;而愚鸠头上的肉冠则讨人厌,无用,正如它所代表的愚蠢而自大之人一样。让我们把这个主题先放在一边,不要让它将我们引向太远的地方。

我已经举了不少例子,以说明我们终于可以破解类比的天书,类比的理论和天地万物的原因即将得到充分的揭示,只要进行研究:"只有找寻,才会找到"。

现在的自然主义者只局限于观察结果,当他们为大自然这本圣典中的美好事物大唱赞歌的时候,难道他们不像图密善宫中让人感到可笑的瞎子议员吗?在讨论如何烹饪大鲮鱼的会议上,元老院议员正背对着鱼,根本看不到,却假装陶醉于鱼的美丽身姿。我们的作家就是这样,他们赞美大自然的圣典,实际上连书中的一行字也看不懂,哪怕是最容易明白的象形意义,他们也看不明白;比如毛毛虫,这种令人厌恶的虫子象征引导人们走向群体机制的四种可恶的社会;毛毛虫的四种蛰伏状态表示四种社会;毛毛虫先变成蛹,蛹代表混合的状态或者保险状态,然后是蝶,象征群体的和谐。

如此显著的景象,如果还是看不明白,那还怎么解释更加复杂的现象呢?比如豆角和小豌豆代表的是小团伙或者小集团(第二十一章和第二十二章),这是我们的自然学家不了解的行会!如果他们终于想看懂自然这部天书,那就要放下学院派的架子,下定决心研究情欲和类比;第一个从事这种研究的人会带动所有人。这些学者不得不像西塞罗一样,宣扬蒙昧主义,这是多么耻辱的事,如此等等,而且明明是他们天天都在忙的事,却一窍不通,就连他们的战马的形象,他们都看不懂;他们不知道天鹅和长颈鹿代表了他们的庄严的真理;天鹅和长颈鹿表示的是无用的真理,人们使用的只是真理的外壳;鹿代表大人物和当局追求的真理(人和狗追求的真理)。

为了团结学者作为核心,研究自然和天地万物的原因,我在不久的将来会发表一本入门级的作品,题为《初级类比一百例》,我将从最好玩的,最能让人体会到这种新的知识的实例中选择一些,让对自然的研究充满魅力,让每种动物,植物或者矿物都有肉体,有灵魂,有精神,有面孔。

让我们来看这篇文章的目的,以及在已经发现的类比概要中所采用的叙述方法;当这种知识在一篇很好的论文中得到阐述时,类比会有成千上万的情景支撑,经过完整的描述,而不是零零碎碎的描写,正如我用萝卜和鹦鹉所描写的那样。文稿以三个苏的价格销售,包括用于利润的部分,每个法郎吉至少为一千个印张,还不包括儿童,因为不能让儿童从事对类比的研究。销售收入为五十法郎,乘以五十万个法郎吉,得出两千五百万法郎;可是,我只指望有八百万的利润,而不是两千五百万。所以我假设每个法郎吉只卖三百二十个印张,而不是一千个。这就意味着我的目标定得更低,因为人们都渴望读到这类的文章。

每个印张包含三十到四十个新的类比;人们之所以急于读到这些文章,是因为每个人都想参与,以使研究继续下去。我在下面解释一下。

一种象形的生物，比如狗或者猫，可以代表多至一百种情欲的情景，尤其是在看不见的内部结构上；还要说的是，在可见的地方，人们在很长时间都在猜很多谜；十年前我就知道大象的主要的类比，但无法解释大象的眼睛为什么不成比例地小得可怜，耳朵却硕大、扁平。因此，一个人研究得出的结果可以解释另一个人解释不清的东西。每个人都在赶紧把在一个象形事物上发现的东西交给缩写委员会，哪怕只是一星半点；每个人都担心被另外一个参与解释的人夺得优先权，或者分享发现，从而在发稿日期和时机上超越了自己；因此，每个人都赶紧把解决问题的部分答案提交给委员会；某人提交了关于鹧鸪的一种解释，他的解释最终被接受的内容只有五行；那他也可以得到六万法郎的报酬，这对其他方面不会有任何影响；不妨碍他下个星期在同一主题上发现对其他细节的解释，如果又有六行文稿被接受，那他可以再次得到十二万法郎。在他之后，其他各种共同合作方如能在类比中发现其他被认为准确的细节，也可以获得每行一万两千法郎的报酬。我们经常看到十二个参与解释的人先后提交了关于同一个象形事物的文章；只要有一个人开辟了道路，指出鹧鸪（或者另一种事物）的主要特点，他就为所有其他的探索者提供了帮助；其他的探索者会步他的后尘，得到很多收获；其他的探索者不仅是在麦地里拾麦穗的人，因为他们有可能比启发者收集到的东西更多；正因为如此，关于类比的摘要文稿被所有在同一条道路上探索的人当成金矿；这样的人很多，因为在一百个人当中，九十九个像法国人一样，只善于改进，不会发明。妇女做这样的工作有很大的天分。

因此，关于类比的文稿一出版，就会被一抢而空。有钱的男人或者女人都会买上半打，放一份在自己的藏书中，在工作用的包里放一两份，给没钱的朋友或者同事两三份。因此，我们估计每个法郎吉可以销售一千份；可是，我的计划中只打算销售三百二十份。这样，每行的报酬将减少到一万两千法郎；我在各处都按照减少之后的预估数量进行计算，如果有人想拿笔核算一下，就可以明白，我估算的数量比实际的总额要低；对于学者来说，这是一件很值得思考的事，我的发现为他们开辟了一条发大财之路！下一篇文章将向他们证明，在当前的群体状态中，他们可以挣到上百万法郎，比今天的投机商人挣钱要容易得多，而现代哲学却愚蠢地拜倒在投机商人面前。

跋

论智力的白内障

学术界和政党的欺骗性

神秘的天幕揭开了,学院式的懒散无为再也没有任何可以作为借口的理由了。自然界再没有什么神秘可言,它已经投降了。我们掌握了阅读天书的钥匙,尽管还有某些黑暗天使存在。

三个人当中最愚蠢的并不是人们认为愚蠢的那个人。

这是我们的寓言家讲过的一句话。同样,三种黑暗势力(贵族、僧侣、哲学家)当中最黑暗的一种也并不是如人们所想到的那样。请听真正的黑暗势力的自我揭发吧。

"你要记住,哦,我的孩子,自然界蒙着一幅青铜色的帷幕,多少世纪以来用尽全部力量也不能穿破它!"(巴戴莱米:《阿拿卡西斯游记》)

对于垄断才智的人们来说,青铜帷幕是一种再方便不过的东西。这些人不愿意在发明创造上伤脑筋,宁可制造按一定尺寸的体系,声称人类智慧应该停留在某一点上,又说既不应该研究未触动过的科学,也不应该继续探索那些略具雏形的科学,例如引力,牛顿只是在物质方面,而没有在情欲方面作出引力的计算。

这一工作现已完成。我曾着重在几个主要方面,用加倍的论证来支撑这项工作的重荷。这几个主要方面是:

情欲谢利叶的种种动力——第五章和第六章

间接引力的种种动力——第二十一章和第二十二章
均衡分配的种种动力——第三十四章和第三十五章

我所提供的证明到处都是复合形式的,而不是简单形式的;和数学上一样,总是证明和反证,不能以示范演算的不足作为托词。

在这里,还缺少对于衡量性谢利叶的概述。这是一种对初学者来说过分广泛、过分宏伟的协调,所以初学者只要知道自由谢利叶就够了。

由于这一发现,世界即将从无政府状态的动荡和党派纷争中解脱出来。现在我向世界提出一个恢复期各阶段的一览表,具有思辨能力的人可以考虑选择,在实际进步的十五个阶段中进行挑选,其中十四个介于文明制度时期第三阶段(即我们苟且偷生的阶段)同和谐制度时期第一阶段(我们即将进入的阶段)之间。

任凭选择的十五个实际进步阶段的序列表

1. 文明制度 — 第三阶段
2. 文明制度 — 第四阶段
3. 介于文明制度与保障制度之间的两可状态
4. 第一阶段
5. 第二阶段
6. 保障制度 — 顶峰
7. 第三阶段
8. 第四阶段
9. 介于保障制度与协作制度之间的两可状态
10. 第一阶段
11. 第二阶段
12. 协作制度 — 顶峰
13. 第三阶段
14. 第四阶段

15. 介于协作制度与和谐制度之间的两可状态
16. 和谐制度　第一阶段

选择越是接近第一阶段,活动就越缓慢。对利益和幸福来说也是一样;在第二阶段,利益和幸福是微乎其微的,因为组织得慢,而在第十六阶段,利益和幸福则十分巨大,其组织的进程更是快如闪电。在寻找创办人和股东的时候,应该提防很多事:我现在在五篇短文里指出必须加以提防的事。这五篇短文可以作为谈判者的指南,并明确地阐明智力白内障及其产生的原因。

1. 投机性的候选

在创建这种事业方面,不应该指望得到任何政党的协助。不论是自由主义者,专制主义者,或者是混合派,都是些坏法官,他们沉浸在竞选的论争和阴谋诡计之中。如果使他们离开了这种无聊的争吵,他们就像一只被撵出原来住惯的地方的猫一样,惊慌失措。

自由主义者只重视言词,而忽视事物,他们会为了尊崇一个词而怀疑理论。他们会要求这十五个实际进步阶段应该被称为日益改进的文明制度,而文明制度这个词只适合于商业欺诈和农业分散经营的那几个阶段。

专制主义者的本性是胆战心惊,他们害怕革命到达了丧失理性的程度,好似那位被药剂师吓破了胆的浦尔叟雅克[①]到处都看

[①] 莫里哀同名戏剧中的主要人物。——译者

到灌肠一样。因此，专制主义者，一心只想镇压，每当想到可能会发生突然而普遍的变化时，不论这种变化带来如何的幸福，他们也总是心惊肉跳。

因此，切切不可把希望寄托在政党身上。应该转向一个有钱有势的人，他虽然失去内阁席位，但会为突然晋升到很高的职位并且获得巨利而欣喜万状。至于各政党，它们能够在第五十章和第五十一章中看到，即使仅仅组织上述一览表中的第四阶段，即在农村建立官办保障农场，在城市建立有竞争性的三位一体仓库，那也已经会获得比自由主义和哲学所敢于想望的大十倍的改进。人们将会在不到三年之内看到行乞、贫穷、欺诈行为、盗窃、苛捐杂税等等现象宣告绝迹。政府在这方面获得的是很多大产业、巨额收入、清偿债务的办法和无忧无虑的社会安定。

对这种幸福的革新最感兴趣的阶级是巴黎的新闻记者阶层，他们都坐在火山口上，处境岌岌可危。如果专制主义像所宣布的那样取得胜利的话，那它就会不分党派，以不合格论一概辞退所有新闻记者，而只保留一家昏昏沉沉的报社，正像在维也纳或马德里所干的事一样。相反，如果人们做到摆脱了文明制度，各报纸解除舆论封锁，在第二天就会增加三倍的订户，畅销所有国家，因为一切政治争论顷刻间就烟消云散了。

这种改变对动摇不定的自由党而言，关系特别重大。如果自由党重新得势，那一道指令或一次政变就会一笔勾销它的成功。自由党忘记了，舆论算不了什么，它忘记了在文明制度下，八分之一的压迫者总是占了八分之七的抵抗者的上风，它也忘记了在政治斗争中所需要的是新的办法而不是言辞。这两个党真是十足的盲目，才会辨不清唯一得救之道在上升到比文明制度更高的阶段，而不是像它们所做的那样走倒退的路。不论自由党人说些什么，在国君与人民之间经常制造纠纷就是倒退，而保障制度的活动，如建立官办农场和竞争性仓库，则是在所有阶级之间建立协和、意见统一、利害统一和行动统一。到那时候，专制主义者就会懂得应该力求实际上的进步，而不是倒退到第十世纪。可是如果坚持他们布下假自由主义的陷阱，他们就必然会顽固地走蒙昧主义的道路。假自由主义是货真价实的智慧白内障，因为它建立在学术界的四种盲目性上。

第一，经济学家的盲目性：这些经济学家，为了使我们发财致富，使用了人数最少而代价最高的集合，即家庭的集合。他们也使用了最大可能的欺骗行为，即商人之间的无政府状态的竞争。

第二，道德学家的盲目性：这些道学先生在没有把面包送给人以前，先要叫人有道德。他们要把人武装起来反对自己的情欲。他们吹嘘商业的真理和对它的爱好，其实这些纯属胡说八道。

第三，政治家的盲目性：政治家通过降低工资、大量增加人口，以及其他成百成千的怪事搞得人民倾家荡产。

第四，形而上学家的盲目性：这些人说上帝不假思索地创立情欲，但并没有向人类揭示情欲和谐的规律。他们认为研究人无须研究引力，可是引力却是人的动力。

关于这四种科学当中的每一种科学的荒谬之处，都可以写满许多页。这四组舞形成知识界的白内障，充当了自由主义思想的向导。它只会使邪恶永世长存，而它的反对者则把它当作一杯毒酒加以抛弃，这难道值得奇怪吗？究竟在这两个政党之中哪一个最代表黑暗势力呢？是那个公开倒退的政党吗？还是那个口头答应要搞社会进步而事实上停滞不前的政党呢？后一个政党不愿意人类精神越出文明制度的泥沼，而是想方设法要把我们拉回到文明制度的第二阶段，拉回到民主主义的骚动中去，并且由于它使前一个政党引起不安，也把前一个政党拉向后退。

当补救无政府状态的办法终于被发现的时候，每个人都会感到，缺少一种抵制破坏者的动力，缺少一种审查一切发明的评判委员会该是多么可恼的事啊！这个评判委员会的职责是在公开场合当着发明者的面提出问题，其中第一个问题是，作者是否确实继续从事由牛顿开始的理论，即引力的研究，是否确实做到把这个理论从物质方面推广到情欲方面？在肯定了这个问题以后，接着发生一些其他问题，而且辩论的结果会使诽谤中伤者哑口无言。这些诽谤中伤者，只要人们对他们不提出对策，只要在学术界也像在商业界那样，只存在用真理和自由的幌子掩盖起来的弄虚作假的竞争，那么他们的权力便是很大的。

让我们在当场逮住这个科学上的蒙昧主义的罪犯吧！不久前，一位法国物理学家阿拉果先生证明（经度局年鉴，1829年）蒸汽机的发明应归功于在布洛瓦出生的法国人巴本。巴本最初受到巴黎科学院的无礼对待，1681年才得到伦敦皇家学会的接纳，而八十年以后，即在1764年，瓦特以蒸汽机发明者自居，其实他只不过是按照剽窃者的习惯，略加改装而已。就像这样的事情，法国总是在事后才要求承认它的一切发明，连鲁姆福德菜汤这样的小玩意也不例外。法国为什么对待发明者如此野蛮，以致没有一个发明者能够生前在法国得到承认和审查呢？而现在法国却声称：

卡介疫苗据说是詹纳发明的，实际上出自法国人拉鲍之手。

互教制度现在都说是兰卡斯特学派的发明，其实是法国人圣鲍莱的成果。

百科全书系谱，人们把它归之于培根的发明，而它应属勒太尔·德·萨雷尼先生。

轮船并不是富尔顿发明的，而是茹甫罗亚伯爵的成果（1822年的说法）。

轮船既不是茹甫罗亚也不是瓦特发明的，而是一百年以前死去的巴本发明的（1829年的说法）。

因此，发明者必须在去世很久以后才能得到法兰西学院的院士们的青睐！在这方面，阿拉果先生向我们说过：

"才智之士，每当他不论在哪一方面超过他本身所处的时代时，总是不能被人承认的。"

这正是托马斯早在阿拉果先生以前就揭发过的那些学术团体的错误。托马斯说："人们最不能饶恕的罪行，就是宣告新的真理这一罪行。"这些学术团体会不会赞成在这种情况下主持公道，也对引力的计算加以审查呢？或者还是照老章程办事，在报纸上诋毁发明者并拒绝刊登发明者的答辩呢？在法国除了学术界诽谤成风、商业界尔虞我诈和选民团造谣诬蔑以外，是看不到别的东西的。这就是由商业和哲学再现青春的美丽的法兰西的胜利品。

没有一个阶级比哲学家和学者受到这些怪事的欺骗更深的了。在和谐制度下，每个哲学家或学者都能够找到比他们在巴黎分享的四万法郎区区预算大得多的收入。我在收场白里已指出过获取庞大财产的手段之一，我现在再加上四种手段。

1. 统一的奖励。通过所有法郎吉的平均表决票数，如果一件成功的产品可得一个法郎，总计就是五十万法郎。

2. 直接出售。如果作品美好，每个法郎吉销售七八册，那么总数就达四百万册，每册的利润估计为五个苏，对作者来说就是两百万法郎。

对于今天那些抱怨全部收益都由书商中饱的作家们来说，该是多么好的发财机会啊！而且为了使法语在和谐制度的第一个时期内被采纳为临时性的统一语言起见，这对巴黎的作家来说，又该是多么巨大的鼓舞力量来展示自己的抱负啊！这件事对巴黎的新闻记者来说特别重要。他们在这种情况下会立即名扬全球，而且当在巴黎附近建立了一个法郎吉，因而激起了热烈的好奇心，并从此忘却旧有的政治纠纷，而只专心致力于促进普遍幸福的时候，他们会看到自己的订户陡增三倍。

3. 对作家们的另一种诱惑：他们都在抱怨，说缺乏主题。诚然，他们现在确是缺乏主题。可是他们今后，除了类比学以外，还有很多在内容上异常丰富、新颖和简易的主题，其中如对四种哲学性科学的批判性的诠释。人们会重新刊印所有名著，并且附有诠释〔参看这两个例子：一是有关"特莱马克"的评注，另一个是有关"田野的人"的评注〕。单是这个主题，就能够在二十多年内满足为数众多的作家的需要，每个法郎吉零售二十册，总共就是一千万册。

4. 最后，教学将是学者、艺术家和读书人的另一种财源。科学和艺术在和谐制度下将变成生产性的，那时候，全民都要受高等教育。但是教师还不敷需要量的二万分之一，因此，各方面都将争夺教师，不论是建立乡村师范学校，或是视察各省各县都是如此。城里的一个起码的学者会在好几个乡村获得大量收入。而仅仅这项工作就会使他们享有现在法国一位大学名教师所享有的收益和荣誉。

因此，对产业引力的探讨及试验进行抵制，这对学者们说来是一种疯狂行为，是一种特大的愚弄，因为二十年以来，他们保护由欧文领导的一种虚假的协作派。这个派别毫无新的办法。在这个问题上，应该就前面谈过的内容作一结论，并睁开眼睛看看这些披着羊皮的豺狼。这些豺狼竟然获得人们的信任，这充分说明蒙蔽我们这个世纪的智力白内障确实存在。

2. 驳斥欧文主义者

近二十年来，舆论受着欧文派当中这些奸细的包围。这些人十分危险，不是由于他们所作的恶，而是由于他们所阻挠的善。因为在说服人相信他们的头头是个在协作机构上的聪明人的时候，他们如此煽惑舆论，以致人人相信，问题已由明智的欧文全部解决了。可是，欧文在协作社问题上没有一点知识，而他的古怪理论恰恰处在自然方法的对立面，这种理论充其量不外下面几行所述的三个十分荒诞的论点。

有人蛮有把握似的说，支持欧文的那个社会，二十年来花了大笔金钱，使得报纸大肆宣扬这位虚构的复兴家的美德，并且把他介绍给维也纳会议和各国君主。另外一些人则说，是欧文自己靠他的大量财富提供了一切费用。如果是后一种情况，那他就太笨拙了。因为只要拿出他生前为了名列圣榜而花费了的款额的四分之一,他就会能够建立真正的协作社,获得最大量的财产和名副其实的持久的荣誉。

由于多年来听惯了歌颂这位新兴的奇迹创造者的大合唱,诚实可欺的公众总认为:如果不把欧文看成圣人,便是亵渎神灵;如果要想对协作社提供比欧文对所有制、宗教和婚姻的种种漫骂更明确的睿智的见解,便是亵渎圣物。

他的公有制计划在一开始风行一时,因为这是党性派性的面罩,是倾向消灭传教师和宗教仪式的秘密计划的烟幕。这种前景把无神论的整个集团都吸收到欧文牧师这一边来了。至于他的其他两个教条:财产公有制的教条是如此可怜,根本不值得一驳;而突然废除婚姻制则更是一种奇谈怪论。

真正的协作社将遵循三条与此相反的途径:

第一,协作社本着热情,本着对上帝的高度智慧的信服(因为它每时每刻都从上帝那里获得恩惠),它将是讲究宗教的。公共的宗教仪式对它来说是一种需要:最低级的副本堂神甫将占有目前主教的地位,而且那时候法国必须通过加速授予僧职的办法至少派出三万名神甫,以便每个法郎吉有足够的神甫来轮流履行神职,而不至于每天受到职务上的牵扯而不能分身。

第二,与公有制精神相反,在协作社内,将借助股票和授予无产者以经济表决权来刺激私有制精神。凡通过勤俭节约,积累起在评议会中有表决权的必需资本的十二分之一的无产者都有经济表决权。人们还给无产者以很多其他的资格,以便与文明制度下的人有所区别。文明制度下的人,本着他们的代议制,总是按照金钱的痕迹来评功论赏的。

第三，至于婚姻制度，前面说过，它是根据时间的推移而改变，而逐步解决，但不是废除。在下一代，将按部就班地处理这个问题，但其改变必须获得聚在一起的四方面人员（即政府、教会、父亲和丈夫）的表决通过才行。

可是，在这样一个对社会世界来说至关重要的问题上，也就是在协作机构这一点上，听任一个既无新颖理论又无精确教义的说教者进行欺骗，这正是本世纪智力白内障的明证。他那个消灭传教士的计划是革命的渣滓。如果把滥用自己职权的一切阶级统统加以消灭，我就不知道文明制度下的人有哪个阶级还可以保存下来。他那个公有制的教条是斯巴达人和罗马人的老生常谈。而他的自由恋爱的教条，同样是从各种不同的民族那里剽窃来的，这些民族之中有尼泊尔人、大溪地人等。

这些教条中值得注意的方面，是模棱两可、暧昧不清以及根据事件的变化而随时调整制度的手法。例如，在宗教问题上，罗伯特·欧文并不正面地否定上帝，而只是迫使上帝隐姓埋名，既无传教士也无宗教仪式，就这样待下去，一直到人们确定他将担任何种角色的时候为止。这种角色按照欧文派的进展而有所改变，如果欧文派失败了，那就对上帝略表崇敬；如果成功，它就会像抛弃神职那样抛弃上帝。因为抛弃神职的人就有存心抛弃上帝的嫌疑。

欧文先生关于爱情方面的安排措施同样也是不着边际、模棱两可、混乱不堪的。人们看出这位革新家想在他的每个教条上都留些规避的手法，以便根据不同的情况得以改变方法。特别是在他有关财产公有制的理论方面，这一点非常清楚。他的财产公有制并不适用于入社的所有阶级。他把股东排除在外,因为他看得很清楚,股东们不会慈善到放弃自己资本的贴水的地步。

用这些道德上的离奇想法,欧文想说服新拉纳克的修道士们(那些在寒冷的地方赤脚走路的可怜的纺织工人);他们将带领全世界群起效尤,他们将使所有邻人皈依欧文的思想。这些可怜的人们是靠他穿衣吃饭的,当然决不愿违背他的说教。但是二十年来,人们并没有看到过他们的邻居汉米尔顿公爵和格拉斯哥的富商们放弃了美酒佳肴,也没有看到过这些人坚持喝清汤、赤脚走路以求攀登欧文主义慈善事业的高峰。

我们的时代真是十足的诚实可欺,才会接受这种有关慈善事业的陈词滥调,这种成堆的奇谈怪论,说什么政治上的邪恶有三个根源,即宗教、私有制与婚姻制度;还说什么三者的废除将使我们上升到明智的顶峰:请忍住笑吧(Risum tenea tis)!可是,这位满口蠢话的说教者,却说要消灭一切传教士,从此,按照某些传记家的说法,他便是美德的巨人,是革新的奇迹的创造者,是道德的明星,在它面前,现在和过去的一切美德火炬都会黯然无光。

假使这种幻想只涉及那些毫无结果的奇谈怪论,如约翰·潘恩式的那种怪论:禁止在衣服上缝纽扣,在颜色上只要灰色,那我就不会对它加以批驳了。因为这些道德上的无聊之谈对人类并没有引起任何损害。但是欧文派把近代人投进不幸的歧途,在协作社这个重要问题上对他们进行欺骗,想使他们相信在这种研究上应该做的事都做了,在欧文这个无比的天才、慈善事业的巨人之后,任何研究都是多余的了,因此应该盲目地相信他,不要去对他的方法进行任何审查;也无须考虑二十年来由于在美洲和苏格兰的野蛮邻居和文明制度下的邻居都拒绝参加而使他受到挫折的失败经验。

这位诡辩者的影响,他所窃取的信任是对自然的协作制度进行试验的主要障碍,因此对它精确地加以驳斥是很有必要的。我现在用两个论证,即他的理论既不合理又奸诈来做一个概述。

欧文要从整个全部邪恶中铲除三个部分,从文明制度铲除僧侣、私有制和婚姻制度。难道经过这种削减以后剩下来的就会好吗?可以用下面的对比作出判断:假定一个人得了传染病——鼠疫或者是黄热病,是不是切除感染了病毒的一只脚、一只手和一只耳朵便是治疗的办法呢?每个人都会回答,应该治疗整个躯体,而不是切除三个部分,切除的做法必然会导致病人的死亡。文明制度的情况也是一样,它全身患有坏疽病,而不是仅仅几个部分的问题。其他部分,如商业、金融、司法、警察、外交,甚至宫廷本身,难道不是同欧文所排斥的三个部分一样,都是罪恶累累吗?因此,应该使整个肢体纯洁健康,而不是切除整体中的三个部分。如果你砍掉大戟树或曼斯尼里埃树的一些树枝,树木全身照样有毒,所以要另植一棵有益于健康的树来代替它。而这正是欧文先生所不能答应的事。他不知道有比文明制度更高的社会。他看到当代人在模模糊糊地谈论协作社,于是就在这个名词上建立协作的幻想和地道的僧院式的制度,这种僧院式制度是用一些道学先生的谩骂来支撑门面的。

如果我们所处的是个明辨是非的时代,它就会说,你们要像1789年的鼓动者那样从消灭我们的习惯开始,你们能不能提出保障或找到有益的代替物呢?你们在谈论协作社,那你们有没有解决协作社的问题,首先是两个首要问题,即产业引力问题和按资本、劳动、才能三种功能的比例来进行分配的问题呢?

正是在这里,可以看出他的计划的狡猾。关于引力问题,他回答道:尽可能设法使作业诱人。但是,设法不等于实现。三千年以来,人们总是设法使人成为有品德的人,而实际上人的品德比人类开始的第一天还要差。因此,必须有崭新的办法,必须有比答应设法更牢靠的办法。请参看第五章和第六章(三种起杠杆作用的情欲,它们适用于两个方向的按次序排列的谢利叶)。

仅仅限于设法而没有任何确定的办法,欧文先生是否能够防止自己的门徒们不犯像投机取巧这一类的一般性过错呢?不能,因为他所创立的全部机构都受到掠夺,以致根本不谈收益,很多股东因而撤回资金。本来,在超过一千人以上的团体中,应该有大量的利润和储蓄,但是看来在这些道德公社中有些管理人员是些过分热心于公共福利的慈善家,他们把收益放在手持利剑者的一边。这值得奇怪吗?任何不按谢利叶分配的大的产业总会有两种根本性的缺陷:

由于缺乏产业引力而使收入微薄;

由于在管理上缺乏保障而造成的浪费。

因此,欧文派既不提收益,也不提年度红利,而这些却是他们应该提到的首要问题。他们满足于夸耀慈善事业的魅力和对公社有益的幸福,其实是几个骗子在窃取公社的全部利润。

总之,应该承认,为了成立协作社,就必须发现正常的、像数学那样精确的理论;应该承认必须规定一些条件。由于缺少这些条件,人们就会看到二十个像欧文先生之流的诡辩家,沾沾自喜地认为已经解决了全部问题，别人只应该盲目地信赖他们的慈善性的幻想。事实不然：我已证明，在协作机构上的真正科学到处都带有数学的精确性，特别是在有关分配的这个主要问题上更是如此。而欧文主义者却借助他们的公社教条，巧妙地避免对这个问题加以解决。

我能够举出许多证据，说明他们的无能和令人怀疑的意图。可是，我想上面的话已足够使大量的轻信的人们清醒过来，这些人一听到有人讲起协作社时便回答："唉！是欧文先生创立合作社的，应该和他谈谈这个问题。"现在可以看出在这方面他究竟扮演什么角色。他所扮演的正是实验化学未诞生以前炼金术士所扮演的角色，或者是医学未诞生以前巫师的角色。任何科学在开始时总是阴谋家的牺牲品，一直到用精确理论代替江湖骗术时为止。那么，只是从近几年来才有人过问的协作理论，它同所有一切科学一样，在诞生之初便受到江湖骗术的践踏，那又有什么值得奇怪的呢！

3. 关于简单化或白内障的原因

如果我不用十分具体的证据来支持我的观点，那么在各种问题上向这个博学的世纪发出智力白内障的斥责，就有欠文雅了。在这个直言不讳的主题上我要说的话不多，但将澄清每个世纪和它的发明家之间的老争论。任何一个世纪都急忙地说，发明者丧失了理性，因为他们不赞同"不可能"这个成见。可是通常正是整个世纪丧失理智，正像哥伦布的时代一样。

群众的这些普遍错误和不正确判断的原因,起源于我称之为简单化的那一种毛病,或者是用简单方式看待整个自然体系的怪癖。这一怪癖就足够迷误最杰出的天才,这是人类智慧的原罪。

例如,我们的哲学家们声称研究人、宇宙和上帝,可是他们却使上帝成为没有躯体的灵魂,使人成为没有灵魂的躯体,而使宇宙成为没有驾驶员、没有发动机、没有船舶的船舶。就像这样,人、宇宙和上帝成为三个简单体。现在,哲学家们,由于畏惧权威,已经改变了这些学说。他们根据需要而否认其理论。但是,大家知道,当在这个问题上有充分自由的时候,也就是在唯物主义和无神论词典盛行的时代,他们的意见是怎样的。在那时候,他们连简单的上帝、没有躯体的神灵都不承认,更谈不上承认既有灵魂又有躯体的组合性的上帝了(上帝的躯体是火)。

甚至在细节上也同样存在着简单化:承认灵魂的那些人,只给灵魂以在此岸世界上的一种简单的命运;他们迫使灵魂毫无生气地在颠覆状态中、在文明制度和野蛮制度的混乱中苟且偷生。谈到对宇宙的研究,他们名义上承认类比,而实际上则否认类比,因为他们不承认社会世界会像天体世界那样具有以行星和彗星为代表的两种命运(和谐与颠覆)。他们事实上也否认可以把类比推广适用于满布地球上的所有实体,否认这些实体是情欲的镜子,因为他们不知道在每个动物、植物、矿物身上解释这面镜子。

他们的智慧因此完全受到简单判断这种怪癖的迷误,这些简单判断不知道把后果和原则结合起来。它们宣扬某种动力,如商业或其他,而不考虑它的不幸的后果,如普遍的虚伪等。

正是在简单判断这种怪癖的基础上建立起四种哲学性科学。

只要把这四种哲学性科学经受一下综合判断的考验,它们就不攻自破了。因为综合判断,遵照耶稣基督和笛卡尔的意见,要求经验的检定,而经验会宣布任何科学、道德学、经济主义无效,因为它们所发生的结果违反自己的诺言。

如果愿意给我们的简单化的判断和方法画出一幅图表,那就会写满一百页,例如为富有阶级建立保障,而不替穷苦阶级建立保障,穷人连劳动和生活资料的保障也没有;又例如为男性而不为女性建立保障;欢迎那些拒绝对产业引力进行任何研究的产业理论;把幸福的前景只适用到文明制度下的人,而不适用于野蛮人和蒙昧人;主张风俗制度要使人爱好简单的美德,但又不用利益和愉快来支持美德;建立经济上的协作而不建立情欲上的合作;确立自由主义并只接受以金钱作为选举权的基础;追求知识,只根据风格来评价作品。

正是由于这种不公正的判断的习惯,人类精神才陷入十分可笑的境地,才陷入智力绝境,即行动的两面性。说明这种两面性要费很大的篇幅,我仅仅指出其中荦荦大端,例如集体利益和个人利益的抵触;组成社会整体的三个阶级的互相仇恨;人民与政府之间的分歧;两性之间的分歧,一方只想压迫弱者,而另一方只想欺骗压迫者;由于理智和情欲的对立而引起人同他自己本身的分歧;由于一方面寻求真理而另一方面又替贸易和谎言辩护,因而引起科学同它本身的分歧;为人民的幸福而进行研究工作,同时又替连面包也不给人民的文明制度进行辩护。这些行动上的两面性的一览表是写不尽的,它多到如此程度,以致在一个聚集在一起的家庭中至少有十二种两面性,如婆媳之间的不和,在各种事物上兴趣不同，不论是在教育上，在食品上，在室内温度上，或是在工作、休息、饲养家畜等上都是各异其趣的。

创世的时候就已经很好地描绘出目前社会的命运：当时按类比法使地球上的一切东西都服从体系上的两面性，首先是人的生理方面由于白种人、黑种人和混血种人的双重肤色而堕入两面性；其次，由于人同他所不能饮用的海水之间的失调，以及同他由于缺少两栖性能而不能穿越的淡水之间的失调（两栖性能全靠心隔膜的开放，这是在进入和谐制度十二代以后复兴的人种所享有的功能之一）。

对这些使我们上当受骗的简单判断寻根究底倒是使人感到奇怪的事。这些简单批判对社会和情欲结构的明显的曲解方面，在人民根据祸不单行（Abyssus abyssum invocat）的谚语所隐约看到的颠倒了的世界方面愚弄我们。反之，哲学界远远没有觉察到人生来的命运就是复合命运，就是幸福和不幸两者的复合，永远不会是简单的命运。因此，哲学界继续向我们鼓吹简单的自然，这是同我们的命运背道而驰的东西。

我所讲的话足够使人们相信，对智力白内障的指责绝不是一句批判性的戏言。无论就原因、发展或结果来说，缺陷的存在是肯定的。因为，一俟人们要从简单判断过渡到复合判断，征询经验的意见，比较我们科学的理论和结果，那么文明制度和哲学就混在一起难解难分了。因为两者之中的一个鼓吹真理，反而使各个民族愈来愈欺骗成性，而另一个则向各民族许诺财富，结果是穷人的数目越来越多。因此，觉察不到这种社会颠倒是非的本世纪的知识界，一定有一层黑暗的表皮。而把人的悟性从这种科学痴呆状态中解脱出来，除去简单化这种白内障，这从创始人来看，是一枝应该使它发出光辉的棕榈枝。

4. 关于白内障的几个大家熟悉的论证

我把枯燥的部分，把称为简单化的那种原因的分析作了精简。通过种种后果的几项说明，人们会更好地信服。我现在选择为大家所能知道的一些笑谈，并在我们的知识的不同部门对这些后果加以考察。

物质的贫乏。人们夸耀民族的财富、科学的光辉，可是巴黎和伦敦这些大城市连研究自然的基础书本也没有。需要一种有十万幅彩色版画的作品（如同维克·达西尔①所画的脑髓版画一样），来表明处在各个发展阶段的一切动物、植物和矿物。此外，还要给这十万幅版画附加说明。这部著作至少有四开本书籍一千册。在地球上五十万个法郎吉当中的每个法郎吉都需要两部或三部。这将是和谐制度下第一批著作中的一部，而在文明制度下是根本不可能有的。文明制度尽管用了它臻于至善的全部努力，也不能补助这部著作所需要的费用的四分之一。这笔费用在协作的和谐制度下将是微不足道的，因为那时候，单就诱人的垦殖这个部门来说，就会获得四百亿的收益，这是一笔无法想象的数目。但是人们知道，在估计方面，我总是从低于实际来着眼，即实际的一半、三分

---

① 维克·达西尔（1748—1794年），十八世纪法国医学家，是比较解剖学首批著作的作者。——译者

之一或四分之一。

智力的贫乏。人们常常看到一些优秀的作家，毕生在选题方面苦思冥想，然而找不到一个合适的题目，因此不得不降格以求，搞些评论和编纂等工作。人们嘲笑死去的奥耶、艾仰和其他的一些人，讽刺他们的才能不超过短评的范围。这些人不得不从事于罗掘具尽的行业，但他们又想标新立异，结果堕入了说些令人难以忍受的奇谈怪论的境地。最近巴黎一家报纸吹嘘一位作者，我没有读过这位作者的著作，但从这家报纸转载的半页引文中，我搜集了为巴黎人所大加赞赏的十二点怪论，其中第一点是：

在欧洲各国的文明制度之中实际上存在着统一。真是滑稽有趣的统一！这些国家中每个国家在语言、法典、货币和度量衡、风俗习惯以及一切方面都有所不同。单就法国来说，就有十六种不同的语言。欧洲对统一的反感达到如此程度，以致处于欧洲中心并素以明智见称的德国人，就不愿意采用拉丁字母，而拉丁字母在西欧和美洲已经普遍推广了。可是德国人却自称为罗马帝国的继承者。因此，统一在它偶然取得若干成就的一点上，就遭受到大家认为最明智的那个民族的反对。至于其他民族，它们连某些正确的统一，如费罗岛子午线的统一都不愿意采用，那又将怎样呢？

上面我只举出引文一页中所收集到的十二个谬论之一，那么在我没有阅读过的那部著作中将会找出多少谬论呢？这一页引文当然属于最好之列，因为替人辩护的报纸总是选择文章中最精彩的部分。

看到巴黎人那样酷爱无聊的争论真是可笑之至。这些争论的内容不外是些虚假的或鸡毛蒜皮的东西，而竟然铺张地作为卓越的原理出现，其实只要有一点点常识就可以得到解答了。让我们通过紧接着上面的论断的其他论断来作出判断。

文明制度是一个普遍的、复杂的、难以描绘的事实。

不然，再也没有比这更容易的事了，我们刚才已在第四十一章到第四十九章这九个章节中加以精确的阐述。如果把这些材料扩充为一、二或三卷，这是轻而易举的事。那么，你们就会对文明制度有个更精确的了解，而我由于篇幅所限，只能把要讨论的题目在这里作一个简要的介绍。

文明制度是善还是恶？它是不是普遍存在的？它是不是推广到整个人类？这些都是无聊的问题，是谈笑的题目，而不是讨论的课题。

显而易见，文明制度的人只是人类的六分之一。俄罗斯和波兰的农民，在鞭笞之下从事劳动，他们不是文明制度下的人。文明制度是善吗？是的，它对富人们是善的。它是恶吗？是的，对眼看到幸福被剥夺的极大多数人来说，它是恶的。只有在文明制度的存在为时不久，而且借助它自己创造的科学与艺术，很快地进入作为第六阶段的保障制度时，只有在这种情况下，文明制度在它所处的星球上才是善的。可是，如果文明制度多延长二十五个世纪，它就成为一个可怕的灾难，这是由于人民困苦的不断增长；由于产业主义所引起的工资降低；由于商业与农业陷于牢狱境地因而使人们回到奴隶状态；也是由于树林、山坡、水源和气候的破坏。在谈到这些以后，看看还有什么人敢再提出文明制度是善还是恶的问题！

哲学家们的一贯手法就是如此：在鸡毛蒜皮的琐事上大做文

章，引起学院式的争论，而忽视一切有益的研究。因此，人们甚至到现在还没有确定自然的字母表，尽管我们有的是普通语法的大师①。

这种欠缺乃是知识界所患的智力白内障的最有趣的标志之一。如果说，知识界在语法上忘却字母表，在人的研究上忘却引力，那么，它还有什么东西不会忘记的呢？是不是它要在任何科学上都从结尾开始或者以引言作为结论呢？

这种白内障，这种统治知识界的欺世盗名的本能，它给了我充分理由来甘冒对学术界的不恭之罪。难道我应该称颂奔向悬崖的

---

① 在和谐制度下，首要的行动之一是召开语法学家和自然学家的代表大会来制定一种统一语言。统一语言的体系是在同动物的叫喊声以及同其他自然资料的对比的基础上而确立起来的。这件工作要经过一个世纪才勉强完成。而且，要使这件工作大功告成，人们将要有一个精确的罗盘。现在还不是介绍这个罗盘的时候，我们目前仅限于讨论一下字母表的轮廓，它是有助于形成普遍语言的多种研究的基础的。

……

文明制度下的才智之士在各种研究上总是不合时宜的，甚至在数学研究上，由于轻率成性，他们连四次幂以上的算题也解决不了。因此，当偶然的机会把他们带上好的道路去攻击偏见的时候，他们就犹疑彷徨、畏缩不前了。下面是最近的一个例子：1829年1月，巴黎的一家报纸《每日新闻》敢于支持一个最真实的论点（可能是我在1828年所写的论文中谈到的那个论点），即所有在商业上的无限制的竞争只不过是一个骗局而已。这是选择了一个响亮的主题，单是这个主题便足以使我们的工商业机构，使我们的倒行逆施的世界处于窘境。这家报纸提出一个如此出色的题目，却又怀疑自己的力量，唯恐招来哲学异端的罪名，于是它插进一些对机器进行攻击的谩骂字句，而机器对我们经济科学的为非作歹是无罪的。这家报纸的行为同已故的茹甫罗亚一样。茹甫罗亚有一天提出了一个十分正确的见解，即商业是把成本值三个法郎的东西以六个法郎的售价卖出去的一种艺术（这也是唯一受到赞美的并被称为机灵小伙子，聪明头脑的一切囤积居奇商的艺术；也是一切酒商的艺术，他们用些麻醉品和无税的水来酿酒，竟然恬不知耻地说："我家院子里有个水泵，每年生财一万法郎"）。茹甫罗亚不敢坚持自己的意见，他听任那些提不出丝毫有效理由的对手把自己打倒了。同样，《每日新闻》在这个最正常、最明显的论点上也让自己吃了败仗。

盲人，称颂他拉着一群其他盲人和他同归于尽吗？但是，有人说，应该采取学院式的形式。唉！如果我有学院院士那种才华的话，我只能像他们那样用一些美丽辞藻作为贡品，而不可能以有益的发现作为献礼。我不得不谴责各类学者，甚至也谴责几何学家，谴责他们容忍四种欺骗性科学的行为；如果我想采取过分敷衍的方式，那就得对我的每句话加以歪曲。我在不少地方注意到这一点，忽略了很多本来我可以一语道破的有关现在还活着的哲学家的对比，这些人在书面上祈求智慧之光，呼吁发现，而在行动上则是最可耻的蒙昧主义者。我乐于设想，在他们当中也有公正的法官；我在巴黎就遇到过这样的一个人。但极少数的例外适足以肯定规则。我恳请学者们，为了他们自己的利益，放弃这种蒙昧主义的怪癖吧。不久以前，他们当中的一个人曾用下面的话来指责这种怪癖："才智之士，只要他不论在哪一个方面超越本时代，就不会为人赏识。"但是其他的才智之士，并不能像我的发现那样，给所有的学者和文学家提供巨额财富的机缘和开辟光荣的历程。现在要由他们，根据自己的利益来摆脱不公正批评的习惯，因为这种习惯在目前情况下，对他们来说，是一个过火的骗局。

5. 个人的候选资格

这里，正是对所有希望顷刻间名利双收的人们的一种号召。我说过，通过一种试验性法郎吉在全球范围内建立协作社，就必须有下面四种人的合作：1. 创办人或首脑；2. 谈判者；3. 宣传者（一个人可以兼任其中两种角色）；4. 发明家，以便保证协作社不犯结构上的错误,不受哲学精神,即简单和虚假的行动的干扰。

谈判者是第一个应该起作用的人,这个角色所需要的人必须和大人先生及资本家们有联系,或是像慈善家艾纳尔博士那样一个在行动上而不是在口头上素孚众望的人。

我们知道,资金应该是一千五百万。但是只要有这笔款项的三分之一就可以开始建立起来,因为一旦着手进行,股金的价格便会倍增。这时候,会出现一股热潮,合作社会轻而易举地以二千万的售价出卖其三分之二的剩余股票。不谈其他收益,单就这一项来说,就获利一千万。在这以前,如果协作社在试验性法郎吉的结构中经营得成功在望,不会令人怀疑有哲学精神或简单行动的话,它是会以五厘的利息找到资金的。

谈判者首先应该组织一个像我们在巴黎常常看到的那种小型的信徒会。在所有现有的各种社团中,很容易找到新的皈依者;因为劳动引力结构的发现必然会使所有这些社团处在尴尬的地位。我们现在仅举其中的三个来谈一谈:

第一,基督教道德协会或废除奴隶贩卖协会。

根据经验,这个协会本身也得承认它的计划是虚幻的,它所从事的事业只能使奴隶贩卖的罪恶有增无减,除了贩卖黑人之外还加上贩卖白人。在马拉尼克岛上,人们出售有色人种的妇女,虽然她们是一些自由人。因此,显而易见,这个协会在方法上是简单化的,把意图当做手段;显而易见,为了达到目的,除了适用能使奴隶主自己主张解放奴隶的劳动引力和产值扩大四倍的理论以外,别无他法。

第二,奖励工业协会。在方法上也是同样简单化的,它只奖励物质,奖励机器,而机器的发展反而加剧无产者的贫困。必须有一个办法在所有国家确立提高工资的制度,而人们看得清楚,只有劳动引力才能产生这种效果。

第三,地理协会。这个协会亲眼看到所有旅行家,如芒戈·帕克之辈和克拉帕顿之辈,都痛苦地死于非命。为了保障他们的安全和科学的进步,必须立即使非洲和其他大陆腹地的野蛮人和蒙昧人接受文化,其方法只能是劳动引力的结构。不采取这个方法,地理协会就会同基督教道德协会一样地陷入简单化,或者堕进只凭空话,而不切实际地力求幸福的幻想。

其他社团也同样显示出简单化的毛病,因此试验性协会将会有大量的从其他社团分离出来的人参加(因为对群众来说不是改变信仰的问题)。农业协会无疑地将会提供很多分离者。从已经公布的理论来看,显而易见,农业上的现行方式没有节约精神,并且丧失理智,也缺乏任何手段和知识:巴黎的近郊就不会种植马铃薯。

需要成立的联合会应该称为产业改造协会,致力于改造在各个产业部门占上风的那种分散性和欺骗性的制度。协会必须有自己的报纸,由于协作理论很容易揭穿所有下列活动和见解的荒唐可笑,协会的报纸将很快地受到欢迎。这些活动和见解重视哲学体系,强调家庭和农业的分散性,支持欺骗性的商业,并具有只管刺激却从来不知道调和各政党的那种怪癖。

谈判家在向当权的人物提出建议时,应该首先显示革新的重要性:只有革新,才能使政府的利益和人民的利益调和起来,并且将以闪电般的速度在全球实现。在最坏的情况下,即在引力计算错误的情况下，也会在第一年使资本和收益成倍增加。资本来自好奇的支付者的捐献，这些支付者是由于情欲和产业的相互协调而受到吸引的；而收益则来自在文明制度下无人知晓的谢利叶制的物质利益。因此，即便在引力效果方面计算有误，而在谢利叶机构方面则仍然是正确的。这种计算会使法国的产值从六十亿递增到一百二十亿。这该是多么好的坏情况啊！

不论谈判者同什么人和什么阶级对话，他要善于攻其弱点。在同君王谈话时，他便指出可以获得的辉煌成果，可以成为万王之王，成为恺撒或奥古斯都；如果同一个大臣谈话，他便指出两年后可以获得世袭帝国或世袭王位的前景；向金融家就说马上会偿清全国所有债务并且赢得与劳绩相称的光荣；向银行家指出可以用一页纸张列举其名目的多种利益；向要拔除穷根子的慈善家描述自第一年起消灭穷困，并永远从全球铲除掉这个灾难的光荣，同样也消灭奴隶制以及可怜的哲学智慧的许多其他的暗礁；向高级教士宣传一劳永逸地消灭无神论和唯物论的光荣；向觊觎大臣职位的野心家展示几个月以后便看到各国君主及大臣对他倍加犒赏并赐以勋章的荣誉；向哲学家指出的光荣，是在一个月之内组成学派，感召一切，并证明自称折衷派的近代哲学只不过是简单化的哲学而已，因为它只观察后果，只观察社会运动的表象而不研究原因；分析观念而不去分析作为人的动力的引力；只从简单方式，从物质方面研究引力，而不是既从物质方面又从情欲方面去研究它。

谈判者必须批驳某些诡辩，下面的三种是法国人十分熟悉的诡辩：

第一，以例外作为规则。这是所有吹毛求疵者的惯技。可是例外肯定规则,但不能确立一个规则。

第二,已知的手段不足。应该在这里相信情欲谢利叶所提供的完全陌生的手段,而不要相信文明制度的脆弱的动力。

第三,缺乏资金。当人们提供像西班牙的借款那样的无抵押的投资时,资金就源源不绝而来。风险越大,巴黎人就越起劲,甚至在价值一亿的疯狂举动上,如修筑从罗浮宫到巴士底广场的帝国大街,也在所不惜;甚至在价值三四亿的狂举上,为了虚荣要把大船引向巴黎也在所不惜,其实,在基柏夫的沙洲上开凿运河,再凿通几个地峡,把大船引向鲁昂就足够了。在私人事业上,他们对没有荣誉或没有巨大收益的企业也同样地具有冒险精神。谈到个人蠢事方面,不久以前人们看到,有一位贵族曾在一次证券投机上付款三百万,也许他连十分之一也捞不回来。因此,不是缺少资金,而是在运用资金上缺少分寸,人们总是倾向于冒险的事业。

我现在举出几个已经去世的人的名字,以作物色候选人时的参考。在英国,贝伦勋爵作为宣传者是合适的,他鄙视文明制度。至于创办人,已故的贝德福尔德公爵,由于他的财产和真正慷慨大方的秉性,是最适合的人选。就法国来说,以已故的罗歇夫戈公爵作为创办人,以优亚将军作为宣传者一定会博得人们的信任,一下子就会解决征集社员的问题。

我们需要的是受到所有党派的尊敬的那些人,在活着的人们的当中我可以举出很多名字。作为宣传者,应推广夏多布里安先生的做法。按照他一贯的表现,他是协作理论的天然的传播者,协作理论猛烈地抨击无神论,而在社会构造方面则确立上帝的优越性和人类理性的无能。如果夏多布里安赞同这一高尚的原理,他便会确保像圣奥古斯丁反对假上帝时所获得的那样的成功。这一原理同样适用于自称为折衷派哲学家的那些人。如果他们愿意选择并集合良好的动力，他们就应该在引力方面把情欲和物质结合起来；在产业方面把协作经济和物质构造，即和我们的工业主义者所培植的唯一部门结合起来。

人们看到一些英国人在选举费用上花去六十万法郎。假使其中有一个人，以实物作为抵押，垫款六十万法郎组成协作社，建立试验性法郎吉，他就会获得全球世袭的和至高无上的权杖，这个位置总比议员的位置高一些。我在这里举个例子，比如说举布尔戴勋爵作为例子。

说服一位影响很大的国君是个决定性的步骤。只要他认购了第一股，其余的股份到第二天就认购一空了（只须推销三分之一的股份）。就各国的君主来说，舆论公推巴伐利亚的国王。如果有人能够向法国的君主们说明协作机构可以保证哲学体系和党派精神垮台的话，我便也会指出法国君主们的名字来，所有的国君们同这种彻头彻尾的改变都有利害关系的，从最大的国王俄罗斯沙皇算起，为了使他的广大国土人烟稠密、风调雨顺，到最小的萨克斯国君，为了收到比失去的还要多的东西（获得至尊的权杖），这些君主对此无一不感到兴趣。

像法国国王这样一些最讲究豪华的国王，在捐税上还是不能满足需要。美丽的法兰西有十三亿税收，其中十亿在预算之内，三亿在预算之外，可是没钱支付军饷。因此政府还要求现役军人部分地放弃薪饷，用来维持退役军人，而退役军人人数由于死亡已大大减少了。至于士兵，他们在严冬的时候营房里也没有生火，只有一些煮汤的煤炭；汤烧好之后，屋中便没有火了，因此引起很多的疾病和死亡。如果士兵们埋怨，就得关禁闭；在英国，就得挨揍。费格森爵士曾向议会陈述过士兵们受到折磨的那种骇人听闻的情景，可是无济于事。这就是代议制下的诸种保障的果实。代议制口头上说造福人群，事实上却危害人民。尽管我们对于保障抱有种种幻想，可是实际情况是道高一尺，魔高一丈。

经济上如此拮据的国王们，是何等需要协作制度来向他们保证实际税收增加一倍啊！各政党对这种变革更是感到兴趣。自由党人现在坐在火药桶上，像孩子们一样，受到被来自伦敦或卡法瑙姆①的巨人吞噬的威胁。凡是人们可以不受惩罚地暗中加以攻击的任何制度，迟早总是要被消灭的。如此动荡不定的秩序当然不值得信任。必须有一种建立在得到所有宫廷热烈拥护的基础之上并且代表他们的利益行事的制度，其余的一切制度势必会像葡萄牙宪章那样，或者像只靠阿奎莱斯②的演说，而不用军队去抗击敌人的西班牙的愚蠢的国会那样，将遭到不幸的结局。

自由主义者说，自由主义为人民工作。可是，自由主义所做到的是保持了联合税的征收，使全部国库重担和由于粮食饮料的变质所招致的全部损失都转嫁在贫穷阶级的身上。人们看得清楚，自由主义越改进，浪费现象就越严重。法国为供养二十万士兵而花掉的钱是普鲁士供养五十万士兵所需费用的一倍。如果说自由主义者忽视这种混乱，他们的所谓监察还有什么用呢？如果说自

---

① 卡法瑙姆，是耶稣曾经住过的巴勒斯坦的城市。——译者
② 阿奎莱斯（1776—1844年），西班牙国会的活动家。——译者

由主义者对这种混乱束手无策，那他们滔滔不绝的口才，缺乏发明能力的卓越的才华（甚至连文明制度的第四阶段也无法发现）又有什么用处呢（参看第四十九章）？

在自由主义者得势的日子，他们没有能够满足法国的任何需要，例如以有规则的和公正的领土划分来代替制宪会议所制定的既可笑又恼人的州县；又如以相邻乡区共同负责的办法重新在山坡和荒野上植树造林；制定能满足公共卫生、环境美化和相互保障三方面需要的建筑法典等等。他们只会激怒统治者，并且把统治者的狂怒转嫁到得不到保护的那些城市（前届政府把这些城市的工厂和机关都破坏了）。一句话，这个政党由于有一贯以恶毒语言代替发明创造的怪癖，注定会完蛋的。此外，自由党人的运气也不好，尽管还有些回光，可是到处碰壁。他们由于找不到办法来把人民利益和宫廷利益结合起来，便把法国引入比利牛斯半岛的厄运（参看第四十九章和第五十章）。于是，策略活动便转入他们的对手那一边，这些对手在制造阴谋、谣言惑众、进行诽谤等方面都比较聪明。坎宁早就在英国议会说过，人们在文明制度下不是靠正义和理性来取得胜利的。

自由主义者的这种危急处境应该使他们当中的某些人有所转变，使他们深信必须离开文明制度的深渊，建立上述一览表中的第一个阶段。

至于他们的反对党，也和自由党一样，是坐在火山口上的。我已证明，它那种蒙昧主义和倒退的体系不会把它带领到它所想去的地方。各种不同的原因，特别是财政的混乱将把欧洲重新投入革命的漩涡中，如果人们不急于沿着发展序列前进的话，英国的卑劣政治给这些骚乱因素火上加油，把大陆投进半岛的半野蛮状态中，目的是为了便利它销售细棉布。英国的政治本来可以凭借复合垄断或自由联合与减少捐税的办法，几乎不费一兵一卒地征服全球。近代人选择无神论和贸易作为向导，而不去选择上帝和荣誉，不把希望寄托在寻求神圣法典和压制商业欺诈上，因此便没有找到这种发现。这两个政党，自由主义者和专制主义者，是多么需要有一种发现，能向他们提供摆脱他们自己以及摆脱无能状态的手段啊！这两个政党确是无愧于《福音书》所给予它们的称号：是瞎子在给瞎子领路！

让我们用几句话把他们带回到正确的道路上来吧。他们两方面追求什么呢？财富、权力和高贵的地位。我已经说明在劳动引力的制度下，他们可以完全获得满足。

但是，人们害怕幻想，因为二十年以来，本世纪在协作社这个问题上受到罗伯特·欧文的欺骗：这是时代的错误。这个时代对自己的上当受骗罪有应得：因为它不提出任何条件，正像伦敦合作社所做的那样，它自称为的是人而不是为事。现在，瞧，伦敦合作社灰心丧气了，连它的老板也得承认对协作社这个问题一无所知，而且所属二十个机构没有一个能够吸引任何蒙昧的部落，任何文明的州郡！

在结束本文时，让我们向学者们、艺术家们、文学家们、教师们提醒下面这一件事：对他们的当中的每一个人来说这是交上红运的好机会。被称为情欲谢利叶的动力，从一开始两个月的活动期内，就会创立起欧文派摸索了二十年还不能创立的协作机构。欧文派是用慈善主义的伪币来付款的。

这种欺骗行为并不足以使我们垂头丧气,而是促使我们更好地认定方向:任何科学在它的初期总不是受到江湖骗术的践踏吗?总之,在协作社这个问题上,人们终于掌握了同欧文派的慈善主义的空想和把戏截然相反的正确的理论。现在的问题在于尽快地纠正盲目信任的错误。既然人们给了协作事业的江湖骗子以用错误和讨厌的方法建立二十个机构的便利,那么至少也得让人们用诱人的方法,即情欲谢利叶,试建一个机构吧! 果真如此,就会马上获得本书卷头插词及全书内容所宣告的一切好处。

图书在版编目(CIP)数据

经济的新世界:或符合本性的协作的行为方式/(法)傅立叶著;赵俊欣等译.—北京:商务印书馆,2022
ISBN 978-7-100-21709-5

Ⅰ.①经… Ⅱ.①傅…②赵… Ⅲ.①空想共产主义 Ⅳ.①D091.6

中国版本图书馆CIP数据核字(2022)第169096号

权利保留,侵权必究。

经济的新世界
或符合本性的协作的行为方式
〔法〕傅立叶 著
赵俊欣 吴模信 徐知勉 汪文漪 译

商 务 印 书 馆 出 版
(北京王府井大街36号 邮政编码100710)
商 务 印 书 馆 发 行
北京艺辉伊航图文有限公司印刷
ISBN 978-7-100-21709-5

2022年12月第1版 开本850×1168 1/32
2022年12月北京第1次印刷 印张21⅜
定价:118.00元